New International Area Economy

新 국제지역 경제론

| 정영규 지음 |

서울경제경영

NEW INTERNATIONAL AREA ECONOMY

머리말

세계경제질서는 1980년대 중반 이후 구소련의 붕괴로 동서간 이념대립과 냉전체제가 종식되면서 경제적 이해관계에 따라 급속히 재편되는 모습을 나타내고 있다. 특히 세계경제질서는 범세계적 차원에서 무역자유화를 추구하는 세계무역기구(WTO)체제가 1995년 정식으로 출범함으로써 다자주의 기능이 크게 강화되었음에도 불구하고 미국, EU, 일본 등이 세계경제의 주도권을 놓고 각축을 벌이는 과정에서 지역주의가 오히려 심화되는 이율 배반적인 모습을 띠면서 전개되고 있다.

이러한 가운데에서 세계경제는 자유화 및 개방화정책, 운송수단의 발달, 정보-통신기술의 획기적인 발전등에 힘입어 국가 간 무역 및 투자를 지워하기 위한 국가 간 경제협력도 크게 강화되고 있다.

앞으로 세계경제는 다자주의 원칙에 입각하여 범세계적 무역자유화를 추구하는 새로운 WTO 체제가 큰틀을 유지하였지만 세계경제의 주도권쟁탈과정에서 지역주의가 심화, 확대되면서 미주경제권, 유럽경제권 및 동아시아 경제권의 3극체제를 형성해 나갈것으로 보인다.

이러한 지역주의의 심화 확산은 역내국과 역외국뿐만 아니라 역내국 간 비교우위를 바꾸어 놓음으로써 역내국과 역외국의 교역 및 산업구조의 변화를 초래하여 나아가 대외통상 및 산업정책에도 영향을 미칠 것이다.

한편, 21세기 들어오면서 세계경제는 급격한 변화를 겪고 있다. 첫째는 중국의 WTO 가입이다. 이의 결과로 세계경제는 미국과 중국이 세계경제의 패권을 두고 첨예하게 대립하면서 정치적 혼란까지 유발하고 있다. 둘째는 WTO 출범이다. 세계각국뿐만 아니라 우리나라도 모든 시장의 개방으로 세계시장에서 경쟁력 없는 개인이나, 산업, 국가는 도태되고 있다. 셋째는 유로화의 출범과 EU의 통합이다. 이 결과는 유럽 25개국이 하나의 국가체제로 구축했다고 볼 수 있다. 따라서 유럽은, 미국과, 중국과 더불어 하나의 강력한 경제중심축으로서의 역할을 수행하고 있다. 넷째는 트럼프대통령의 2기 당선으로 각국에 대한 통상압력이 강회되고 있는 중이다. 이러한 세계경제환경의 급속한 변화속에서 우리나라도 모든 경제환경의 변화속에서 생존하기 위해 국제경제환경을 이해하고 착실히 준비해야 할 것이다. 본서는 국제통상환경을 이해한다는 차원에서 학생들을 주대상으로 하는 개설서로서의 의미가 있으며 세계경제에 관심있는 사람들에게 이행의 폭을 넓히는데 유용할 것으로 보인다.

본서가 출간되기 까지 많은 시일이 걸렸음에도 불구하고 시간의 촉박함으로 인해 여러곳에서 잘못된 부분이 나타날 것이다. 또한, 현실상황을 정확하게 인식하고 분석하려 했음에도 불구하고 시대적인 상황과 동떨어진 내용이 있을 수 있으며, 저자의 생각과 다른 전문가들의 시각이 있을 수 있을 것이다. 이러한 잘못에 대한 책임은 저자인 본인에게 있으며 추후에 이를 수정할 것을 약속드리며 이책을 통하여 국제통상 경제를 이해하는 데 도움이 됐으면 하는 바람이다.

이 책이 나오기까지는 많은 분들의 도움이 있었으며, 본서의 출간을 기꺼이 하락해주신 서울경제경영의 이민동 사장님과 편집에 관계하신 모든 분들게 감사의 말씀을 드린다.

용답동 연구실에서

2025년 3월

정영규

차례

NEW INTERNATIONAL AREA ECONOMY

PART 01

최근 세계경제의 주요 이슈와 전망

NEW INTERNATIONAL AREA ECONOMY

CHAPTER 01

트럼프의 당선과 1기, 2기 경제정책의 주요 내용

2024년 11월 5일 실시된 미국 대통령 선거에서 도널드 트럼프 후보가 제47대 대통령으로 당선되었다. 대선과 동시에 치러진 연방 상·하원 의회 선거에서 상원은 공화당이 4년 만에 다수당 탈환을 확정했으며, 하원은 공화당이 다수당 지위를 유지할 것으로 예상되어 트럼프 2기 행정부의 정책 추진에 탄력이 붙을 전망이다.

트럼프의 1기 경제정책과 함께 2기 행정부 역시 ① 보편관세 도입, ②「트럼프 상호무역법 제정」, ③ 대중국 관세 인상을 통해 무역장벽을 높이고 대중국 견제를 심화하는 정책을 예고하고 있다. 트럼프 1기 행정부의 경험에 비추어볼 때 보편관세를 도입하더라도 개별 국가와 협상하는 과정이 동반될 것으로 보이며,「트럼프 상호무역법 제정」은 별도의 법률 제정을 요구하고 있어 공화당 내 당론 결집이 성공적으로 이루어지지 않는다면 정책 실현이 어려울 수 있는 상황이다. 대중국 관세 인상을 비롯한 대중국 견제정책은 트럼프 행정부에서 더욱 강화될 것으로 보이며, 바이든 행정부의 대중국 전략인 '투자, 연대, 경쟁'에서 '투자'와 '연대'는 사라지고 '경쟁' 측면의 일방적 제재가 트럼프 2기 행정부에서 심화될 수 있을 것으로 보인다. 산업정책 측면에서는「인플레이션감축법」 폐기 위험을 비롯한 정책 방향 전환이 예상되면서 트럼프 당선자는 친환경 관련 규제(화석연료 채굴, 내연기관차 규제) 폐지 등을 공약으로 제시하고 있다. 또한,「인플레이션감축법」 내 재생에너지 관련 보조금 폐지는 공화당 내 반대 세력을 설득하는 과정이 필요해 어려울 수 있으며, 친환경차 보조금 폐지는 당내 공감대가 형성되어 있어 전자보다 쉽게 이루어질 수 있을 것으로 보인다. 다음은 과거 트럼프의 1기 정책을 살펴보면 대략적으로 큰 틀에서는 변화가 없을 것으로 보이는데 1기 경제정책을 살펴보면 다음과 같다.

1.1 재정정책

1) 적극적인 재정확대를 통한 경기부양

과거, 트럼프 대통령은 2016. 11. 9일 당선 수락 연설에서 1조 달러 규모의 투자정책을 발표하였고 구체적인 내용을 살펴보면 다음과 같다.

교통, 상수도, 에너지 인프라 현대화 등에 대규모 투자가 이루어졌으며, 만성적인 재정적자로 인해 재원마련이 매우 어려웠으나, 정부 주도의 적극적인 투자를 하여, 대규모 감세 정책을 추진하였다.

표 1.1 ▸ 트럼프 세제개편의 경제적 효과 예측

GDP	6.9%~8.2%
투자	20.1%~23.9%
임금	5.4%~6.3%
일자리 창출(천 명)	1,807~2,155

자료: Tax Foundation

2) 대규모 감세 정책을 추진

소득세 및 법인세 인하 및 조세 체제 개편을 하였다. 소득세의 과표구간을 기존 7단계에서 3단계(12%, 25%, 33%)로 조정하고, 소득세 최고세율도 인하(39.6% → 33%)하였고, 법인세율을 최고 35%에서 15%로 인하하고, 기업의 미국 회귀를 가속화시키기 위해 해외소득에 대한 세금연납제 폐지 및 송금세(10%) 신설하였다.

1.2 통화금융정책

1) 통화정책 방향: 전격적인 금리인상 단행

1기 시기, 트럼프는 저금리 체제에 대해 비판적이었고, 저금리 선호 발언도 있어 다소간 혼선이 있었으나, 결국 금리목표치를 0.25% 인상하였고, 노동시장과 인플레이션 지표가 안정세를 보이는 최근 미국 경제에 대한 자신감이 반영된결과, 정상금리로의 회복기조가 지속되었다.

2) 도드-프랭크법(Dodd-Frank)[1]의 폐지로 대표되는 금융규제 완화정책

금융기관에 대한 규제완화 및 투자에 대한 세율인하 등 시장친화정책을 통해 투자 활성화를 장려하였다. 즉, 금융기관에 대한 규제가 경제성장에 도움이 되지 않음을 수차례 밝힘면서, 트럼프 대통령의 경제참모 대부분은 투자회사 출신으로 금융규제 완화에 주도적인 금융규제 완화정책을 시행하였다. 다만 민주당의 반발 등을 고려하여 전면폐지보다는 일부 내용을 효력을 정지시키는 일부조정으로 조정하였다.

[1] 입안자인 크리스토퍼 도드와 바니 프랭크의 이름을 딴 것으로 금융회사에 대한 전반적인 규제, 금융시장에서의 투명성 확보, 금융기관 대출관행 개선 및 금융소비자 보호 관련 프로그램이 골자

1.3 통상정책

1) 우리에게 가장 위협적인 경제정책으로 강력한 보호무역정책 추진

트럼프 행정부는 공정(fair)무역의 가치 강조 및 자국의 경쟁우위 산업들이 해외진출을 지원하기 위한 신 통상규범 주도를 기본적인 정책 방향으로 천명하면서, 무역상대국들의 불공정 무역관행 및 무역협정 불이행에 강력 대응하여 상대국은 무역정책의 상대적 피해, 및 무역수지 흑자폭의 감소가 두드러지게 되었다. 특히, 미국이 우위를 보이고 있는 서비스, IT, 첨단업종의 글로벌시장 진출을 지원하기 위한 무역협정을 추진하였다.

2) 불공정 무역 제재를 위한 무역구제조치 증가

이미 미국의 반덤핑 및 상계관세 조사 건수는 2000년대 이후 최대 규모이고, 주요타겟은 중국산 수입품이나, 우리나라에 대해서도 예외 없이 적용되었고, 자료 미제출 시 불리한 이용 가능 정보(adverse facts available ; AFA)를 통해 임의로 최종판결을 하여 중국 및 한국 등의 무역수지 흑자 폭의 감소 등이 두드러지게 나타났었다. 또한, 미국 상무부의 피조사기업에 대한 정보요구량이 급증하여 중소기업들이 대응에 애로를 매우 많이 격어왔다.

3) 환율조작 혐의국에 대한 감시 강화

중국을 환율조작국(currency manipulator)으로 지정하고, 감시대상국을 확대하였고, 2015.4월 대상국은 중국, 독일, 일본, 한국, 대만 등 5개국이었으며, 이후 스위스가 추가되었다. 중국, 일본, 한국은 대미 무역수지 흑자 규모 및 GDP에서 차지하는 경상수지 흑자규모가 높기 때문에 상시적으로 감시하였다.

표 1.2 ▸ 미국의 국별 반덤핑 및 상계관세 조사개시 건수

구분	중국	한국	인도	브라질	튀르키예	이태리	일본	전세계
2015	11	7	8	5	4	2	2	64
2016	18	6	4	3	3	2	2	49

주: 동일품목에 대해 반덤핑, 상계관세 조사를 각각 1건으로 계산

자료: 제현정-이근화(2016), "미국 신행정부의 통상정책전망과 한국에 대한 시사점", 한국무역협회

4) 대중 강경책 구사

중국 수입품에 대한 고율의 관세 부과(45%), WTO 제소, 지적재산권 침해 인정 요구, 수출보조금 및 근로조건 개선 요구 등을 공약으로 제시하고 이를 실행하였다. 다만 대중외교 등을 고려하여 대중 강경방침은 약간 완하한 조치를 취하였다.

중국의 시장경제지위(Market Economy Status)[2] 자동획득에 대해 미국과 EU는 반대의견을 제시하는 등의 조치를 취하였다.

5) TPP(환태평양경제동반자협정) 탈퇴 및 기존 무역협정의 재협상을 추진

트럼프 대통령은 TPP(Trans-Pacific Strategic Economic Partnership)는 물론, 기존 무역질서인 북미자유무역협정(North American Free Trade Agreement: NAFTA)까지 재검토 지시하였고, 최근 2기 행정부에서는 캐나다와 멕시코산에 대해 25%의 관세를 부과하는 행정서류에 서명하였다. 또한, 복수국간 FTA에 의한 혜택을 허용할 수 없다는 것으로 기존 양자 간 FTA에 대해서도 자국이기주의에 근거한 재협상을 시도하고 있으며, 한미 FTA 또한, 트럼프 통상정책의 직접적인 영향을 받겠으나, 아직까지 FTA 조건의이행을 언급하고 재협상을 추진중에 있다.

표 1.3 ▸ 트럼프가 제시한 7대 무역정책

1. TPP 폐기
2. 미국 노동자를 위해 싸울 강력한 무역 협상가 임명
3. 가능한 모든 수단을 활용하여 무역협정 위반 감시
4. NAFTA는 즉시 재협상을 추진하고 받아들여지지 않으면 탈퇴
5. 중국을 환율조작국으로 지정하고 제재
6. 중국의 불법보조금 지급을 미국 법원 및 WTO에 제소
7. 중국의 불법행위에 대해 모든 합법적 대통령 권한으로 제재

6) 트럼프 정부는 광범위한 보호무역수단을 활용할 것으로 예상

양자 간 협상에 비해 양보할 항목이 많은 다자간 협상을 지양하며, 양자 간 협상에서 트럼프 대통령이 활용할 정책수단은 매우 크다고 할 수 있다. 슈퍼 301조는 양자협상의 진전이 없을 때 미국이 즐겨 사용하는 수단이다.

---

[2] 중국의 WTO 가입의정서에 따르면 중국기업이 시장경제조건하에 운용되고 있다는 것을 입증하지못할 경우 비시장경제로 취급하는데, 이때 덤핑마진이 높게 산정되는 등 중국에 불리하였으나, 최근 중국은 시장경제지위 자동획득이 가능한 것으로 해석

표 1.4 ▸ 트럼프 행정부의 사용가능한 보호무역 수단리스트

수단	근거법령(제-개정연도)	구제방안
반덤핑 및 상계관세	관세법(1930년)	관세부과
201조 세이프가드	무역법(1974년)	관세부과, 수입량제한
337조 불공정무역행위대응	관세법(1930년)	수입금지 및 금지명령
일반301조, 스페셜301조, 슈퍼301조	무역법(1974년), 종합무역법(1988년)	양자협상, 관세부과, 수입제한 등
122조 국제수지위기 대응	무역법(1974년)	최대 15%관세인상 (최장 150일)
232조 국가안보수입제한	무역확대법(1962년)	관세부과, 수입량제한 등
환율조작국 대응	무역촉진법(2016년)	미국정부조달금지, 금융지원금지 등
국경세	근거불확실	멕시코산 35% 관세부과 중국산 45% 관세부과

자료: 한국경제신문, 2017,1,25일자,"미국 보호무역 드라이브"A3면

1.4 산업정책

1) 자동차

트럼프 대통령은 자동차 공장의 미국 회귀를 강하게 압박하고 있다. 트럼프 대통령은 '17년 벽두부터 자신의 트위터를 통해 자동차 기업들에 대한 공세를 강화하였고, 2기 행정부 정책도 마찬가지로 진행될 것으로 보인다. 미국의 메이저 자동차 회사들은 잇따라 미국 내 공장 신설 및 투자계획을 공개하고 나서 자동차산업이 트럼프 산업정책의 첨병역할을 할 것으로 관측되고, 테슬라의 일론 머스크의 트럼프 대통령에 대한 선거자금 지원등을 통해 테슬라 전기차 등의 특혜와 한국자동차의 보조금 삭감등의 피해가 클 것으로 전망된다. 대선에서 미시건, 오하이오 등 자신을 지지한 러스트벨트 유권자들의 기대를 충족시키기 위해 자동차업계를 압박하고 있는 것으로 해석되고 있다.

2) IT

실리콘밸리 기업들과 트럼프 정책노선 간 불협화음 가능성이 존재하고 있다. 2기 선거 과정에서 미국 IT 기업들은 트럼프와 대립관계였으며, 트럼프의 무역·이민정책은 IT 기업의 인력충원을 방해할 것으로 전망된다. 다만 미국 IT 기업들의 전 세계적인을 위상을 고려할 때 별다른 타격이 없을 것으로 보는 견해도 존재하고 있다.

3) 국방·항공

큰 폭의 수요 확대가 예상된다. 트럼프 대통령은 미국의 군사력 약화를 비판하고 있으며, 과거 1기때 부채상한 폐기정책[3] 실현하였고, 2기 집권기에는 향후 4년간 5,500억 달러를 방위산업에 투입할 것으로 전망된다.

4) 에너지

친환경기조에 개의치 않고 전통적 에너지산업 육성에 중점. 화석연료의 채굴 확대를 통해 에너지 자급률 향상을 추진하고 있으며, 파리 협정(Paris Agreement) 탈퇴 및 원자력·LNG 관련 환경규제 철폐, 셰일가스 생산확대 등을 본격 추진하였고, 2기 때도 지속적인 정책을 실시할 것으로 보인다. 따라서, 전통에너지산업 수력, 화력, 원자력에 대한 선호도 증가에 따라 신재생에너지산업의 타격은 불가피할 것으로 보이며, 세금 감면 및 투자비용이 높은 신재생에너지산업은 트럼프 재임기간 내내 불황을 맞이할 것으로 예상된다.

5) 헬스케어·제약

건강보험개혁법 폐지 및 규제 완화 추진이 예상된다. 오바마케어[4]의 폐지 또는 수정 시도를 통해 병원서비스 및 저소득층에 대한 혜택 감축 추진하였다. 의약품 수입 및 약값 규제 완화, 신약개발 지원 등을 공언함에 따라 제약업계에는 호재로 작용할것으로 보인다.

1.5 고용 · 이민정책

1) 트럼프 행정부는 제조업의 미국 복귀를 통해 일자리 창출에 역점

미국 자동차 메이커는 물론, 외국계 기업에 대한 압박을 통해 미국 내 생산 및 투자를 유도하고 있으며, 포드는 멕시코공장 건축을 백지화하고 7억 달러 규모의 투자를 통해 미시건 주에 생산거점을 마련하기로 발표하였다. 피아트크라이슬러도 미시건, 오하이오에 10억 달러 규모의 공장설비 보강 계획을 천명하고, GM도 오하이오에서의 '크루즈'를 생산을 표명하였다. 외국계기업인 토요타와 현대기아차도 향후 5년간 미국 내 대규모 자동차 생산시설 투자계

---

[3] 미국은 법률로 연방정부의 부채상한성을 규정하고 있는데, '15. 10월 부채한도를 늘렸으나, 그 시한이 '17. 3. 15일로 도래함에 따라 미의회 내 부채한도 상향과 관련된 논쟁이 재점화

[4] 오바마대통령이 주도하는 미국의 의료보험 시스템 개혁법안으로 정식명칭은 "환자보호 및 부담적정보험법(Patient Projection and Affordable Care Act ; PPACA)"

획을 발표하였다.

2) 트럼프는 자국산업과 일자리 보호를 위해 극단적인 이민자 정책을 추진

멕시코 국경에 장벽 설치, 외국인 범죄자 무관용 정책, '피난처 도시'에 대한 재정지원 중단, 불법 이민자에 대한 각종 복지혜택 차단 등을 공약을 실시하였다. 미국 내 불법이민자 수는 약 1,100만 명으로 이 중 멕시코인이 618만 명 등 2기 때도 전세계 불법체류 외국인에 대한 강력한 정책을 실시 중에 있다.

1.6 트럼프 행정부의 경제정책이 우리 경제에 미치는 영향

1) 미국경제에 미치는 영향

① 트럼프의 경제공약 실시

트럼프의 정책제안이 채택되고, 경제성장률은 2018~2019년 기간 중 마이너스 성장세를 기록하고, 2019년에는 1.6%성장률, 2020년은 2.3%을 실현하였다.

2) 주요국 경제에 미친 영향

① 중국

무역수지 불균형상태 시정 요구에 따라 대미 수출 둔화 . 관세율 조정 및 환율 조작국 지정 등 대중 압박을 강화하였으며, 중국의 대미 수출물량은 상당 수준 감소하였다. 2기 때도 같은 상황이 진행될 것으로 보인다. 우리나라의 우회 수출경로가 주로 중국이라는 점에서 우리 경제에도 1기와 더불어 2기 때도 일정 부분 영향은 불가피할 것으로 보인다.

표 1.5 ▸ 중국의 대미수출 감소규모 예측 및 추정

관세부과 시나리오	중국의 대미 총수출손실규모	중국의 대미 총수출액 감소비율
15%	427억달러	11.2%
30%	956억달러	25.1%
45%	1,490억달러	39.1%

자료: 현대경제연구원

② 일본

대미 수출 여건이 악화될 것으로 전망: 트럼프는 1기와 2기는 마찬가지로 대일 무역수지적자에 부정적인 입장을 표명한 바 있으며, 일본 주도의 TPP 탈퇴를공식 선언하였고, 대미수출 비중이 20%를 상회하는 일본 경제로서는 트럼프의 보호무역주의로부터 자유롭지 못한 상태이다. 트럼프 정부 출범에 따른 불확실성 증대에 따라 엔화 강세 현상이 지속될 것으로 보여 이는 일본의 수출전선에 악재로 작용될 전망이다.

③ EU

보호무역주의 강화로 유로존 또한, 수출규모 및 성장률에 악영향 2016년 유로존은 브렉시트 등의 악재에도 불구하고, 완만한 성장세 지속을 통해 글로벌 금융위기 이전 수준을 회복하였으나. 러-우크라 전쟁으로 매우 어려운 상황에 봉차되었고, 다만 하드 브렉시트(영국의 완전한 분리), 트럼프 대통령의 보호무역주의 강화 등으로 인해 2025년에는 수출·경제성장 등에 차질이 예상된다.

2) 우리 경제에 미치는 영향

① 금융

미연준의 저상장과 인플레이션을 해결한 정책으로 금리 정상화 재개에 직접적인 영향: 자본의 해외 유출방지를 위해 한국은행의 금리안정도 불가피, 가계부채가 1,700조('2024.12월 기준) 원을 넘어선 가운데 서민층의 이자상환 부담이 증가할 것으로 예상되며, 이에 따라 금융기관 건전성에도 영향을 미칠 것으로 전망된다.

② 외환

달러 강세요인과 약세요인이 동시에 존재: 금리 인상 및 단기 경제성장률 상승, 미국 해외소득의 자본유입 등은 강세요인이나, 보호무역주의, 재정적자 확대 등은 약세요인으로 전망된다. 다만 미국의 대외 수출경쟁력 확보를 위해 달러화 약세를 정책적으로 추진할 가능성 존재하며, 중소·중견기업의 환위험 증가가 예상된다.

③ 통상

보호무역주의 강화로 우리 수출에 부담을 줄 것으로 전망: 1,2기 때와 마찬가지로, 한국제품의 수입규제, 한-미 FTA 재협상, 무역적가 및 환율조작 감시

표 1.6 ▸ 순성장 기여도 전망

	2025	2026	2027	2028
GDP	3.3	2.6	2.7	2.8
수출	1.0	0.1	0.5	0.9
내수	2.4	2.6	2.2	1.9

자료: 한국은행

등으로 인해 우리나라의 대미 직접수출은 둔화될 수밖에 없을 것으로 예상된다. 수출이 경제성장률을 좌우하고 있는 상황에서 수출감소가 예상되며, 한동안 수출이 우리 경제에서 차지하는 비중은 2025년부터 갈수록 감소할 것으로 보인다. 결국 트럼프의 보호무역주의는 우리 경제의 성장률을 저하시킬 위험요인으로 작용하고 있다.

④ 산업

보호무역주의 강화에 따라 전반적으로 부정적인 영향이 예상: (자동차·철강) 한-미 FTA 재협상, 연비규제 반대 등에 따라 자동차산업의 미국 내 경쟁력약화 및 철강제품의 수입규제가 예상되며, 이미 고사상태에 빠진 한국의 철강산업은 매우 어려울 것으로 보인다. 다만 자동차산업의 경우 전기차기술에 대한 개발기간 확보 및 미국 인프라 건설용 철강제품 수출 확대가 가능할 걸로 보인다.

(조선·섬유·가전) 해상물동량 감소 및 섬유제품의 중국 우회 수출 감소, 가전에 대한 반덤핑관세 부과 가능성 증대하고 있다. 다만 방위산업용 섬유수출 확대 및 가전제품의 중국산 수출감소에 따른 반사이익 예상된다.

(일반기계·석유화학) 원유생산 증가에 따라 저유가 지속으로 산유국에 대한 기계제품 수출감소와 수입규제 강화에 따른 석유화학제품 수출부진이 전망되며, 대체에너지 설비 수출 증가 및 세일가스 원료 확보 가능성 증대될 것으로 보인다.

(정보통신·디스플레이) 트럼프의 정보통신 육성정책과 대멕시코 디스플레이 수출감소 등부정적인 영향이 예상되며, 정보통신기기 부품이나 모바일 디스플레이의 수요는 늘어날 것으로 전망된다. 반도체·정유는 미국의 중국 반도체에 대한 견제 및 환율상승, 정유산업에 대한 수요확대 등으로 부정적인 영향은 적은 편이다.

⑤ 고용 · 인프라

1조 달러 규모의 인프라 투자확대로 시장참여 기여 증가: 감세를 주장하는 트

표 1.7 ▸ 트럼프 경제정책이 한국경제에 미치는 영향

정책구분	미국경제파급	한국경제파급	영향력
일자리창출	• 인프라부분 일자리 창출	• 미국의 소비재, 자본재 수요증가	긍정적
인프라투자	• 단기 경제 활성화	• 미국 정부조달시장 참여	중립적
통상정책	• 보호무역주의 강화 • 중국견제, 달러화약세 견인	• 통상마찰 증가 • 한국의 대미직접-우회수출에 모두 부정적 • 달러 대비 원화강세 기조 유지시 수출경쟁력 약화	부정적
에너지정책	• 유가 상승세 완화, 하락 • 미국 우선주의로 산유국의 자정학적 리스크 확대용인	• 경상수지 흑자세 지속 • 유가 리스크 확대	부정적
세재개편	• 산업경쟁력 강화	• 산업 경재구조 심화 • 국내하이테크 제조업에 대한 위협증대	부정적

럼프 행정부가 인프라 투자를 위해 국채발행이 불가피할 것으로 보이며, 이에 따라 금리상승 및 달러강세 현상 가속화되며, 대미 수출 호조, 대미 인프라 건설시장에 참여할 수 있고, 달러강세에 따라 수출 증가가 가능하여 우리경제에는 호재로 작용할 것으로 보인다. 다만 한국기업의 인프라 투자참여를 제한할 가능성도 존재하고 있다.

1.7 미국과 중국의 경제패권 대립

2025년까지도 트럼트 대통령이 취임하면서 더욱더 미국-중국 패권 경쟁의 일환으로서 경제패권 대립정책이 더욱더 가속화될 것으로 보인다. 최근에 중국의 경제보복 조치로 인해 미국은 농산물 수출 감소와 공급망 혼란을 겪고 있으며, 관세 상승으로 인한 소비자 물가 상승과 인플레이션 압력 증가 등의 경제적 영향을 받고 있다. 그러나 이러한 경제적 충격은 미국 경제가 가진 상대적인 규모와 다양성 덕분에 중국보다 더 잘 흡수하고 있다는 평가를 받고 있다.

반면, 중국은 다국적 기업들이 중국에서의 생산 축소 및 동남아로 제조 허브를 이전하는 등의 공급망 개편으로 인해 고용 관련 산업이 크게 위축되고 있다. 또한, 미국의 반도체 및 기술 공급 규제로 대체 공급망 확보에 어려움을 겪으면서 첨단 산업 발전 속도가 둔화되고 있다.

미국 내에서 중국에 대한 경제 제재는 여야 모두 거의 이견이 없는 초당적 합의를 이루고 있다. 따라서 미국의 대중(對中) 경제 전쟁은 당분간 완화될 가능성이 희박하다. 특히, 트럼프 대통령이 재집권에 성공함에 따라 그의

표 1.8 ▸ 미국과 중국의 관세부과 현황

연도	미국의 대중국 관세 부과	중국의 대미국 관세 부과
2018년	340억 달러 규모의 중국산 제품에 25% 관세 부과	340억 달러 규모의 미국산 제품에 25% 보복 관세 부과
	추가로 2,000억 달러 규모의 제품에 10% 관세 부과	추가로 600억 달러 규모의 제품에 5~10% 관세 부과
2019년	2,000억 달러 규모의 제품에 대한 관세를 10%에서 25%로 인상	600억 달러 규모의 미국산 제품에 대한 관세율을 최대 25%로 인상
2020년	1단계 무역 합의로 일부 관세 인하 및 철회	1단계 무역 합의로 일부 관세 인하 및 철회
2021년	기존 관세 유지, 추가 조치 없음	기존 관세 유지, 추가 조치 없음
2022년	기존 관세 유지, 추가 조치 없음	기존 관세 유지, 추가 조치 없음
2023년	기존 관세 유지, 추가 조치 없음	기존 관세 유지, 추가 조치 없음
2024년	전기차, 배터리, 범용 반도체 등 중국산 제품에 대한 관세를 2~4배 인상 검토	미국의 관세 인상에 대한 보복 조치 검토
2025년	기존 관세를 25%에서 35%로 인상	

강경한 대중 정책은 더욱 강화될 전망이다. 그는 모든 수입품에 10%의 보편적 관세를 부과하고, 중국산 수입품에는 최대 60%의 고율 관세를 부과하겠다는 공약을 내세운 바 있다. 이러한 지속적인 강경 노선 속에서 미국이 입는 피해에도 불구하고, 더 큰 타격은 중국에 집중되고 있다.

중국은 무역전쟁과 미국의 제재로 인해 주요 산업들이 구조적으로 타격을 받고 있으며, 경제 성장률 또한 장기적으로 하락할 가능성이 높다는 전망이 제기되고 있다. 특히, 제조업 중심의 경제 구조와 대외 무역 의존도가 높은 중국 경제는 미국과의 무역전쟁이 장기화될수록 회복력이 약화될 수밖에 없다는 분석이 지배적이다. 이는 앞으로도 중국이 미국보다 더 큰 피해를 감수해야 할 가능성을 높이고 있다.

CHAPTER 02

세계화와 지역화

19세기 서구의 산업화와 함께 본격화된 세계화는 1·2차 세계대전으로 잠시 주춤했다가 1960년대부터 급속도로 진전되었다. 오늘날 세계경제는 자본과 생산의 글로벌화, 지역통합의 확대, 정보통신 및 물류혁명 등으로 더욱 급속히 단일경제권으로 통합되어 가고 있다. 모든 기업은 국경에 관계없이 각 생산요소를 결합하는 방식으로 투자하고 생산·판매함으로써 세계경제의 상호의존성이 심화되고 있다.

특히 WTO 체제의 출범에 따라 상품뿐만 아니라 자본, 기술, 서비스 및 인력이동 등으로 자유화의 범위가 확대됨으로써, 한 국가에서의 경제적 변화가 즉시 다른 국가의 경제에 영향을 미치는 이른바 경제의 범세계화가 급속히 진전되고 있다.[1] 더구나 21세기의 세계경제 환경은 정보기술 혁명에 힘입어 더욱 급속히 변화해 갈 것으로 예상되고 있다. 특히 최근의 인터넷 등 정보기술의 발전은 세계화를 가속화시키는 촉매제로 작용하고 있다.

2.1 세계화와 지역화의 개념[6]

국제화(Internationalization)가 국경을 전제로 한 국가 간의 상호교류가 확대되는 세계경제의 변화를 설명하는 현상이라면, 세계화(globalization)는 국경의 의미가 퇴색되고 전 지구촌을 무대로 경제활동이 이루어지는 보다 광범위하고 복잡한 내용을 포함하고 있다.

반면에 지역화는 정의는 명확하지는 않지만 경제활동이 일부 해외지역(국가)을 대상으로 심화, 확대되는 것이라고 할 수 있다. 여기에는 두 가지의 의미가 있다. 첫째는 특정 지역 그룹내에서 교역, 직접투자, 자본과 노동의 이동 등 경제활동의 상호의존관계가 심화되는 현상이다. 두 번째 의의로는 일부 국가들이 블록을 결성하여 블록 내 자유화를 목적으로 한 구속력 있는 지역

---

[1] 이 세계화과정의 핵심고리는 무역 투자 등 국가 간 경제활동이 급격하게 증가한 것이다. 지난 60년대 이후 세계의 국내총생산(GDP)성장률은 3~4%에 머문 반면 수출물량 증가율은 GDP 성장률의 2배에 달했다. 직접투자 증가율도 80년대 전반기를 제외하곤 10% 이상의 고성장을 지속했다. 이러한 국가 간 경제활동 확대는 '관세 및 무역에 관한 일반협정(GATT)'과 WTO로 이어지는 다자주의 체제를 통해 세계화를 급진전시켰다.

[2] 2001년 11월 14일. 세계무역기구(WTO)의 '도하 개발 아젠다(DDA·일명 뉴라운드)'출범 협상이 난산 끝에 극적으로 타결됐다. 글로벌 경제체제를 향한 새로운 이정표가 세워진 순간이었다. 그러나 불과 한 달여 뒤 유럽연합(EU) 12개국은 유로랜드를 공식 출범시켰다. 세계경제의 핵심 축으로 부상한 중국은 중화권과 동북아를 아우르는 중화자유무역지대 창설을 추진한다. 따라서 세계 각국은 경제통합을 통한 세계화(Globalization)를 가속화하고 있는 한편 지역화(Regionalization)를 심화시키고 있는 것이다.

협정을 체결하는 것으로 지역통합을 의미한다.

따라서 양자는 밀접하게 연결되어 있지만 반드시 동일한 것은 아니다. 초기 지역화의 실익이 커지면 기업이나 국가들은 지역통합을 강화해 갈 것이다. 이런 지역통합은 경제적 의미에서 배타적인 지역통합으로 발전할 수도 있고 그 정도가 다소 낮은 형태로 갈 수도 있다. 예컨대 EU와 NAFTA는 양자의 의미를 모두 충족시키는 것이지만 APEC과 같은 경우 경제활동의 상호의존성은 확대되어 가지만 현재까지는 구속력 있는 지역협정은 존재하지 않고 있다. 일부 개발도상국 간의 지역협정처럼 경제적 상호의존관계가 극히 미약한 상태도 있는 경우도 있다.[3]

1980년대에는 각국의 규제완화와 정보·통신기술의 급속한 발전이라는 두 가지의 주요한 변화가 국제화로부터 세계화 국면으로 나아가게 하는 새로운 상황을 연출하였다. 따라서 세계화는 기업 간 및 지역과 국가 간 경쟁이 이루어지는 세계적 수준에서의 원천이기도 하다.

특히 규제완화는 금융부문과 항공수송 및 통신과 같은 일부 서비스 부문에서 확대되었다. 금융부문의 규제완화는 자본이동을 자유롭게 했으며, 경쟁법의 완화는 기업의 수평적 결합을 가능하게 하였다.

또한 새로운 통신기술의 광범위한 보급은 정보와 자본의 국제적 거래를 자유화하고 가속화하였다. 더욱이 정보흐름의 가속화는 기업의 국제적 분산을 허용하는 동시에 특정 전략적 서비스의 집중을 허용하는 동시에 특정 전략적 서비스의 집중을 가능하게 하였다.

이를 종합하면, 경제적 세계화는 경제적 시장, 기술, 소비패턴의 구조가 시간이 경과하면서 세계경제가 단일시장화 되어 가는 하나의 과정이라고 할 수 있다. 보다 넓은 의미에서 세계화는 인류가 다른 지역의 종족, 경제, 사회, 문화를 점차 인식하게 되고, 우리의 삶이 거기에 의존하고 영향을 받는 하나의 과정이라고 할 수 있다.

또한 세계화의 개념은 두 가지의 범주로도 구분할 수 있다. 첫째는 미시적 측면에서의 기업차원에 해당하는 개념이다. 즉, 다국적기업의 국제적 활동이 글로벌경영·글로벌화로 일컬어지는 것이다. 둘째는 거시적 측면에서의 각

---

[3] 그렇다면 지역화와 세계화는 대립되는 의미로 받아들여져야 하는가? 일반적으로 세계화는 지역화와 대립되는 개념으로 사용되기도 하는데 그 이유는 지역화의 한 현상인 지역주의의 대립 개념인 다자주의(Multilateralism)가 세계화와 동일시 되기 때문이다. 다자주의는 세계경제질서를 규율하고 형성해나가는 과정 혹은 질서의 현실적 집행에서 세계의 전 국가들이 모두 이해당사자가 되어 참여하는 것을 말한다. 이에 대응하는 개념은 양자주의 혹은 일방주의이다. 이처럼 세계화가 다자주의를 의미하고 지역화가 지역주의를 의미할 때는 서로 대립된다고 할 수 있다.

국경제와 세계경제의 상호의존 심화 현상이다. 이는 세계적 수준의 상품·서비스의 무역량 확대, 세계생산에 대한 무역량의 비율 상승, 무역 및 금융의 연관성 증대 등을 포함한다.

제2차 세계대전 이후 국가 간 경제협력의 필요에 따라 대두된 지역화는 지난 90년대부터 각 지역에서 급속히 확산되고 있다. 가장 일반적인 형태는 일정지역 국가 간의 자유무역협정(FTA)을 통한 경제블록이다. 2001년 10월 현재 WTO에 통보된 FTA는 2백 20건이며 이 가운데 1백52건이 발효됐다.

세계화의 선봉장격인 미국도 지난 1994년 출범한 '북미자유무역협정(NAFTA)'을 '미주자유무역협정(FTA)'으로 확대하여 강력한 경제블록을 형성할 움직임이다. 동아시아 경제의 쌍두마차인 중국과 일본은 동남아 국가와의 FTA를 통해 세계경제의 중심을 동아시아로 옮겨올 태세다. EU는 이미 경제통합을 진행하고 있다. 남미, 아프리카, 중동 등 세계 경제의 주변국들도 자신들의 입지를 강화하기 위해 지역단위의 경제블록을 강화하는 추세이다. 지역화가 심화된 것은 단기적으로 경제블록화를 무역효과에 있다. NAFTA 국가 간의 무역비율은 지난 90년 41.4%에서 99년 53.9%로 확대했다. 이 기간동안 남미공동시장(MERCOSUR)의 역내 교역비율도 8.9%에서 20%선으로 급증했다. 그러나 지역화가 세계화와 대립하기보다는 서로 보완하는 측면이 강하다는 게 일반적인 평가다.[4] WTO도 지역화가 세계화를 촉진하는 요인으로 보고 FTA 등을 통한 경제블록 확대를 용인하고 있다.

2.2 세계화의 특징

세계화의 특징을 살펴보면 첫째, 모국 및 해외시장에서의 기업 간 경쟁이 전례 없이 격화되고 있다는 점이다. 둘째는 생산의 국제화이다. 제품생산에 투입되는 요소(자본, 노동, 기술, 원자재, 중간재, 유통)의 원천은 다양한데, 국가와 기업은 상호의존이 확대되고 서로간에 복잡하게 연계되어 있어, 이제는 그러한 요소의 원천을 정확히 결정하는 것이 쉽지 않은 경우가 많다는 것이다.[5]

셋째는 국제 교역의 패턴에 관련되어 있다는 것이다. 국내기업에 의해 해외에 설립된 수많은 계열사간에 그리고 해외 모기업에 의한 유치국에서의 동

[4] 세계은행 경제분석가인 모리스 쉬프는 '지역화는 역내 국가 간의 무역장벽 해소를 통해 자유무역질서를 확대하는 것으로 개방을 확대한다는 측면에서 세계화의 또 다른 모습'이라고 지적했다.

[5] 외교통상부, 『KOREA&OECD』. pp. 18~20 참조

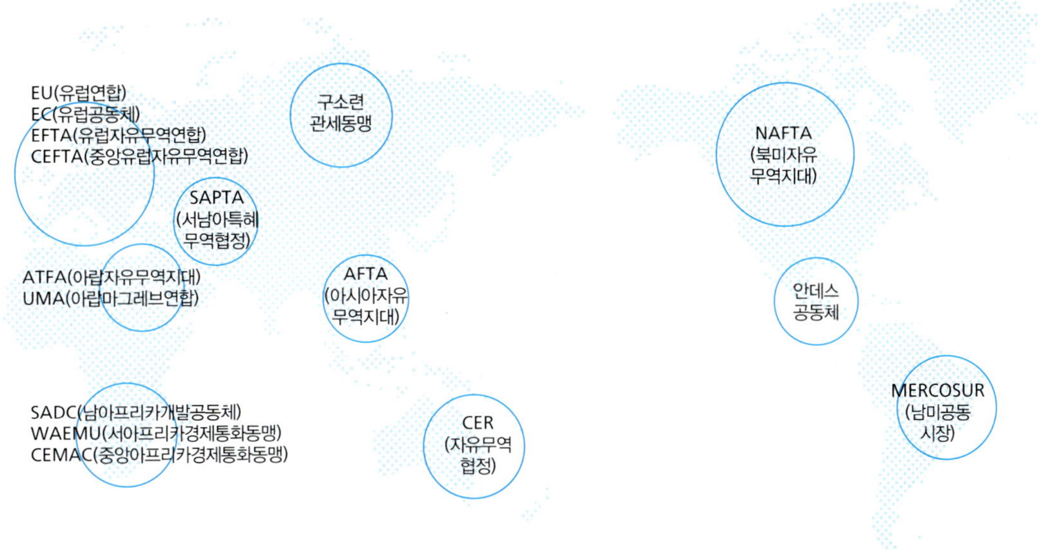

그림 2.1 ▸ 자유무역(FTA)협정과 주요 경제블록(자료: WTO)

일 그룹에 속한 기업 간(intra-firm)교역이 확대되어 왔다는 것이다.

넷째는 세계화의 다양한 수준, 즉, 직접투자, 교역, 기술이전, 자본이동간에 상호의존성이 확대된다는 점이다. 직접투자는 투자국의 수출을 확대시키고, 또한 이 수출은 기술이전, 노하우 및 자본이동을 수반한다. 따라서 교역은 더 이상 세계화의 유일한 수단이라 할 수 없으며, 오히려 직접투자가 금액으로는 적더라도 주요한 역할을 한다고 볼 수 있다. 또한 국제거래에서 서비스와 같은 무형의 요소가 1980년대 이후 현저한 발전을 보여왔다.

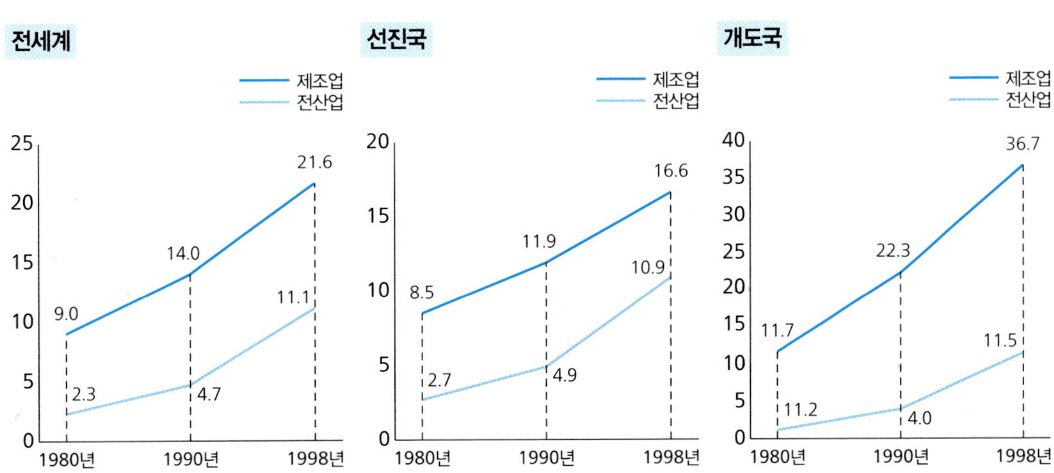

그림 2.2 ▸ 전세계 국내총투자중 외국인 집접투자비율(자료: UNCTAD)

그러나 디지털경제의 확산으로 세계화의 과정은 이러한 특징만으로는 규정될 수 없는 보다 복잡한 내용을 갖고 있다. 글로벌화하려는 기업은 해외생산에 의한 이윤증대, 과거에 비교한 하청계약에의 의존 확대, 국내외 협력업체의 다양화, 전자상거래의 확대 등의 동기를 가지며, 그 결과 기업 네트워크(firm network)가 증가하게 된다.

기술역량의 발전을 위해 기업은 혁신적 기업을 인수하거나 다른 기업과 전략적 제휴 관계를 맺게 된다. 특히 R&D에 관한 전략적 제휴는 기업간 노하우의 흐름을 촉진시킨다.

2.3 세계화의 결과

세계화는 두 가지의 주요 구성요소를 가진 하나의 과정(process)으로 이해될 수 있다.

첫째, 세계화는 시장구조의 변화를 가져온다. 일반적으로 시장은 확대(생산의 수평적 통합 증대, 제품과 서비스 증가에 대한 소비자 접근 확대)되고 심화(새로운 유형의 기업간 협력을 포함한 생산의 수직적 통합 증대)된다. 둘째, 세계화는 기술 변화와 확산을 증대시킨다.

세계화 과정에서 이들 두 가지 요소는 서로 상승적 작용을 일으키며 세계화를 촉진하고 있다. 시장구조의 변화를 가져오는 경제활동의 자유화는 일반적으로 경제의 경쟁 수준을 제고시킨다. 이것은 국제적 수준에서 무역 및 투자의 자유로운 이동에 대한 장벽이 축소를 의미하며, 또한 국내적 수준에서는 규제개혁, 민영화 증가 등을 의미하는 것으로 볼 수 있다.

반면에 세계화의 결과 세계화는 저개발국의 빈곤 심화와 환경파괴, 문화의 다양성 훼손 등 적잖은 부작용을 낳았다. 이로 인해 저개발 국가들은 반세계화 운동에 심정적 지지를 보내고 있다. 세계화는 또 전세계 동반 경제위기도 불러왔다.

선진국들은 이러한 반세계화 운동을 잠재우기 위해 국제공조시스템 강화에 나서고 있다. 개도국에 대한 경제지원과 국제기구를 통한 구호활동을 확대하여 개도국을 달래는 한편 외환·금융위기 확산을 막기 위한 협력체제도 마련중이다.

1) 반세계화 대두

반 세계화는 대해서는 크게 3가지 관점으로 이해 할 수 있다. 첫째는 빈부격

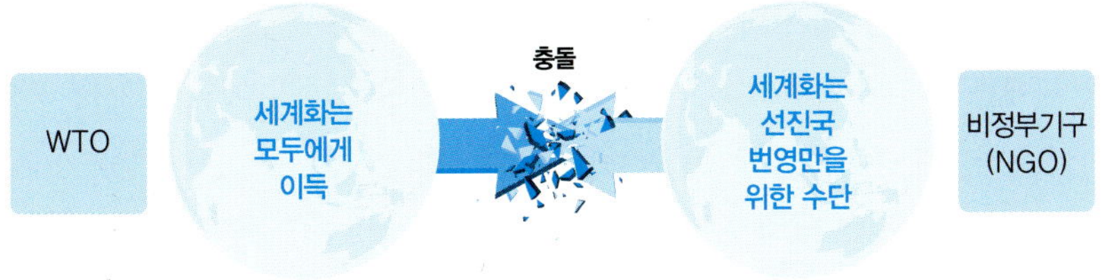

그림 2.3 ▸ 세계화와 반세계화의 대립구도

차 확대 등 세계화의 부정적 측면에 대한 저항 운동을 말한다. 둘째는 1999년 이후 반세계화 운동은 더욱 격화되고 있다는 것이다. 셋째는 인터넷이 거대한 무기로 작용하고 있다는 것이다.

반세계화를 추진하고 있는 NGO들의 주장을 살펴보면 전세계 자유교역의 확대는 개발도상국의 부(富)를 선진국으로 이전시키는 방편일 뿐이며 이로 인해 국가 간 및 개인간 빈부의 격차는 더욱 심화되고 환경파괴와 자연자원 고갈이 초래될 것이라는 입장이다. 이들 반세계화 단체의 구성은 환경보호단체와 노동단체에서부터 인권운동가 동성연애자 무정부주의자까지 총망라돼 있으며, 이들 반세계화 세력은 이미 세계화 흐름에 큰 부담을 안겨주고 있다. 예를 들면 1999년 미국 시애틀의 WTO 각료회의에서 '세계화 반대'를 국제 이슈화하는데 성공하였으며, 얼마 전 G8 회의에서는 '차라리 경제관련 정상회담을 없애자'는 주장을 펼칠 정도로 힘을 과시하고 있다.

반면, 세계화를 주장하는 WTO의 입장을 살펴보면, WTO는 시장개방의 확대가 가져다줄 경제적 이득을 강조하면서, 자유무역을 통해 각 국가는 경제가 더 한층 성장하고, 그를 통해 고용창출 및 빈곤 감소를 이룰 수 있다는 입장을 취하고 있다.

WTO는 실제 교역자유화로 2024년에 세계경제 GDP(국내총생산)가 지난 1980년에 비해 2.4배 가량 늘어난 것으로 주장하였고, 세계화의 대표적인 성공사례로 꼽히는 나라가 한국이라 설명하기도 하였다. 이유인 즉 한국은 지난 1961년 1인당 국민소득이 1백 달러에도 못 미쳤던 극빈국이었으나 무역을 통한 경제개발 덕분에 2024년 3만 6천 달러에 육박하는 세계역사에도 불수 없는 선진국으로 성장을 이룰 수 있었다는 것이다. 따라서 NGO등 반세계화 단체가 주장하는 감상적 반세계화 운동은 가난한 나라를 더욱 가난하게 할뿐이며, 선·후진국 간 경제성장 격차에 대한 불만을 반 세계화 운동으로 표출시키는 억지에 불과하다는 반론을 펴고 있는 것이다.

2) 격화되는 반 세계화 운동

반 세계화 운동이 확산되는 원인은 무엇보다 세계화의 진행과정이 선진국의 이익을 극대화하는 양상으로 흘러왔다는 데 있다.

결과로 1999년 11월부터 12월에 걸쳐 미국 워싱턴주 시애틀에서 개최된 제3차 세계무역기구(WTO) 각료회의가 수만 명 규모의 데모대에 포위 당한 이후로 반세계화운동은 해마다 격화되고 있다. WTO나 세계은행의 국제회의가 열릴 때마다 비정부기구(NGO)에 의한 항의데모가 있었고, 비정부기구(NGO)의 격렬한 시위 탓에 뉴라운드 출범도 좌절되기도 하였다.[6]

반세계화 운동을 추진하는 주체는 '그린피스(Greenpeace)'같은 환경보호단체, "국제 엠네스티" 등의 인도적 원조조직, 개발도상국의 채무 말소를 요구하는 "주빌리(Jubilee) 2000" 등과 같이 인권단체, 노동조합, 좌파운동가 등으로 구성되어 있다.

3) 세계화의 부정적 측면이 배경

반세계화의 배경에는 세계 경제가 초래하는 부정적인 측면이 강하게 작용하고 있다. 미국 등 선진국이 세계화로 경제 성장을 계속하는 한편 아프리카 등의 개발도상국에서는 수많은 사람들이 매우 낮은 가난한 생활을 강요받고 있다.

나아가 선진국 내에서의 빈부 격차도 확대되고 있다. 예를 들면 고도의 기술을 가지고 있지 않은 사람들은 임금이 낮은 제조업 등에서 일하고 있어 IT 산업 등에 종사하는 고소득층과의 격차가 매우 심하다.

또 한 가지 부정적 측면으로 지적 받는 것이 지구환경이나 지역 고유의 문화파괴다. 세계경제발전에 동반하여 '개발'이라는 이름 아래 환경이 파괴될 우려가 매우 크다는 것이다.

4) 인터넷을 무기로 결속

반세계화 운동의 커다란 특징은 전지구적 규모로 퍼져 나가고 있다는 점이다. 인터넷을 이용한 정보 교환으로 전세계의 NGO들이 결속하고 있다. 그러나 반세계화가 앞으로 어떤 영향력을 가지게 될 것인지는 아직 불투명하다. NGO는 세계화에 반대한다는 점에서는 공감대를 형성하고 있지만 세계경제에 대한 대안을 제시하지 못하고 있기 때문이다.

---

[6] '세계화의 상징'으로 알려져 있는 햄버거 체인 맥도날드가 습격 당했다.

표 2.1 ▸ 최근 대혼돈의 모습

	테러이전 질서와 도전		테러직후 양상
정치 · 군사	– 미국 단극체제 – 미국 일방주의에 대한 반발	테러 발생	테러재발에 대한 불안 전쟁확산에 대한 우려
경제	– 미국주도의 신경제 확산 – 세계화에 대한 반발		세계경제 침체 리스크 뉴라운드 개도국 입장반영
금융	– 월스트리트 금융시스템 – 외환위기/금융질서 불안정		자본이동 불확실성 증가
문화	– 미국식 보편가치 지배 – 문명충돌		타문화에 대한 배려 (미국 이슬람국가와 공조)

자료: 삼성경제연구소

5) 미국식 세계화의 기로

쉽게 표현하면 이것은 선진국 주도의 세계화 즉, 미국이 구상하는 세계화를 반대한다는 것이다. 미국은 최근까지 세계경제를 주도하면서 자국의 유리한 경제정책을 추진하여 왔다. 그러나 최근 들어 미국에 반대하는 반미지향의 반세계화 운동이 전개되고 있는 것이다. 즉, 미국은 지난 20년 동안 신경제하에서 최대의 경제적 호황을 누리면서 추진해온 세계화운동이 세계 각 도처에서 도전을 받고 있는 것으로 설명할 수 있을 것이다.

향후, 미국이 어느 정도까지 세계화를 밀고 갈 것인지가 주목되고 있다. 미국은 앞으로 트럼프 대통령 시대에 세계화라는 명분 하에 세계 경제질서를 효율적으로 통제하려 하지만 이 과정에서 세계 각 도처에서 반세계화 운동과 마찰이 갈수록 증폭될 것이기 때문이다. 그럼에도 불구하고 미국식 시장경제를 세계각국에 강요하고 이식해왔던 미국형 시장경제의 확산운동은 올해도 계속해서 지속될 것으로 보인다. 그러나 최근 들어 테러사건과 신경제의 퇴조, 미국증시의 확산 등에 부정적 여건을 조성해 놓고 있는 것 또한 현실이다.

2.4 경제블록의 대두

"블록화는 보편적인 현상이다. 자유무역협정(FTA) 등의 지역협정만 3백 80여개에 달한다. 최근 30년간 증가한 수치다. 2025년엔 4백 30개로 늘어날 전망이다". "EU(유럽연합)는 현재까지 유로화를 유통시키고 있다. 유로화의 통용은 프랑스 독일 등 유럽 25개 국가에서 현지 화폐로 교환할 필요 없이 유로화로 물건을 살 수 있다. 즉, EU는 하나의 국가로 탄생한 것이다."

한편, 다자(多者)차원의 뉴라운드와 별도로 지역별 또는 국가 간 통합이 가속화되면서 블록화 추세 역시 질주하고 있다. 뉴라운드 협상이 타결된 동시에 블록화 추세가 동시 추진되고 있기 때문이다.

EU, NAFTA(북미자유무역협정), MERCOSUR(남미공동시장), AFTA(아세안 자유무역지대)등 거대 지역별 경제통합을 통해 역내 국가 간 관세 및 비관세 장벽의 완전 철폐 또는 단계적 철폐가 급속히 이루어지고 있다. 국가 간 FTA를 넘어 지역경제 공동체가 다른 지역공동체와 집단적으로 FTA를 체결하는 사태도 흔하게 발생하고 있는데 EU와 칠레의 FTA 협상등이 대표적인 사례인 것이다.

세계경제의 양대 산맥인 EU와 미국이 지역경제공동체를 확대하기 위해 분주하게 노력하고 있는데, EU는 동구권 및 아프리카와 인접한 남유럽 국가들과 회원가입을 위한 협상을 진행 중에 있으며, 헝가리, 폴란드, 체코, 튀르키예 등 13개국의 가입이 마무리되면서 2024년말 현재 EU 회원국은 26개로 늘어나면서 명실공히 세계 최대의 경제블록이 된 것이다.

반면, 미국은 캐나다, 멕시코와 결성한 NAFTA를 범미주 대륙으로 확대하는 방안을 추진중이고, 남미의 MERCOSUR를 포괄하는 미주자유무역지대(FTAA)를 설립하는 구상이 실현되면 36회원국에 인구 9억 명, GDP는 23조 8천억 달러로 전세계 3분의 1을 차지하는 지역통합체가 탄생하게 될 것으로 보인다.

이에 아시아 지역도 지역블록화를 활성화하고 있는데, AFTA는 인도네시아, 말레이지아등 6개국으로(ASEAN) 출범한 뒤 지난 1996년에 베트남, 라오스, 미얀마, 99년엔 캄보디아 등 4개국을 추가 가입시키면서 동북아까지 포함하는 동아시아경제회의(EAEC)로 확대 재편하려고 노력하고 있다.

한편, 블록화 추세가 세계화 추세에 대립, 역행한다는 비판이 나오고 있다. 특정 경제블럭이 비가입국에 대해서는 높은 관세 및 비관세 장벽을 유지함으로써 차별적 교역환경을 초래한다는 비판이 나오고 있다. 실제로 NAFTA의 역내 무역비중은 1990년 42.6%에서 2024년 58.3%로 높아진 것으로 나타났고 MERCOSUR나 AFTA의 경우도 역내 무역비중이 증가하는 것으로 나타나고 있다. 이것은 역외 국가와의 교역비중이 줄어들었다는 것을 의미하는 것이다.

그러나 지역통합을 세계화 통합으로 가는 일종의 징검다리로 간주하는 견해도 적지 않다. 마이크 무어 WTO 사무총장은 “지역협정의 확대가 전세계 자유무역을 저해할 것으로 보지 않는다”며 “WTO 다자협상과 지역협정은 전세계 교역 자유화를 향해 함께 나아가는 동반자 개념”이라고 강조하였다.

표 2.2 ▸ 주요 자유무역협정 현황

자유무역협정	회원국	발전단계	진행
아세안자유무역지대 (AFTA)	아세안 10개국	-1992년 기존 6개회원국 추진 시작	동아시아경제회의 (EAEC)구상
북미자유무역협정 (NAFTA)	미국, 캐나다, 멕시코	-1989년 미국, 캐나다 자유무역협정 -1994년 멕시코 참가로 NAFTA로 발전 (관세 및 비관세장벽 10년내 철폐)	미국 자유무역지대
남미공동시장 (MERCOSUR)	아르헨티나, 브라질, 파라과이 우루과이	-1991년 단일시장 목표로 발족 -2006 완전 관세동맹 추진	
유럽연합 (EU)	유럽 26개국	-1995년 회원국확대 -1999년 유로화 도입 -2002년 유로화 통용	동구권 13개국 가입

다자통상체제

세계무역기구(WTO)가 중심이 돼 전세계 회원국 간의 교역 자유화를 위한 틀을 마련하는 것을 말한다. 그러나 각국의 이해가 달라 모든 국가에 똑같이 적용되는 통상질서를 도출하는데 한계가 있다.

지역무역협정(RTA)

특정한 지역내 여러 국가 간 자유무역의 틀을 규정한 협정을 말한다. 유럽연합(EU), 북미자유무역협정(NAFTA), MERCOSUR(남미공동시장), AFTA(아세안자유무역지대) 등이 대표적인 지역무역협정으로 불린다. 비회원국에 상대적인 불이익을 가할 수 있다는 점에서 우려도 적지 않다.

자유무역협정(FTA)

RTA보다 작은 규모의 교역자유화, 특정 국가 간 관세 및 비관세철폐를 위한 협정을 말한다. 최근에는 한 국가가 특정한 지역 경제공동체와 한꺼번에 FTA를 맺으려는 움직임도 나타나고 있다.

NEW INTERNATIONAL AREA ECONOMY

CHAPTER 03

신경제

"신경제'(New Economy)란 미국경제가 90년대 초반부터 9년간에 걸친 지속적 호황국면을 맞이하면서 대두된 개념으로서 낮은 인플레이션 속에 사상 최장기의 고성장을 달성한 것을 말한다.

90년대 들어오면서 미국경제는 컴퓨터기술의 비약적 발전으로 생산성이 계속 증가하면서 임금상승률보다 높은 생산성 증가율을 시연하여 인플레이션 없는 지속성장의 기틀을 마련했다. 즉, 경제 내 생산성의 전반적 증가로 실업률도 감소하고 인플레이션율도 안정세를 보이자 과거 경제 내 일반론이었던 필립스 곡선과 스태그플레이션 현상이 완전히 극복되었다는 뜻에서 과거 경제의 패러다임을 탈피했다는 의미로 "신경제"라는 용어가 사용되기 시작하였다.

3.1 신경제의 대두배경

"신경제(New Economy)"[1]는 전통경제학적 패러다임과는 달리 「고성장-저물가」가 동시에 지속적으로 발생하는 현상을 지칭하는 용어로 1991년도부터 2000년까지 미국에서 나타나고 있는 경제 현상을 설명하기 위한 것이다.

미국 경제는 1991년부터 경기상승기에 접어들어 2000년까지 1850년이래 최장기간인 10년 연속 경기확장국면을 지속하였고, 지난 3년간(96~99) 연평균 성장률에 있어서 장기추세치(2.5%)보다 1.5% 높은 4% 수준을 기록

표 3.1 ▸ 미국 경제의 주요 지표

(증가율, %)

부문	92	94	96	97	98	99
GDP	3.3	4.0	2.7	4.5	4.3	4.2
소비자물가	3.0	2.6	3.0	2.3	1.6	2.2
실업률	7.5	6.1	5.4	4.9	4.5	4.2
노동생산성	4.1	1.3	2.7	2.0	2.8	3.0

자료: OECD

[1] 신경제의 원동력은 새로운 기술, 새로운 기업에 대한 전례 없는 막대한 자본 공급시스템에 있다는 게 전문가들의 일치된 견해이다. 미국에서 신경제가 태동한 배경에는 컴퓨터, 인터넷 등 IT 기술 분야에서 미래 가능성을 믿고 투자할 수 있는 벤처캐피탈 등 첨단 자본시장이 있었기 때문이라는 설명이다. 실제 주식시장을 통해 벤처캐피탈 자금을 공급받는 넷스케이프의 등장이 마이크로소프트의 경계심을 불러오며 새로운 기술투자를 유발했고 온라인 증권사인 'e트레이드'의 출현이 메릴린치의 수수료를 낮추게 만들었다.

윌리엄 보몰 전 프린스턴대 교수는 80년대 초 '경합시장' 개념을 통해 잠재적 경쟁 위협이 커질수록 인플레이션은 더 낮아진다고 주장했다. 시장경쟁이 치열해질수록 공급자의 가격조절기능이 약화될 수밖에 없다는 그의 주장은 공교롭게도 90년대 신경제에서 그대로 현실화됐다.

하였다. 이에 따라 실업률은 29년만의 최저수준(99.10: 4.1%)을 기록하면서도 소비자물가는 2% 내외의 안정세를 유지하였다.

우하향하는 Phillips곡선에 기초한 정통경제학적 패러다임에 의하면 실업이 줄어들면 물가가 상승한다고 보고 있으나, 미국경제의 성과는 인플레와 실업간에 존재하는 이러한 부(–)의 상관관계가 정(+)의 상관관계로 전환되었다는 것을 시사하고 있다.

미국경제는 위와 같은 3가지 측면에서 전통적 경제이론과는 다르게 경제현상이 나타나고 있다.

첫째, 장기간 생산성 향상을 지속하였다는 점이다. 둘째, 전통적 이론에서 상정하는 것과 달리 초일유국가인 미국이 후발국가보다 빠르게 성장하여 경제적 격차를 확대하였다는 것이다. 셋째, 생산성 향상이 지속되고, 실업이 줄어드는 가운데 물가는 안정되어 있다는 점이다. 신경제론은 바로 이러한 논거에서 출발하였다.

한편, 미국경제가 90년대 장기호황을 향유할 수 있었던 요인을 살펴보면 크게 4가지로 볼 수 있다.

첫째, 80년대 들어 미국 기업들이 조직축소와 인원감축 등 뼈를 깎는 구조조정을 통해 산업경쟁력을 키웠다는 점이다. 이런 노력을 90년대 초까지 계속되었다.

둘째, 90년대 들어 하이테크산업이 폭발적으로 급성장한 점이다. 정보기술(IT)산업의 발달로 컴퓨터와 인터넷산업이 급속도로 발전하면서 노동생산성이 크게 높아졌다. 생산성향상은 국내총생산(GDP)을 크게 늘렸고 동시에 임금상승을 억제해 인플레이션 압력을 낮추었다. 신경제 창출의 선구적 역할을 한 셈이다.

셋째, 미국 노동자들이 글로벌 경제의 이점을 인식하고 이를 기꺼이 받아들인 점이다. 나아가 노동자들은 임금인상 요구도 자제해 인플레이션이 촉발되지 않도록 하는 데 공헌하였다.

넷째, 연방준비이사회(FRB)의 공로를 들 수 있다. 사실 FRB가 장기호황을 이끌어냈다고 해도 과언이 아닐 정도로 중요한 역할을 해왔다. 특히 앨런 그린스펀 FRB 의장은 과거 경제와는 근본적으로 다른 이른바 신경제가 도래하도록 하는 데 일조하였다. 지난 9년간의 경기확장기 동안 시의 적절하게 금리를 올리거나 내려온 그린스펀 의장의 통화정책 덕분에 미국경제는 인플레이션 압력을 받지 않았다. 게다가 적절한 금리정책으로 경기상승세를 꺾는 우(愚)를 범하지 않았기 때문이다.

또한 미국정부의 각종 경제정책도 경기활황에 일조 하였다. 물론 집권당인 민주당뿐 아니라 공화당도 상당한 역할을 하였다. 특히 주목할 만한 것은 지난 93년 입법된 덕택에 80년대 이후 무역적자와 함께 미국경제의 위협 요인으로 지목 받아온 재정적자가 98년부터 흑자로 돌아서는 전기를 마련했기 때문이다. 미국경제에서 나타난 현상에 대하여 이론적 측면에서 생산성향상에 바탕을 둔 구조적 변화가 본격화되고 있다는 신경제론(New Economy)이 97년 이후 부상하였으며, 1999년 10월 28일 미국 상무부가 정보 기술의 발전을 감안하여 GDP 산정방식을 변경함에 따라 90년대 이후 성장률이 상향조정되면서 신경제론이 더욱 힘을 얻고 있는 상황이다.

3.2 신경제현상에 대한 논란[2]

'신경제(New Economy)'의 존재를 둘러싼 논쟁은 90년대 내내 뜨겁게 타올랐다. 논쟁은 경제주간지 '비즈니스위크'와 '이코노미스트'의 대립에서 시작돼 경제학계 전반으로 확산되었다.

신경제론에 대하여 낙관론자인 입장을 취하고 있는 쪽은 「Business Week」지,[3] 미국 프린스턴대학의 Alan Blinder 교수, 미국 연방준비위원회 의

---

[2] 2000년 OECD 각료이사회시 신경제 관련 주요 논의 내용을 살펴보면 1. Martin Baily 경제정책위 의장은 OECD의 Growth Project를 중심으로 한 동 의제 기조발언에서 미국경제에서 나타나고 있는 신경제의 주요 특징은 ① 노동생상성의 지속적 향상 ② 주식시장의 성장 및 신기술 산업과의 연계 ③ 지식·정보 등 무형자산의 축적 ④ 기술진보와 혁신으로 요약될 수 있다고 설명. 2. 또한 그는 신경제를 위한 정책대안으로 ① 건전한 재정 및 통화정책 ② 교육의 질적 향상 및 기회 확대 ③ 직업훈련 및 social safety-net 확충 ④ R&D 투자 장려 및 지적재산권 보호 ⑤ 규제완화 및 경쟁촉진 등을 제시하고, 미국이외의 국가들도 신경제적 정책을 추진하여 혜택을 볼 수 있으나 경제사회 변화에 따른 실업 등의 문제가 크게 발생할 수 있다는 점을 지적하면서 신경제의 효과는 이러한 변화관리능력에 달려있다고 강조 3. 각 회원국 대표들의 토론에서는 ① 신경제 현상이 미국이외 기타 회원국에서도 발견되는지 여부 ② 신경제 현상을 가능케 하는 정책 대안 ③ 사회통합 문제를 중점 논의하였다. 스웨덴 등 북구 국가대표와 캐나다, 호주대표는 자국에도 미국경제에 상응하는 신경제현상이 존재한다고 강조하였으며, 신경제 현상은 특정정책보다는 복합적인 경제·사회변화를 통해 가능해진다는 점을 강조

[3] 미국의 경제성장은 첨단기술 개발과 기업활동의 세계화를 바탕으로 고성장, 저인플레이션의 '신경제'를 이룩한 것이고, 미국경제는 결코 일본의 거품경제의 붕괴과정을 밟지 않을 것이다. 즉, 자산가치, 주가, 물가상승 등 눈으로 확인되는 경제지표의 상승은 분명 거품경제의 징후일 수 있고 거품경제 또한 위험한 징후이지만 이러한 현상이 일본과 같은 거품경제를 예고하는 것은 아니라고 주장.

표 3.2 ▸ 미국의 산업 부문별 시간당 산출량(50~99)

(연평균증가율, %)

부문	50.2~72.2	72.2~95.4	95.4~99.1
1. 비농림 민간부문	2.63	1.13	2.15
2. 제조업	2.56	2.58	4.58
가. 내구재	2.32	3.05	6.78
㉠ 컴퓨터	–	17.83	41.70
㉡비컴퓨터	2.23	1.88	1.82
나. 비내구재	2.96	2.03	2.05

자료: 노동통계국(BLS), (2. 가의 ㉠㉡는 Gordon의 추정치)

장인 Alan Gren-span[4], 미연방준비위원회 이사인 Alice Rivlin 등이다. 이들에 의하면 새로운 하이테크 산업의 발흥과 발전이 경제전체를 보다 생산적으로 만들 수 있다는 비젼을 제시하였다.[5]

'비즈니스위크'지는 90년대 미국의 장기호황을 이끈 주역은 정보기술(IT)산업이며 투자확대를 통한 IT 기술 혁신이 생산성의 지속적인 증가를 가져왔고 이것이 장기 호황의 본질이라고 주장했다. 미국 정부 역시 90년대 호황을 '새로운 시대의 도래'라고 표현하면서 지난 19세기 전기와 내연기관의 발달이 인류에게 새로운 경제패러다임을 가져다준 것처럼 IT 혁신 역시 또 다른 구조 변화를 몰고 왔다는 입장을 취하고 있다.

낙관론자 입장에서 보면 미국경제는 정보기술(information technology)이 성장의 견인차(driver)로 작용하는 생산성 진화(productivity evolution) 과정[6]에 있으며 컴퓨터와 인터넷분야의 기술혁신이 중장기적으로는 이들 산업이외 부문의 생산성까지 증가시킬 것으로 설명하고 있다. 90년대에 들어 정보기술에 대한 연간투자는 네 배나 증가했고 이 부문이 미국 GDP의 8%를 차지하고 있으면서 실제 경제성장에 있어서는 35%를 차지하였기 때문이다.

또한 2006년까지 미국의 노동력중 거의 절반이 정보기술 관련 분야에 종사하고 생산성도 급격히 상승할 것으로 주장한다. 실제로 90년대 들어 정보기술 관련업체들은 평균 10.4%의 연간 생산성 증가율을 기록했었기 때문이다.

---

[4] FRB의 Alan Greenspan 의장: "미국을 모델로 하는 자유시장 체제만이 우리 생활의 안정과 유연성을 보장하고, 빠르게 변화하는 기술에 따른 수준 높은 생활 체제를 끊임없이 제공해준다"

[5] 외교통상부,『KOREA&OECD』.2000. 참조

[6] "evolution" - not re revolution- 이라고 한 것은 아직 정보기술의 효과가 산업전반으로 확산도지 않았기 때문이다.

또한 신경제론의 낙관론자들은 통계적으로 나타난 생산성 증가보다는 무형적 생산성 증가가 여타 부문에 파급효과를 미칠 것이라고 주장하였다. IT 산업 발전에 따른 정보접근성의 개선은 경영효율성을 증가시켰으며 생산계획의 용이화, 재고 감소, 송출기간 단축, 물류 구조개선 등 각 부문의 효율 증진을 가져왔다는 것이다. 이런 요인들은 자본재의 유연성을 증가시켜 자본재 투자가 급증하고 생산성을 증가시킨다는 것이다.[7]

1990년대 이후 전체적인 생산성 증가는 상당부문 컴퓨터 관련 투자증가 및 컴퓨터부문의 생산성 증가인데 향후 총생산성 증가는 첫째, 컴퓨터와 인터넷 분야의 기술혁신이 얼마나 빠르게 지속되고, 둘째, 이 분야의 기술혁신이 얼마만큼 타분야로 파급되는냐에 달려있다고 보고 있다.[8]

아울러 「US New & World Report」지의 Mort Zukerman 편집장은 "A Second American Country"라는 제목의 사설을 통해 '20세기와 마찬가지로 21세기에도 미국의 시대가 될 것'이라고 주장하였다. 미국이 현재 세계시장을 지배할 만한 경제성장을 이룬 것은 향상된 경영기법, 첨단기술에의 투자, 노동시장의 유연성, 미국의 개인주의 문하, 자본시장의 규모, 신중한 금융 및 재정정책 등을 바탕으로 한 경제 구조적 변화의 당연한 결과이며 결코 일시적인 호황은 아니라고 주장하였다.

반면 '이코노미스트'지는 줄곧 신경제론의 이상을 비판해왔다. '이코노미스트'지의 신경제에 대한 반론은 보면 거품경제 징후 중 하나인 자산가치 상승은 전반적인 현상이 아니라 일부 계층에 해당되는 것으로 고급주택 가격, 골프 회원권, 항공기 1등석 등의 요금은 올랐지만 일반 서민주택 가격, 일반 체육관 입장료 등은 불변이다. 반면, 자동차, 의류, 식료품 가격은 하락하였으며 따라서 인플레나 거품경제에 대한 우려는 사실과 다르며 미국의 경제적 여건은 여전히 건실하다는 것이다. 또한 미국의 급격한 경제성장은 이상 기온(엘리뇨 현상)에 의한 것이고 경기과열 조짐이 계속된다 해도 정부의 인위적인 개입 없이 경제(시장)구조가 자율적으로 해결될 것으로 보았다. 가장 우려되는 것은 외채증가이나 정부는 이에 대비할 것을 은행에 알린 상태이고 분

---

7 실상 델 컴퓨터(Dell Computer)나 시스코(Cisco)와 같은 첨단 컴퓨터 기업은 주문의 상당부문을 웹상에서 이루어진다. 이와 같이 상품공급자나 고객들과의 연계를 웹을 통하여 이루고 있는 것처럼 상당한 수준의 무형적 생산성 증가 효과를 보고 있다.

8 신경제론자들은 아직 컴퓨터 부문을 제외하면 뚜렷한 생산성 증가가 없는 것은 사실이나 전기모토(electronic motor). 등 범용기술(general-purpose technology)의 발명이 전 산업으로 확산되는 데 상당 기간이 소요된 과거 사례를 감안할 때 신경제론은 시기의 문제이지 그 가능성은 높다는 것이다.

명한 것은 '미국과 일본은 다르다'는 것이다.

미노스웨스턴대의 로버튼 고든 교수는 '신경제'가 고도의 생산성 향상을 가져왔다는 주장에 직접적으로 이의를 제기하였다. 생산성 향상은 경기순환 상승기의 일반적인 현상이라는 지적이다.

또한, 미국 MIT 경제학과 Paul Krugman 교수는 다음의 예를 들어 신경제가 유효성이 검증되지 않은 개념이라고 논박하였다.

첫째. 미국의 호경기의 양상은 과거에도 존재하였고, 둘째, 최근 신경제의 발전이 통계적인 것이 크며 셋째, 1990년대이래 생산성증가가 컴퓨터 산업에만 국한되었으며 넷째, 신경제론자들이 무형적 생산성 증가에도 불구하고 미국은 일본과 유사한 국제자금 이탈 등으로 앞으로 경기 둔화 양상이 가시화 될 것으로 전망된다고 주장하였다. 즉, 미국의 경제가 근래 기대했던 것보다 훨씬 좋은 성과를 이룩한 것은 사실이지만 신경제현상은 아니며, 경기의 일시적인 변동과 경제의 구조적 변화를 혼돈해서는 안 된다고 주장하고 있다. 또한 실업률과 임금상승의 관계도 신경제현상으로 볼 수 업고, 임금상승에도 불구하고 인플레이션이 낮은 이유로는 첫째, 생산성의 장기적 성장으로 볼 수 있다는 것이고 둘째로 달러강세, 안정된 생필품 가격 등의 외적요인을 들 수 있는데 이것도 역시 경제구조 변화나 장기적 현상으로 볼 수 없고 오히려 아시아 국가들의 경제악화에 의한 것으로 보아야 한다는 주장이다. 또한 아시아의 경제위기도 사실상 미국 경제 성장에 결정적인 역할을 한 것이 아니라 일조한 것에 지나지 않으며, 조만간 미국경제는 오히려 이들 국가의 위기로 인해 경제성장이 둔화되고 경기는 더욱 과열될 것으로 주장하였다.

3.3 신경제의 특징

신경제의 가장 큰 특징중의 하나는 규모수익체증이다. 규모수익체증이란 특정 상품을 추가로 생산할 때 이에 대한 단위당 비용(한계비용)이 감소하기 때문에 생산을 늘릴수록 수익규모가 점차 커지는 현상을 지칭한다. 컴퓨터 하드웨어나 소프트웨어가 그 좋은 예이다. 소프트웨어 상품을 최초로 고안 생산할 때는 대체로 엄청난 비용이 들어간다. 거액의 연구개발비 등이 필요하기 때문이다. 그러나 이 상품을 추가 생산하면 한계비용이 급격히 감소하기 때문에 소액으로도 생산이 가능해진다.

따라서 미국경제에서 나타난 신경제의 주요 특징을 살펴보면 첫째, 노동

생산성[9]의 지속적 향상[10]과 둘째, 주식시장의 성장 및 신기술산업과의 연계. 셋째, 지식 · 정보 등 무형자산의 축적 넷째, 기술진보와 혁신[11] 등으로 요약할 수 있다.

그리고 이러한 신경제를 가능케 한 정책대안으로는 첫째, 건전한 재정 및 통화정책을 실시하는 것이고 둘째, 교육의 질적 향상 및 기회 확대와 셋째, 직업훈련 및 safety-net 확충이다. 넷째, R&D 투자 장려 및 지적재산권 보호와 다섯째, 규제완화 및 경쟁촉진 등으로 볼 수 있다.

---

[9] 95년이전 연간 약 1.5%, 신경제현상이 본격화된 95~99년간 연3% 상승을 시현

[10] 생산성 분야 세계적 전문가인 노스웨스턴 대학 로버트 고든 교수의 최근 연구는 컴퓨터 분야를 중심으로 한 '신경제'가 고도 생산성 향상을 자져왔다는 주장이 사실이 아님을 뒷받침하고 있다. 고든 교수는 90년대 생산성 향상분 중 3분의 1은 측정오차고 다른 3분의 1은 경기순환에 따른 향상분이며 나머지 3분의 1만이 컴퓨터 분야에 의한 기여라고 주장했다.

[11] 기술진보는 대기업보다는 중소기업에 의해서 이루어졌으며, 교육과 이민 (95~98년도에 새로 탄생한 실리콘밸리기업 CEO의 22%가 중국과 인도계)의 역할이 컸음.

CHAPTER 04

중국의 WTO 가입

미국과 중국의 세계무역기구(WTO) 가입 협상 타결로 가입 신청을 한 지 15년 만인 2001년 12월 11일 세계무역기구의 정식 회원국이 되었다. 중국의 WTO 가입으로 개혁·개방 가속화를 통해 경제적 위상이 한층 강화될 전망이다. 또한 세계 경제·무역의 확대 발전과 국제무역 질서의 안정에도 기여할 것으로 보인다.

4.1 중국의 WTO 가입

1950년 GATT를 탈퇴한 중국은 1986년 7월 GATT로의 복귀를 신청한 이후 GATT 및 WTO 가입을 추진해 왔으나, 미국과의 현저한 입장차이로 실패를 거듭해왔다. 1999. 4월 주룽지 중국 총리의 방미 기간중 가입문제가 논의되었으나 중국에 대한 미국 핵기술 절취 주장 제기, 인권문제 등을 이유로 미국 의회의 반대와 중국의 서비스 분야 개방 및 관세 인하 폭에 대한 입장 차이 등으로 결렬되었다.

1999년 5월 7일에는 주유고슬라비아 중국대사관에 대한 NATO의 오폭으로 중국의 WTO 가입에 관한 미-중 협상이 중단되었다. 그러나 양국은 중국의 WTO 가입이 양국 경제는 물론 세계 경제 발전에 기여하는데 인식을 같이하고 1999년 9월 초에 협상을 재개하여 마침내 2001년 11월 10일 미국과의 타협에 합의함으로써 2001년 12월 11일 WTO의 정식 회원국이 되었다.

중국은 WTO 가입으로 국제금융 및 무역기구에 가입하게 됨으로써 중국의 국제정치, 경제적 위상뿐 아니라 경제적 실익이 크게 높아지고 국제자본시

표 4.1 ▸ 중국의 WTO 가입 일지

1950. 3월	중국, '중화민국' 명의로 GATT 탈퇴
1986. 7월	중국, GATT 가입 신청
1990. 1월	대만, GATT 가입 신청
1995. 6월	중국, WTO 옵저버 자격 획득
1997. 8월	중국의 WTO가입 위한 한국·중국양자회담 타결
1999. 4월	주룽지 중국 총리 미국방문, WTO가입에 대한 미국지지 확인
11월	중국, 미국, WTO가입 양자회담 타결
2001. 1월	중국 가입심사를 위한 WTO중국작업반 15차회의, 결렬
6. 9일	신화사, 중국·미국 WTO협상 합의 보도
6.28~7.4일	WTO 중국작업반 15차 회의(스위스 제네바)
11.9~13일	WTO 총회, 중국가입안 상정(카타르 도하)

표 4.2 ▸ 중국의 관세율 인하 조치

분야	세부사항
관세인하(양허) (Tariff bindings)	• 2005년까지 평균관세율을 9.44%로 인하(일부품목제외) • 전 품목 양허
농업부문	• 2004년 말까지 평균관세율을 17%로 인하 • 농산물에 대한 수출보조금 폐지 • 대두유 · 소맥 · 옥수수 · 쌀 · 원면 · 설탕 등에 대해서는 관세율 쿼타(TQR)적용
정부기술협정(ITA)	• 2003년까지 대부분의 정부기술제품의 무관세화 • 나머지는 2005년까지 무관세화
수량규제 (Quantitative Restriction)	• 2002년까지 대부분 폐지 • 나머지는 2005년까지 폐지
서비스부문	• 금융: 보험의 경우 WTO 가입 1년내에 외국인지분소유 51% 허용, 비생명보험과 재보험은 2년내에 단독자회사 설립허용 • 통신: 외국인지분소유 49%까지 허용, 부가가치통신과 페이징서비스는 가입후 4년내에 51%까지 허용 • AV: 비디오 · 음반 유통시장에서의 외국인지분 49% 허용
무역관련 지적재산권 (TRIPs)	• 미국과 지적재산권보호에 관한 양해각서 교환(1992), WTO 가입시 TRIPs 요건의 완전이행
수출보조금	폐지

장에서의 차입이 보다 용이해질 것으로 보이며 미국 및 EU를 포함한 주요 무역국으로부터 최혜국 대우를 무차별적·자동적으로 인정받게 되어 경제발전에 크게 기여할 것으로 보인다.

1) 개방의 확대

중국은 WTO 가입을 위하여 90년대 들어와 적극적인 시장개방 조치들을 취하여왔다. 한편, WTO 가입을 계기로 관세율이 인하되는 한편 비관세 장벽 등 무역장벽과 규제가 철폐 또는 완화되면서 추가적인 수입확대 효과가 발생할 것으로 보인다.

관세율 인하를 살펴보면 중국은 92년부터 2000년까지 6차례에 걸쳐 지속적으로 관세율을 인하하여 왔으며, 90년대 초반까지 중국의 관세율은 40%를 훨씬 넘는 높은 수준이었으나 2000년말 기준으로 평균 관세율률을 15.3% 수준으로 대폭 인하하였다. 제조업 분야의 평균관세율은 2005년까지 9.4%로 인하할 계획이며, 일부 폼목 외 모든 공산품의 관세율 인하는 2005년 이전에 완료한다는 입장이다.

2) 미국·중국 협상 타결내용

미국과 중국의 세계무역기구(WTO) 가입 협상 타결[1]로 중국의 2001년 12월 10일 WTO의 정식 회원국이 되었다. 미국은 1999년 11월 15일 중국의 WTO 가입을 위한 양자회담을 타결하고서도 지속적으로 중국의 WTO행을 막아 왔다. 중국의 개방 문을 좀 더 넓히고 중국 내 산업구조를 서구식 시장경제체제로 끌어가기 위한 압력이었다.

미국·중국간에 중국의 세계무역기구 가입 협상이 타결됨에 따라 중국의 관세장벽은 대폭 낮아지게 된다. 일단 외국산 재화에 대해 22.1%를 부과해왔던 중국의 평균 관세율은 17%로 떨어지게 된다. 특히 농산물 분야에서는 관세율이 14.5~15%까지 인하된다.

미국과 중국이 이견을 보여왔던 가장 큰 분야는 농업보조금 문제이다. 중국은 개발도상국 자격으로 WTO에 가입하여 농민들에게 생산가의 10% 범위 내에서 보조금을 줘야 한다고 주장했다. 이에 대해 농산물 수출국인 미국은 중국을 선진국으로 인정하여 보조금을 5% 내에서 묶어둬야 한다고 고집해 왔다. 중국 정부관계자들은 '중국과 미국이 5~10% 선에서 농업보조금 수준을 조율해 왔다.'고 밝혀 보조금 수준이 7% 안팎에서 결정됐을 것이라는 추측을 낳고 있다.

금융분야에서 외국은행들은 앞으로 2년 내에 기업을 대상으로, 또 5년 내에는 가계를 대상으로 중국 내에서 소매금융을 할 수 있다. 지금까지 중국정부는 제한된 지역 내에서 19개 외국은행의 지점에 대해 위안화를 취급할 수 있는 라이센스를 발행했을 뿐이었다. 이런 제한이 이번 협상 타결로 철폐되는 셈이다.

통신분야에서도 외국기업의 접근 가능성이 크게 확대된다. 외국기업들은 중국 내의 통신(인터넷 포함)시장에 진출할 때 중국정부로부터 완벽한 투자보장을 얻어낼 수 있게 되었다. 통신업체에 대해 논란이 됐던 외국인 지분은 당분간 49%까지 허용된다. 그러나 중국정부는 2년 안에 이 지분을 50%까지

---

[1] 중국이 세계무역기구(WTO) 가입의 핵심 사안인 법률정비 작업에 박차를 가하고 있다. WTO 가입 이후 짜여질 새로운 경제질서를 순조롭게 정착시키기 위한 노력이다. 중국의 의회인 전인대(全人大)는 최근 상무위원회가 개정을 위해 손을 보고 있는 법률이 약 140개에 달하고 있다고 밝혔다. 또 5백 70개에 달하는 각종 법률 법규를 폐지할 계획이다. 전인대는 대신 3백 90개의 각종 법규를 이미 제정한 것으로 알려졌다. 또 국무원(행정부)이 약 8백여 건, 지방정부가 약 8천여 건의 행정관련 법규를 제정했다. 중국이 제정 추진중인 법률 중 가장 눈에 띄는 것은 '반 독점법'이다. 이 법은 공정한 경쟁을 위해 정부의 과도한 산업정책 남발금지, 특정 산업에서의 일부 기업 독점 금지, 국유기업 운영체제의 시장경제화 등을 담게 될 것으로 알려졌다. 중국은 또 반덤핑법을 새로 만들어 외국기업의 덤핑 행위에 대한 감시 및 대응을 강화할 예정이다.

표 4.3 ▸ 미국 · 중국간 협상 타결내용

분야	타결내용
관세·비관세장벽	• ·평균관세율 22.1%에서 17%로 인하(농업분야에서는 14.5~15%로 인하) • 주요품목 수출보조금제도 등 폐지 • 주요 농산물의 대외거래를 민간업체가 수행
금융	• 외국은행들 2년 내에 기업대상, 5년 내에 가계대상 소매금융허용
통신 (인터넷)	• 외국인의 중국통신기업 지분율 49% 허용(2년 내에 50%로 확대) • 인터넷시장에 대한 외국투자보장
섬유	• 현행 쿼터기간에 양국 마찰을 해소시킬 적절한 조치강구
공산품	• 유통 · 도소매, 서비스 등 전분야에 대한 외국기업 진출 허용 • 수입쿼터 등 양적인 장벽해제
자동차	• 관세율을 현재의 최소 80%에서 2006년까지 25%로 인하 • 자동차유통 분야 등에 외자참여 허용

확대시키게 된다. 특히 최근 중국정부가 잇따라 '투자를 제한하겠다'는 의지를 밝혀 큰 논란을 빚었던 인터넷분야 신규투자에 대해서도 투자권리가 철저히 보장된다.

섬유분야에 대해서는 미·중 양국이 현행 쿼터시스템이 유지되는 기간에 앞으로 시장마찰을 해소할 수 있는 적절한 조치를 강구하기로 했다. 자동차를 비롯한 공산품 분야에서도 대폭적인 시장개방이 이뤄진다. 자동차분야에서 중국정부는 현재의 관세율(80~100%)을 2006년까지 25%로 낮춰야 한다.

한편 협상에서 제기되었던 또 다른 문제는 보험시장 개방 문제이다. 미국은 중국의 보험시장 개방 폭을 당초 양자회담 간에 합의했던 것보다 더 폭넓게 요구한 것으로 알려졌다. 당초 양국은 '가입후 5년 안에 지역제한을 풀고 주요 도시는 2~3년 안에 개방한다'는 합의했었다. 중국은 농민들의 감정을 고려하여 이 문제를 양보하는 대신 농업보조금 분야에서 미국의 양보를 이끌어 냈을 가능성이 크다.

교역자율권 문제도 양측이 크게 부딪혔던 분야이다. 중국에 진출한 외국기업에 교역 및 유통권한을 줘야한다는 게 미국의 주장이었다. 전문가들은 '중국이 교역권 단계별 허용에 대한 시간표를 미국 측에 제시했을 가능성이 높다'고 분석하고 있다.[2]

[2] 골드만 삭스는 외국인직접투자 증대효과 등을 감안하면, 중국의 WTO 가입으로 미국의 수출은 2005년까지 130억 달러가 증가하는 것으로 추정한다. 미국의 대중국 수입과 관련하여, 특히 중국의 대미국 수출품 가운데 가장 큰 비중을 차지하고 있는 직물·의류의 경우, 중국의 WTO 가입으로 미국의 수입은 증가하지 않을 것이다. 중국이 WTO에 가입하면 미국이 통상법 301조와 같은 일방적인 무역제재조치를 임의로 발동할 수 없기 때문에 중국과의 외교현안 해결을 위한 주요 수단중 하나를 상실할 것이라는 주장이 있다. 반면 WTO의 분쟁해결메커니즘을 이용하면 중국의 무역정책에 효과적으로 영향을 줄 수 있다는 주장도 있다.

4.2 중국경제에 미치는 영향

중국의 WTO 가입은 중국경제의 성장 잠재력을 강화시킴으로써 중국의 지속적인 발전에 기여할 것으로 전망된다. 무엇보다 먼저 WTO 가입은 중국의 수출여건을 개선시킴으로써 중국의 수출증대에 기여하게 될 것이다.[3] 즉, 중국은 WTO 회원국으로부터 무조건적인 최혜국대우를 부여받게 되고, 그 동안 중국산 제품에 대해 취해졌던 차별적인 조치들이 제거됨으로써 중국의 수출여건이 크게 개선될 것으로 보인다.

또한 국내시장이 개방되고 외국인 투자기업의 경영여건이 크게 개선됨으로써 중국에 대한 외국인투자도 크게 증가할 것이다.[4] 이와 관련하여 중국 사회과학원은 2005년 중국의 외국인 직접투자 유입규모가 1천억 달러에 달할 것으로 전망하고 있다. 이와 더불어 WTO 가입 이후 기업 및 산업구조조

---

[3] 세계수출시장에서 중국 제품의 점유율은 1980년 우리나라와 같은 0.9%에서 계속 상승하여 1991년부터 우리나라를 앞지르기 시작하였으며 2000년에는 4.0%로 우리나라보다 1.2% 포인트나 높은 것으로 나타났다. WTO 가입 이후에도 중국 산업의 경쟁력이 더욱 강화될 것으로 보이는 것은 중국에 대한 외국인 직접투자가 1980년대에는 주로 노동집약산업에, 1990년대에는 자본집약산업에 집중되었으나 최근에는 기술집약산업에 대한 투자가 갈수록 확대되는 추세이기 때문이다.

또한 경제가 발전하면 임금이 상승하여 노동집약형 제품은 경쟁력을 상실하고 수출품은 기계류 등 기술집약형 제품으로 이동하는 것이 일반적 산업의 흐름이나 중국은 전기전자제품의 수출국으로 등장하기 시작하면서도 의류 등 노동집약형 제품의 경쟁력을 유지하고 있다. 즉, 중국제품은 가격이 저렴할 뿐만 아니라 품질이 점차 향상되고 있는데 이는 저임금, 거대시장에 의한 규모의 경제가 저코스트 생산을 가능하게 하기 때문이다. WTO 가입에 따라 농업부문의 노동력이 과잉으로 되면서 저임금정책을 펼 수 있게 되어 중국제품의 경쟁력은 더욱 강화되고 있다.

[4] 중국은 잠재적으로 큰 국내시장을 안고 있을 뿐만 아니라 비용측면에서도 효율이 매우 높고 산업기술도 어느 정도 축적되어 있어 구미, 일본 등 아시아 제조기업이 저마다 중국진출을 시도하고 있다. 즉, 시장입지(시장에 가장 가까운 곳에 공장을 설립) 및 최소생산비 입지(생산코스트가 가장 낮은 곳에 진출) 등 양면에서 비교우위를 강하게 가지고 있기 때문이다. 이렇게 기술집약산업에 대한 외국인 직접투자가 늘면서 중국 내 외자기업에서 생산된 고급기술제품의 수출은 1996년 45억 달러에서 2000년 298억 달러로 급증하고 있다. 이는 중국내 외자기업 수출총액의 25%, 중국 전체의 고급기술제품 수출액의 81%에 달하는 수준이다.

중국내 국유기업·외자기업의 고급기술제품 수출비중 비교

연도	총액(억달러)	국유기업(%)	외자기업(%)
1996	76.1	39	59
1997	163.1	N.A.	N.A.
1998	202.5	25	74
1999	247.0	23	76
2000	370.4	18	81

자료: UNCTAD, World Investment Report 2001(KIEP, 세계경제에서 재인용)

정으로 자원배분의 효율성과 생산성이 증대됨으로써 중국의 WTO 가입은 자원의 효율성 증대, 수출과 외국인 투자의 확대를 가져옴으로써 중국의 잠재 성장력을 강화시키는 중요한 계기가 될 것이다.

중국은 WTO 가입으로 미국으로부터 항구적으로 최혜국(MFN) 지위를 부여받게 되며 미국을 포함한 선진국으로부터의 대개도국 일반특혜관세 적용, 다자간섬유협정에 의한 수량제한 폐지, 중국의 관심품목에 대한 관세 인하 등의 혜택을 받게 되는 반면 중국은 무역 및 투자 자유화를 크게 확대될 것이다.

이에 따라 중국은 수출이 늘어나고 외국인 직접투자도 확대됨으로써 경제성장률이 1~3% 포인트 높아지고 보다 장기적으로는 산업경쟁력이 강화될 것으로 기대된다.

세계은행은 WTO 가입으로 인해 중국 경제성장률이 연간 2~3%씩 더 증가할 것으로 예측하고 있으며, 중국 내 전문가들은 중국 GDP는 2.94% 증가한 약 2천억 원(약 240억 달러)증가하고 1천만 명 이상의 취업이 증가할 것으로 전망하고 있다.

1) 경제성장의 가속화

중국경제는 1978년 개혁·개방노선을 채택한 이래 1990년대 중반까지 연평균 10% 내외의 고성장을 달성하였으며 1996~2000년중에도 아시아 외환위기에도 불구하고 소비 및 투자 등 내수가 호조를 지속함에 따라 8%대의 성장을 기록하였다.

표 4.4 ▸ 중국의 경제성장률 추이

(%)

	1979~90년	1991~1995년	1996~2000년	1979~2000
연평균 성장률	9.0	12.0	8.3	9.5

자료: IMF, International Financial Statistics, 각호 , 한국은행

중국경제는 앞으로 제12차 5개년 계획이 완료되는 2015년까지도 7~8%대의 성장을 지속할 것으로 전망된다.

표 4.5 ▸ 중국의 경제성장률 전망

(연평균) (%)

	2001~2005년 (제10차 5개년계획)	2006~2010년 (제11차 5개년계획)	2011~2015년 (제12차 5개년계획)
WEFA	7.7	7.5	7.2
OEF	8.3	7.4	–

자료: WEFA, World Economic Outlook 20 year Extension Forecast(2001.3.27)
OEF, World Long-term Economic Prospects(2001.5.0), 한국은행

중국이 WTO에 가입함으로써 각국의 중국상품에 대한 관세 및 비관세장벽 완화 등으로 수출이 늘어나고 대중국 외국인직접투자가 더욱 확대됨에 따라 경제성장률이 상승할 것으로 보인다. 또한 모든 회원국으로부터 최혜국대우(MFN, Most Favored Nation)대우를 받게 되어 중국상품에 대한 관세가 인하되고 각종 수입물량제한 등도 완화됨에 따라 수출증가세가 확대될 것으로 보인다. 이와 함께 외국자본의 중국 진출에 대한 규제가 완화되고 외국인투자기업에 대한 내국민대우 도입, 법·제도의 투명성 제고 등으로 투자여건도 크게 개선됨으로써 외국인투자가 증가할 전망이다.[5]

2) 산업구조의 고도화 및 경쟁력 제고

중국 경제는 1990년대 이후 1차산업의 비중이 크게 하락한 반면 2차산업과 3차산업의 비중이 상승하는 등 산업구조의 고도화가 급속도로 진행되고 있다.

이를 반영하여 중국의 수출구조도 1990년대 중반 이후 전기·전자제품의 비중이 크게 상승하는 등 고도화가 급진전되었다. 특히 IBM(컴퓨터), Nokia, Motorola, Ericsson(이상 휴대전화기) 등 미국과 유럽의 다국적기업들이 중국에 대한 투자를 확대하면서 컴퓨터, 유무선통신기기 등의 수출 비중이 빠른 속도로 상승하고 있다.[6]

표 4.6 ▸ 중국의 산업구조 추이

(%)

	1980	1985	1990	1995	2000
<생산액 기준>					
1차산업	30.1	28.4	27.0	20.5	15.9
2차산업	48.5	43.1	41.6	48.8	50.9
3차산업	21.4	28.5	31.4	30.7	33.2
<취업자 기준>					
1차산업	68.7	62.4	60.1	52.2	50.0
2차산업	18.2	20.8	21.4	23.0	22.5
3차산업	13.1	16.8	18.5	24.8	27.5

자료: 한국은행

[5] 외자기업에 대한 내국민대우 부여로 인한 중국시장 접근이 용이해짐으로써 중국에 대한 외국인투자가 새로운 확대기를 맞이하게 되고 이는 합자기업뿐만 아니라 국유기업이나 집체기업에도 생산방식, 경영관리 등에 영향을 끼칠 것이다.

[6] 중국 국무원발전연구센터는 WTO 가입시 중국의 수출이 매년 2.4%p씩 추가로 증가할 것으로 전망(1979~2000년중 연평균 수출증가율 16.3%)하고 있다. 다수의 예측기관들은 WTO 가입으로 중국의 경제성장률이 1~3%p 상승할 것으로 예측(World Bank: 2~3%, ADB: 1~2%, Goldman Sachs: 0.5%)하고 있다.

표 4.7 ▸ 대중국 외국인직접투자 동향[7]

(억달러, %)

	1996	1997	1998	1999	2000	2001.1~6
실행기준	417.3	452.7	455.9	404.0	407.0	207.0
	(11.2)	(8.5)	(0.7)	(–11.4)	(0.9)	(20.5)
신고기준	732.8	510.0	521.3	412.4	626.6	334.0
	(–19.7)	(–30.4)	(2.2)	(–20.9)	(50.8)	(38.2)

주: ( ) 내는 전년동기대비 증감률

자료: 한국은행

중국의 주요 업종별 경쟁력 추이를 살펴보면 의류, 신발류, 가전제품이 높은 경쟁력을 유지하고 있는 가운데 직물, 무선통신기기 등의 경쟁력이 강화되는 추세이다. 앞으로 전체 산업중 제조업과 서비스업의 비중이 더욱 높아지고 중국산업의 경쟁력(競爭力)이 전반적으로 강화될 것이다.

또한, 중국은 농산물 수입관세를 대폭 인하(2001년 31.5% → 2004년 14.5%)하는 등 시장개방을 확대해야 하기 때문에 1차 산업의 비중이 하락하는 반면 2차 및 3차 산업 비중은 상승할 것으로 보이며, 또한 의류, 신발류, 가전제품의 높은 경쟁력 수준이 유지되는 가운데 외국인직접투자의 증가 등에 힘입어 정보통신(IT)관련제품, 석유화학, 자동차 등의 경쟁력이 강화될 것으로 보이며 금융·보험, 통신, 유통산업의 발전도 촉진될 것으로 보인다.

한편, WTO 가입이 중국 산업에는 어떠한 영향을 미칠 것인가는 산업의 특성에 따라 다양하게 나타날 수 있다.

농업부문에서는 야채, 목축제품, 수산품의 수출에 긍정적이나 미국산 소맥, 옥수수, 귤, 육류의 대량수입이 중국 시장에 타격을 줄 것이다. 선진제국에 의한 수입할당의 단계적 철폐에 따라, 방직제품, 어패럴, 모자 등의 수출이 대체로 확대될 것이나 수입관세의 인하에 따른 섬유관련 원부자재의 수입이 대폭 증가할 것이다.

석유화학의 경우 비교적 경쟁력이 약한 화학섬유, 화공제품의 수입증가로 상당한 타격을 입을 것으로 예상되며, 자동차산업은 가장 큰 충격을 받을 것으로 보이는데 이는 현재 자동차 관세율이 41%, 승용차 수입관세는 80~100%에 이르나 점차 관세율이 20%대에까지 인하되고 수입쿼터도 폐

---

[7] 對중국 외국인직접투자(실행기준)는 1998~2000년중에 아시아 외환위기로 인한 주변국의 투자여력 약화 등으로 다소 부진하였으나 금년 상반기중에는 중국의 WTO 가입 기대가 커지면서 반도체, PC, 휴대폰, 석유화학, 자동차 부문에 대한 투자를 중심으로 전년동기대비 20% 이상의 높은 증가율을 기록하였다.

표 4.8 ▸ WTO 가입에 따른 중국주요산업에 대한 영향

업종	수출	수입 · 내수시장
농업	야채, 목축제품, 수산품의 수출에 긍정적	미국산 소맥, 옥수수, 귤, 육류의 대량수입이 국내시장에 타격
방직	선진제국에 의한 수입할당의 단계적 철폐에 따라, 방직제품, 어패럴, 모자 등의 수출이 대체로 확대	수입관세의 인하로 고급옷감원단, 폴리에스터 등 화섬원료의 수입증가
석유·석유화학		원유수입제한의 존재로 채굴에는 영향이 적지만, 기술낙후로 정유, 석유화학과 유통업에 타격예상
가전	칼라 TV, 냉장고, 세탁기 등 대부분 메이커의 수출이 외국의 관세장벽 철폐로 상당한 혜택	AV기기 등의 고급가전의 수입이 증가하지만, 국내업자의 경쟁력도 어느 정도 관계가 있어 영향이 제한적
통신		통신서비스 분야에서 외자의 진출이 위협적이지만, 제조분야에서는 영향이 경미
자동차		수입관세의 점진적 인하로 국산차의 수입차에 대한 가격우위 상실

자료: 中經網(www.cei.gov.cn) 1999.11.16, 산업은행

※ 〈별첨 1〉자료 참조: 「WTO 가입에 따른 중국 각 산업의 영향도」

지될 예정인바 수입승용차의 중국시장 점유율이 현재 3% 수준에서 2005년 10%로 늘어날 전망이다.

3) 의미와 영향

중국의 WTO 가입은 대외무역 증가 효과에 더하여 중국 경제가 세계경제체제 속에서 살아남기 위해 산업, 금융 등에 있어서 보다 심도 있는 구조조정을

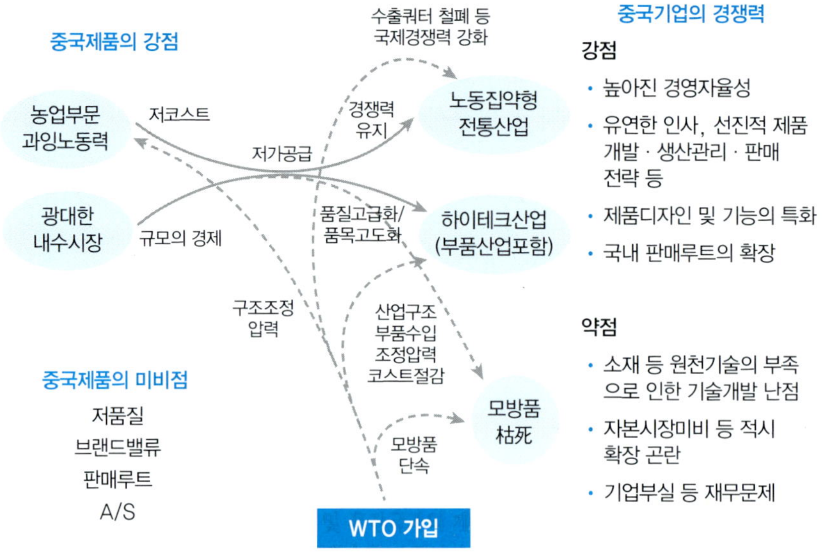

그림 4.1 ▸ 중국의 WTO 가입과 중국제품 · 기업의 경쟁력

자료: 한국산업은행, 「산은조사월보」 2001.12

표 4.9 ▸ WTO 가입에 따른 중국경제에의 종합적 영향

	긍정적	부정적
경제전반	– 개방확대, 규제철폐로 성장제고 효과 – 경제구조조정(개혁) 가속화 – 중국경제의 경쟁력 제고 ※ 성장률 0.5~0.6% 제고	– 개방에 따른 실업 증가 – 정치 사회적 불안 증가
무역	– 무역환경 개선, 무역확대 – 가격하락으로 소비자 후생 증대 ※ 무역규모 2005년 7,000억달러	– 외국 선진제품에 의한 국내 시장 잠식 – 고급제품 수입 증가
투자	– 정책투명성 제고 등 사업환경 개선 – 외국인투자 증대 ※ 외국인 투자 2005년 1,000억달러	– 국내 취약산업 붕괴
산업 · 기술	– 정보통신, 전자 등 첨단산업발전 – M&A, 구조조정 가속화 – 산업구조 고도화 – 기업 경쟁력 강화와 체질 개선	– 부실 기업, 금융기관 파산 가속화, 그로 인한 불안정 – 산업구조의 이중성 심화 우려

자료: 삼성경제연구소

통하여 국제경쟁력을 확보해야 하는 것을 의미한다.

중국 당국에는 WTO 가입이 개혁 가속화를 위한 명분으로 작용하여 기득권층이 구조개혁에 적극 참여할 수 있도록 함으로써 보다 발달된 시장경제 체제로 나아가게 하는 기폭제가 될 것이다. 따라서 그 동안의 경제개혁이 정책 당국의 입안에 의해 자체적으로 진행되어 온 것이라면 이후부터는 국제경제무대에서 다양한 압력에 의해 개혁개방을 지속해 나갈 것으로 예상된다.

중국의 WTO 가입은 자본재 등 수입상승으로 인한 부정적 요인도 있으나 수출증가 효과와 사회간접자본 확대, 내수시장 자극으로 인한 긍정적 효과가 상대적으로 커질 것으로 보여 중국경제의 성장률을 더욱 높이는 효과가 있을 것으로 예상된다. 중국은 여전히 농업부문의 과잉노동력을 확보하여 상당기간 저임 등에 따른 제품의 저가공급으로 경쟁력을 유지할 것으로 보이며 여기에 WTO 가입에 따른 자원배분의 합리화, 부품수입의 코스트 절감, 선진경영기법 도입 등으로 기업의 경쟁력이 제고될 것으로 보인다. 물론 소재 등 원천기술의 부족으로 인한 기술개발 난점, 자본시장미비 등 적시확장 곤란, 기업부실 등의 과제가 있으나 광대한 내수시장을 바탕으로 이를 점차 개선해 나갈 것으로 보인다.

WEFA와 OEF 등 세계 유수기관에서도 WTO 가입, 내수시장의 호조 등의 영향으로 중국경제의 향후 성장률을 매우 높게 전망하고 있는데 2015년까지 7~8%대의 성장을 지속할 것으로 예상하고 있다.

4.3 한국경제에 미치는 영향

중국의 WTO 가입은 중국의 시장개입이 확대되고 우리 진출기업들의 사업 환경이 전반적으로 개선되는 기회를 제공하는 반면 양국이 섬유, 경공업 및 일부 중공업분야에서 치열한 경쟁관계에 돌입하는 양면성을 가지고 있다. 경제전문가들은 중국의 WTO 가입이 단기적인 측면에서는 한국의 수출이 증가하겠지만 장기적으로는 중국제품의 가격경쟁력 강화로 인해 한국의 수출시장인 선진국시장을 크게 잠식하게 되어 한국경제에 부정적인 영향을 미칠 것으로 분석하고 있다.

우선, 중국의 WTO 가입은 한국의 입장에서 몇 가지 아주 중요한 의미를 갖고 있다. 첫째는 우리 바로 옆에 인구 13억의 엄청난 잠재력을 가진 시장이 활짝 열린다는 점이다. 중국은 공산품 평균 관세율을 현재 17%에서 5년후 9.4%까지 낮춰야 하며, 모든 비관세장벽을 5년 이내에 완전 철폐해야 한다. 그 동안 외국인에게 닫혀있던 무역·통신·유통·운송·금융·보험·증권시장도 3년 내지 5년 안에 활짝 열린다는 것이다.

둘째는 중국이 WTO에 가입하면서 한·중 간 무역분쟁의 양상이 바뀔 것이라는 점이다. 중국도 WTO 규정을 따라야 하기 때문에 과거처럼 일방적인 무역보복을 하기에는 부담이 커졌다. 예컨데 한·중 마늘 분쟁에서 중국이 일방적인 보복조치를 하더라도 우리는 고스란히 앉아서 피해를 입을 수밖에 없었다. 그러나 앞으로는 WTO 제소 절차를 통해 중국의 무책임한 무역보복에 대해서는 바로잡을 수 있는 기회가 생겼다.

셋째는 중국이 WTO 가입을 계기로 한국을 능가하는 경쟁자로 부상할 것이라는 점이다. 현재 추진하고 있는 중국의 경제개혁이 후퇴하지 않도록 WTO가 안전대 역할을 할 것으로 보인다. 지금도 중국에는 외국 자본들이 쏟

표 4.10 ▸ 중국의 WTO 가입이 한국경제에 미치는 영향

	긍정적 측면	부정적 측면
무역	• 대중 교역환경 개선 • 중국의 관세율 인하(수입확대)로 인한 대중국 수출 증가분: 12억~13억 달러 • 중국의 성장제고, 투자자유화 등에 따른 동태적 수출유발효과	• 중국시장에서의 경쟁 격화 • 미국 등 주요 수출시장에서의 퇴출 가속화
투자	• 외국인 투자 관련정책의 정비 및 투명성 제고 • 신규산업 개방 • 대중국 사업기회 확대	• 경쟁의 가속화 • 전통적 가격경쟁력 한계 • 경쟁력을 구비하지 않으면 대중국 사업의 상당수 도태

자료: 삼성경제연구소, 한국경제, 2001.6.11.

아지고 있는데, 중국이 WTO의 국제규범까지 준수하겠다고 약속하면 외국 자본의 중국투자가 더욱 활성화될 것이다.

중국의 넓은 시장과 저렴한 노동력에 외국 기술·자본이 어우러져 만들어 낸 중국 상품의 경쟁력이 한결 높아질 것은 분명하다. 또 중국에 진출한 외국 기업에서 만들어진 상품이 세계 곳곳에서 우리 상품과 경쟁하면서 메이드 인 코리아를 밀어내려고 시도할 것이라는 추측도 어렵지 않다. 한마디로 우리기업에 중국의 WTO 가입은 새로운 기회이자 강력한 도전이다.

중국은 우리와 지리적으로 가깝고 문화적·역사적 유사성이 있으며, 200만의 조선족이 중국에 살고 있다는 점에서 우리는 다른 나라보다 유리한 점을 가지고 있다. 이런 점에서 단기적으로는 빗장이 열리는 중국 시장에 대한 수출을 증대시킬 구체적이고 실현성 있는 전략을 정부와 기업 차원에서 체계적으로 만들어야 한다. 중국 전문가를 양성하고, 중국어나 중국문화에 대해서도 지금보다 더 큰 관심을 가질 필요가 있다. 현재 연간 50억 달러규모의 무역흑자를 기록하는 한·중 간의협력방안을 강구하고, 동북아 지역에 있어서의 자유무역 협정 체결 등을 포함한 경제협력문제를 구체화시킬 필요가 있다.

그러나 농수산물 분야를 포함하여 일부 분야에서는 우리가 중국보다 경쟁력이 뒤지는 분야도 많다. 따라서 중국 농산물의 국내 반입에 따른 농민들의 어려움이 가중되는 것에 대해서도 정부 차원의 준비가 필요하다.

장기적으로는 중국이 우리의 강력한 경쟁 대상으로 부상하는 데 대한 '국가 대응 전략'의 마련이 시급할 것으로 보인다. 우리가 어떻게 중국에 대해 지속적으로 경쟁의 우위를 확보하는냐를 놓고 교육, 기업 환경, 산업구조 개편을 위한 전략적인 대책을 체계적으로 준비해야 될 것으로 보인다.

1) 한-중 교역증가 및 중국시장 진출의 확대

중국의 WTO 가입은 중국의 무역확대를 통해 경제성장을 가속화시키고 한중간의 관세[8] 및 비관세 장벽을 상호주의 원칙에서 완화 또는 철폐하는 계기를 마련해 줌으로써 한·중 교역확대에 기여할 것이다.

한국의 대중국 무역추이를 살펴보면 1992년 한·중 수교 이후 급격하게 늘어나고 있으며 2000년중에는 각각 전체 수출과 수입의 10.7%와 8.0%인 185억 달러와 128억 달러로 확대되었다.[9]

---

[8] 직접적인 효과로는 관세율 인하 등 수출의 직접적 증가분은 약 12~15억 달러로 추정된다. 이 같은 수출 증가분은 한국 총수출의 1% 미만이나 대중국 수출액의 7~10% 규모이다.

[9] 특히 무역수지 흑자부문의 상당부분이 대중국무역에서 발생하여 한중경제교류가 우리경제에서 중요한 역할을 하고 있다.

표 4.11 ▸ 우리나라의 對중국 수출입 추이

(억달러, %)

	1980	1985	1990	1992	1995	2000
전체수출(A)	175.0(16.3)	302.8(3.6)	650.2(4.2)	766.3(6.6)	1,250.6(30.3)	1,722.7(19.9)
對중국(B)	0.2(··)	0.4(138.0)	5.8(33.7)	26.5(164.7)	91.4(47.4)	184.5(34.9)
비중(B/A,%)	0.1	0.1	0.9	3.5	7.3	10.7
전체수입(C)	222.9(9.6)	311.4(1.6)	698.4(13.6)	817.8(0.3)	1351.2(32.0)	1604.8(34.0)
對중국(D)	0.3(··)	4.8(133.2)	22.7(33.1)	37.2(8.3)	74.0(35.5)	128.0(44.4)
비중(D/C,%)	0.1	1.5	3.2	4.6	5.5	8.0
전체수지(A-C)	-47.9	-8.5	-48.3	-51.4	-100.6	117.9
對중국(B-D)	-0.1	-4.4	-16.8	-10.7	17.4	56.6

주: ( )내는 전년동기대비 증가율
자료: BOK, 산업은행

한국의 입장에서 중국의 대한 수출은 중저가 제품을 중심으로 증가할 전망이다. 반면에 중국의 경우 최혜국 대우를 누리게 될 중국의 저가 농산물이나 가전제품을 중심으로 한 공산품의 대한 수출이 증가가 예상된다. 특히 고급 A/V, 컴퓨터 등 정보가전, 반도체, 통신기기, 석유화학제품 등의 수출 증가가 기대된다. 이에 따라 한국의 대중국 수출은 2005년에 2000년 184억 달러보다 2배 이상 확대되어 450~500억 달러에 달할 전망이다. 1993년 이후 계속 흑자를 기록하고 있는 대중국 무역흑자(현재 연간 50~60억 달러 규모)는 당분간 지속될 것으로 보인다.

한편, 중국에 대한 우리나라의 직접투자는 1989년 6백만 달러를 시작으로 매년 크게 증가하였으나 외환위기 이후 점차 감소하여 2000년에는 3억 달러에 불과한 실적을 기록하였다. 그러나 WTO 가입을 계기로 신규 사업이 개방이 확대되고 중국의 투자환경도 현저히 개선될 것이므로 대중국 투자도 확

표 4.12 ▸ 한국의 대중국 직접투자 추이

(백만 달러)

연도	1989	1992	1995	1998	2000	계
중국(A)	6	141	824	631	307	4,831
전체(B)	579	1,219	3,072	3,895	3,678	27,528
비중(A/B)	1.1%	11.6%	26.8%	16.2%	8.3%	17.5%

자료: 한국수출입은행

대될 전망이다.[10] 또한 최근에는 중소기업보다 대기업 및 중견기업들을 중심으로 대중국 투자가 증대되고 있는 추세이다.

2) 국내외 시장에서의 경쟁 심화

한편 중국이 세계시장에 본격적으로 뛰어든다는 사실은 수출에 경제의 사활을 걸고 있는 한국으로선 상당히 부담스러울 수밖에 없다.

우리에게 가장 큰 미국시장에서는 이미 중국제품과의 경쟁격화로 수출이 감소하고 있는 상황에서 한국의 수출상품은 갈수록 중국에 시장을 더 내주게 될 것이다. 오는 2002년이 되면 한국의 대미(對美) 수출주력인 전기전자의 경우 미국 시장 점유율이 5.1%(1994년 7.6%)로 떨어지는 반면 중국의 시장점유율은 12%(1994년 6.9%)로 급증할 것으로 보인다.

국내시장에서는 가격경쟁력에서 우위에 있는 중국의 저부가가치 제품들의 수입이 급증할 것으로 보이며 특히 저가의 중국산 농산물의 한국 수입 급증으로 농업분야에 타격이 예상된다.

중국시장에서의 사업은 세계적 선진기업들의 중국 진출이 더욱 증가할 것이기에 기회의 확대만큼 더욱 치열한 경쟁에 직면할 것으로 보인다.

표 4.13 ▸ 한국과 중국의 주요 수출품목별 미국시장 점유율 변화 전망

단위:%		중 국			한 국	
	1994	1998	2002	1994	1998	2002
자동차	0.4	0.7	0.8	1.7	1.5	1.4
전기전자	6.9	10.0	12.0	7.6	6.6	5.1
일반기계	2.2	4.9	5.1	3.0	3.0	2.8
철강	5.3	9.5	10.3	6.4	5.5	5.0
의류제품	15.3	11.4	17.0	5.7	5.9	4.8
완구 및 운동용구	46.4	59.2	64.5	1.8	1.7	1.0

[10] 앞으로 중국의 통상 및 내국법률등이 좀 더 투명해지고 '글로벌스탠더드'를 수렴하게 될 것이다. 유·무형의 시장장벽이 낮아진다는 얘기다. 중국정부가 그 동안 진출기업에 적용해온 중국산 원·부자재 사용의무, 수출이행의무, 외환수지 평형 의무 등이 차례로 폐지되거나 완화 될 것이다. 이에 따라 한국기업의 중국진출이 크게 늘어날 것으로 보인다. 또한, 미국, 일본, 유럽 등 선진국들의 중국진출이 러시를 이루면서 다국적 기업들의 시장쟁탈전이 격화될 것으로 보인다. 한국기업들도 21세기에 세계 최대 시장으로 떠오를 가능성이 높은 중국에 확고한 교두보를 마련하는 차원에서 투자를 확대해야 할 것으로 보인다. 기존의 제조업 중심에서 벗어나 서비스, 부동산, 금융 등으로 진출분야를 다변화해야 하는 과제도 남아 있다.

표 4.14 ▸ 중국의 WTO 가입이 한국의 중국 교역에 미칠 영향

한국과 중국간 교역 증대 가속화	수출입 상품구조 변화	직접투자 증가 예상
• 중국의 가입은 중국경제성장을 가속화시켜 양국간의 교역확대에 크게 기여	• 화학, 철강, 섬유제품 등의 산업내 무역증가 • (한국 원부자재, 부품 수출증가)	• 중국의 시장화 개방화 확대로 직접투자 증가
• 상호 시장접근의 불균등으로 장기적인 대중 무역수지 악화 우려	• 자동차, 가전은 WTO 가입후에도 고관세와 행정규제로 우리의 대중 수출증대는 난망	• 금융, 보험, 유통, 건설 등의 서비스업종의 자본 및 기술 집약적인 중화학공업의 직접투자가 늘어날 가능성이 크다.

3) 국내 산업에 미치는 영향

우리의 산업 경쟁력 정도에 따라 국내 산업에 미치는 영향은 차별적으로 나타날 전망이다. 중국에 비해 경쟁력이 있고 수요 확대가 지속되며 신규 개방되는 고부가가치 분야는 수혜가 예상되나 이미 중국에 비해 경쟁력을 상실했거나 중국제품과의 경쟁으로 도태될 가능성이 있는 저부가가치는 타격이 예상된다.

산업별 영향을 살펴보면 중국의 관세율 인하 및 비관세장벽 완화와 WTO 가입에 따른 경제성장률 상승 등으로 對中 수출증대가 예상된다. 품목별로는 섬유관련 원부자재, 전기·전자제품, 플라스틱, 기계장비와 관세 인하폭이 큰 자동차 및 부품(41.3% → 14.7%) 등에서 대중 수출이 크게 신장할 것으로 전망된다. 산업 내 무역과 관련하여서도 석유화학, 철강, 섬유류, 전자산업에서 활발히 전개될 전망된다.

수입측면에서는 대중수출확대 등으로 인하여 수출용 제품에 사용되는 원자재수입확대가 예상되나 우리나라는 이미 중국에 최혜국대우(MFN)에 준하는 일반관세율을 적용하고 있어 중국의 WTO 가입에 의한 추가적인 관세인하에 따른 수입확대는 미미할 것으로 보인다. 단지 농산물 수입 등에 부과하고 있는 조정관세는 중국이 WTO 가입이후 인하를 요구할 경우 당해 품목의 수입확대가 예상된다.

중국의 WTO 가입에 따라 서비스업의 개방이 대폭 확대되고, 외자기업에 대한 대외무역권 부여, 중국산 원부자재 사용의무 비율 및 수출이행 의무비율 폐지 등 외자기업에 대한 규제완화와 내국민대우로 우리기업의 對중국 진출이 크게 확대될 것으로 전망된다. 업종별로는 종래의 노동집약적 경공업의 투자이점이 점차 축소될 것으로 전망됨에 따라 자본·기술 집약적인 중화학공업과 외국인 투자제한이 크게 완화되는 금융·보험, 통신, 유통업 등에 대한 투자가 늘어날 전망이다.

그러나 중국 내 제조업의 성장에 따른 자국산 제품 생산증가 및 선진기

표 4.15 ▸ 중국의 WTO 가입에 따른 한국 산업별 영향

한국경쟁력	산업	내용
경쟁력 상실	농업	- 쌀 등 저가 농산물 수입 급증 예상
	섬유의류	- 천연섬유 국내 수입 급증, 중국산의 미국시장 잠식
	신발, 완구	- 가격경쟁력 상실, 해외시장잠식 지속
경쟁력 대동	가전	- 저가의 백색가전 경쟁력 상실 - 고급(디지털, 정보)가전의 대중 수출 증가
경쟁력 우위	조선	- 현재로는 수주 선종 차이로 직접적 영향 미미 - 장기적으로는 중국의 투자 확대로 큰 위협이 됨
	자동차	- 관세인하 등으로 자동차·부품 수출 증가
	석유화학	- 관세인하, 수요 증가로 대중 수출 증가
	철강	- 중국 내 철강수요 급증, 한국의 공급과잉 해소의 기회
	정보통신	- 통신서비스 시장 개방으로 통신기기 수출 증가 - 한국의 우월한 경쟁력
	반도체	- 직접적인 영향은 미미 - 전자기기 수요 증가시 반도체 수출 증가
금융/유통		- 진출 기회가 확대되나 국내 업체는 경쟁력이 약함

자료: 삼성경제연구소

업의 對中 진출확대로 한국기업은 종전보다 훨씬 치열한 경쟁에 직면하게 될 전망이며, 특히 가격경쟁이 심화되면 대중 수출물량은 늘어나더라도 채산성은 악화될 것으로 보인다.[11]

또한 중국기업의 국제경쟁력 강화로 세계 시장에서 한-중 간 경합이 더욱 심화될 전망이다. 현재 중국이 비교우위를 가지고 있는 것으로 평가된 신발·모자, 잡제품, 가죽·모피, 음료·알콜, 동·식물성 생산제품, 귀금속, 석재·시멘트·유리등은 더욱 우리시장을 잠식할 것으로 보인다. 전기·전자·기계, 차량운반구, 플라스틱·고무 등 우리나라가 아직 비교우위를 확보하고 있는

11 컴퓨터 산업에서도 생산은 96년, 수출은 97년부터 한국을 추월하고 있는데 중국은 WTO가입과 함께 정보기술산업에 집중적인 투자를 계획하고 있어 10년 이내에 선진국 수준에 도달할 것으로 전망된다. 한국의 조선산업은 2000년에 수주량과 건조량에서 세계 1위였지만 중국도 3위로 한국의 뒤를 좇고 있다. 조선산업을 민족산업으로 육성하는 계획을 가진 중국은 최근 초대형의 탱커, LPG 수송선, 초고속선박 등 높은 기술을 요하는 수주를 늘리고 있다.
철강의 생산(제강능력)에서 세계 제1위, 수출에서는 9위인 중국은 중소철강기업을 합병하여 4대 철강집단그룹으로의 재편을 행하고 있다. 2005년에는 세계 선진 철강국의 7할의 생산을 목표로 하고 있는 중국의 철강산업은 2010년부터는 한국과 전면적인 경쟁이 될 것으로 예상된다. 석유화학제품의 생산능력 부문에서 3위인 한국을 좇고 있는 중국은 현재 5위인데 2035년경에는 생산 및 수출에서 우리나라를 추월할 것으로 보인다. 중국의 자동차수요는 2010년에는 550만~650만 대에 달하여 세계 3위의 자동차시장이 될 전망되며 중국은 폭스바겐, GM, 다임러크라이슬러 등과 연계하여 2010년까지 국제경쟁력을 갖춘 3-4개 그룹의 자동차기업집단을 육성할 방침이다.

업종에서도 경합관계가 형성될 것으로 예상된다.[12]

외국인 직접투자에서도 중국의 WTO 가입은 우리나라에 대한 외국인직접투자가 상대적으로 위축될 가능성이 있다. 특히, 전기·전자, 통신업종 등은 중국의 기술수준이 향상됨에 따라 시장규모가 더 큰 중국으로 신규투자를 전환할 가능성이 클 것으로 예상된다.

한편 삼성경제연구소의 분석에 따르면 가전제품, 섬유(생사, 섬유), 신발, 농업기계에 관해서는 중국이 한국을 상회할 것으로 보이며, 합섬, 정보가전, 정밀가공기계, 철강에 대해서는 중국이 5년 이내에 한국을 추격할 것으로 보인다. 또한 통신기계, 석유화학제품, 조선, 자동차에 관해서는 중국이 10년 이내에 한국에 근접할 것이며 10년 경과 후에도 한국이 우위를 가질 분야로서는 반도체만을 들고 있다.

---

[12] 컬러 TV, 음향기기, VTR 등 가전제품의 세계 최대 생산기지가 된 중국은 디지털 가전 쪽도 생산 및 수출 영역을 확대하고 있으며 2~3년 내에 한국업체와 격렬한 주도권 쟁탈전을 피할 수 없는 상태이다. 중국의 기계산업은 주조 야금 기술이 이미 선진국수준에 달하고 있고, 발전설비, 석유화학설비 등의 플랜트는 독자적으로 설계가 가능하다. 중국 기계류의 수출은 2000년에는 425억 달러로 한국의 4.2배 건설기계와 농업기계 등 범용 기술 분야에서 한국과 거의 동등으로 일부 첨단공작기계를 제외하고 5년 이내에 한국과 동등한 수준이 될 것으로 예측된다.

CHAPTER 05

유로화의 출범

3억 명의 유럽인이 같은 돈을 쓰는 사상 최대의 유럽단일통화인 유로(Euro)화가 공식 통용에 들어갔다. 이는 1971년 브레튼우즈 체제가 붕괴된 이후 국제금융체제에 일어난 최대의 변화라 할 수 있다. 세계적으로 자유변동환율제를 채택하는 추세와는 달리 유럽 12개국은 환율안정과 경제적 번영을 위해 자국통화를 버리고 단일통화를 채택하였다. 유로화는 다수 국가가 통화주권을 포기하고 통화화합을 이루는 역사상 최초의 시도인 것이다.

유럽연합(EU)은 2002년 1월1일부터 유로화를 유럽 12개국에 공식통화로 사용하면서 경제구조와 규모가 다른 나라에 단일 통화시스템을 적용하고 사상 최초로 통화주권을 공유하게 되었다. 유로화 사용국가로는 독일, 프랑스, 이탈리아, 베네룩스3국, 오스트리아, 스페인, 포르투갈, 핀란드, 아일랜드, 그리스 등 12개 국가이고 영국, 스웨덴, 덴마크는 자국의 통화 약화를 우려하여 참가를 거부하였다.

5.1 유로화의 출범과 의미

1) 유로화의 개념

유로(EURO)화란 유럽경제통화동맹(EMU)소속 독일·이탈리아·프랑스·스페인·네델란드·오스트리아·벨기에·핀란드·포르투갈·그리스·아일랜드·룩셈부르크 등 12개국에서 2002년 1월 1일부터 사용하고 있는 유럽단일통화이다.

유로화는 2001년 1월 1일부터 은행 간 결제나 개인의 수표 등 금융시장에서만 사용되다가 2002년 1월 1일부터 동전과 지폐가 발행돼 소비자 사이에서도 유통되고 있으며, 2002년 2월 말까지 기존 화폐와 혼용되어 사용되다가 3월 1일부터 단독으로 전면 유통된다. 한편, 유럽 각국 통화를 유로화로 바꿀 경우 고정환율이 적용되며 6월 말까지 환전이 허용된다.

2) 유로화 출범과 성과

1999년 1월 1일 유럽통화동맹(EMU)의 출범으로 단일통화인 유로(Euro)화가 탄생하였다. 출범당시 EU회원국 중 11개국이 1차 유럽통화동맹(EMU)에 참가하고, 2001년 초 그리스가 12번째로 합류하였으나 영국, 스웨덴, 덴마크

등 3개국은 자국의 통화 약세를 우려하여 불참하였다.[1]

유럽중앙은행(ECB)이 통화량과 금리정책 등 12개국의 통화정책을 결정하여 단일통화권 형성하였으나, 통화주권의 상실을 우려한 영국, 스웨덴, 덴마크의 불참하였다.[2]

출범당시 EU는 유로화 지폐 및 주화의 제작, 유로화에 대한 시민 홍보 등을 위해 3년간의 과도기(Transitional Period)를 설정하여 3년간 실체가 없는 장부상의 통화로 존재하였다. 유로화는 과도기간 동안 비현금거래에 한해 참가국 통화(NCU; National Currency Unit)와 병행 사용하였으며 참가국 통화는 2001년말까지 일상생활에서 유로화의 기능을 대행하였다.

출범당시 유로화는 미 달러의 아성에 도전할 수 있는 유일한 통화라는 찬사를 받으며 강세통화로 출범하였으나, 이후 유로화 환율은 끝없이 하락세를 지속하였다.[3] 유로화 약세는 근본적으로 유로화의 태생적 한계와 정치·경제적 요인이 복합적으로 작용하였다. 즉, 유로화는 실체가 없는 장부상의 통화에 불과하고, 유로 지역은 몇몇 부적격 국가들이 포함되어 최적통화지역(Optimal Currency Area)이 아니라는 태생적 한계와 참가국들간의 이해관계 대립과 ECB의 위상 약화로 시장신뢰가 감소하였고 미국 신경제로 인해 미국과 유럽 간 경제성장률 격차가 확대되었다.

이들 요인으로 인해 달러자산은 가장 매력적인 투자대상으로 인식되어 국제자본이 유럽에서 미국으로 대거 이탈하였다.[4] 그 결과 유로화의 약세가 심화되어 국제통화로서 유로화 비중은 미미하였고 유로화는 12개국 통화의 대체통화로서는 성공리에 정착하였으나 국제사회에서는 아직 확실하게 자리

---

[1] 유로는 99년 1월부터 도입됐다. 하지만 3년 동안 실체 없이 '장부상의 통화'로만 존재해 당초 기대했던 효과가 나타나는 데 미흡했다. 미국 달러의 아성에 도전할 수 있는 통화라는 기대는 출범 당시 환율이 유로당 1.1746달러에서 한때 0.8달러 대까지 떨어짐으로써 무너졌다. 마르크화에 대한 자부심이 많은 독일에서는 반대의견도 나왔다. 가격이 0.99 마르크나 1.99 마르크인 상품이 많은데 유로로 전환되면 환율대로 1.02유로나 0.51유로가 되지 않고 끝자리를 9로 맞추는 관행에 따라 1.09유로나 0.59유로로 함으로써 가격을 편법으로 인상할 것이라는 우려도 제기됐다.

[2] 유로화 출범으로 참가국 통화는 외환시장에서 거래기능을 상실 ·참가국 통화의 유로화 대비 전환비율(Conversion Rate)은 '99년 1월 1일을 기해 영구 고정(고정환율제 도입)됨으로써 참가국 통화는 유로화의 종속된다고 생각하였기 때문이다.

[3] 2001년 9월말 현재 1:1 등가수준보다 훨씬 밑도는 0.91~0.92달러 선에서 거래되어 유로화의 전신인 ECU의 환율(연평균)은 '96년 1.27달러, '97년 1.13달러, '98년 1.12달러로 현재 환율에 비교해보면 이론적인 중기 적정환율 수준에 비해 20% 이상 저평가되었다.

[4] 환차익과 투자수익을 동시에 노리고 유로화 표시 채권을 발행한 후 이 자금을 미국에 투자하는 유로캐리트레이드(Euro Carry Trade)가 증가하였다.

잡지 못한 상태에 머물러 있었으며 표시단위 수단으로써 유로화의 국제적 사용은 저조하였다.

다만 유로화는 자본조달수단(起債通貨)으로서 달러를 위협하는 수준까지 성장하여 가치저장 기능중 유일하게 투자 및 자본조달 수단으로서 유로화의 비중이 크게 증가하였다.[5] 회원국 통화 대신 유로화 사용이 점차 증가할 것이라는 당초 예상과는 달리 그 동안 유로화 사용은 저조하였다.[6]

프랑스, 벨기에, 룩셈부르그는 정부나 민간기업 모두 유로화 사용에 적극적인 반면 경제대국인 독일, 이탈리아, 스페인은 자국통화를 선호하여 유로화 사용이 상대적으로 매우 저조하였으나[7] 유로화는 경제성장과 시장통합에 일단 긍정적으로 작용하여 유로화 도입 전후로 회원국들의 재정 건실화와 경기사이클의 수렴 등 지속적인 안정성장을 위한 토대가 마련되었고 또한 자본시장의 통합을 가속화함으로써 범유럽 금융시장을 형성하는데 촉매제로 작용하였다.

3) 유로화 유통의 의미

경제통합과정은 대략 다섯 단계로 진행된다는 것이 정설이다. 자유무역지대로 시작하는 통합은 관세동맹, 공동시장, 경제동맹을 거쳐 전면적으로 통합으로 진행된다. 유로권의 단일화폐 도입과 유통은 경제동맹단계를 지나 전면적 통합국면으로 진입하는 과정이다. 아직 각국이 세제나 재정 등을 완전히 통합하고 있지 않아 전면적 통합이라고 하기는 어렵지만 단일화폐는 최종관문인 제도통합의 시작이면서 이를 촉진하는 촉매역활을 할 것으로 보인다.

이처럼 통합의 마지막 단계를 여는 유로 유통에 대해 유로권의 전문가들은 대략 네 가지 정도로 효과를 구분한다.

첫 번째는 경쟁확대의 심화와 경쟁력 향상이다. 시장이 넓어지고 시장 내 차별이 없어지면서 유로권 내부는 치열한 경쟁에 돌입하게 된다. 예컨대 그리

---

[5] 2000년 국제채권 발행통화로서 유로화는 전체의 36%를 차지하여 유로 지역 내에서도 자국통화 선호로 유로화 사용이 저조하였다.

[6] 전문가들은 대기업들 주도로 기업활동에 유로화 사용이 폭넓게 확산될 것으로 예상 · 필립스나 지멘스 등 대기업이 주도하는 파급효과(일명 '스노우볼 효과')를 예상하였다. 그러나 유로화의 지속적인 약세와 유로화 사용의 자율존중원칙으로 기업들은 유로화의 조기 사용을 기피·EU는 자율존중원칙(No Compulsion, No Prohibition)을 통해 유로화 사용을 금지하거나 유로화 사용을 강요할 수 없도록 규정하였다.

[7] 2001년 중반 이후 기업들의 유로화 사용이 점차 늘고 있으나 기대수준에는 여전히 미흡하여 기업들의 결제통화로써 유로화 사용 비율(거래건수 기준)은 국제거래의 경우 약 33%, 국내 거래는 8%에 불과하여, 금액 기준으로는 유로화가 국제거래의 43%를 차지하였다.

스에서 생산된 낮은 가격의 상품이 독일이나 프랑스로 아무런 제약 없이 그대로 이동할 수 있다. 이는 기존에 상대적으로 높은 가격을 유지하던 프랑스의 동종업체에 심각한 타격을 주게된다. 생존하려면 비용을 줄이고 혁신하던가 아니면 도태되는 운명에 처하게 되는 것이다.

이 같은 과정을 통해 유로권의 상품가격은 낮은 곳으로 수렴될 것으로 전문가들은 전망하고 있다. 먼 지역의 소비자들이 낮은 가격의 상품을 찾게되면 자연스럽게 수요가 그 쪽으로 몰리게 되고 높은 가격을 유지하던 업체들도 살아나려면 이에 맞추어야 하기 때문이다.

이는 유로 차원에서 자원을 효율적으로 배분하는 효과를 가져오게 된다. 전에는 국가차원의 필요에 의해 배려나 보호를 받으면서 경쟁이 제한되던 부문이 적지 않았다. 물론 유로 차원에서도 필요에 의해 보호되는 부문이 있다. 농업이 대표적인 경우이다. 그러나 유로 전체가 경제적으로 단일체가 되면서 각국이 점하고 있던 비효율적의 중복이 사라지게 된다. 국가차원에서 보호되던 많은 부문이 경쟁으로 편입되고 유로권 전체차원에서 자원의 효율적 배분을 추진하게 되는 것이다. 이는 자연스럽게 대외적인 경쟁력 향상으로 나타난다.[8]

두 번째는 통화가치의 안정이다. 이는 통화자체의 안정을 넘어 투자, 무역 등 경제행위 전반에 대한 안정성을 높여준다. 지난 99년 서류상 통화이긴 하지만 유로가 출범하면서 유로권 12개국은 통화가치의 안정에 따른 효과를 이미 맛보았다. 유로 출범 이후 그 가치가 달러에 비해 20% 이상 절하돼 유로권의 위신은 조금 구겨졌지만 그 동안 유로권 안의 통화위기는 없었다.

특히 유로 가치가 한참 곤두박질치던 2000~2001년 상반기에도 유로권 안의 체약국들조차 통화위기를 염려하지는 않았다. 유로가 이미 세계 2위의 결제통화로 기능을 하고 있었던 덕이다. 이는 독일, 프랑스와 같은 중심국에도 도움이 된다. 종전처럼 통화가 분리돼 있는 상태에서 주변 체약국들이 통화위기에 직면하면 중심국 역시 적지 않은 타격을 받게 되기 때문이다.

이 같은 통화가치의 안정은 투자나 무역 등 경제행위 전반에서 안정성을 높여 주는 기능을 한다. 금융의 국제화가 진전되면서 환차문제는 모든 기업과 국가가 가장 노력을 많이 쏟는 분야의 하나가 됐다. 환율의 움직임에 따

---

8 유제니오 도밍고 솔란스 유럽중앙은행(ECB)이사는 단일통화의 이점으로 '경쟁의 확대와 경쟁력 향상'을 들었다. 단일통화 경제권이 넓어짐에 따라 경쟁이 치열해지고 그 결과 자원배분이 효율화되면서 경쟁력이 향상될 것이란 설명이다. "단일통화가 유로권에 동일한 경쟁조건을 만드는 결정적인 계기가 될 것"이라고 강조했다.

라 자금이동이 급변하는 탓이다. 그러나 유로권 내에서는 이러한 문제가 이젠 없다. 12개국이 같은 가치의 동일한 화폐를 사용하기 때문에 각국의 환율 자체가 없어진 것이다. 따라서 유로권 12개국은 역내투자나 무역의 경우 환차문제를 고려할 필요가 없게 된다. 그만큼 경제행위의 안정성이 높아지는 것이다.

세 번째는 정서적 통합의 진전이다. 화폐는 한 나라의 주권을 나타내는 주요한 상징이다. 그런데 이제 12개국은 각각의 상징을 버리고 단일상징을 채택했다. 이는 12개국이 경제주권에 관한 한 동일한 상징을 보유하고 동일한 주권을 느끼게 됨을 의미한다.[9]

단일통화는 이미 성립됐고 유통되기 시작했다. 이는 선 통합 후 유통이라기 보다는 선 유통 후통합의 과정이다. 따라서 정서적 통합이 완전히 이루어지려면 시간이 필요하다. 그렇지만 전문가들은 단일화폐의 장점이 드러나면서 정서적 통합이 빠르게 진전될 것으로 전망하고 있다.

네 번째는 유로화의 유통과 유로 통합의 심화가 아시아의 블록화를 자극하게 될 것이란 지적이다. 유럽연합(EU)의 금융감독위원회 의장을 맡고 있는 분데스방크의 마이스터 이사는 "세계경제는 국가 간의 경쟁단계를 넘어 좀더 큰 실체 간의 경쟁으로 나아가고 있다."고 말했다. 이는 유로권의 지역 국가화를 정당화하는 발언이기도 하고 지구화되는 세계경제에서 작은 나라들이 생존권을 획득하는 논리이기도 하다. 앞의 경쟁심화와 경쟁력 향상의 효과를 이러한 발언과 연결시키면 덩치를 키워 내부경쟁을 촉진하면서 대외적으로는 막강한 영향력을 행사하겠다는 의미로도 통한다.

이는 아시아 국가들도 세계경제에서 지분을 확보하기 위해서는 좀더 큰 단위로 뭉쳐야 한다는 것을 암시한다. 이러한 측면에서 유로권의 전문가들은 유로 유통과 통합이 아시아권에 대해서도 통합의 움직임을 자극하게 될 것으로 전망한다.[10]

---

[9] 유로권 내에서 불만이 터져 나오는 주요인도 이 상징과 관련돼 있다. 예컨대 독일국민의 상당수는 마르크를 포기하는데 대해 불만을 표시하고 있다. 이는 독일인들이 다른 11개국 국민들과 공통의 상징(유로)을 갖고 싶어한다는 뜻이다. 프랑스를 비롯한 다른 나라에서도 상당수의 국민들이 비슷한 불만을 토로하고 있다.

[10] 유로권은 이처럼 많은 의미를 국제사회에 던지면서 세기적 실험을 진행하고 있다. 유럽은 200여년의 역사를 가진 국민국가를 지구상에 처음 등장시켰고 지금은 생존 또는 패권을 위해 다른 형태의 국가를 시도하고 있다.

5.2 유로화가 세계 경제에 미치는 영향

유로화는 2002년 1월 1일부터 유럽 12개국에 동시에 사용되면서 명실상부한 유럽단일통화로서 위치를 차지하기 시작하였다. 12개 회원국 통화는 2002년 3월 1일 이후 법정통화(Legal Tender)로서 자격을 상실하고 모두 수거되며 유로 지역 이외에서도 유로화 통용이 급격히 진행될 전망이다.[11]

유로화의 유통이 유럽경제에 끼친 변화 상들을 살펴보면 다음과 같다. 첫째, 내수시장에 머물던 유럽 중소기업들도 수출에 적극 나서는 사업계획을 짜고 있다. 그 동안 환율변동에 따른 리스크와 환전수수료 부담 등으로 자국 내에서만 머물렀지만 유로화 도입으로 이런 부담이 없어지기 때문이다.

둘째, 유로화가 현실 생활에서 선보이는 2002년부터 유로 지역의 비즈니스 패러다임이 바뀔것으로 예상된다. 우선 상품가격이 전반적으로 내릴 것으로 기대된다. 물건값이 유로로 매겨지므로 값이 싼 이웃나라로 가서 사게 됨으로써 가격차가 줄어들 것이다. 현재 유로 지역에서는 상품에 따라 40% 넘게 차가 나는 예가 적지 않다.

셋째, 기업의 구조조정과 산업개편도 급속히 일어날 것으로 보인다. 유럽중앙은행(ECB) 이그나지오 안젤론 조사국 부국장은 '유로 지역 기업들은 이미 유로 도입에 맞춰 공장입지를 고르고 구조조정 계획을 짜고 있다'고 설명한다. 또한 '가격이 내려갈 것임에 따라 경쟁력이 있는 기업은 더욱 번성하고 그렇지 못한 기업은 도태될 수밖에 없어 살아남기 위한 기업인수 합병(M&A)이 잦아질 것'으로 예상하였다. M&A에 따른 대형화로 전자업계 10대 업체들의 시장점유율은 99년 36%에서 2002년에 59%로 높아질 것으로 전망된다.

넷째, 유로지역 내 교역이 늘어나 경제성장의 활성화에 도움이 될 것으로 보인다. 단일통화가 도입되면서 외환관련 리스크와 비용이 없어지게 됨으로써 기업의 역내 진출이 늘어날 것이다. 한나라에 머물던 내수시장이 유로 지역 전체로 확산되는 셈이다. 또한, 유로화 표시 채권발행이 늘어나고 유로 지역 증시가 활성화됨으로써 기업들의 자금조달 비용이 낮아지면서 투자도 늘어날 것이다. 국제통화기금(IMF)은 유로화 도입과 함께 시장개방과 노동시장 개혁 등 구조개혁이 이뤄질 경우 2010년까지 약 3%포인트의 추가성장이

[11] 유로화의 도입으로 유럽경제에 미치는 영향을 살펴보면 독일의 하이델베르크에 사는 사람들은 요즘 2002년 1월부터 프랑스의 스트라스부르로 쇼핑하러 갈 계획을 세운다고 한다. 자동차로 1시간만 달리면 닿을 수 있는 거리여서 유로 화가 통용돼 프랑스쪽 가격이 낮아지면 언제라도 건너가서 물건을 살 수 있기 때문이다.

그림 5.1 ▸ 유로화 통용이 유럽시장에 미칠 영향

가능하다고 분석하고 있다.

유로화가 현물로 등장하면 유로화에 대한 신뢰가 높아지고 부정적 효과보다는 긍정적 효과가 많을 것으로 예상된다. 유럽연합(EU)의 15개 회원국 가운데 영국, 덴마크, 스웨덴 등 3개국을 제외한 12개 국가가 여러 어려움에도 불구하고 통화통합이라는 대실험을 예정대로 추진하는 것도 긍정적 효과에 대한 기대 때문이다.

1) 유럽경제의 활성화 및 세계경제의 활성화

유럽연합(EU)가맹국 중에서 유럽경제통화동맹(EMU)에 참가하고 있는 12개국에서 2002년 1월 1일부터 유로(EU)화가 공통적인 화폐로 유통되고 있다. 유로권이라고 불리는 이들 국가에서 유로는 이미 1999년에 결제 기능을 가지기 시작하여 일부 점포에서는 자국통화와 유로를 함께 사용하여 상품이나 서비스의 가격을 표기해 왔다.

유로화 실물화폐 도입으로 유럽국가들 간 역내시장의 통합이 강화되면 역외교역은 종합적으로 증가하는 효과를 가져오게 될 것으로 보인다. 유럽역내시장 통합의 강화는 무역전환효과를 가져와 역외국으로부터의 수입을 감소시킬 것이나 무역창출효과의 강화는 역외수입을 증가시키게 되어 그 순효과는 단기적으로는 역외수입감소, 장기적으로는 역외수입증가 효과가 예상된다. 그러나 유로화에 대한 수요가 세계적으로 확대되면 유로화 가치는 장기적으로 상승하게 될 것으로 보이며 이에 따른 소득효과는 역내국가들의 소비증가를 가져오고 이는 다시 역외로부터의 수입을 상승시키게 될 것이다. 뿐만 아니라 유로화 가치 상승에 따른 교역상의 경쟁력 하락은 무역전환 효과를 부분적으로 상쇄하게 될 것으로 보인다. 종합적으로 볼 때 IMF는 유로화로의

표 5.1 ▸ 전세계 외환보유고 및 금융거래별 통화구성(2000년말, %)

	외환보유고	외환거래	주식투자	은행여신	채권발행
유로	11.4	18.8	25.0	27.4	36.7
달러	69.0	45.2	50.0	42.2	46.0
엔	5.0	11.4	11.0	7.0	7.9
기타국 통화	14.6	24.7	14.0	23.4	9.4
전체	100.0	100.0	100.0	100.0	100.0

자료: 삼성경제연구소

완전한 화폐통합은 환거래비용 및 리스크 감소, 역외기업의 투자확대, 역내 교역 활성화를 가져와 향후 10년동안 60억 달러에 해당하는 교역증가 효과를 발생하게 될 것으로 추정하고 있다.

한편 일상생활에서의 유로화 유통을 살펴보면 일반 시민이나 외국 관광객의 입장에서 볼 때 신용카드 이용이 한정되어 있던 지금까지와 달리 유로라는 화폐가 실제로 사용되기 때문에 편리해질 것으로 보인다. 또한, 당연히 유로권 안을 이동할 때에는 환전이 필요가 없기 때문에 성가신 계산도 없어지고 사람과 물품의 이동이 자유로워지며 그 결과 관광 진흥이나 소비촉진과도 연결될 가능성이 높다.[12]

기업 활동에서도 유로화 유통은 긍정적으로 작용할 것이다. 지금까지 유럽에서 사업을 하는 기업들은 결산 서류를 만들 때 개별 통화로 분류되어 있는 상품전표를 정리해야 했기 때문에 별도의 작업이 필요했다. 1999년 유로가 결제기능을 가지게 된 이후에도 화폐가 유통되지 않는 상황에서는 결산에 이용한 통화를 유로로 전환시키기를 주저하는 기업이 많았었다. 유통 초기에는 일부 기업에서 혼란이 발생할 가능성도 충분히 있지만 장기적으로는 재무, 생산, 상품 등의 관리가 간편해지는 효과를 기대할 수 있을 것이다.

국가에 따라 차이는 있겠지만 유로화가 유통되기 전까지 유로권 안의 은행수수료는 꽤 높아 수익성이 좋았다. EU는 유로 유통에 맞추어 국경을 넘을 경우의 수수료를 유로권 안에서 동일하게 정한다는 방침을 세웠다. 그럴 경우 은행의 수수료 수입은 격감되고 경영에도 상당한 영향을 끼칠 것이다.

유럽 경제의 활성화는 세계 경제에도 좋은 영향을 끼칠 가능성이 높고 유럽경제가 좋은 평가를 받으면 세계 각국은 외자 준비에 추가하는 유로 비율을 높이려 할 것이고 그럴 경우 보유비율이 떨어질 가능성이 높은 엔이나 달러의 입장에서는 감가요인(감가요인: 달러화와 엔화는 내려가고 유로화는 오

[12] 유럽 여행 붐이 인다면 세계적으로 개인 소비를 어느 정도 자극하게 될 것이다.

르는)이 될 것이기 때문이다.

2) 유로화의 국제적 위상의 강화

유로화 통용 초기에는 다소 혼란스런 상황이 예상되나 시간이 지나면서 유로화의 국제적 위상이 강화될 것으로 보인다.[13]

현재 유로화를 사용하는 국가가 12개국에 머무르고 있지만 유럽연합(EU)이 확대되면 유로화를 사용하는 국가와 사람들이 점차 증가할 것으로 보인다. 최근 들어 실물 유로화 통용을 계기로 불참국인 덴마크와 스웨덴 국민들의 유로화 지지율이 크게 상승하고 있으며, 영국도 국민여론은 여전히 부정적이지만 노동당 정부가 유로화 참가를 적극 추진하고 있어 앞으로 예전과는 다른 양상이 전개될 것으로 보인다.

2004년 EU 가입이 확실시되는 동유럽 국가들도 EMU 참가를 적극 추진하고 있는데, 가입 시기는 다소 늦겠지만 EMU 참가는 기정 사실화되고 있다. 또한 유로 지역과의 교역량이 55~60%를 차지하고 있는 튀르키예, 아프리카 국가들도 유로화의 영향권 아래 놓이게 될 것이다.

국제금융시장에서 유로 화의 위상이 점차 높아질 것이다.[14] 현재 국제통

---

[13] 유럽경찰청(Europol)의 집계에 따르면, 유로화 지폐와 주화가 제작에 들어간 이래 2001년 11월말까지 총 27건의 사고가 발생, 총 500만 유로가 도난 당한 것으로 파악되고 있다. 상점, 일반 시민들의 유로화 식별력이 부족하기 때문에 앞으로 위조지폐가 늘어날 가능성은 더욱 커질 것이다. 다음은 지하자금의 유럽 이탈과 고가 사치품에 대한 사재기 현상이 나타날 것으로 보인다. 유로지역 내 지하경제 자금(500억 유로 추정)과 중동 지역에서 유통중인 독일 마르크(300~450억 유로)의 상당부분이 유로화나 달러로 전환될 것이다.

[14] 유로화가 미 달러와 효율적으로 경쟁할 수 있는 국제통화로서 확고한 기반을 갖추는 데는 다소 시간이 걸릴 것으로 보인다. 유로화가 미 달러에 버금가는 국제통화가 되려면 몇 가지 전제조건을 충족해야 한다.

우선, 국제시장에서 유로화의 유동성(liquidity)이 확대되어야 한다. 이를 위해서는 유로지역 경제가 내수 주도의 경제로 전환될 필요가 있다. 현재는 수출 의존도가 지나치게 높다. 일본의 예를 보더라도, 일본은 단일 국가로는 세계 2위의 경제대국이지만 엔화를 글로벌 통화로 만드는 데는 실패하였다. 이는 일본이 내수보다는 수출지향 경제를 고수함으로써 엔화의 유동성 확대에 나서지 않았기 때문이다. 또한 국제외환시장에서 유로화 수요가 늘어나려면 은행 간 예대마진폭(bid-ask spread)이 축소되어야 한다. 왜냐하면 거래비용이 비싸면 은행들은 유로화 보유를 기피할 것이기 때문이다.

그러나 최근 한 연구에 따르면, 유로화에 대한 은행 간 스프레드(spread)가 99년 유로화 도입 이래 오히려 확대되었다. 98년 당시의 독일 마르크-달러에 비해 유로-달러 간 거래비용이 오히려 40% 가량 상승한 것으로 조사되었다. 그 결과 외환시장에서 유로화의 위상은 오히려 축소되었다. 기업들은 유로화를 사용함으로써 불이익을 당하는 것을 원치 않는다. 따라서 유럽 정책당국은 유로화 스프레드를 최소한 마르크화 수준으로 낮추어야 한다. 또한 역외 기업들이 유로화 사용을 확대하려면 유로화 환율이 안정되어야 한다. 만약 전세계 기업들과 투자가들이 유로화 사용을 늘리려면 유로화 가치가 보다 안정될 필요가 있다.

화로서의 유로화의 위상은 경제규모에 비해 크게 미흡한 실정이다. 국제무역 결제통화와 상품가격 표시통화에 있어 달러 대 유로화의 비율은 6:2 정도에 불과하다. 그러나 자본조달(起債通貨) 측면에서 유로화는 달러를 위협할 정도로 성장했다. 2001년 1~6월 국제채 발행통화 중 유로화가 36%를 차지하고 있다. 앞으로 유로화는 무역결제통화로서 비중을 확대해 나갈 것이고 유로 지역 물론 서유럽과 동구, 북아프리카, 중동 지역에서 유로화가 주된 무역결제통화로서 사용될 것으로 보인다. 이는 향후 달러 통화권에 상응하는 거대한 유로 통화권이 형성될 것을 의미한다. 더 나아가 각국 중앙은행과 국제투자자들은 달러 일변도의 자본조달·운용 전략에서 탈피하여 유로화 보유비율을 늘려나갈 것이다. 따라서 장기적으로 채권발행, 은행여신, 주식투자 등 민간부문 금융거래에 있어 유로화의 비중이 달러와 비슷한 수준으로 커질 것으로 예상할 수 있다. 각국 중앙은행의 유로화 비중도 현재 10%대에서 20% 이상으로 높아질 것이다. 현재 미 달러가 주도하는 국제 금융질서는 앞으로 양대 기축통화체제로 전환될 가능성이 크다 하겠다.

3) 국제 금융체제 변화(유럽 금융시장 통합 가속화)

달러, 유로, 엔화의 3극체제로 불리는 국제금융체제에서 일본 경제의 저조로 일단 향후 국제금융체제는 유로화와 달러화가 경합을 벌이는 양극체제로 전환되어 갈 가능성이 높은 가운데 유럽 금융시장의 통합이 가속화 될 것으로 보인다. 초기에는 달러화의 영향력이 상당 부분 유로화로 이전되긴 할 것이나 이러한 전환은 시장의 유로화의 중요성을 인식하기까지 점진적으로 이루어지게 될 것이다.[15] 이와 같이 유로화가 달러화의 영향력을 점진적으로 인수하게 될 것이나 완전한 이전은 이루어지지 않고 경합관계를 이루면서 새로운 균형을 모색하게 될 것으로 보인다.

2002년 1월 1일부터 국가 간 유로화 송금수수료가 대폭 낮추어짐으로써 자금시장 통합이 한층 가속화되는 가운데 범유럽 차원의 연금, 보험, 기타 자산운영시장이 확대될 것으로 보인다.[16]

---

[15] 1차 세계대전이 발발하였을 때에도 당시까지 안전통화로서 기능 하던 파운드화를 찾아 국제자본이 런던으로 집중된 현상이 발발하였다. 그 결과 1914년 9월 1파운드당 4.86달러이던 환율이 8달러까지 치솟았다가 더 이상 파운드가 충분한 피난처가 될 수 없다는 것을 시장이 인식하면서 달러화로 국제화폐의 기능이 이동하게 되었다.

[16] 국공채 시장은 성장 및 안정협약(Growth & Stability Pact)의 제약으로 인해 성장세가 둔화되는 반면 주식 및 회사채 시장은 계속 급성장할 것으로 보인다. 특히 유럽기업들은 과거 은행대출 형태에서 벗어나 조달비용이 저렴한 회사채 발행을 통해 자본을 조달하고자 할 것이므로 회사채 시장이 급성장할 것이다.

또한, 유로화는 유럽 주식시장의 통합을 가속화시킬 것으로 보인다. 유럽 내 증시가 전자거래시스템으로 연결되어 범유럽 주식시장으로 통합 운영되면서 3~4개의 주식시장으로 통합되어 거래종목수가 5천 개가 넘는 거대시장으로 거듭나게 될 것으로 보인다.[17]

투자패턴도 앞으로는 국별 단위의 투자가 아닌 범유럽 차원의 업종별 투자전략이 주류를 이룰 것으로 보인다. 그 동안 전통적인 도매금융업인 외환, 기업금융(대출 및 예치) 그리고 국공채 거래 업무가 유럽은행의 수익 중 40~80%를 차지했다. 그러나 전통적인 은행업무의 수익성이 유로화 통용에 따른 경쟁 심화와 마진폭 감소로 대폭 축소되면서 외환거래 비즈니스 중 약 60%, 전세계 외환거래액의 22%인 3,500억 달러가 사라질 위기에 놓여있기 때문에 유럽 은행들은 수익성이 높은 투자뱅킹 사업을 확대하거나 경쟁에서 살아남을 수 있는 사업분야에 역량을 집중하는 등 생존을 위한 전략을 구사할 것으로 보인다.

4) 지역주의의 심화

유로화 도입은 유럽경제에 혁명적인 사건이라고 할 수 있으며 그로 인해 다양한 효과가 유발될 것으로 예상된다. 그 가운데에서도 가장 직접적인 효과는 거래비용(transaction cost)의 절감 효과이다. 환전비용, 환리스크 방지비용 등이 영원히 사라지게 된다. 이를 통해 절약할 수 있는 외환중개수수료의 규모만도 EU 전체 GDP의 5%에 접근하는 연 200억~300억 달러에 달할 것으로 EU Commission은 추정하고 있다.[18]

앞으로 유럽경제는 역동적인 시장경제로 탈바꿈하게 될 것으로 보인다. 유럽 국가 간에 자본유치 경쟁이 더욱 치열해지면, 각국 정부는 경제구조개혁을 서두르지 않으면 안 될 것이기 때문이다.

IMF는 유로화 도입과 함께 경제구조개혁이 이루어진다면 유로지역경제는 유로화가 도입되지 않았을 때보다 2010년까지 약 3% 포인트의 추가 성장을 예상하였으며, 세계경제 전체로는 1% 포인트의 추가성장이 가능할 것으로 예측한 바 있다. 또한 유로화 통용에 따른 환거래비용 감소와 환리스크 제거 등으로 EU와의 교역이 용이해짐으로써 전반적으로 세계교역 활성화에 기

---

[17] 유럽은행들은 범유럽 네트워크 구축을 위한 M&A, 전략적 제휴 등을 강화하고 있으며. 유럽은행들은 수익성이 악화되는 외환업무 대신 증권업무의 확대에 집중적인 노력을 할 것으로 보인다.

[18] 독일경제인협회는 비용절감 규모가 매년 독일 전체 GDP의 0.5~1.0%(200~400억 DM)에 달할 것으로 추정하고 있다.

표 5.2 ▸ 유로지역 경제력 비교(2000년 기준)

	유로지역	미국	일본
전체인구	303.0	278.1	126.8
GDP 규모(10억 유로)	6,553	0,709	5,145
1인당 GDP	21,520	38,900	40,600
증시 시가총액(GDP대비, %)	89	152	68
상장기업수	4,914	7,194	2,096
자동차 보유대수(1000명당)	471	488	4.0
휴대폰 보급률(100명당)	62	37	53
PC보급률(100명당)	27	59	32
주택보급률(%)	58.0	65.8	56.4
가계저축률(99~2000년, %)	10.4	3.1	13.8

자료: EU집행위, 삼성경제연구소

여할 것으로 보았다.

IMF는 유로화 통용으로 유로 지역경제가 경쟁력을 확보하게 되어 유로 지역 대외 무역수지 흑자 폭이 확대될 것으로 예상하였고 기업 입장에서도 유로 지역 내 거래에는 환 위험이 줄어들므로 역내 무역을 자유롭게 확대할 수 있을 것으로 보았다. 이는 결국 유럽경제의 자급자족 경향이 심화되어 역외국에게 불리하게 작용할 것임을 의미한다. 따라서 유로화 통용은 세계경제의 지역주의(블록화)를 더욱 부추기는 촉매제 역할을 할 가능성이 높다. 국가별로 보면 경합관계에 있는 국가들이 주로 영향을 받게 되는 반면, 품목구조상 경쟁관계보다는 보완관계에 있는 국가들은 비교적 덜 영향을 받게 될 것이기 때문이다.

5.3 유로화 통용에 대한 주요국의 입장

1) 유럽측의 입장

유럽 내에는 낙관론이 지배적이다. 99년부터 금융기관 장부상에서 유로화를 사용했으며 자국 화폐와 유로화에 고정환율을 적용하여 사실상 단일통화 시스템으로 운영돼온 만큼 실제 화폐가 도입된다 해도 경제에 미칠 파장은 크지 않을 것으로 보았다. 게다가 유로화 통용은 환전비용과 환리스크 감소에 따른 교역증가와 기업들의 비용절감 및 투자여건 개선을 촉진하여 경제성장이라는 보너스까지 줄 것이란 게 유럽 전문가들의 시각이었다.

유로화 통화당국인 유럽중앙은행(ECB)은 유로화가 '만질 수 있는 돈'이

표 5.3 ▸ 유로화 도입 일정

1992년 2월 7일	유럽공동체(EC)12개국 정상, 마스트리히트조약 서명
1995년 12월 16일	EU, "유로"(EURO)화를 공식 단일통화로 지정
1998년 6월 1일	유럽중앙은행(ECB)설립
1999년 1월 5일	유로화 발행, 환율 1,19달러로 출발(비현금거래에 한하여 사용)
1999년 12월 3일	유로화 환율, 1달러 이하로 추락
2000년 9월 25일	G7(서방선진7개국), 유로화 방어 결의
2000년 9월 29일	덴마크, 국민투표에서 유로화 채택부결
2001년 1월 1일	그리스, 유로화 채택
2002년 1월 1일	유럽 12개국, 자국통화를 유로화로 대체(유로은행권, 주화통용개시)
2월 28일	독일 2001.12.31, 네델란드 2002.1.28, 아일랜드 2002.2.9, 프랑스 2002.2.17, 나머지 8개국 2002.2.28

자료: 한국은행

되면서 국제 금융시장에서 유로화의 신뢰도가 올라가 유로화가 달러화에 대항할 수 있는 기축통화의 위치로 올라설 것이라고 자신하고 있다.

'유로랜드'(유로화 사용 12개국)인구는 3억 명 2004년중 동부 유럽 10개국이 EU에 가입하면 총 5억 명이 유로화를 쓰게 된다. 2000년 유로랜드의 수출물량은 세계 수출의 17.7%를 차지하여 14.7%의 미국을 앞질렀다. 호르스트 퀼러 국제통화기금(IMF) 총재도 최근 "유럽의 경제적 잠재력을 볼 때 조만간 기축통화로서 유로화의 역할은 증대될 것"이라고 말했다.

비관론도 없지 않다. 경제구조가 확연히 다른 독일 같은 공업국과 스페인 같은 농업국이 같은 돈을 사용하는 게 결국은 탈이 날 것이란 전망도 있었다. 유로랜드 내 각국 정부가 통화주권을 경제성장과 고용유지 수단으로 사용할 수 없다는 점이 유럽중앙은행(ECB)이 미국의 연방준비제도이사회(FRB)처럼 경기부침에 따라 발빠르게 대응할 수 없다는 것도 여러 국가가 단일 통화를 사용하는 데 따른 문제점으로 지적된다.

EU 15개 회원국 가운데 영국, 덴마크, 스웨덴 등 3개국이 유로화 체제에 가입하지 않은 것도 유로화의 태생적 한계이다. 하지만 유로화 실험이 실패할 경우에는 이에 따른 파장이 너무 크기 때문인지 유럽 내에서 실패를 말하는 사람은 찾아보기 어려운 게 사실이었다.[19]

2) 미국의 입장

미국은 유로의 출범에 대해 느긋한 반응을 보였었다. 유로가 유럽 12개국의

19 게르하르트 수뢰더 독일 총리는 '유로화 뒤에는 유로랜드라는 세계에서 가장 강력한 경제가 버티고 있다"며 성공을 자신했다.

단일통화로 사용된다고 하더라도 국제 기축통화로서 미국 달러의 위상에는 큰 위협이 되지 않을 것이라는 자신감 때문이었다.

미국 언론과 금융전문가들은 유로가 지난 3년간 금융기관의 결제수단 등으로 시험적으로 사용됐지만 달러에 대한 가치는 하락한 점을 들어 유로가 안정적인 국제통화로서 위력을 갖기까지는 상당한 기간이 걸릴 것으로 내다보고 있다.

유로의 가치는 1999년 1월 1일 첫 선을 보일 당시 1.17달러였으나 최근엔 90센트 이하로 거래되고 있다. 특히 미국이 2001년 10년만의 경제침체와 9·11 테러라는 국가위기를 겪었음에도 불구하고 유로와 일본 엔화 등에 대한 달러의 가치는 오히려 상승하고 있다.

이는 미국이 정치, 경제, 군사, 문화 등 모든 면에서 초강대국이라는 점을 고려하면 당연한 현상이라고 할 수 있다. 또 국제정세가 불안할수록 안정적인 통화인 달러에 대한 국제적 수요가 증가하기 때문에 달러의 가치는 높게 유지되는 경향이 있다.

앨런 그린스펀 미 연방준비제도 이사회(FRB)의장은 최근 "유로에 대한 달러의 강세는 미국 노동자들의 생산성 향상"때문이라고 설명했다. 미국의 높은 생산성 때문에 유럽의 자금은 수익을 좇아 미국으로 대거 유입된다는 설명이다.

NEW INTERNATIONAL AREA ECONOMY

CHAPTER 06

국제통화기금(IMF)

6.1 설립배경과 목적

제1, 2차 세계대전 후 금본위제가 붕괴되면서 무역 제한 조치 등의 보호무역주의가 확산되면서 세계 경제는 급속히 위축되기 시작하였다. 각국의 환율은 등락을 거듭하고, 고인플레이션 현상이 지속되면서 극심한 혼란을 겪게 되었다. 또한 국제적으로는 유동성 부족이 심화되어 국제 통화질서가 심각한 위기에 봉착하면서 미국과 영국을 중심으로 한 서방 국가들은 국제통화 기구 설립에 대한 필요성을 제기하였다. 1944년 7월 브레튼우즈에서 「국제통화기금 설립협정문(Agreement of the International Monetary Fund)」을 채택하면서 다음 해 12월 27일 35개국이 이 협정문을 비준하면서 IMF가 발족되었다. IMF는 협정문에 다음의 6개 항의 목적을 구체적으로 설명하고 있다.[1]

① 국제통화문제에 관한 협의와 협력을 제공하는 상설기관을 통하여 국제 통화협력을 촉진한다.

② 국제무역의 확대와 균형적 성장을 조장하며 모든 가맹국 경제정책의 주된 목표인 고용 창출과 실질소득의 증대 및 유지와 생산 자원의 개발에 공헌한다.

③ 외국환의 안정을 촉진하고 가맹국 간의 질서 있는 외국환 협약을 유지하며 경쟁적인 환평가절하를 조정한다.

④ 가맹국 간의 경상거래에 관한 다각적 결제제도의 확립과 세계무역의 성장을 저해하는 외국환에 관한 여러 가지 제한의 제거에 협력한다.

⑤ 적정한 보장조건하에서 가맹국으로 하여금 기금의 일반재원을 잠정적으로 이용할 수 있게 하고, 이로써 가맹국이 국내적 또는 국제적 번영에 유해한 조치를 취하지 않고서도 국제수지의 불균형을 시정할 기회를 제공함으로써 가맹국에 신뢰감을 부여한다.

⑥ 위와 같은 조치로 가맹국의 국제수지 불균형의 지속기간을 단축하고 피해를 최소화한다.

6.2 IMF의 구성

IMF는 원가맹국(Original Members)과 기타 가맹국(Other Members)으로 구분되나 실질적인 차이는 없으며, 기구구성은 최고 의결기구인 총회가 있으

[1] 한국은행, 「국제금융기구」, 1987, pp. 15~16.

며, 총회로부터 위임받은 모든 권한을 행사할 수 있는 집행기관인 상무이사회로 구성되어 있다. 일반 업무를 관장하기 위하여 상무이사회에서 선출되는 임기 5년의 총재가 있다. 그 외에 수석부총재, 부총재 그리고 이를 보조하는 실무기구로 구성된다. 실무기구는 지역기구, 직능 및 특별서비스 기구, 정보 및 연락기구, 지원기구로 분류된다.

1) 가입자격 및 절차

IMF는 국제통화문제에 대해 개방적인 입장을 취하고 있으며, 강제탈퇴를 제외하고는 가입과 탈퇴가 자유롭다. 가입희망국은 가입 의사와 함께 가입신청서를 제출하고 IMF 당국은 신청국의 제반 경제사정을 고려하여 쿼터 규모 및 쿼터 납입방법을 결정한다. 상무이사회의 승인을 거쳐 가입결의안을 총회투표에 회부하고, 투표권의 3분의 2이상을 보유하는 가맹국이 참가, 과반수의 찬성으로 가입이 확정된다. 1997년말 현재 181개국이 가입되었으며, 한국은 1955년 8월 25일 가입하였다. 한편, 국제통화기금의 재원은 가입국의 쿼터 납입금으로 조달된다.[2]

표 6.1 ▸ 주요국의 IMF 쿼터 지분율(97년 8월 1일 현재)

주요국	쿼터(비중 %)
미국	265.26억 SDR(18.25)
일본	82.41억 SDR(5.67)
독일	82.41억 SDR(5.67)
영국	74.14억 SDR(5.1)
프랑스	74.14억 SDR(5.1)
중국	33.85억 SDR(2.33)
멕시코	17.53억 SDR(1.20)
인도네시아	14.97억 SDR(1.03)
한국	7.996억 SDR(0.55)
필리핀	6.334억 SDR(0.43)
태국	5.739억 SDR(0.39)
총액	1,453억 SDR(100.0)

자료: 정영규, 『인도네시아 경제론』 pp.298. 인용

[2] 현재 인도네시아의 쿼터 및 투표권 비중은 14.97억 SDR(1.03)에 해당한다.

2) 가맹국 및 투표권

냉전종식과 더불어 동구권국가, 구소련연방공화국 및 스위스 등이 IMF에 새로 가입함으로써 1998년 11월말 현재 IMF의 가맹국 수는 182개국으로 크게 늘어났다. IMF 가맹국들은 상무이사회에서의 투표권 행사를 위하여 모두 24개의 그룹(Constituion)으로 나누어 소속되어 있는데 이중 미국, 일본, 독일, 영국, 프랑스 등 5대 출자국과 러시아, 중국 및 사우디아라비아는 각각 단독으로 하나의 그룹을 형성하고 있으며 여타 가맹국들은 지리적, 경제적 특성 및 투표권비중 등을 고려하여 여러 국가가 모여 하나의 그룹을 형성하고 있다.

한편 각 가맹국의 투표권은 기본표와 비례 표로 구성되는데, 전자는 모든 가맹국에 대해 일률적으로 250표씩 배분되며, 후자는 당해 가맹국이 납입한 쿼터에 대해 10만 SDR 당 1표씩 배분된다. 국별 쿼터 규모는 국민소득, 대외지급준비자산, 경상수지와 경상 외환수입의 변동 정도 등 가맹국의 경제력을 나타내는 지표를 중심으로 산출한 계산쿼터를 바탕으로 결정된다. 구체적인 쿼터 산정방식을 보면, 신규 가입 시에는 계산쿼터규모와 함께 경제력이 비슷한 기본 가맹국의 쿼터 수준을 감안하여 당해국의 쿼터규모를 결정한다. 그리고 모든 가맹국의 쿼터를 일괄 증액하는 일반 증액 시나 특정국의 자국 쿼터 증액요청에 의한 특별 증액 시에는 당해 가맹국의 계산쿼터비중과 기존 쿼터 비중 감안하여 가맹국 간 협상을 반영하여 가맹국 간 협상을 통해 쿼터 규모를 결정하고 있다. 예를 들어, 제9차 쿼터증액(50% 증액, 1992년 11월 11일 발효)시의 국별 쿼터배분은 쿼터증액분의 60%는 기존 쿼터에 비례해서, 쿼터증액분의 40%는 계산쿼터에 비례해서 이루어졌다. 이와 같이 결정된 가맹국의 쿼터는 투표권 산출의 기준이 될 뿐 아니라 IMF의 각종 재원을 이용하는 한도의 설정이나 SDR 창출 시 배분 규모를 결정하는 데 중요한 척도로 이용된다.

3) 조직

IMF는 최고의결기구인 총회와 총회로부터 위임받은 권한을 행사하는 상무이사회 및 평의회[3], IMF 일반업무를 관장하는 집행부로서 총재, 수석부총재, 부총재 외 약 2천 명에 달하며, 본부 이외 지역에 파리주재 유럽사무소, 제네바주재사무소, 동경주재 아시아 태평양사무소 등 3개의 해외사무소가 운영되

[3] 평의회는 현재 구성되어 있지 않으며 평의회의 기능은 평의회 설립시까지 존속키로 되어 있는 잠정위원회에 의하여 대리 수행되고 있다.

고, 70여 명의 주재원이 가맹국에 파견되어 있다.[4]

① 총회 및 상무이사회

㉮ 총회(Board of Governors)

㉠ 구성 및 권한

총회는 IMF의 중요정책사항을 결정하는 최고의결기구로서 각 가맹국이 임명한 위원과 대리위원 각 1명씩으로 구성된다. 위원은 총회에서 자국에 부여된 투표권을 행사하며 대리위원은 위원의 부재시에 투표권을 행사한다. 위원과 대리위원은 모두 별도의 임기가 없으며[5] 가맹국은 통상적으로 재무장관 또는 중앙은행 총재를 위원으로 임명한다. 우리나라는 재정경제부장관이 위원직을, 한국은행총재가 대리위원직을 각각 맡고 있다. 한편 총회는 매 회의시 회의를 주재할 의장 1명과 부의장 2명을 가맹국 위원중에서 선출한다.

총회는 IMF의 모든 권한을 행사할 수 있으나 협정문에서 정한 중요사항 즉, 협정문의 개정, 신규가맹국의 가입승인 및 가맹국의 탈퇴 결정, 쿼터 증액과 가맹국간 쿼터비중 조정 등을 제외한 대부분의 권한을 상무이사회에 위임하고 있다.

㉡ 회의소집 및 의결

총회는 매년 1회 세계은행그룹과 합동으로 개최되고 있으며 15개 가맹국[6] 또는 총투표권의 25% 이상을 가진 가맹국들의 요청에 의해 소집될 수 있다.

연차총회는 제7차 회의(1952년) 이후 본부소재지인 미국 워싱턴에서 2회 연속 개최 후 미국 이외의 가맹국에서 1회 개최하는 것이 관례로 되어 있다.[7] 우리나라도 미국을 제외하고 14번째로 1985년에 제40차 연차 총회를 개최한 바 있다.

대부분의 총회 의결 사항은 연차총회에서의 직접 투표보다는 서면 투표

[4] 중앙아시아국과 동남아시아국이 1997. 1. 1일 자로 아시아태평양국으로 합병되었다.

[5] 구협정문에는 위원 및 대리위원의 임기가 5년으로 규정되어 있었으나 1978년 제2차 협정문 개정시 동 규정이 삭제되었음.

[6] 1969년 제1차 협정문 개정시 총회 소집요건이 5개 가맹국 요청에서 15개 가맹국 요청으로 강화되었다.

[7] 제34차 연차총회(1979년)이후 미국 이외의 가맹국에서 연차총회가 개최될 때에는 개도국과 선진국이 번갈아 가면서 개최하고 있음.

표 6.2 ▸ IMF의 조직도

총회(Board of Governors)

잠정위원회(Interim Committee)

상무이사회(Executive Board)

총재(Managing Director)

부총재(Deputy Managing Directors)

지역기구: Area Departments

- 아프리카국(African Department)
- 아시아 · 태평양국(Asia and Pacific Department)
- 유럽 I 국(European I Department)
- 유럽 II 국(European II Department)
- 중동국(Middle Eastern Department)
- 중남미국(Western Hemisphere Department)

직능 · 특별기구: Functional and Special Services Department

- 재정국(Fiscal Affairs Department)
- IMF연수국(IMF Institute)
- 법규국(Legal Department)
- 통화외환국(Monetary and Exchange Affair Department)
- 정책개발국(Policy Development and Review Department)
- 조사국(Research Department)
- 통계국(Statistics Department)
- 회계국(Treasurer's Department)

정보수집 · 연락기구: Information & Liaison

- 홍보국(External Relation Department)
- 아시아태평양사무소(Regional Office for Asia and the Pacific, Tokyo)
- 유럽사무소(Office in Europe: Paris)
- 제네바사무소(Office in Geneva)
- UN사무소(Fund Office United Nations)

지원기구: Support Services

- 행정국(Administration Department)
- 비서실(Secretary's Department)
- 전산실(Bureau of Computing Services)
- 통역실(Bureau of Language Services)
- 감사실(Office of Internal Audit and Inspection)
- SRP투자담당실(Investment Office-S계)
- 예산실(Office of Budget and Planning)
- 기술지원담당실(Technical Assistance Secretariat)

로 결정되는 것이 일반적이며, 의결정족수는 협정문에 특별히 규정된 경우[8] 이외에는 총투표권의 2/3 이상을 보유한 과반수 위원의 투표와 행사된 투표권의 과반수 찬성으로 되어 있다.

한편 총회의결 시 가맹국은 자국이 보유한 투표권을 행사하는 데 총 투표권의 15% 이상을 가지고 있어 협정문에 규정된 중요사항에 대해 거부권을 행사할 수 있는 국가는 현재 미국(투표권 비중 17.78%)뿐이다.

㉮ 상무이사회(Executive Board)

㉠ 구성 및 권한

상무이사회는 미국, 일본, 독일, 영국과 프랑스 등 5대 쿼터국이 각각 1명씩 지명한 5명의 지명 이사(Appointed Director)와 이들 국가를 제외한 여타 가맹국이 19개 그룹을 구성하여 각 그룹당 1명씩 선출한 19명의 선출 이사(Elected Director)등 모두 24명[9]으로 구성하되 의장은 총재가 맡는다.

상무이사의 임기는 2년으로 매 2년마다 연차 총회에서 지명 또는 선출되며 연임이 가능하다. 한편 각 상무이사는 본인의 부재 시에 자기를 대리할 수 있는 대리 이사(Alternate Director)1명을 지명하여야 한다. 상무이사회는 IMF의 업무 운영에 관하여 책임을 지며 총회로부터 위임받은 모든 권한을 행사한다.

㉡ 총회소집 및 의결

상무이사회는 업무상 필요한 경우 또는 상무이사 1명 이상의 요청이 있는 경우 의장에 의해 소집되며, 의장은 회의 소집 2일 전까지 회의 소집 사실을 모든 상무 이사들에게 통보하게 되어 있다.

상무이사회의 의사정족수는 총투표권의 과반수를 대표하는 과반수 상무이사의 참석으로 되어 있으며, 의사정족수는 행사된 투표권의 과반수 찬성으로 되어 있다.

투표권 행사에 있어 지명 이사는 자기를 임명한 국가에 할당된 투표권을 행사하며 선출 이사는 자기를 선출한 그룹의 투표권을 행사한다. 이때 각 선출 이사는 동 투표권을 일괄적으로 행사하여야 하며 가맹국별로 분리해서 행

---

[8] 고정환율제도로의 복귀, 평의회의 설치, 쿼터 조정, 협정문의 개정, 상무이사수의 변경 및 특별인출권의 창출 등을 하기 위해서는 총투표권의 85% 이상을 보유한 가맹국의 찬성이 필요하다.

[9] 1992년 상무이사 정기선출시부터 구소련연방공화국 및 스위스 등의 가입으로 가맹국수가 급격히 늘어남에 따라 상무이사 정원을 22명에서 24명으로 증원하였다.

사할 수 없다. 한편 의장은 투표권이 없으며 가부동수인 경우에만 결정권을 갖는다.

① 총재(Managing Director)

총재는 상무이사회에서 선출되며 관례적으로 유럽 국가 출신 인사가 선임되어 왔다[10]. 총재의 임기는 5년으로 연임이 가능하나 총회의 위원 또는 상무이사직을 겸임할 수 없다. 총재는 IMF의 최고 관리 책임자로서 상무이사회의 지침에 따라 IMF의 업무 운영 전반을 지휘 감독한다.

총재와 직원은 직무수행에 관하여 IMF에 대해서만 책임을 지고 기타 어떠한 기관에 대하여도 책임을 지지 않으며 각 가맹국은 직원의 직무수행에 대하여 그 국제적 성격을 존중하여 여하한 제약도 가하지 못하도록 되어 있다.

③ 잠정위원회(Interim Committee)

㉮ 설립경위와 목적

1974년 10월 2일 총회는 1972년 7월에 구성되어 국제통화문제를 다루어 왔던 20개국 위원회(Committee of Twenty)를 해체하고 국제통화문제에 관한 자문 기구로서의 기능을 수행할 잠정위원회를 새로이 발족시켰다.[11]

잠정위원회는 총회의 설립 결의에 의거하여 다음 사항에 관하여 논의하고 그 결과를 총회에 보고하는 것을 기능으로 하고 있다.

① 국제수지 조정 역활의 계속적 수행을 포함하는 국제통화제도의 관리와 감

표 6.3 ▸ 역대 총재

	재임기간	성명	국적
초대	1946.5-1951.8	Camille Gutt	벨기에
2대	1951.8-1956.9	Ivar Rooth	스웨덴
3대	1956.9-1963.5(사망)	Per Jacobsson	스웨덴
4대	1963.9-1973.8	Pierre-Paul Schweitzer	프랑스
5대	1973.9-1978.6	H. Johannes Witteven	네델란드
6대	1978.6-1987.1	J. De Larosiere	프랑스
7대	1987.1-	Michel Camdessus	프랑스

[10] IBRD의 총재는 관례적으로 미국인이 선임되고 있다.

[11] 총회는 잠정위원회와 함께 개도국에 대한 재원 이전문제를 다룰 IMF/IBRD 합동각료위원회(일명 개발위원회: Development Committee)도 발족시키기로 결의하였다.

독 및 국제 유동성 변동추이와 개도국에 대한 재원 이전에 관한 검토
② 상무이사회가 제안한 IMF 협정문 개정안의 심의
③ 국제통화제도를 위협하는 긴급사태에 대한 대책 방안에 대한 강구

한편 잠정위원회는 (제12조 제1항 및 부표)에 명시되어 있는 평의회(Council of Governors)가 설립될 때까지 잠정적으로 존속하도록 되어 있다.

ⓛ 구성 및 기능

잠정위원회는 각 가맹국 그룹당 1명의 위원(Member)과 다수의 준위원(Associate)들로 구성되며 IMF 총재 및 상무이사들도 동 회의에 참석하고 있다. 의장의 임기나 선임절차 등에 관하여는 별도의 규정이 없으나 관례에 따라 선진국의 위원 중에서 선출되고 있으며[12] 위원(Member)은 상무이사국 위원(Governor)이 겸하는 것이 일반적이다.

잠정위원회는 연차총회 기간중 또는 필요하다고 인정되는 시기에 소집되는데 통상 봄, 가을 2회에 걸쳐 개최되고 있다.

한편 선진국과 개도국들은 잠정위원회에 참석하기 전에 각각의 공동입장 수립을 위하여 G-10 재무회담 및 G-24 재무회담<표 >을 개최하고 있다.

G-10 재무회담 및 G-24 재무회담

G-10(Group of Ten) 재무회담은 국제통화제도에 관한 문제를 논의하고 선진국의 공동입장을 모색하기 위하여 IMF와 일반차입협정(GAB)을 체결한 미국, 일본, 독일, 영국, 프랑스, 이탈리아, 네델란드 벨기에, 캐나다, 스웨덴 등 선진 10개국에 의하여 1962년에 결성된 선진국모임으로서, G-10의 재무장관과 중앙은행 총재가 참석하고 있다. 그후 IMF가 1984년에 스위스와 일반차입협정을 체결하면서 스위스도 G-10 재무회담에 참가함에 따라 전체 참가국수는 11개국이 되었으나 설립당시의 명칭이 그대로 사용되어 G-10 재무회담으로 불리고 있다.

선진국모임으로서는 G-7(Group of Seven) 재무회담과 G-7 정상회담도 있는데, G-7 재무회담은 국제통화 및 금리문제를 논의하기 위해 미국, 영국, 프랑스, 독일, 일본 등 5개국에 의해 1967년에 결성된 G-5(Group of Five)재무회담에 이탈리아와 캐나다가 1986년에 추가로 참석함에 따라 성립된 것으로서 G-7의 재무장관과 중앙은행 총재가 참석하고 있다. 그리고

---

[12] IMF/IBRD 합동각료위원회인 개발위원회(Development Committee)의 의장은 개도국의 위원중에서 선출됨.

G-7 정상회담(Summit)은 세계정치경제 현안문제를 논의하기 위해 G-7의 행정부 수반이 참석하는 선진국 정상회담으로서 프랑스의 제안에 의해 1975년에 창설되었다.

개도국그룹의 모임인 G-24(Group of Twenty Four) 재무회담은 1971년 페루 리마에서 개최된 제2차 유엔무역개발회의(UNCTAD) 연차총회 시 77개그룹 각료회의의 결의에 따라 결성되었는데 국제통화문제에 관한 개도국의 공동입장 수립을 주목적으로 G-24의 재무장관 참석 하에 개최되고 있다.

G-24 재무회담은 아프리카그룹, 아시아·유럽그룹, 라틴아메리카 그룹에서 각 8개국씩 총 24개국으로 구성되어 있는데 아프리카그룹에서는 알제리, 이디오피아, 가나, 나이지리아, 이집트, 가봉, 코트디브와르 자이레가, 아시아·유럽그룹에서는 스리랑카, 이란, 파키스탄, 시리아, 인도, 레바논, 필리핀, 유고슬라비아, 라틴아메리카그룹에서는 아르헨티나, 콜롬비아, 멕시코, 트리니다드토바고, 브라질, 과테말라, 페루, 베네수엘라가 각각 참여하고 있다.

6.3 IMF의 기능

IMF는 국제통화제도의 안정유지를 위해 먼저 각국이 건전한 환율정책과 대외지급제도를 유지해 나가도록 일정한 의무사항을 부여하고 그 이행여부를 감독하여 가맹국의 일시적인 국제수지 불균형 발생시에는 이의 시정에 필요한 자금을 지원하는 한편 적정수준의 국제유동성을 유지하기 위해 SDR의 창출 배분 및 그 운영관리 의무를 수행하고 있다. 그밖에 IMF는 조사연구활동을 수행하며 가맹국의 정책자문 등 각종 요청에도 응하고 있다.

1) IMF의 주요기능

IMF의 환시세의 안정과 환거래의 자유를 통하여 국제무역의 균형적 발전을 기하는데 그 기능을 살펴보면 다음과 같다.

첫째, 국제금융질서유지를 위하여 지도적·감독적 기능을 수행한다. 구체적으로 국제적인 환율의 체계화와 안정화를 추구한다. 또한 외환제도상 감독기능을 수행한다.

둘째, 단기 국제금융기관으로서의 기능을 수행한다. 가맹국의 일시적인 국제수지 불균형이 발생하면 단기의 조정자금을 지원하고, 국제무역을 원활히 뒷받침하기 위하여 SDR의 창출 배분 기능, 그밖에 가맹국의 은행경영 및 통화문제에 관한 정책적 기술지원 제공 등을 실행하고 있다.

표 6.4 ▸ IMF의 네가지 금융지원정책

구분	주요내용
Reserve Tranche 정책	• 가맹국은 언제라도 Reserve Tranche Position에 따라 국제수지 상황에 따라 자유롭게 인출할 수 있으며, 상환할 의무는 없음
Credit Tranche 정책	• 국제수지상 별도 가맹국이 필요한 경우 가맹국 쿼터의 25%씩 네 번에 걸쳐 인출할 수 있음
긴급지원정책	• 갑작스럽거나 예측할 수 없는 상황에서 구제수지 방어를 위해 긴급지원
부채 및 부채상환 삭감을 위한 정책	• 부채 및 부채상환을 위해 금융지원 • 지원규모는 경우에 따라 다르며, 제시된 프로그램 성취여부에 따라 지속적인 제공여부 결정

자료: 정영규, 『인도네시아 경제론』 pp.299

2) 환율의 체계화와 안정화

IMF는 설립당시 금본위제에 의한 고정환율제도를 국제통화제도의 근간으로 하였으나 1978년 제2차 협정문 개정을 통하여 각국이 자국사정에 맞는 환율제도를 자유로이 선택하도록 하였으며(협정문 제4조 제2항), 이와 동시에 각국이 환율제도를 자의적으로 운영함으로써 국제통화질서의 안정을 저해하지 않도록 가맹국의 환율정책 및 환율에 영향을 미치는 제반 경제정책의 운영에 관하여 여러 가지 의무를 부과하고 이의 준수여부를 감독하고 있다.

IMF협정은 각 가맹국이 관리통화제도를 채용하는 것을 묵인하면서도 그 대외가치의 변경에 대해서는 각국의 자유재량에 제약을 가하여 국제기구의 관리하에 둠으로써 제1차대전 후의 평가절하 경쟁을 방지하고 있다.

각 가맹국은 IMF와 협정하여 자국 통화의 평가(par value) 설정하여야 하며, 평가는 공동 척도인 금 또는 미 달러화로 표시하여야 한다. 가맹국은 자국경제의 기초적 불균형이 있는 경우에 한하여 환율의 변경이 인정되나 IMF와 협의하여야 한다. 특히, 평가변경이 있는 경우에도 기금자산의 가치를 유지하여야 하며, 감가인 경우에는 자국통화의 대금가치저하에 상당하는 액을 기금에 불입하여야 하고, 자국통화가 인상된 경우에는 인상에 의한 대금가치 증가분 만큼 반환 받게 된다.

3) 외환제도의 감독

1930년대 세계 대공항 이후 각국의 외환관리 및 외환통제 정책을 지양하고 세계무역 확대를 위해 IMF는 가맹국에 외환 제한 철폐에 관한 의무를 부여하고 있다. IMF는 경상거래를 위한 다자 간 지급제도의 효율성을 제고하고 대외 지급 제한의 철폐를 통하여 세계무역의 확대를 촉진하고자 대외지급제한의 운영에 관하여도 세부적인 의무사항을 부여하고 있다. 이러한 의무사항은 협정문 제8조와 제14조에 규정되어 있는데 제8조는 복수 통화 조치나 경상 거래상의 외환 규제를 금지하고 있고 제14조는 경상 거래상의 대외 지급 제한을 잠정적으로 유지할 수 있도록 허용하고 있다. 그러나 제8조의 규정에도 불구하고 자본거래에 대한 규제는 경상 외환거래를 제약하지 않는 한 가능하다. 각 가맹국은 IMF의 승인이 없는 한 경상적 국제 거래를 위한 지급과 대체에 제한을 들 수 없으며 수입통제 등 조치를 할 수 없다. Barter 거래, 수출입링크제 등 차별적 통화 조치와 환거래의 종류, 내용에 따라 환율을 달리하는 복수 환율제는 IMF의 승인 없이는 금지된다. 가맹국은 大 가맹국이 보유하는 자국 통화 잔액을 상대적 통화 또는 금과 교환하여 줄 의무를 준다.

그러나 특정 통화가 희소하여지면 IMF가 희소 통화 선언을 한 경우 또는 제14조에 의거 전후 과도기에는 예외가 인정된다. 제14조의 규정은 제2차 대전후의 경제회복을 위해 설정했으며, 우리나라도 동 규정의 적용을 받고 매년 IMF의 협의를(Consulation)을 받고 있다.

제8조 및 제14조의 주요 내용

협정문 제8조에서는 가맹국의 환율정책과 외환 제도와 관련하여 가맹국이 준수하여야 하는 일반적인 의무사항을 규정하고 있으며 제14조에서는 제8조에서 정한 일반적인 의무사항의 적용을 잠정적으로 유보할 수 있는 근거를 마련해 두고 있다. 가맹국이 제14조에 의한 잠정적 유보조항을 적용받기 위해서는 동조 제1항에서 정한 바에 따라 제14조를 적용받겠다는 의사를 IMF에 통보하도록 되어 있다. 통상적으로 제14조를 적용받는 가맹국은 제14조국, 그 밖의 가맹국은 제8조국이라고 불리고 있다. 한편 1998년 11월말 현재 182개 IMF 가맹국중 우리나라를 포함한 142개국이 제8조국이며 나머지 40개국이 제14조국이다. 제8조와 제14조의 주요 내용은 다음과 같다.

〈제8조의 주요 내용〉

1. 제7조[13]나 제14조에 의한 경우를 제외하고는 IMF의 동의 없이 경상거래를 위한 지급이나 이전에 제한을 가할 수 없다.
2. 제14조와 관련된 경우를 제외하고는 차별적 통화협약이나 복수통화조치를 취할 수 없으며 IMF 가입 당시 이미 실시 중인 것은 점진적으로 철폐

13 특정통화에 대한 수요가 IMF의 동 통화공급능력을 심각하게 위협할 경우 IMF는 동 통화가 희소하다고 선언할 수 있으며 이 경우 가맹국은 IMF와의 협의를 거쳐 동 통화의 거래를 잠정적으로 제한할 수 있다. 그러나 지금까지 동 조항에 따라 특정통화가 희소통화(Scarce Currency)로 선언된 적은 없음.

하여야 한다.

3. 국제자본이동을 규제하는 데 필요한 경우 및 제14조와 관련된 경우를 제외하고는 자국 통화를 보유한 특정 타 가맹국이 경상지급을 위하여 이를 매입해 줄 것을 요청해 올 경우 이에 응하여야 한다.

〈제14조의 주요 내용〉

1. 가입 당시 이미 실시 중인 경상거래를 위한 지급이나 이전에 관한 제한조치를 계속할 수 있다. 그러나 IMF 재원을 이용하지 않고도 국제수지 조정이 가능할 때는 이를 즉시 철폐하여야 한다.
2. IMF와 매년 상기 제한조치의 연장 여부에 관하여 협의하여야 한다.
3. 당해국의 경제여건이 성숙되어 IMF가 동 제한조치를 철폐할 것을 권고하는 경우 당해 가맹국은 이를 수용하여야 한다.

IMF의 환율정책 및 외환제도에 관한 규제와 감독은 주로 IMF와 가맹국가의 정책협의를 통하여 이루어지는데 정책협의의 종류에는 정례협의, 특별협의, 보충협의 등의 세 가지가 있다[14].

4) 단기 자금 공급기관으로서의 기능

IMF의 가맹국은 IMF의 이념달성을 위해서 공동자금으로서 일정액을 출자하여야 한다.[15][16]

---

14 정례협의: 정례협의는 협정문 제4조에 의거하여 모든 가맹국에 대해 정기적으로 실시되는 협의로서 제8조 및 제14조에 의한 연례협의도 겸하도록 하고 있으며 가맹국이 IMF와 스탠드바이 협약을 체결하였을 경우에는 이에 따른 협의도 겸하고 있다. 특별협의: 특별협의와 보충협의는 정례협의를 보완하여 감독의 효율성을 제고하기 위해 도입되었다. 특별협의는 특별가맹국의 환율정책이 IMF의 환율정책 지도원칙과 일치되지 않는다는 IMF 총재의 결단이 있을 때 당해 가맹국과 비공개로 행하는 협의를 말한다.

15 IMF가 가맹국의 국제수지 조정을 지원하기 위해 사용하는 재원은 크게 정규재원과 차입재원으로 구분되고 있다. 정규재원은 가맹국의 쿼터납입금과 IMF의 업무수행 결과 발생한 미처분 순이익의 누계 즉, 적립금으로 이루어져 있다. IMF 재원의 주종을 이루고 있는 쿼터납입금은 가맹국의 출자금 성격을 띠고 있는데, 각 가맹국의 쿼터규모는 국민소득, 외환보유약, 수출입규모 등을 기준으로 할당되고 있다. IMF 설립당시 각 가맹국은 쿼타의 25% 해당액을 금으로 그리고 나머지 75% 해당액은 자국통화로 납입토록 되어 있었으나 제2차 협정문 개정 시 25% 금 납입의무를 폐지하는 대신 SDR 또는 IMF가 지정한 가맹국 통화로 납입할 수 있게 되었다. 이에 따라 과거 금납입 해당분을 SDR 및 자유사용 가능 통화로 대체 납입하게 되었다.

16 차입재원: IMF는 즉시 사용이 가능한 쿼터납입금이 부족할 경우 협정문 제7조에 의거 이를 보충하기 위한 차입을 하고 있다. IMF는 가맹국 정부 및 중앙은행 뿐 아니라 비가맹국 및 민간으로부터도 차입할 수 있으나 당해 통화를 발행하는 국가의 동의를 얻어야 한다. 그러나 IMF는 비가맹국통화를 보유할 수 없으므로 비가맹국 통화에 의한 차입만은 불가능하다. 지금까지 IMF는 가맹국 정부 및 중앙은행, 국제결제은행(BIS) 등 공적 차입원으로부터만 차입하여 왔으며 민간으로부터 차입한 적은 없다.

각국의 할당액은 다르나 IMF에서의 지위와 발언권에 영향을 주며 각국은 할당액의 25%를 금으로, 잔액은 자국 통화로 불입하게 되어 있다. IMF는 이러한 재원을 기초로 단기자금을 공급하며, 자금의 공급대상은 관계 가맹국의 재무부 또는 중앙은행이다.

IMF의 자금공여는 무제한으로 실시되는 것이 아니고 자금의 할당액, 기금의 보유통화량에 따라 제한을 받고 외화용도는 경상거래에 대한 지급 외에는 제한을 받는다.

6.4 IMF 금융지원 종류 및 지원 메커니즘

1) 금융지원제도의 종류

IMF 금융지원제도는 Reserve Tranche[17], 정규 신용제도, 특별신용제도 양허성 융자제도로 구분한다.[18]

Reserve Tranche는 가맹국의 쿼터에 따라 항시 인출할 수 있는 금융지원제도로 일종의 지불준비금 성격을 띠고 있다. 정규신용제도는 Credit Tranche, 확대신용(Extended Fund Facility)으로 구성되며 스탠드바이 협약이나 확대 협약의 체결이 신용제공의 전제조건이다(스탠드바이 협약은 회원국이 정해진 쿼터 중 일정 기간 동안 일정비율로 이를 인출할 수 있는 제도로, IMF의 금융지원제도 중 상당수가 이 협정을 전제로 하고 있다) 특별 신용제

[17] 리저브 트란셰란 가맹국이 납입한 쿼터중, 금, SDR 또는 교환성 통화로 납입한 금액과 IMF가 신용공여 등을 위해 사용한 해당 가맹국 통화를 합산한 것으로서, 바꿔 말하면 각 가맹국의 쿼터에서 IMF의 해당 가맹국 통화 보유액을 차감한 부분을 말한다. 다만 이 경우 IMF의 당해 가맹국통화 보유액에는 각종 IMF 신용의 인출대전으로 납입한 당해 가맹국 통화분이 제외된다.

리저브 트란셰의 인출요건은 국제수지상 필요하다는 것이 전제되어 있기는 하지만 여타 신용인출의 경우와는 달리 IMF가 가맹국의 리저브트란세 인출에 대하여 사전 검토하거나 정책준수의무를 부과하지 않고 있기 때문에 가맹국은 자국의 국제수지사정에 따라 사실상 자유로이 리저브트란세를 인출할 수 있다. 이에 따라 리저브 트란셰는 IMF 측 입장에서 보면 우발채무의 성격을 띠고 있으며, 가맹국입장에서는 대 IMF 청구권으로서 당해국 대외지급준비자산의 일부를 구성하고 있다. 이와 같은 특성을 고려하여 IMF는 가맹국의 리저브 트란셰 인출분에 대하여 수수료 및 환매의무를 부과하지 않고 있다. 한편 가맹국이 리저브 트란셰를 인출하게 되면 해당국의 리저브 트란셰 포지션이 감소하므로 당해 가맹국이 IMF로부터 지급 받는 보상금은 그만큼 줄어들게 된다.

[18] 삼성경제연구소, 『삼성경제』 68호, pp. 7~12.

표 6.5 ▸ 재원 및 수혜대상국

금융지원제도	세분류	재원 및 수혜대상국
Reserve	Tranche	• 정규재원 • 전가맹국
정규신용제도	Credit Tranche	• 정규재원 및 일반차입협정(GAB)에 의한 차입협정 • 전가맹국
	확대신용	• 일반재원 • 전가맹국(특히 개발도상국)
특별신용제도	확대보상 금융	• 일반재원 • 전가맹국
	완충재고 금융	• 일반재원 • 국제상품협정의 완충재고협정에 가입한 1차산품 수출국
양허성 융자제도	구조조정 금융	• 신탁기금융자 상환원리금, 상환금의 투자수익과 보완금융보조계정(SSF Subsidy account) • 최빈 개도국(90년 기준 1인당 740달러)
	확대구조 조정	• 선진국 및 신흥공업국으로부터의 차입금
긴급구제	금융제도	• 일반차입협정(GAB)재원확보에 의한 차입 및 정규재원 • 멕시코와 같이 금융위기가 발생한 가맹국
환율안정	기금제도	• IMF 일반재원으로 운영함을 원칙으로 하되 여타 국세금융기관과 협조 융자 방안도 검토

주: 정규재원: 가맹국의 쿼터납입금으로 조성
일반재원: 가맹국의 쿼터납입, 수수료 지급 및 수취, 원리금 상환 등
가맹국과 IMF간 거래계좌 재원
일반차입협정: 국제통화제도가 위기에 처할 경우 필요자금을 조달 · 공여하기 위한 IMF와 G-10국간 체결한 협정
자료: 정영규,『인도네시아 경제론』, pp.301.

도는 확대보상금융[19], 완충재고금융으로 구성되며 스탠드바이 협약 체결을 전제로 하지 않는다. 양허성 융자제도는 구조조정 금융 및 확대구조조정금융으로 구성된다. 95년도에 긴급구제 금융제도와 환율안정 기금제도가 새롭게 도입되어 금융지원제도를 보강하였다.

[19] 보상금은 가맹국이 자국 통화로 납입한 쿼터(쿼터의 75% 해당액)중 IMF 신용재원 등으로 사용된 부분과 금·SDR 또는 교환성 통화로 납입한 쿼터(쿼터의 25% 해당액)중 일정 부분에 대해 지급되는 사용료의 일종이다. 즉, 보상금이란 각 가맹국 리저브 트란셰 포지션의 일정 부분에 대해 IMF가 가맹국에게 지급하는 재원조달수수료라 볼 수 있다. 구체적으로 보상금은 보상기준에서 해당국 통화 보유금액을 공제한 금액에 대해 소정의 보상률을 적용하여 산출되는데, 이때 보상기준은 제2차 협정문 개정 시점인 1978년 4월 1일을 기준으로 하여 그 이전에 가입한 가맹국에 대해서는 당시 쿼터의 75% 해당액과 그 이후의 쿼터증가액을 합산하여 산정하고 그 이후 가입한 가맹국에 대해서는 가입 시점 현재 기존 가맹국 보상기준의 쿼터대비 가중평균비율을 가입 당시의 당해국 쿼터에 곱해 산출한 금액에다 가입일 이후의 쿼터 증가분을 합산하여 산정한다.

2) 금융지원 매커니즘

지원제도에 따라 재원과 수혜대상국, 인출요건 및 방법, 인출제도, 상환기간 및 수수료에 약간의 차이를 보인다. 이를 <표 6-6>에서 <표 6-9>에 걸쳐 정리하였다.

IMF는 환율안정과 가맹국의 일시적인 국제수지 적자 보전을 주목적으로 단기자금을 지원하고 있는데 이러한 IMF 신용은 개발자금 지원을 목적으로 하는 여타 국제개발금융기구의 융자와는 여러 가지로 다른 특징을 가지고 있다.

첫째, IMF 신용은 가맹국이 이용할 때 SDR이나 여타 가맹국 통화를 당해 가맹국 통화로 매입하는 형식을 취하고 있으며, 상환 시에도 인출통화와 관계없이 SDR 또는 여타 교환성 통화로 IMF가 보유하고 있는 당해 가맹국 통화를 환매하는 형식을 취하고 있다. 따라서 취급형태 면에서 일반적 의미의 대출 및 보상과는 상이하나 그 경제적 효과는 동일하다. 이와 같은 독특한 신용취급방식으로 인해 IMF는 신용공여 또는 상환 여부에 불구하고 SDR과 가맹국 통화를 합한 전체 통화보유액은 감소하거나 증가하지 않으며 단지 그 구성만 변화하게 된다.

둘째, IMF 신용은 국제수지조정 또는 대외지급준비상 필요한 경우에 한

표 6.6 ▸ 인출요건

금융지원제도	세분류	인출요건
Reserve	Tranche	• 국제수지 사정에 따라 자유롭게 인출
정규신용제도	Credit Tranche	• 국제수지상 문제가 있을때만 인출가능, 국제수지문제해결을 위한 적절한 대책 필요
	확대신용 (Extended Fund Facility)	• 생산 및 교역패턴이 비교우위를 적절히 반영하지 못해 국제수지 방어에 큰 어려움이 있거나, 국제수지 기반이 취약하여 개발정책을 적극적으로 추진할 수 없는 경우 장기 대규모 자금지원이 필요한 경우
특별신용제도	확대보상금융	• 통제불가능한 대외적인 요인에 의해 수출이 급격히 감소하거나 곡물, 석유 수입이 급격히 늘어나는 등 단기적으로 사정이 급격히 악화되는 경우
	완충재고금융	• 국제상품 협정하의 완충재고 유지를 위한 금융지원이 필요한 경우
양허성 융자제도	구조조정금융	• 장기적인 국제수지 적자문제에 직면하고 있는 최빈국 • 국제수지 개선을 위해 거시 경제적인 구조조정계획을 수립 추진해야 함
	확대구조조정금융	• 구조조정금융과 동일
긴급구제	금융제도	• 국제금융위기 발생시 예외적으로 신속하게 상무이사회의 승인을 얻어 위기가 발생한 가맹국을 효과적으로 지원
환율안정	기금제도	• 페그환율제를 채택한 가맹국이 환율이 명목기준지표로 정하고 강력한 거시경제적 안정화정책을 추진하여 높은 물가상승율을 단기간에 낮추고자 할 경우

자료: 정영규, 「인도네시아 경제론」, pp.303

하여 인출 사용할 수 있다.

셋째, IMF는 IMF 신용을 이용하는 가맹국에게 정책준수사항을 부과할 수 있으며, 수해가맹국은 이를 이행하여야 한다.

넷째, 가맹국의 IMF 신용 이용한도는 원칙적으로 당해 가맹국의 쿼터규모에 의해 양적 규제를 받는다.

다섯째, 신용이용국의 국제수지사정이 일정수준 이상으로 호전되면 잔여만기에 관계없이 조기 상환할 의무가 있다.

지원제도에 따라 재원과 수혜대상국, 인출요건 및 방법, 인출한도, 상환기간 및 수수료에 약간의 차이를 보인다. 이를 다음 표에 정리하였다.

표 6.7 ▸ 인출방법

금융지원제도	세분류	인출방법
Reserve	Tranche	• 자국통화를 대가로 매입 • 스탠드바이 협약이나 확대협약 체결 불필요 • IMF 사전검토절차가 없고 정책준수 사항도 부여되지 않음
정규신용제도	Credit Tranche	• 자국통화를 대가로 매입 • 스탠드바이 협약이나 확대협약의 체결 없이 인출할 수 있으나, 스탠드바이 협약을 체결한 후 인출하는 것이 일반적 • 일시 전액 인출 또는 협약기간중 수시 분할 인출가능
	확대신용	• 자국통화를 대가로 매입 • 취약부문 개선을 위한 중기정책목표와 목표달성을 위한 정책조치 사항 및 최초 12개월간 상세한 정책목표 및 실행계획을 제시 • 일시 전액 인출 불가능, 일정기간별로 인출하도록 정하여 분할 인출
특별신용제도	확대보상금융	• 자국통화를 대가로 매입 • 스탠드바이 협정 체결이 반드시 필요하지 않으나, 당해 가맹국은 국제수지문제의 조기개선을 위해 IMF와 협의해야 하며 전액을 일시에 인출가능
양허성 융자제도	완충재고금융	• 확대보상금융과 동일
	구조조정금융	• IMF 및 World Bank당국의 지원하에 구조조정계획의 기초가 되는 정책기조문서를 작성, 양 기구의 상무이사회 심의를 받음 • 구조조정계획기간(3년)에 걸친 전체 융자협약과 이에 따른 1년 단위의 부속협약 체결
	확대구조조정금융	• 구조조정금융과 동일
긴급구제	금융제도	• IMF 경영진이 국제금융위기의 발생여부를 판단, 해당국의 정례적인 경제통계 보고실적, 연차협의후 권고사항 이행실적 등을 고려, 긴급융자 여부를 결정 • 경영진과 해당국이 융자안에 대해 합의할 경우 IMF 스탭은 5일이내에 관련서류를 상무이사회에 제출, 48시간~72시간 이내에 신속하게 승인여부를 결정 • 강력한 정책준수 사항이 부과 • IMF 스탭은 융자수혜국의거시경제 상황변화에 신속하게 대처 하기위해 상무이사회 승인후 1~2개월 이내에 종합평가 자료를 제출
환율안정	기금제도	• 환율안정기금 자금운용에 대한 감시강화를 위해 통상 4회로 분할 인출 • 경우에 따라 3~5회로 인출 회수를 신축적으로 조정

자료: 정영규, 「인도네시아 경제론」 pp. 303

표 6.8 ▸ 인출한도

금융지원 제도	세분류	인출한도
Reserve	Tranche	• 리저브 트란셰 포지션 한도까지
정규 신용제도	Credit Tranche	• 가맹국 쿼터의 100%까지 인출 사용 • 쿼터의 25%씩 4단계로 인출
	확대신용	• 크레디트 트란셰와 동시에 사용할 경우 쿼터의 300%를 초과할 수 없음 • 연간 인출한도는 쿼터의 100%
특별 신용제도	확대 보상 금융	• 예기치 못한 대외여건 악화 및 수출의 급감시: 쿼터의 30% • 수입급증시: 쿼터의 15% • 필요시 상기 두 경우 쿼터의 20%까지 추가인출 가능
	완충재고금융	• 쿼터의 35%
양허성 융자제도	구조조정 금융	• 국별융자한도 상무이사회에서 조정 • 3개면 전체한도는 쿼터의 50% • 연간한도는 1차연도 15%, 2차연도 20%, 3차연도 15%
	확대구조 조정금융	• 원칙적으로 쿼터의 190% • 국제수지 불균형정도가 심각하고 구조조정에 적극 노력하고 있다고 상무이사회가 인정하는 경우 예외적으로 255%
긴급구제	금융제도	• 스탠드바이 협정 체결후 쿼터의 3~7배 • 소요금액이 이를 초과할 경우 여타 국제금융기관 및 미국, 일본 등 기타 나라의 지원패키지로 보충 • IMF 가이드라인 충족을 조건으로 연차적으로 분할 지급
환율안정	기금제도	• 가맹국 쿼터의 100%이내 사안별 결정

표 6.9 ▸ 상환기간 및 수수료

금융지원제도	세분류	상환기간 및 수수료
Reserve	Tranche	• 환매의무 없음
정규신용제도	Credit Tranche	• 최장 5년, 인출로부터 3년 거치후 2년이내 분활상환 • 국제수지 및 대외지급 준비사정이 준비사정이 충분히 개선된 경우 상환기간에 관계없이 조기 상환 • SDR 금리의 일정비율(상무이사회가 반기마다 결정)
	확대신용	• 최장 10년, 4년 거치후 6년간 균등 분활 상환 • 최초인출 4년 이내에 6년간 반기별 환매계획서 제출 • 국제수지 호전의 경우 상환기간에 관계없이 조기 상환 • SDR 금리의 일정비율로 결정
특별신용제도	확대보상금융	• 최장 5년, 1-3년 거치이후 2년간 균등분활 상환 • SDR 금리의 일정비율
	완충재고금융	• 최장 5년, 1-3년 거치이후 2년간 분활 상환 • 연 0.5%
양허성 융자제도	구조조정금융	• 최장 10년, 5년 거치이후 5년간 균등분활 상환 • 연 0.5%
	확대구조 조정금융	• 구조조정금융과 동일
긴급구제	금융제도	• SDR 융자금리수준 적용
환율안정	기금제도	• 최장 1년

자료: 정영규, 『인도네시아 경제론』pp304

3) IMF 자금 도입절차

IMF 자금 도입절차는 자금지원 요청국이 IMF 당국에 자금 도입의사를 비공식적으로 전달하고, IMF 협의단은 해당국을 방문, 경제실적 및 전망을 조사하는 등 해당국 정부는 IMF 자금지원을 위한 스탠드바이[20] 협약 체결 의향서를 제출하고, 쌍방간 지원규모 및 조건에 대한 협의를 도출, IMF 이사회의 승인을 얻어야 한다. 이를 근거로 IMF는 해당국에 순차적 자금지원을 한다.[21]

6.5 SDR의 창출과 운영관리

IMF의 주요 업무중의 하나는 세계교역을 원활히 뒷받침하기 위하여 결제수

---

[20] 스탠드바이협약이란 단기적인 국제수지악화로 곤란을 겪고 있는 가맹국이 쿼터의 일정비율에 해당하는 금액을 일정기간(1-2년)동안 일정조건하에 추가적인 협의절차 없이 인출 사용할 수 있도록 사전에 합의하는 제도로서 1953년 12월에 도입되었다.

동 협약체결 가맹국은 협약내용 일부로 합의된 정책준수사항을 신용인출조건을 충족할 경우 협약 한도 내에서 일정 기간마다 일정액씩 인출할 수 있으며 IMF로서는 동 협약을 통하여 가맹국에게 필요한 자금을 신속하게 제공하고 정책준수사항의 이행 여부를 감독함으로써 당해 가맹국이 IMF의 목적에 부합되는 효율적인 경제정책을 수행하도록 지원하고 있다. 여기서 신용인출조건이란 신용공여 시 경상수지 적자를 균형수준으로 회복시키기 위해 IMF가 당해 가맹국에 부여한 정책준수사항을 의미한다.

스탠드바이협약 체결절차는 먼저 가맹국이 비공식적으로 IMF 측에 협약체결 의사를 전달한 후 이를 협의하기 위하여 파견되는 IMF 협의단이 당해 가맹국의 경제실적과 전망을 고려하여 협약체결이 필요하다는 평가를 잠정적으로 내리게 되면 동 가맹국이 공식적으로 협약체결을 요청하는 의향서를 IMF에 제출하고 이를 상무이사회가 승인하면 정식으로 협약을 체결하게 된다.

동 협약에는 총대출한도, 경제정책 운용방향 및 정책준수사항 등 이 기재되며 이중 정책준수사항으로는 주로 중앙은행의 대정부 여신한도, 금융기관의 국내여신한도, 통화증가률, 금융정책 방향, 순해외자산, 대외차입한도, 국제수지 및 외환 관리상의 목표, 외환지급의 자유화 조치 등 경제 전반에 걸친 구체적인 운용계획이 포함되는데 이를 이행하지 않으면 추가적인 자금인출이 불가능해진다.

한편 확대협약은 그 성격 및 체결방법이 스탠드바이협약과 동일하나 스탠드바이협약보다 대규모 장기자금이 필요한 경우에 체결된다는 점이 다르다.

[21] 확대지원금융은 1979년 설치된 보완금융의 재원소진에 따라 이를 대체하기 위해 1981년 3월에 도입된 제도로서 크레딧트란셰나 확대신용만으로는 국제수지 조정이 어려워 더 많은 조정자금을 필요로 하는 국가를 지원하는 것을 목적으로 한다.

동 제도의 재원은 선진국 및 사우디아라비아, 국제결제은행(BIS) 등으로부터의 차입에 의해 조성되며 인출조건은 ① 국제수지 조정에 1년 이상이 소요되고 ② 자금소요액이 크레딧트란셰와 확대신용에 의한 수혜가능액을 초과하여야 하며 ③ 상위 크레딧트란셰의 스탠드바이협약이나 확대협약과 연결하여 인출이 이루어져야 한다. 한편 IMF는 지난 1992년 11월 제9차 쿼타증액 결의안의 발효로 신규 재원조성이 원활해진 점을 감안하여 확대지원금융의 취급을 중단하였다.

단 즉, 국제유동성을 적절히 공급관리하는 일이다.[22] 국제유동성은 협의로는 각국이 보유하고 있는 금이나 SDR, 외화자산 그리고 IMF 리저브포지션으로 정의되고 있으며, 광의로 해석하여 대외거래를 뒷받침할 수 있는 지급능력으로 정의할 경우에는 대외지급준비자산 이외에 국제금융시장으로부터의 차입능력, 무역업자나 은행이 보유하는 외환, 내국인이 보유하는 대외채권 등 대외지급 필요시 동원 가능한 모든 자금을 포함시킬 수 있다.

변동환율제도를 근간으로 하고 있는 현행 킹스턴체제[23]하에서는 고정환율제도의 브레튼우즈체제와는 달리 광의의 국제유동성 개념이 세계무역의 확대와 국제통화질서의 안정유지 그리고 이를 통한 세계경제의 균형발전을 도모하고자 하는 IMF의 설립취지에 보다 잘 부합하고 있다. 현재 국제유동성 관리를 위해 IMF가 수행하고 있는 기능은 다음과 같다.

첫째, 여러 가지 신용제도를 통해 가맹국에게 자금을 지원하는 기능이다. 이는 세계전체의 국제유동성 범위 내에서 유동성이 부족한 가맹국에게 국제수지 보진재원을 공급함으로써 국제유동성의 편재현상을 완화하고자 하는 것이다.

둘째, 가맹국의 대외차입능력 제고를 통해 스스로 국제유동성을 확보할 수 있게 하는 기능이다. IMF는 가맹국에 대한 경제실적 평가 등을 통해 가맹국 스스로 대외신인도를 향상시키도록 유도하는 한편 특히 대외신인도가 낮은 국가에 대해서는 신용인출시 엄격한 인출요건을 부여하여 건전한 경제운용을 통해 신인도를 회복시키도록 적극 지도하고 있다.

셋째, 특별인출권(SDR: Special Drawing Rights)을 창출 배분하는 기능이다. SDR의 창출배분은 국제통화제도상의 새로운 준비자산을 창출하는 외에 새로운 국제유동성을 IMF가 직접 공급함으로써 세계전체의 국제유동성 규모를 조절하고자 하는 것이다. 이는 과거 금본위제하에서 새로운 금의 생산을 통해 화폐용 금을 증대시키는 것과 동일한 효과를 가지고 있어 IMF의 국제유동성 관리업무에 있어서 중심적인 업무라 할 수 있다.

---

22 보완금융제도는 1970년대 후반부터 석유파동 등으로 다수 가맹국이 쿼터규모를 상회하는 대규모의 국제수지 적자에 직면하게 됨에 따라 이들 국가에 대한 원활한 금융지원을 위하여 국제수지사정이 양호한 가맹국들로부터 차입한 재원(14개국으로부터 78억 SDR 차입)으로 1979년 2월 신설되었으며 1981년 3월이래 조성재원의 소진으로 취급이 중단된 신용제도이다.

23 고정환율제도의 붕괴에 대처하기 위하여 1976년 1월 IMF가맹국들이 자메이카의 수도 킹스턴에서 합의한 신국제환율체계로서 동 합의의 주요 내용은 ① 금의 공시가격 폐지 ② 변동환율제도의 공인으로 요약되는데, 동 합의가 가맹국들의 비준을 거쳐 1978년 4월에 발효됨에 따라 달러화의 금평가 제도가 전면 폐지되었으며 가맹국들은 고정환율제도에서 이탈하여 자국 사정에 맞는 환율제도를 채택할 수 있게 되었다.

IMF의 SDR 창출배분을 통한 국제유동성 관리기능은 국제통화제도가 변동환율제도인 킹스턴체제로 이행되면서 종래 보완적 준비자산의 성격을 갖고 있던 SDR을 주요 준비 자산화하기 위해 그 기능과 이용도를 제고함으로써 더욱 강화되었다.

1) SDR제도의 도입배경

세계무역의 지속적인 확대 및 원골화를 위해서는 안정된 국제유동성 공급이 뒷받침되어야 하는데 1960년대에 들어 세계무역은 높은 신장세를 시현한 반면 국제유동성 공급은 그에 못 미침으로써 세계경제는 유동성 부족현상을 보이게 되었다. 또한 미국의 달러방지조치와 국제유동성의 편재 등이 국제유동성의 수급 불균형현상을 더욱 심화시켰다.

그리고 미국의 만성적 대규모 국제수지적자는 달러의 금태환에 대한 신뢰도 저하, 달러화의 투매, 국제통화불안으로 이어지는 소위 유동성 딜레마현상을 보이게 되었다.

더욱이 특정국의 국내통화를 대외지급준비자산으로 사용함으로써 국제유동성 규모가 특정국의 정책에 좌우될 수 있는 이론적인 모순을 내포하고 있었다. 이처럼 국제유동성 공급 구조상의 모순이 내재되어 있는 가운데 국제유동성 부족현상이 심화됨에 따라 국제통화제도에서 미 달러화의 역할을 줄이고 그 대신 계획적이고 통제 가능한 새로운 준비자산을 창출하려는 움직임이 1960년대 들어 대두하게 되었다.

이에 따라 신국제유동성의 창출문제가 1963년 9월 IMF 연차총회에서 정식의제로 채택되어 IMF 당국과 G-10 그룹 국가들을 중심으로 논의가 진행되었으며 그 결과 1967년 9월 제22차 년차총회에서 SDR 창출요망(Outline of SDR)이 채택되었다. 이어 1969년 7월에는 동 요강이 반영된 IMF 협정문 개정안이 발효되고 동년 8월 6일 IMF 쿼터의 75% 이상을 가진 가맹국이 특별인출권제도에의 참가비준서를 기탁하였고 1969년 10월 미국 워싱턴에서 개최된 제24차 연차총회에서 제1차 기본 기간 중의 SDR 배분에 합의함으로써 SDR 제도가 정식으로 도입되었다.

2) SDR 창출배분 및 말소

IMF는 통상 5년을 기본기간으로 하여 SDR의 추가창출 또는 말소 여부를 검토하며 IMF 총재의 제의와 상무이사회의 동의 및 총회 총투표권의 85% 이상 찬성에 의한 의결을 거쳐 창출 또는 말소[24]된다. 창출된 SDR은 IMF 가맹국 중 SDR에 관한 의무사항을 수락한 SDR 회계 참가국에 쿼터비율로 배분되며 말소는 순누적배분액에 비례하여 이루어진다. SDR의 창출 및 말소시 고려사항은 첫째, 장기적이고 전세계적인 유동성의 보충 또는 감축필요성 여부 둘째, 이로 인해 IMF의 기본목적 달성이 촉진되고 세계경제의 초과수요 및 인플레이션은 물론 경기침체 및 디스플레이션도 방지할 수 있는지의 여부 등 두 가지이다.

3) SDR제도의 운영관리

① 참가자

SDR에 관련된 모든 운용 및 거래는 SDR 회계(SDR Department)를 통하여 이루어지는데 동 회계에 참가할 수 있는 자격은 IMF 가맹국, IMF의 일반회계 및 기타 지정보유기관으로 제한되어 있다.

IMF 가맹국이 SDR을 보유하거나 거래 또는 운용하기 위하여는 SDR 회계 참가국으로서의 제의무를 수락하고 이러한 의무이행에 필요한 모든 조치를 취하였다는 내용의 문서를 IMF에 기탁하여야 한다. 한편 동 참가국은 IMF에 대한 서면통보로서 SDR 회계에의 참가를 그만둘 수 있는데 참가의 종료는 통보 접수 일자로부터 발효되며 IMF를 탈퇴하는 참가국은 자동으로 SDR 회계에의 참가도 종료되는 것으로 간주된다.

IMF 일반회계도 SDR을 보유하여 운용할 수 있는데 이에 따라 SDR 회계 참가국이 IMF에 신용수수료 등을 납부하거나 자국통화를 환매할 때 SDR을 사용할 수 있게 되었다.

그밖에 IMF 비가맹국, 가맹국중 SDR 회계 비참가국 또는 1개 이상의 가맹국을 위하여 중앙은행의 기능을 수행하는 기관 및 기타 공적기관도 IMF 총투표권의 85% 이상 찬성을 얻어 SDR 보유자가 될 수 있는데 이를 지정보유기관이라고 한다. 이들 지정보유기관은 SDR 창출시 배분대상이 아니므로 SDR 수취의무 및 수료 지급의무는 갖지 않는다.1997년 6월말 현재 지정보유기관으로는 15개 기관이 지정되어 있다.

② 사용

SDR의 사용은 SDR을 제공하고 교환성 통화를 취득하는 거래와 교환성 통화와의 교환이 발생하지 않는 운용으로 구분된다.

---

[24] 현재까지 SDR의 말소결정은 아직 한 번도 없었음.

㉮ 거래

SDR의 거래는 지정거래(Tracsaction with designation)와 합의거래 및 IMF 일반회계와의 거래 등 세 가지로 구분된다.

지정거래의 경우 IMF는 상무이사회가 승인한 분기별 SDR 지정계획에 따라 지정에 응해야 할 지정계획 대상국과 대상국별 SDR 수취의무액(지정규모)을 결정하고 있다. 지정계획대상국은 IMF의 요청이 있을 경우 타가맹국으로부터 SDR을 수취하고 교환성통화를 그 대가로 지불할 의무가 있는데 IMF는 국제수지사정과 대외지급준비사정이 건전한 국가중에서 지정계획대상국을 선정한다. 국별지정규모는 SDR 지정계획에 의거, 계획입안일 현재 당해 가맹국이 수취한 SDR 분배 총액의 2배에 해당하는 금액 범위 내에서 실제 보유규모 등을 감안하여 결정된다. 한편 비지정 가맹국은 국제수지사정의 악화나 대외지급준비자산의 감소 등에 따른 SDR 사용필요요건을 갖추었을 경우에 한하여 보유 SDR과 교환성통화와의 교환을 요구할 수 있으며 단순히 대외지급준비자산의 구성을 변경시킬 목적으로 이를 요구할 수 없다. IMF는 비지정가맹국으로부터 SDR 교환요구를 받으면 지정계획에 의하여 지정된 가맹국에 동 교환거래에 응할 것을 요청한다.

한편 합의에 의한 거래의 경우는 상기와 같은 지정계획에 관계없이 SDR의 매매를 원하는 가맹국 간의 자유로이 이루어지는 거래로서 IMF는 이러한 SDR 매매를 희망하는 가맹국의 명단을 사전에 보유하고 있다가 매매를 중개함으로써 SDR 거래를 도모하고 있다.

끝으로 IMF 일반회계와의 거래는 IMF 신용에 대한 원리금 상환, SDR 순사용분에 대한 수수료 납부, 쿼터 증액시 해당 가맹국 통화 납입분 이외부분의 납입 등을 위해 가맹국과 IMF 간에 이루어지는 거래로서 일반재정계정(General Resources Account)을 통해 이루어진다.

㉯ 운용

SDR의 거래에 관한 사항은 IMF 협정문에 구체적으로 명시되어 있으나 운용에 관한 사항은 동 협정문 제19조 제2항에 의거하여 상무이사회가 총 투표권의 70% 이상을 대표하는 이사의 찬성을 얻어 정하도록 하고 있다. 이에 따라 상무이사회는 금융채무의 결제, 융자, 질권설정, 채무보증을 위한 담보제공, 스왑거래, 선물환거래 및 증여 등 일곱가지 형태의 운용을 허용하고 있다.

한편 IMF는 특정 참가국이 행한 SDR의 운용 및 거래가 IMF 협정문의 취지에 부합하지 않는다고 판단될 경우 해당 가맹국에 대하여 경고할 수 있고 이러한 운용 및 거래가 계속될 경우에는 SDR의 사용권리를 정지시키는 등 적절한 제제조치를 취할 수 있다.

㉰ SDR의 가치

SDR의 가치는 1970년 도입당시 미 달러화의 금 평가와 동일한 가치인 1SDR = 1달러 =금 0.888671그램(1/35온스)으로 설정되었으나 1971년 12월 미 달러화의 금 평가가 1온스당 35달러에서 38달러로 절하되고 1973년 2월에는 다시 42.22달러로 절하됨에 따라 1SDR = 1.20635달러로 변경되었다.

그러나 두 차례에 걸친 미 달러화 표시 SDR 가치의 대폭적인 조정에도 불구하고 미 달러화가 계속 약세를 보임에 따라 SDR의 가치를 미 달러화에 고정시키는 것이 불합리하게 되었다. 이에 따라 1974년 7월부터는 SDR의 가치를 복수통화에 연결시키는 스탠다드바스켓방식을 도입하게 되었다.

그후 각 가맹국 간 무역신장률 차이로 수출비중이 변화함에 따라 1978년 7월 1일 덴마크 크로네화와 남아프리카공화국 란트화를 바스켓구성통화에서 제외시키고 사우디아라비아 리얄화와 이란 리얄화를 새로이 통화바스켓에서 포함시켰다.

한편 16개국 통화로 구성된 당초의 바스켓은 세계수출액의 75%를 점하는 국가를 대표한다는 점에서 그 대표성은 큰 반면 구성통화수가 너무 많아 계산이 복잡하고 사우디아라비아 리얄화 등 국내금융시장이 충분히 발달되어 있지 않은 통화도 다수 포함하고 있어 가치평가 및 사전예측이 어려워 거래수단으로서의 SDR 역활 확대를 저해하였다. 이러한 문제점을 시정하기 위하여 1981년 1월 1일부터는 바스켓구성통화를 1975-79년중 재화 및 용역 수출액과 각국 공적 대외지급준비자산의 통화별 보유비중을 기준으로 하여 미국달러화, 독일 마르크화, 영국 파운드화, 프랑스 프랑화 및 일본 엔화 등 주요 5개국 통화로 대폭 축소하는 한편 그 가중치도 SDR 이자율 산정을 위한 바스켓의 가중치와 동일하게 개편하면서 매 5년마다 바스켓 구성통화의 종류, 가중치 및 통화단위수를 조정하기로 하였다. 이에 따라 현재 IMF는 1996년 1월 1일부터 2000년 12월 31일까지 5년간 적용되는 바스켓의 구성통화별 가중치와 통화단위수를 다음과 같이 정하여 SDR 가치를 평가하고 있다.

1 SDR = 0.582 $ + 0.446 DM + 27.2￥ + 0.813FFr + 0.105￡

(39.0) (21.0) (18.0) (11.0) (11.0)

*( )은 가중치

표 6.10 ▸ SDR 이자율 산정을 위한 바스켓 및 가중치 현황

(1998년 11월말 현재, 단위: %)

미국 3개월만기 재정증권 시장수익률	39
독일 3개월만기 은행간 예금금리	21
일본 3개월만기 CD 금리	18
프랑스 3개월만기 재정증권 시장수익률	11
영국 3개월만기 재정증권 시장수익률	11
계	100

6.6 SDR이자율 및 수수료율

준비자산으로서의 SDR이 보유자에게 매력적인 투자자산이 되도록 하기 위하여 IMF는 SDR 회계 참가자의 SDR 보유 평균잔액에 대하여 이자를 지급하며, 반면 각 참가국은 말소분을 제외한 순누적배분액(평잔기준)에 대하여 동률의 수수료를 납부한다. 따라서 SDR 배분액보다 보유액이 많은 참가국은 초과보유분에 대해 순이자를 수취하고 보유액이 배분액에 미달하는 참가국은 순사용분에 대한 수수료를 납부하게 되므로 전체 SDR 회계 내에서 이자와 수수료의 총액이 상호 일치하여 수지균형이 이루어지게 된다. 한편 SDR 지정보유기관과 IMF 일반회계는 SDR의 배분대상이 아니므로 수수료 납입 의무가 없으며 보유잔액에 대한 이자만 수취한다.

SDR제도 도입이후 SDR 이자률은 비교적 저리의 고정률로 책정되어 오다가 1976년 7월 1일부터 준비자산으로서의 적정 수익성을 보장함으로써 보유 선호도를 높이기 위하여 미국, 영구, 독일, 프랑스, 일본 등 주요 5개국 단기금융시장금리를 가중 평균한 복합시장금리의 60% 수준에서 이를 책정하였으며 1979년 1월 1일부터는 동 복합시장금리의 80% 수준으로 인상한 데 이어 1981년 5월부터는 다시 100%로 인상하였다. 1983년 8월부터는 SDR 이자율 정책 주기를 종래의 분기 단위에서 주 단위로 변경하였는데 이에 따라 SDR 이자율은 매주 금요일에 산출한 주요국 복합시장 금리와 동일한 수준의 금리를 그 다음 월요일부터 1주일간 적용하고 있다.

6.7 기타

1) 가맹국에 대한 서비스 제공

① 기술지원

가맹국에 대한 기술지원 제공은 IMF가 1946년 12월에 은행운영 및 통화문제에 관한 정책자문요청을 받아 처리한 이래 현재에 이르기까지 IMF 활동의 중용한 일부분이 되어 왔다. 이러한 기술지원은 실무전문가 파견 및 연구결과에 의한 권고 등을 통하여 가맹국, 가맹예정국 및 일부국제기구에 제공되고 있는데, 주로 통화외환국, 재정국 및 통계국에 의하여 수행되며 그 내용상 관련이 있는 경우에는 법규국, 전산실 및 지역담당 부서 등도 함께 참여하고 있다.

IMF 설립초기에는 중앙은행국(현재의 통화외환국)을 통하여 통화발행 및 중앙은행설립에 관한 기술지원을 주로 실시하였으나 최근에는 회계, 통계, 조사연구, 은행감독, 외환 등 보다 전문적인 기술지원이 많으며 이 밖에도 금융제도, 장기금융시장, 중앙은행 및 일반은행 관련 입법, 역외금융센타, 중앙은행간 협력, 금리구조, 통화관리기법 등에 관한 자문도 실시한다. 특히 1980년대 들어 외채문제가 심각하게 대두하게 됨에 따라 외채관리 및 외채관련 통계작성에 관한 기술지원이 늘어나고 있다.

한편 IMF는 국제수지문제가 정부의 세입부진과 방만한 재정지출 확대에도 기인한다는 인식하에 재정국을 통하여 재정구조와 재정정책에 관한 일반적인 사항 외에 세제개혁, 조세행정, 세출우선순위 선정, 재정지출 통제, 예산의 입안·관리 및 감독 등에 관한 세부사항에 이르기까지 실무진의 단기 파견이나 3년 이내 기간의 자문단파견을 통하여 가맹국에 대한 기술지원을 실시하고 있다.

또한 통계국을 통하여는 통화금융, 국제수지, 재정, 국제금융 및 외채 등에 관한 통계의 모집·처리에 관하여 그리고 법규국을 통하여서는 통화, 외환 및 재정 관련 입법 등에 관하여 기술지원 및 자문업무를 수행하고 있다.

② 연수

다수의 가맹국, 특히 개도국들은 국제수지 애로사항의 조기발견이나 이를 시정하기 위한 정책수립 및 집행에 있어 통계의 신뢰성 결여, 경제분석과 관리능력을 갖춘 인력의 부족 등으로 어려움을 겪고 있다. IMF는 업무의 성격상 국제수지와 관련한 통계작성 및 분석, 정책 및 기타 관련사항에 관한 실무적

지식을 축적하여 왔으므로 이를 바탕으로 1950년이래 국제수지통계 및 국제경제에 관한 연수과정을 개설, 운용해 오고 있으며 1964년에는 이러한 연수를 보다 조직적으로 실시하기 위하여 IMF 연수원(IMF Institute)을 설치하였다. 동 연수원은 가맹국 정부의 경제부처 및 중앙은행 직원을 주대상으로 1991년까지 158개국 약 7,800명에 대하여 연수를 실시하였다.

한편 1992년 9월에는 EC 집행위원회 및 BIS, EBRD, IBRD, OECD와 공동으로 비엔나합동연수원(Joint Vienna Institute)을 설립하여 동구권구가 및 소련연방공화국 등 계획경제체제에서 시장경제체제로의 전환기에 있는 가맹국의 전문인력 양성을 위한 연수에도 힘쓰고 있다.

2) 조사 및 통계

IMF는 국제통화제도 전반과 국제수지, 환율문제 및 각 가맹국의 경제현황에 관한 다양한 조사연구 및 통계업무를 수행하고 있으며 그 결과를 각종 연구보고서 및 정기간행물을 통해 발표하고 있다.

협정문에 의거 발간하고 있는 간행물로서는 IMF 연차보고서(IMF Annual Report)와 환율제도 및 외환규제에 관한 연차보고서(Annual Report on Exchange Arrangements and Exchange Restrictions)의 두 가지가 있다.

3) 최근 IMF 기능강화를 위한 주요 조치 및 논의 내용

세계금융·경제여건 변화에 따른 IMF의 기능강화문제는 특히 IMF와 World Bank를 출범시킨 브레튼우즈체제 50주년이 되는 해였던 1994년부터 집중적으로 논의되기 시작하였다.

① 조기경보체제 구축

IMF는 지난 1995년 초 멕시코 사태의 발생 시 멕시코 당국이 주요 경제·금융통계를 적시에 공표하지 않음에 따라 IMF도 이상 징후를 조기에 파악하지 못하였다는 인식하에 IMF가 감시기능을 효과적으로 수행하기 위해서는 가맹국이 경제통계를 적시에 정기적으로 공표 하는 것이 필수적이라는 판단을 하게 되었다. 이에 따라 IMF SMS 조기경보체제의 일환으로 가맹국이 시의 적절하고 신뢰성 있게 양질의 경제·금융통계를 공표하도록 하는 통계공식기준을 제정키로 하였다.

경제·금융통계 공표기준은 모든 가맹국에 공통으로 적용될 일반공표기준과 국제금융시장에서 차입하고자 하는 가맹국에 적용될 보다 엄격한 내용의 특별공표기준으로 이원화되며, 이중 국제금융시장 상시이용국 등 소수 가맹국을 대상으로 하기 때문에 단시일내 시행이 가능한 특별공표기준을 먼저 확정하여 1996년 4월부터 시행하였다.

특별공표기준에서는 공표대상통계(실물, 재정, 금융, 대외, 기타 등 5개부문 17개 항목)를 정하여 세부항목까지 공표할 것을 의무화하고 각 항목마다 작성주기 및 공표기한을 일, 주, 월, 분기, 연 등으로 표준화함과 아울러 공표일시, 장소 등이 명시된 통계공표계획서를 사전에 발표하고 통계작상방법, 기초자료 등도 함께 일반에 공표토록 하였다.[25] 통계공표기준은 IMF는 물론 국제금융시장 참가자들도 각국 경제의 움직임을 적시에 파악할 수 있으므로 이상징후의 조기발견이 가능하게 된다.

② 전반적인 감시기능 강화

IMF는 1994년부터 감시기능 강화를 위하여 가맹국이 추구해야 할 정책목표를 제시하고 그 이행상황을 정기적으로 점검하고 있으며, 1994년 10월 "세계경제의 성장확대를 위한 협력에 관한 선언"(일명 마드리드 선언)을 통해 선진국, 개도국, 체제전환국 등 국가그룹별 정책목표를 제시하였다. 또한 1995년 4월에는 마드리드 선언의 실천을 위해 IMF가 제시한 정책권고에 대한 가맹국의 이행상황을 상무이사회가 6개월마다 점검하여 보고하기로 하였다. 1996년 9월에는 각 가맹국이 책임과 역할을 분담하는 동반자라는 이념하에 정책수립에 신중을 기할 것을 촉구하며 11개항의 중점정책과제를 제시한 "세계경제의 지속적 성장을 위한 파트너십 선언"을 채택하였다. 파트너십 선언에는 건전한 거시정책, 인플레의 지속적 억제 등 WMF의 전통적인 정책목표뿐 아니라 WMF의 보다 적극적인 역할을 시사하는 다음과 같은 새로운 정책목표도 다수 포함되었다.

- 신중한 자본이동 자유화
- 노동 및 생산시장 개혁을 통한 과감한 구조조정 추진
- 부패척결과 효율적인 관리체계 확립
- 금융제도의 건전성 확보

국제자본시장의 통합으로 일국의 경제기초여건 변화에 대한 시장의 반응이 신속화됨에 따라 IMF의 감시기능을 상시화하는 상시감시체제 확립의 필요성이 제기되었다. 이에 따라 그간 최장 24개월 간격으로 실시하던 가맹

[25] IMF는 1996년 9월부터 인터넷에 공표기준게시판을 설치하여 특별공표기준 참가국 현황, 국별 자료작성방법, 개별국 통계의 입수방법 등을 일반인이 쉽게 이해할 수 있도록 하고 있음.

국과의 연차협의를 1년 단위로 정례화하고 일부 가맹국에 대해서는 연차협의 외에 수시 방문하여 정책협의를 실시하고 특히 문제발생 가능성이 있는 가맹국을 집중적으로 감시하도록 하였다. 또한 상무이사회는 최소한 월1회 비공식회의를 개최하여 잠재적인 금융위기의 발생기능성을 점검하도록 하였다.

또한 IMF는 정책수립 및 업무수행의 투명성을 제고하기 위해 작업결과를 일반인에게 공개하는 등의 노력을 지속하고 있다. 먼저 IMF는 연차협의를 위해 준비하는 해당 가맹국의 최근 경제동향에 관한 보고서를 공개하는 한편 IMF가 지원하는 프로그램에 대해서는 가맹국이 그 세부내용을 공개하도록 권고하고 있다. 또한 IMF 연차보고서에 연차협의결과를 게재하는 가맹국수를 크게 늘리고 일정기간이 경과한 IMF의 내부문서 등도 선별적으로 공개하기 시작하였다.

③ 금융제도의 건전성 확보

금융제도는 자금중개, 신용배분, 지급경제 등 경제 내에서 핵심적인 역할을 수행하기 때문에 일국의 금융위기가 경제에 미치는 영향은 막대하다고 볼 수 있다. 그러나 IMF 조사연구기관에 의하면 1980년 이후 IMF 가맹국의 2/3 이상이 크고 작은 금융위기를 경험하였으며 1994년말에는 멕시코사태가 발생하였을 뿐 아니라 최근에는 개도국 및 일부 선진국에까지 금융위기가 확산되는 경향이 나타났다. 이 같은 배경에서 IMF는 1995년부터 금융제도 건전성에 대한 감시강화의 필요성을 크게 강조하기 시작하였다. 금융제도의 건전성에 대한 IMF의 감시는 직접적인 감독자로서가 아니라 정책조언자로서 주로 다음 사항에 중점을 두고 있다.

- 가맹국 금융감독체계의 유효성에 대한 평가
- 금융제도의 건전성 확보를 위한 정책과 여타 거시경제 및 구조조정 정책 간의 상호작용에 대한 평가 등

이러한 IMF의 금융제도 건전성에 대한 감시활동은 크게 다음과 같은 3가지 형태로 수행된다.

IMF는 연차협의를 통해 가맹국에게 금융감독·규제체계의 적절성, 부실은행에 대한 엄격한 퇴출정책, 국제적인 감독기준 준수 등을 조언함으로서 금융제도 건전성 강화를 유도하고 있다.

IMF는 금융제도의 건전성 문제와 관련하여 보다 보편적인 국제기준을 마련할 필요가 있다고 보고 특정 국가그룹에서 성공적이었던 기준이나 관행을 발굴하여 국제적으로 통용될 수 있는 금융감독기준으로 발전시키고 이를

전 가맹국에 보급하는 방안을 연구중에 있다. 이는 현재 BIS의 바젤위원회가 감독문제에 관한 국제협력의 중심이 되고 있으나 BIS 자기자본비율 등 동 위원회가 제정한 감독기준은 주로 G-10 국가 등 선진국을 대상으로 한 것으로 거시경제환경과 민간자본이동이 상대적으로 불안정한 개도국은 선진국보다 엄격한 적용할 필요가 있기 때문이다.

④ 기술지원 확대

IMF는 각 가맹국의 은행 건전성규제와 감독을 강화하기 위한 기술지원을 강화하여 왔다. 최근의 기술지원은 ① 기술지원협의단 파견 ② 해당분야 전문가의 단기방문 ③ 장기주재 자문관 파견 ④ 연차협의시 금융전문가 파견 등 다양한 형태로 실시되고 있으며 법규정, 대출자산 평가방법, 회계 및 보고기준, 조기경보체제, 예금보험제도 등 은행감독의 전 분야에 걸쳐 이루어진다. 특히 금융산업 부실화의 징후가 있는 국가에 대해서는 문제은행의 정리 또는 구제 전문가를 상주 파견하는 방식도 활용되고 있다. 향후 IMF는 회계제도 및 공시제도에 대한 기준제정 등에까지 기술지원대상분야를 더욱 확대할 것으로 전망된다.

⑤ 자본자유화를 위한 IMF의 역할 제고

IMF는 이전까지 가맹국의 일반적 의무로서 경상외환거래 자유화를 적극적으로 추구해 왔으나 반면에 자본거래 자유화와 관련해서는 다소 소극적인 입장을 취해왔다.[26] 그러나 1970년대 이후 변동환율제가 도입되고 경상무역거래 증대와 함께 자본 이동이 급속히 늘어나면서 대다수 선진국은 물론 일부 개도국도 자본자유화를 추진함에 따라 경상거래 자유화 추구라는 IMF의 규범은 현실보다 뒤쳐지게 되었다. 이에 따라 IMF는 자본거래에 대해서도 보다 적극적인 역할을 수행해야 한다는 인식하에 업무영역을 자본자유화까지 확대하는 방안을 논의 중에 있으며 이를 위해 IMF 협정문을 개정하여 자본거래 자유화를 의무화하되 예외적으로만 자본거래에 대한 규제를 인정하는 방안을 검토하고 있다. 한편 IMF는 1996년 9월 발표한 "파트너십 선언"에서 경상거래 자유화와 함께 "신중한 자본이동 자유화"를 중점정책과제의 하나로 제시한 바 있다.

---

[26] IMF 협정문 제6조에서는 가맹국이 국제수지 및 환율의 안정 등을 위해 자본이동을 규제할 수 있도록 규정하고 있음.

6.8 우리나라와의 관계

1) 가입 및 쿼터현황

우리나라는 경제개발에 필요한 재원을 조달하기 위해 세계은행에의 가입자격[27]을 얻고자 1955년 8월 26일 58번째 가맹국으로 IMF에 가입하였다. 가입당시 우리나라의 쿼터는 12.5백만 SDR로 총 쿼타에서 차지하는 비중이 0.14%에 불과하였다. 그러나 그 후 아홉차례의 증액과정을 거쳐 1998년 11월 현재 우리나라의 쿼터는 799.6백만 SDR로 늘어났으며 쿼타 및 투표권비중은 각각 0.55%이다. 그리고 현재 진행중인 제11차 쿼타증액 납입이 완료될 경우 우리나라의 쿼타 및 투표권비중은 각각 0.77%가 되어 순위는 제11차 쿼타증액 이전의 36에서 28위로 상승하게 된다.

2) 신용수혜, SDR거래 및 리저브트란셰 포지션

우리나라의 IMF 신용 수혜현황을 보면, 1965년에 환율의 안정유지와 국제수지적자보진을 위하여 쿼타의 50%에 해당하는 9.3백만 SDR 규모의 제1차 스탠드바이 협약을 체결한 이래 국제수지의 호전으로 신용인출을 중단한 1987년에 이르기까지 16회에 걸쳐 협약을 체결하여 모두 2,475백만 SDR을 수혜하였으며 1998년에 전액을 상환한 이후에는 IMF신용을 이용하지 않았다.

그러나 1997년말 우리나라의 외환사정이 악화되고 국제금융시장에서 우

표 6.11 ▸ 우리나라의 쿼타 증액 내역

단위: 백만SDR, (%)

년도	증자규모	쿼타누계(쿼타비중)	비고
1955		12.5(0.14)	IMF 가입
1959	6.25	18.75(0.13)	제3차 일반증액
1965	5.25	24.0(0.11)	제4차 일반증액 및 특별증액
1968	26.0	50.0(0.24)	특별증액
1970	30.0	80.0(0.28)	제5차 일반증액 및 특별증액
1976	80.0	160.0(0.41)	제6차 일반증액 및 특별증액
1978	95.9	255.9(0.43)	제7차 일반증액 및 특별증액
1983	206.9	462.8(0.52)	제8차 일반증액 및 특별증액
1992	336.8	799.6(0.55)	제9차 일반증액
1997[1]	833.9	1,633.5(0.77)	제11차 일반증액

주: 1) 1998년 11월말 현재 쿼타증액분 미납입

[27] IBRD 협정문 제2조에 의거 IBRD 가맹국이 되기 위해서는 IMF에 먼저 가입하여야 함.

리나라의 신뢰가 계속 하락하여 외환위기에 봉착하자 우리나라와 IMF는 경제 및 금융개혁프로그램의 일환으로 총 155억 SDR(약 210억 달러)규모의 스탠드바이 협약을 체결하였다. 협약기간은 1997년 12월 4일부터 2000년 12월 3일까지 3년이며 1998년말까지 140.5억 SDR이 인출되었는데 인출내역을 살펴보면 1997년 12월중 크레딧 트란셰 41억 SDR, 보충준비금융(SRF) 41억 SDR이 각각 인출되었으며 1998년중에는 보충준비금융 58.5억 SDR이 인출되었다. 한편 잔여금액은 우리나라의 정책준수사항 달성여부의 검토결과에 따라 1999년 크레딧 트란셰[28] 7.25억 SDR, 2000년 크레딧 트란셰 7.25억 SDR이 각각 인출될 예정이다.

또한 특별인출권(SDR)은 제1차 기본기간(1970-72)중 22.2백만 SDR, 제3차 기본기간(1979-81)중 50.7백만 SDR을 배분 받아 지금까지 총 72.9백만 SDR을 배분 받았으며, 그 동안 타가맹국 및 IMF와의 거래 결과 1998년 6월말 현재 누적배분액 대비 73.0%인 53.36백만 SDR을 보유하고 있다. 그러나 1997년 연차총회에서 결의된 214억 SDR의 특별배분이 발효될 경우 우리나라는 약 1.6억 SDR을 추가로 배분 받게 된다.

한편 1980년대 후반 들어 우리나라의 국제수지 흑자기조가 계속되자 IMF 상무이사회는 우리나라를 국제수지 및 대외지급준비사정이 건실한 국가로 판정하여 1987년 3월에 SDR 지정계획 대상국으로 지정하였다. 또한 3월에 우리나라 원화가 운용예산 지급통화와 수취통화에 포함되었는데 그 이후 우리나라가 납입한 쿼터중 IMF가 보유하고 있는 원화가 IMF의 신용재원

표 6.12 ▸ 우리나라의 리저브트란셰 포지션 추이

단위: 백만SDR

회계연도	1991	1992	1993	1994	1995	1996	1997	1998[2]
리저브트란셰 포지션	249.1	248.4	319.1	363.9	395.0	465.5	452.3	0.05

주: 1) IMF의 회계연도는 전년도 5월 1일부터 당해연도 4월 30일까지임
2) 1998. 9. 30현재

[28] 크레딧 트란셰는 리저브 트란셰와는 별도로 가맹국이 국제수지상 필요할 경우 당해 가맹국 쿼터의 100%까지 인출 사용할 수 있는 신용을 말하는데 쿼터의 25%씩 각각 1차분부터 4차분까지의 4단계로 구분하고 이 중에서 쿼터의 25%를 초과하는 인출 즉, 제2단계 이후의 인출을 특히 상위 크레딧 트란셰(Upper Credit Tranche)인출이라 한다. 크레딧 트란셰를 인출하고자 할 경우 IMF와 사전에 스탠드바이협약 또는 확대협약을 체결하는 것이 일반적이나 제1단계 크레딧트란셰의 경우에는 협약체결 없이도 인출이 가능하다.
상환기간은 최장 5년으로 1-3년 거치후 2년간 분기단위로 분할 상환하도록 되어 있으나 인출 가맹국의 국제수지 및 대외지급준비사정이 충분히 개선된 경우에는 만기이전에 조기 상환할 것을 권장하고 있다. 한편 동 신용은 정규재원과 일반차입협정(GAB)에 의한 차입금을 재원으로 하고 있다.

으로 사용됨으로써 우리나라의 리저브트란셰 포지션은 크게 증가하여 왔다.

그러나 1990년에 들어오면서 우리나라의 국제수지가 악화됨에 따라 우리나라는 1992년 3월에 SDR 지정계획 대상국에서 제외되고 원화도 운용예산 지급통화 및 수취통화에서 제외되었다[29]. 그러나 1993년 6월 다시 지정된 후 1997년 들어 외환사정의 지속적인 악화로 1997년 10월 또 다시 제외되었다.

3) 확대구조조정금융(ESAF)에 대한 재원공여

우리나라는 1986년부터의 국제수지 호전 및 경제력 신장에 따른 국제적 기대에 부응하고 국제기구에서의 지위향상을 도모한다는 차원에서 1989년 4월 ESAF에 재원을 공여하기로 하고 IMF와 협정을 체결하였다.

재원공여규모는 ESAF 운용기한(1993년 11월 30일)까지 총 65백만 SDR 범위내에서 IMF요청에 따라 IMF에 분할 융자하고, 융자조건은 SDR이자율을 적용하여 5년 거치후 5년간 반년 단위로 균등분할 상환 받도록 하였다. 동 약정분 65백만 SDR은 1997년말까지 전액 융자가 완료되었으며 1994년 6월 27.7백만 SDR의 추가 융자를 위한 약정이 체결되었는데 이는 2003년 12월까지 분할 융자된다.

이와 함께 우리나라는 ESAF의 대개도국 융자금리(연 0.5%)와 IMF의 ESAF 융자재원 차입금리간의 이차 발생에 따른 IMF의 손실을 보전해 주고자 1989년 5월 IMF에 대해 27.7백만 SDR에 달하는 출연을 실시한 바 있다. 이어 1994년 6월 추가로 8.3백만 SDR의 추가 출연금을 1996년부터 2012년까지 매분기마다 분할 납입하기로 하였다.

4) IMF 제8조국으로의 이행

우리나라는 IMF가입 당시부터 대외지급 제한조치를 잠정적으로 취할 수 있는 제14조를 적용 받아 왔으나, 1986년부터 국제수지사정이 호전됨에 따라 대외적으로는 IMF와 선진국 등으로부터 제8조국으로의 이행을 권고하는 한편, 대내적으로는 대외지급준비자산의 적정관리 등을 위해 외환규제를 완화하여야 할 필요성이 높아지게 되었다. 이러한 대내외 여건변화를 감안하여 우리나라는 1988년 11월 11일에 IMF 제8조국으로의 이행을 단행하였다.

---

[29] 1992년 12월부터 3개월간 원화가 운용예산수취통화로 재 선정된 바 있다.

5) 기술지원 수혜

우리나라는 IMF 가입이후 여러 차례에 걸쳐 IMF로부터 다양한 기술지원을 받아 왔는데, 특히 최근에는 통화 및 외채관련 통계작성(1986년), 조세제도 개선(1985년 및 1988년), 금융개혁(1992년) 및 금융데이타베이스 구축(1992년)을 위한 기술지원을 받은 바 있다.

한편 우리나라는 IMF 연수원(IMF Institute)의 의뢰에 따라 아시아지역 체제전환국의 정부 및 중앙은행직원들에게 시장경제체제에 대한 실무지식을 습득시키기 위한 연수(Internship Program)를 1995년부터 매년[30]실시하였다.

또한 1997년에는 아시아 체제전환국의 주요 정책담당자들에게 시장경제 체제하에서의 통화 및 재정정책에 관한 이론 및 실무를 습득시키기 위한 세미나를 IMF연수원과 공동으로 개최하였다.

6) 우리나라그룹 현황

우리나라는 당초 인도네시아, 말레이지아 등 10개국과 함께 동남아그룹에 속해 있었으나 1978년 사우디아라비아가 단독이사국이 됨에 따라 호주그룹으로 편성되었다. 우리나라그룹은 호주, 뉴질랜드, 필리핀 등 12개국으로 구성되어 있으며 1998년 11월 말 현재 동 그룹의 쿼타총액은 전체쿼타의 3.2%인 4,593.2백만 SDR, 투표권비중은 3.31%로서 미국 등 단독이사국을 포함한 전체 24개 그룹중 14위를 차지하고 있다. 제11차 쿼타증액 완료시 우리나라그룹의 쿼타총액은 전체 쿼타의 3.2%인 6,889.2백만 SDR이 되고 투표권비중은 3.33%가 된다.

한편 우리나라그룹 소속 국가들 간에 합의된 보직순환계획에 따라 1997년말 현재 우리나라그룹의 상무이사직은 그룹 내 최대쿼터국인 호주가 맡고 있으며 대리이사직 및 자문관직은 우리나라와 필리핀이 각각 맡고 있다.

---

[30] 1995년 베트남 중앙은행 직원1명, 1996년 2명(베트남 통계청, 중국인민은행 직원), 1997년 2명(베트남 중앙은행, 캄보디아 중앙은행)

NEW INTERNATIONAL AREA ECONOMY

PART 02

WTO 출범과 신국제경제환경

CHAPTER 07

GATT체제의 형성과 발전

관세 및 무역에 관한 일반협정(The General Agreement on Tariffs and Trade: GATT)[1]은 제2차 세계대전의 한 원인이 되기도 했던 보호주의적 무역 전쟁에 대한 각국의 진지한 반성에서 출발하였다.

7.1 GATT의 형성

전후 국제경제제도는 IMF, GATT 체제에 근원을 두고 있다. 즉 외환 부문에 대해서는 연합국 통화기금회의를 통해 탄생한 국제통화기금(International Monetary Fund: IMF)의 협정이, 그리고 무역에 대해서는 GATT 협정이 국제경제제도를 주도해 왔으며 이 둘을 통틀어서 브레튼 우즈(Bretton Woods) 체제라 한다.

대공항의 여파로 인한 국제금융제도의 붕괴 이후 세계경제는 각종 무역 제한조치의 만연과 경쟁적인 평가절하로 무역전쟁을 방불케 하는 시련을 겪었으며 제2차 세계대전으로 경제시설은 파괴되고 격심한 인플레이션을 경험해야 했다. 이에 제2차 세계대전이 끝날 무렵인 1994년 연합국 44개 국가의 대표들이 미국의 브레튼 우즈에서 모임을 갖고 IMF를 창설하였는데 브레튼 우즈체제는 이와 함께 출범했던 것이다.

브레튼 우즈체제의 발족 당시 연합국 간에는 IMF, IBRD(국제부흥 개발은행) 및 ITO(국제무역기구)의 설립이 합의되어 있었고 각국은 이 기구들을 통해서 무역장벽을 제거하고 국제무역상의 평행을 위해 차별대우를 철폐하려고 노력했다. 많은 우여곡절 끝에 ITO는 유산되었으나 아바나에서 채택된 ITO 헌장(또는 아바나 헌장)의 정신은 1947년에 설립된 GATT로 계승되었던 것이다.

1) GATT의 성립

GATT의 전신은 ITO(International Trade Organization: 국제무역기구)였다. 제2차 대전이 끝날 무렵 연합국들은 1930년대의 쓰라린 경험을 되풀이하지 않도록 국제무역의 자유화를 위해 논의를 계속하였으며, 1944년 11월에 미국은 국제통화제도를 보완하는 국제무역기구의 필요성을 인정한 후「세계 무역 및 고용의 확대에 관한 제안」을 주창하였다.

---

[1] GATT는 관세에 대해 ① 체약국 상호 간의 협상에 의해 관세율을 가능한 인하하고 그 결과를 모든 체약국에게 균등하게 적용하며, ② 체약국 간에는 관세상의 차별대우를 하지 않는다는 원칙을 갖고 있다.

미국의 주창을 기초로 하여 UN 경제사회이사회는 1947년 11월 21부터 1948년 5월 24일까지 쿠바의 아바나에서 개최된「무역 및 고용에 관한 국제연합회의 (일명 아바나회의)」에서 53개국의 조인을 얻어「국제무역기구헌장(Charter for The International Trade Organization: 일명 아바나헌장)」으로 채택되었다.

국제무역기구헌장의 목적은「국제무역의 확대를 도모하고 후진국의 경제개발을 촉진시키며 전 세계 생활 수준을 제고」시키는 것이었다. 이 목적을 달성하기 위하여 국제무역기구(ITO)는 국제무역의 공정거래에 관한 법전을 제정하고, 각국의 인위적인 무역장애를 제거하여, 다각적이고 무차별적인 무역체제를 설립하도록 규정하였다. 이 헌장은 다음과 같은 목적을 제시하고 있다.[2]

첫째, 각국의 실질소득과 유효수요를 견실하게 성장하도록 하며, 상품의 생산, 소비 및 교환을 증대시키고 세계 경제의 균형적인 확대를 위해 공헌한다.

둘째, 아직 산업발전이 미숙한 국가에 대하여 특별히 공업 및 경제발전을 이룩하도록 원조한다.

셋째, 각국이 균등하게 시장활동을 할 수 있도록 하고, 그들의 경제적 번영과 개발에 필요한 생산시설을 이용할 수 있게 한다.

넷째, 호혜원칙하에서 관세 및 무역에 대한 모든 장벽을 감소시키고 국제무역에 있어서 무차별적인 대우를 제거한다.

다섯째, 각국의 무역 및 경제발전에 대한 기회를 증대시킴으로써 세계무역을 확대시키며, 생산적인 고용을 감소시키는 제반 장애요인을 제거하도록 한다.

여섯째, 상호이해, 협의 및 협조를 통하여 고용, 경제개발 및 상품정책면에서 국제무역에 관한 제반문제를 해결한다.[3]

이와 같은 광범위한 내용을 포괄하고 있는 국제무역기구 헌장은 세 가지

---

[2] 이 헌장은 9장 10절로 구성되어 있다.

[3] 또 이 헌장의 나머지 8장은 다음의 사항을 규정하고 있다. ① 고용 및 경제활동을 높은 수준에서 유지하는 것 ② 특히 경제적 후진국과 전쟁으로 황폐화된 국가의 경제발전을 증진시키는 것 ③ 관세 및 기타 무역의 장애를 개선시키는 상업정책과 각국 간의 경제적 관계 개선 ④ 국제카르텔과 같은 제한적 영리행위에 대한 규제 ⑤ 각국 간의 상품협정 ⑥ ITO의 구조와 기능 ⑦ ITO 회원국 간의 이해를 해결하는 수속절차 ⑧ 비회원국과의 무역관계 등 ITO 회원국에 영향을 주는 일반규정

측면의 기본원칙을 가진 것으로 이해할 수 있다.

첫째, 다각적, 무차별적인 자유무역의 실현이다.[4]

둘째, 각국의 완전고용의 달성 및 유지이다.[5]

셋째, 생산관계에서의 부조화를 제거하기 위하여 패전국의 경제부흥이나 미개발 후진국의 경제개발에 지원한다.[6]

국제무역기구를 기본으로 1947년 10월 제네바에서 미국, 영국, 프랑스 등 23개국이 참가한 가운데 관세교섭이 이루어졌으며, 이 관세교섭의 결과 상호간의 인하를 약속한 관세율표와 인하효과를 확보하기 위해 필요한 규정을 하나의 조약으로 묶어 놓은 것이 「관세 및 무역에 관한 일반협정(General Agreement on Tariffs and Trade)」이었던 것이다.[7]

2) GATT의 성격 및 특징

GATT는 IMF와 더불어 국제무역의 확대에 의한 국제경제의 균형적 성장을 목표로 하고 있다. IMF는 국제통화가치의 안정, 국제통화의 원활한 공급측면에 중점을 두고 있다. IMF가 추구하는 목표가 이루어진다고 하더라도 관세장벽 및 비관세장벽 등 물량 면에서 장애가 있다면 국제무역은 원활하게 확대되지 않으며, 국제경제의 균형적 성장도 불가능할 것이므로 GATT는 주로 실물면에서의 자유무역확대에 주력하고 있는 것이다. 이런 관점에서 이 두 기구는 국제무역의 확대를 위해 상호보완적 관계를 맺고 있다고 볼 수 있다.

IMF는 당초 선진국들이 의도한 대로 창설되었으나 GATT에는 각 선진국들의 이해관계가 복잡하게 얽혀 있어 불안정한 요소가 내포된 국제적 협상이라 할 수 있다. GATT의 성격은 국제협정, 법적 효과 및 국제기구 면에서 다음과 같이 파악될 수 있다.

---

[4] 즉, ITO는 무역에 대한 모든 제한을 철폐하여 자유로운 무역을 실현할 것을 의도하고 있는 것이다. 여기서 모든 제한이라고 함은 ① 보호무역, 특혜대우, 보조금, 수량할당제, 외환관리 등 정부에 의하여 부과되는 모든 제한 ② 사적결합 및 카르텔에 의하여 부과되는 모든 제한 ③ 1차 산품 시장에 있어서의 제한 등을 말한다. ITO가 이들 목표를 실현하기 위하여 마련하고 있는 제 조처는 모두가 국제교환에 있어서의 장애제거에 국한되는 것이며 각국 내의 불경기나 실업으로 인한 무역제한을 경감시킬 수 있는 근본적인 조치는 아니었다.

[5] 이를 위해서 본 헌장에서는 별도로 한 장(제2장)을 할애하여 완전고용을 위한 국제협력을 규정하고 있다. 세계의 실업과 불경기를 막기 위해 선진국, 특히 미국의 고용과 경기가 안정되어야 함을 강조하고 있다.

[6] 즉, 선진국과 패전국 및 후진국과의 개발에서 조화가 이루어지기 위해서는 원조가 필요하다는 것이 강조되고 있는 것이다.

[7] 그러나 아바나 헌장이 유산됨에 따라 GATT는 아바나 헌장 본래의 임무를 이어 받아 1948년 1월 1일 제네바회의 참가 23개국중 8개국의 서명을 얻어 정식으로 발효되었다.

첫째, GATT의 규정은 통일성이 미비된 국제협정이라는 것이다. 원래 GATT는 아바나헌장의 발효부터 국제무역기구의 설치까지 관세인하와 기타 무역장벽을 제거하기 위하여 채택된「잠정적 협정」이였으므로 그 규정은 아바나헌장의 조항에서 각국의 합의가 이루어진 부분을 발췌해서 집대성한 것이다. 따라서 GATT의 규정에는 각국의 주장이 복잡하게 포함되어 있어 일률적 실행이 사실상 어려우며, 많은 예외규정을 두고 있어 근본목적과는 상충되는 부분도 상당수 포함되어 있는 것이다.

둘째, GATT는 국제협정으로서의 법적 효과면에서 구속력이 제한되어 있다. GATT의 협정과 더불어「GATT의 잠정적 적용에 관한 의정서」가 작성됨에 따라 가맹국은 이 의정서에 서명을 한 후 각국의 국내법 범위 내에서 GATT의 의무를 수락하고 있다. GATT의 가맹국은 최혜국대우 및 관세인하가 규정된 1부와 관세교섭이나 가맹 및 탈퇴 등의 절차가 규정된 제3부에 있어서는 어느 정도 구속력을 갖는다. 그러나 수량제한의 금지 등 무역확대가 규정된 2부와 개발도상국의 문제가 규정된 4부에 있어서는 가맹시점의 국내법의 범위내에서만 그 이행의무가 부여되어 있기 때문에 법적 구속력이 미약하다.

셋째, GATT는 당초 국제무역상의 원칙을 규정한 협정에 불과했기 때문에 국제경제기구로서의 성격은 미비하다. GATT는 그 규정에 따라서 정식으로 설립되지 않고, 잠정적인 협정에 불과했기 때문에 엄격한 의미에서는 국제경제기구라고 볼 수 없다.

7.2 GATT의 조직과 기본원칙

GATT는 공식적인 국제기구로 출발했다기 보다는 관세와 무역에 관한 협상의 장으로서 출발되었다. GATT의 주요 기구를 대별하면 총회, 이사회, 각종 위원회, 특별기구, 사무국 등으로 나눌 수 있다.

1) GATT의 조직

① 총회(체약국단회의: Session of Contracting Parties)

총회는 최고의결기관으로서 GATT 규정의 수정, 해석, 회원가입의 수락, 특정 국가의 의무면제 및 가맹국가 간의 분쟁조정을 처리한다. 이 회의에는 정식가맹국 외에도 준 가맹국 및 IMF와 FAO의 대표들도 옵서버로써 참가할 수 있다.

총회의 의결방법은 투표의 과반수찬성에 의한 단순 다수결 원칙을 채택하고 있는데, IMF와는 달리 모든 가맹국은 각기 한 표의 표결권을 가지고 있다. 다만 25조 5항의 경우에는「본 협정에 별도로 상정되어 있지 않은 예외적인 사항을 결정할 때에는 2/3의 다수결 원칙을 적용하도록」하고 있다.

② 이사회(Council of Representatives)

이사회는 GATT 가맹국 가운데서 희망국으로 구성되며 총회의 회기 이외의 기간에 발생하는 긴급사항을 검토하고 총회에서 위임된 사항의 의결권을 가진다. 이사회의 회의는 필요한 경우 수시로 소집할 수 있으며 의결방법은 총회와 동일하다. 1980년대 들어서는 긴급의결사항에 대해서는 이사회가 먼저 결정을 내린 뒤 우편투표로 GATT의 최종결정으로 하는 등 상당히 탄력적으로 운영되었다.

③ 각종 위원회

GATT 내에서는 이사회 산하에 무역 문제를 전문적으로 분석·검토하는 각종 위원회가 많이 설치되어 있다. 개발도상국의 무역확대문제를 주로 연구하고 있는 무역개발위원회를 비롯하여 덤핑문제를 검토하고 있는 덤핑방지위원회, 국제수지 악화로 인한 수입제한문제를 다루는 국제수지위원회, 섬유위원회, 기타 보조금, 상계관세위원회, 관세양허위원회, 수입허가절차위원회, 국제낙농품위원회, 국제식육위원회 등이 그것이다. 특히 무역협상위원회에서는 다자간 무역협상을 관장하며, 국제수지위원회는 국제수지와 관련된 수입규제 문제를 검토한다.

또한 무역개발위원회는 저개발국의 무역확대를 위한 GATT 제4부 신장의 실시에 관한 문제를 다루며 섬유위원회에서는 다자간 섬유협정의 적용 및 해석상의 문제점 해결을 위한 활동을 하고 있고, 개도국 간 무역협상위원회는 1967년 9월 GATT 사무총장이 제안하여 설치된 기구로 개도국 간 상호 관세 및 비관세의 장벽을 양보·조정하기 위한 교섭기관이다.

④ 각료회의(Ministerial Meeting)

각료회의는 가맹국의 무역담당장관들이 국제무역에서 발생하는 제반 문제들을 토의하기 위하여 비정기적으로 개최하는 회의이다. 각료회의는 GATT의 정식기구가 아니므로 그 결정사항이 총회에 대한 법적 구속력을 가지고 있지 않으나 사실상 총회의 심의에 크게 반영되고 있다.

⑤ 특별기구

㉠ 국제무역센타(International Trade Center: ITC)

ITC는 1964년에 설립된 기구로서 개발도상국의 수출확대노력을 지원하기 위한 기구이나 1968년부터는 UNCTAD가 그 운영에 참여함으로써 양 기구가 공동으로 사업을 수행하는 기관으로 재발족되었다. 이 센터는 국제무역을 촉진하기 위하여 개도국에 국제마케팅 및 특정상품의 수출시장 개발에 관한 무역정보를 제공함과 아울러 마케팅 계획의 수립, 교육, 훈련 등과 같은 무역실무연수를 시키고 있으며 기타 다자간 무역확대방안도 연구하고 있다.

㉡ 섬유감독기구(Textile Surveillance Body: TSB)

1974년 1월 1일부터 발효된 MFA(다자간 섬유협정)에 의거하여 창설된 국제섬유 교역감독기구로써 MFA 서명 섬유류 수출입국사이의 분쟁을 중재·조정하는 역할을 담당하며 MFA 준수 여부도 조사한다.

2) GATT의 기본원칙

GATT는 국제무역에서 관세장벽의 완화 내지 철폐를 통해 무차별적인 국제무역체제를 확립함으로써 국제경제의 건전한 발전을 추구하는 데 목적을 두고 있다. 따라서 GATT의 기본원칙은 관세인하 및 무역제한의 철폐를 통한 무역자유화와 가맹국 간의 최혜국대우를 실현하는 것이라 볼 수 있다.

① 관세인하

관세는 무역제한조치 가운데서 역사가 가장 오래된 것이고 또한 그 효과가 큰 것이 특징이다. 따라서 GATT는 각국 간에 적용되는 관세율을 인하시키는 데 노력하였고, 관세인하에 관하여 다음의 사항을 강조하고 있다.

첫째, 2국 간 또는 가맹국 상호 간에 결정된 관세율은 GATT에 통보되며, 전 가맹국에 무차별적으로 적용된다.

둘째, 관세 및 기타 무역장벽을 실질적으로 경감시킨다.

셋째, 이러한 원칙이 실현될 수 있도록 각 가맹국은 호혜주의에 입각하여 행동한다.

이에 따라 2국 간의 관세교섭에 의해 결정된 관세율은 모든 가맹국에 확대 적용되었고 실제로 무역자유화는 상당히 진전될 수 있었다. 그러나 이러한 방식으로는 관세의 대폭적인 인하가 어려웠기 때문에 관세인하교섭이 진전됨에 따라 그 뒤 캐네디 라운드에서는 관세율의 대폭적인 인하를 위해 일괄

인하방식을 채택하였던 것이다.

또한 GATT는 관세인하의 효과가 침해당하지 않게 하기 위하여 관세 이외의 방법으로 수입을 제한하는 것을 금지하고 있다. 이외에도 GATT는 불공정한 가격으로 인한 시장교란을 막기 위하여 덤핑방지 세와 상계관세를 두어 건전한 국제경제질서를 확립하고자 하였다. 한마디로 GATT가 추구하는 이상은 관세인하에 의한 무역자유화와 공정가격에 의한 거래질서의 확립이라고 할 수 있다.

② 무역제한의 철폐

관세는 주로 가격메커니즘을 통하여 수출입을 규제하는 역할은 하지만, 무역의 확대를 이보다 더 직접적으로 저해하는 요인은 수출입제한조치이다. 이 수출입제한조치는 직접조치이므로 관세보다 더 즉각적이고 큰 효과를 발생하는 것이다. 따라서 GATT는 이러한 무역제한조치를 철폐하여 무역의 확대를 추구하려고 노력하고 있다.

무역제한은 주로 수입에 집중적으로 적용되고 있지만, 수출에도 가끔 적용된다. 따라서 GATT는 국내산업의 보호를 수단으로 한 관세는 어느 정도 있지만 수출에도 가끔 적용된다. 따라서 GATT는 국내산업의 보호를 수단으로 한 관세는 어느 정도 인정하고 있지만, 수출 및 수입에 대한 수량제한에 대해서는 이를 완전히 철폐할 것을 일반원칙으로 규정하였다.

③ 최혜국대우 원칙(무차별대우원칙)

GATT 제1조는 일반적 최혜국 대우원칙을 규정하고 있다. 즉 A 국이 B 국에게 동등한 양허의 교환을 조건으로 특정품목의 관세를 인하하게 될 경우 전 가맹국들에게 동등한 최혜국대우를 해야 한다는 원칙이다. 이때 제3국도 역시 타국에게 비슷한 특혜를 주고받아 전 가맹국들에게 동등한 대우를 부여해야 하기 때문에 불평등한 거래는 대부분 제거된다. 이때 특혜의 교환이 곧 호혜주의를 의미하는데, 호혜주의는 최혜국대우와 함께 GATT의 기본정신을 이루고 있다.

GATT가 성립되기 이전까지는 일반적으로 2개국 간의 통상항해조약을 체결할 때 상호 교역상품에 대해서는 제3국의 유사품에 부과하는 관세율 중에서 최저세율을 적용키로 한다는 소위 최혜국조항을 포함시켰는데 이것이

바로 관세상 최혜국대우의 기원인 것이다.[8]

즉, 최혜국대우의 무차별적 적용에 대해 GATT는 제1조 2항에서 영연방 등 GATT 성립 당시 존속하고 있던 특혜관세는 인정하고, 또한 제24조에서 일정요건만 구비하면 각국의 자유무역지역이나 관세동맹을 형성할 수 있는 자유를 부여한다는 등 예외규정을 두고 있는 것이다.[9]

GATT는 종래 2국 간의 우호통상조약에만 의존하던 최혜국대우를 전 가맹국에게 무차별적으로 적용토록 하고 있다. 이러한 최혜국대우는 관세에 있어서 뿐만 아니라 특수상황하에서 수입제한을 해야할 때에도 무차별적으로 적용된다.[10]

④ 개발도상국 조항

GATT규정 제18조는 개발도상국을 ① 低 생활 수준하에 있는 초기개발국가, ② 경제가 개발과정에 있으나 ①에 속하지 않는 국가로 구분한다. 먼저 ①에 해당하는 개발도상국은 경제개발을 위하여 필요한 경우에 한하여 관세양허[11]의 수정 또는 철회, 국제수지 유지를 위한 수입제한, 특정산업 육성을 위한 수입제한조치를 취할 수 있게 한다. 또한 ②에 해당하는 개발도상국은 특정산업을 육성하기 위한 수입제한조치를 취할 수 있다고 규정하였다.

이와 같이 GATT는 개발도상국에 대하여 이러한 최혜국대우의 예외를 규정하고 있으나 GATT는 개발도상국의 경제개발과 무역확대를 위하여 적극적으로 뒷받침하지 못하였다.

그러나 1965년 2월 GATT 특별총회에서 드디어 새로운 GATT 규정을 협정문에 추가하기로 결의하였으며, GATT 규정은 종래 제3부 제35조에서

---

[8] 이 최혜국대우는 19세기 이후 유럽의 무역이 번창함에 따라 무역의 안정화를 기하기 위하여 통상조약 속에 포함시켰는데 19860년 영국과 프랑스 간에 체결된 영불통상조약이 시초가 된다. 그런데 양국간 또는 지역간에 체결된 관세동맹 또는 지역적 통상권은 가입국 이외의 나라에 대해서는 실질적으로 차별대우를 선언한 것이기 때문에 이는 당연히 최혜국대우에 위배되나 GATT에서는 이를 최혜국대우의 예외로 취급하고 있으며, 실제로 법적 명확성을 부여하기 위해 최혜국대우조항의단서에 이러한 예외조항을 삽입하고 있는 것이다.

[9] 또한 실질적으로 선·후진국 간에 있어서도 절대적인 호혜주의를 적용하는 것은 타당하지 않기 때문에 GATT는 제36조 8항에서 개도국의 대 선진국호혜주의 의무의 보류를 규정하고 있다.

[10] GATT는 제13조에서 수량제한의 무차별적 적용을 의무화시키고 있는데 무차별 적용원칙은 GATT 가맹국에게 부여된 가장 무거운 의무이행 규정이다.

[11] 관세양허란 체약국이 특정품목에 대해 일정수준 이상의 관세를 부과하지 않게 하는 약속으로 관세양허에는 세율을 단순히 인하하는 관세인하, 현행세율을 더 이상 인상하지 않겠다고 약속하는 현행세율의 거치(binding), 그리고 세율을 인상하는 경우에는 특정수준 이상으로는 세율을 인상하지 않겠다는 인상한계점 등의 설정방법이 있다.

제4부 제38조로 확대되었다. 추가된 무역 및 경제개발에 관한 내용은 제36조에서부터 제38조에 규정되었다.

첫째, 제36조는 원칙과 목적을 규정하고 있다. 즉, 개발도상국의 수출시장 및 소득확대, 1차산품 교역조건 개선, 개발도상국 경제의 다각화, GATT, 국제원조기관 및 UN 제 기관을 포함한 기타 국제기관과의 협력 내지 상호주의원칙 적용 등을 규정하고 있다.

둘째, 제37조는 다음과 같은 약속을 규정하고 있다. ① 선진국은 법률상 또는 불가피한 경우를 제외하고 개발도상국의 수출관심품목에 대하여 무역장벽을 현행수준 이상으로 강화하지 않으며, 이의 경감 또는 철폐에 노력한다. ② 개발도상국의 1차산품의 소비증대에 노력한다. ③ 개발도상국의 1차산품을 수입하여 재판매가격을 결정할 경우 그 차익의 공평수준을 유지하도록 한다. ④ 선진국은 개발도상국의 상품수입을 촉진하기 위해 국내산업개편, 소비촉진, 무역지원 등을 한다.

셋째, 제38조는 제36조의 목적을 달성하기 위하여 GATT의 가맹국은 공동으로 다음과 같은 노력을 할 것을 규정하고 있다. ① 1차산품 수출확대에 협조한다. ② UNCTAD의 권고에 의하여 설치된 기관을 포함한 UN의 여러 기관과 협력한다. ③ 개발도상국의 무역성장에 유의한다. ④ 무역확대방안을 검토한다. ⑤ 제4부 규정을 실시하는 데 필요한 기구를 설립한다.

7.3 GATT의 활동

1) 케네디 라운드(1950-1960년대 GATT의 활동)

GATT의 관세협상은 일반협상, 가입협상 및 재협상으로 나누어진다. 일반협상은 GATT 본래의 목적인 가입국 간의 관세인하를 위한 협상이며, 가입협상은 GATT 본래의 목적인 가입국가 간의 관세인하를 위한 협상이며, 가입협상은 신규가입의 경우 행해지는 협상이고, 재협상은 기존 양허를 변경코자 할 경우 관계국가 간에 이루어지는 협상이다.

① 관세인하협정

GATT 성립 이전의 관세협상은 당사국 간에 필요가 있을 때마다 쌍무적으로 교섭을 가져왔으나 GATT에 의한 일반과세협상은 첫째, 두 나라 사이의 쌍무협상과 함께 다각적으로 협상이 이루어지며, 둘째, 임의의 두 나라 사이에 체결된 협상결과는 최혜국 대우원칙에 따라 나머지 가입국에도 자동적으로 적용됨으로써 GATT 성립 이전의 당사국 간의 협상에 비해 단기간에 대규모의 협상 효과를 거둘 수 있으며, 셋째, GATT의 관세양허방식에는 관세율의 인하·거치·인상한계표시 등이 있고 넷째, 협상시 각국의 국내경제사정이 충분히 고려된다는 특징을 지니고 있다.

케네디 라운드 이전의 관세협상은 품목별 협상방법에 의존했다.[12] 그러나 이와 같은 품목별, 국별방식에 의한 관세협상은 회수를 거듭할수록 결점을 드러나게 되었다. 즉 저관세국은 인하 가능품목이 작아 고관세국과의 협상이 곤란하였으며, 개도국이나 1차 산품 수출국은 일반적으로 양허가능품목이 한정되어 있기 때문에 상대국에 대한 충분한 요구가 불가능하였던 것이다. 이에 따라 케네디 라운드에서 사용되었던 일괄관세 인하 방식에 관한 검토가 행해지기 시작했다.

② 케네디 라운드

케네디 라운드는 미국 대통령 케네디의 제청에 의한 제6차 GATT 관세인하 협상을 말한다. 이 협상은 참가한 가맹국 수, 관세양허 품목 수, 관세인하율, 인하품목의 무역액에 있어서 종래의 관세인하협상에서 찾아볼 수 없는 괄목할 만한 것이었다.

㉮ 협상의 배경

이 협상의 주요 배경을 살펴보면 다음과 같다.

첫째, 케네디라운드의 배경은 EC의 눈부신 발전에 기인한다. 당시 미국은 EC의 차별관세에 직면하였는데, EC가 구축한 높은 관세장벽을 깨드리기 위해 미국은 1962년 10월 통상확대법을 제정하였다.[13]

둘째, 종래 GATT의 국별·상품별 관세인하 협상방식은 처음에는 상당히 효과적인 인하방식이었지만 시행을 거듭함에 따라 관세협상이 점차 소규모화되고 관세인하 폭이 축소되는 경향을 나타내는 등 많은 결점이 드러나기

---

[12] 우선 협상을 시작하려면 상대국에게 자국의 주요공급목표에 대한 양허요구표를 제출하면, 이 요구표를 받은 상대국은 자국의 양허가능품목표를 작성하여 서로 교환함으로써 협상이 시작되는 것이다. 이때 협상은 상호주의와 호혜주의의 기반 위에서 양허의 균형을 유지하면서 진행된다.

[13] 동법에 의하면 보통의 품목에 관해서는 관세를 5년간에 걸쳐 50%를 인하할 수 있는 권한(일반권한)과 미국과 확대 EC(영국이 가입할 것을 예상한 경우의 EC)와의 수출을 합쳐 세계수출액 전체의 80% 이상을 차지하는 품목에 대해서는 관세를 전폐할 수 있는 권한(특별권한)이 대통령에게 부여되었다. 후자의 권한은 EC에 시장의 개발을 요구하며 미국상품의 대 EC진출을 촉진하려는 데 목적이 있었다.

표 7.1 ▸ GATT의 주요관세협상

	협상기간	양허품목 수	평균인하율	참가국 수	개최지	비고
제1차	1947.4-10	45,000	불명	23	제네바	
제2차	1949.4-10	5,000	불명	32	프랑스 엔시	
제3차	1950.9-1951.4	8,000	불명	34	영국 톨키	
재4차	1956.1-5	3,000	불명	22	제네바	
제5차	1961.5-1962.7	4,000	7%	23	제네바	딜론 라운드
제6차	1964.5-1967.6	30,000	35%	54	제네바	케네디라운드
제7차	1973.9-1979.4	25,000	38%	102	동경	동경 라운드

시작하였다.

셋째, 일본의 대미무역수지 흑자가 급속도로 확대되었고 월남전 수행을 위한 막대한 군비지출에 따른 미국의 국제수지악화 우려로 인해 이러한 문제를 타개하고 무역을 증진시키기 위해서는 협상방식 자체를 바꾸어야 한다는 주장이 대두되었다. 이와 같이 하여 미국은 EC의 블록 경제화 방지와 자유무역의 확보를 위한 상호관세인하를 주 내용으로 하는 통상확대방안을 의회에 제출하기에 이르렀다.

㉯ 협상의 특징

케네디 라운드는 종래의 관세협상과는 달리 다음과 같은 특징을 지니고 있다.

첫째, 케네디 라운드의 관세협상은 종래의 국별, 품목별 방식이 아니라 일괄인하방식을 채용했다는 점에서 획기적인 것이라 할 수 있으며, 그 인하폭도 5년간에 50%라는 대폭적인 인하를 목표로 하였다.

둘째, 케네디 라운드는 단순한 관세협상의 영역을 벗어난 무역협상이었다. 관세뿐만 아니라 그 밖의 무역장벽, 즉, 이른바 비관세장벽도 협상에 포함되었다.

셋째, 저개발국의 수출에 대한 장애를 경감하기 위한 노력이 표시되었고, 아울러 저개발국에 대해서는 호혜가 아닌 특혜를 준다는 것 등이었다.

㉰ 케네디 라운드의 성과

케네디 라운드는 협상방식이나 참가국 수에 있어서 1947년 GATT가 창설된 후 1962년 제5차 딜론 라운드(Dillon Round)까지는 볼 수 없었던 다음과 같은 성과를 가져왔다.

첫째, 케네디 라운드에 참가한 국가 수는 GATT 창설이래 최대규모인 46개국이었다. 처음의 협상에는 54개국이 참석하였으나, 아랍 8개국이 케네디 라운드에 불만을 품고 의정서에 서명하지 않았기 때문에 정식참가국은 46개국이었던 것이다.

둘째, 37개국이 관세인하를 양해하고, 해당품목수는 3만 300품목에 달했으며 이것은 액수로 400억 달러에 해당하는 것이다. 관세인하율은 평균 35%에 달했으며 이것은 당초 목표인 50%에는 미달하였지만 딜론 라운드의 7%에 비하면 괄목한 만한 것이었다.

셋째, 덤핑방지규약이 1968년 7월 1일부터 발효할 수 있도록 했다는 것이다. GATT 규정 제6조에서 인정하고 있는 덤핑방지규정의 해설 및 그 적용 규칙이 케네디 라운드 교섭에서 제정되었다.

그러나 케네디 라운드는 당초의 구상에 비해 그 결과는 상당히 후퇴하였으며, 당초 영국의 EC 가입을 전제로 한 80% 조항」이 사문화되는 등 문제점을 남기기도 했다.

2) 동경라운드(1970년대 이후 GATT의 주요 활동)

전후 세계경제의 특징은 고도성장의 지속 및 각국 경제의 상호의존도 심화로 표시될 수 있는데 이러한 경향을 촉진시킨 가장 큰 원동력은 세계무역의 확대였다. 수출 면에서 본 무역의 신장률이 생산의 신장률을 상회함으로써 경제성장의 추진력으로서 무역의 역할이 매우 중요하게 인식되었다.

① 70년대 이후 무역환경의 변화

70년대 세계무역의 주종을 이룬 것은 금액기준으로는 석유를 중심으로 한 광물성 연료의 수출이었으며, 수량기준으로는 60년대와 마찬가지로 공산품이었다. 한편 70년대의 가장 현저한 변화로는 석유파동을 계기로 OPEC 제국이 급격히 부상하였다는 것과 적극적인 수출주도형 성장전략을 추구해 온 소위 선발 개발도상국의 지위가 높아진 것을 들 수 있다. 또 한 가지의 현저한 변화로는 세계무역에서 선진국이 차지하는 비중이 72년을 기점으로 하여 계속 감소하는 상황에서 선진국 내부의 상대적 지위가 변화하는 것을 들 수 있는데 특히 일본의 비중이 높아진 반면 미국의 비중이 현저히 낮아졌다.

한편 70년대의 성장률은 비록 둔화되었지만 비교적 순조롭게 확대되어 오던 세계무역은 80년대 들어오면서 축소경향을 보이기 시작하였다. 이처럼 70년대 중반 이후 세계무역의 축소경향을 보인 주요 원인으로는 다음과 같이 두 가지로 지적할 수 있다.

첫째, 1973년 제1차 석유파동 이후 세계경제의 지속적인 저성장추세, 특히 1979년의 제2차 석유파동 이후 경기침체가 장기화함으로써 전반적인 수입수요가 위축되고 있다는 점이다.

둘째, 이러한 세계경제의 장기적인 정체를 배경으로 세계적으로 보호무역주의가 강화되어 선진국 간, 또는 선진국·선발 개발도상국 간의 무역마찰을 야기하고 궁극적으로 무역을 축소시키고 있다는 점이다.

한편 80년대 중반에 접어들면서 세계경제는 1983년을 기점으로 다소 성장세를 보이고 있는데 이는 국제원자재가격의 하락과 그동안 침체되었던 수요의 회복에 기인한다.

70년대 이후 자유무역의 실현을 목표로 하는 GATT의 이념은 상당히 퇴색되었으며 그 기능도 약화될 수밖에 없었다. 즉, 60년대까지의 GATT 활동은 케네디 라운드를 포함한 여섯 차례의 관세인하협상을 통하여 자유무역화의 폭을 넓힘으로써 세계경제발전에 크게 기여하였으나 70년대 들어 세계경제여건의 변화와 더불어 GATT의 기능이 약화됨에 따라 1973년부터 1979년까지 개최되었던 동경라운드와 82년의 각료회담 등에서도 각국 간의 이해대립을 조정하지 못하여 실질적인 성과를 얻지 못하고 있다. GATT의 이러한 취약성은 선진국들의 점증하는 신보호무역주의 등으로 인해 획기적인 돌파구를 찾지 못하게 되었다.

② 동경 라운드

1947년 GATT가 창설된 이래 1970년대 초까지 GATT의 꾸준한 무역자유화 노력으로 관세수준은 매우 낮아졌으며 무역장벽으로서 관세의 역할은 매우 한정적인 것에 지나지 않게 되었다. 그러나 1970년도에 접어들면서 비관세장벽을 포함한 각국의 보호주의 경향이 농후해지자 무역자유화는 심각한 타격을 입게 되었다. 이에 대응하여 GATT는 비관세장벽을 포함한 새로운 무역장벽을 깨뜨리고 총체적인 세계무역 자유화의 실현을 위해 다자간 무역협상을 1973년부터 79년까지 6년간에 걸쳐 실시했는데 이 협상을 동경라운드라 한다.[14]

㉮ 협상내용

과거의 다자간 무역협상의 주된 관심은 관세인하 문제였지만 동경 라운드에서는 비관세장벽을 포함한 전 무역장벽의 완화 내지 철폐를 목표로 하였다. 따라서 관세 인하뿐만 아니라 비관세장벽 분야에서도 상당한 진전을 볼 수

---

14 1973년 9월 동경의 GATT 각료회담에 참석한 102개국 대표들은 소위 '동경선언'을 채택함으로써 동경 라운드의 험난한 다자간 무역협상이 시작되었다. 각국의 각료들은 이 선언에서 GATT의 기본정신인 호혜주의 원칙을 재확인하고, 이 원칙에 따라 관세 및 비관세장벽을 포함한 전무역장벽의 철폐 내지 완화를 달성하자는 포괄적인 협상목표를 설정했다.

있었다. 동경라운드의 주요 협상내용을 보면 다음과 같다.

- **관세부문**: 동경 라운드에서의 관세 인하는 케네디 라운드에서와는 달리 조화인하방식을 채택하였다. 즉, 케네디 라운드는 일괄인하방식을 채택하여 관세율의 고저에 상관없이 일정한 비율로 인하하는 것을 원칙으로 하였으나, 동경 라운드에서는 관세율이 높은 품목에 대해서는 많이 인하하고, 낮은 품목에 대해서는 적게 인하하는 방법을 채택하였던 것이다.[15]

- **비관세장벽 부문**: 동경라운드에서는 비관세장벽에 의한 무역제한이 일반화되고 있는 실정을 감안하여 비관세장벽의 제거를 중요한 문제로 다루었다. 이에 따라 타결된 협상의 주요 내용은 다음과 같다.
  ⓐ 보조금 및 상계관세협정: 현행 GATT 및 미국의 상계관세협정은 보조금이 지급된 수입품이 국내산업에 실질적인 피해를 주는 경우에 상계관세를 부과하는 것으로 되어 있으나, 실질적인 피해의 기준이 명백하지 않아 각국 간의 분쟁을 야기 시켜 왔는데 동경라운드에서는 이 기준을 명백히 하고 분쟁해결절차를 명료하게 하며 나아가서 보조금지급 자체를 금지하도록 합의하였다.
  ⓑ 정부조달협정: 각국의 정부 및 정부관계기관이 소요물자를 조달할 때 실시하는 입찰을 국내외 기업에 똑같이 공개하자는 것이다.[16]
  ⓒ 관세평가협정: 각국의 관세부과 대상가격이 통일되어 있지 않아 이를 통일하려는 것이다.[17]
  ⓓ 수입허가 절차협정: 수입허가절차가 국가에 따라 상이하여 실질적인 무역장벽이 되고 있으므로 이를 간소화하고 명료하게 하자는 것이다.
  ⓔ 무역상의 기술장벽에 대한 협정: 각국이 수입품에 대해서 상이한 기술면의 각종 규제, 표준규격, 검사방법, 인증제도를 채택하고 있을 뿐만 아니라 이를 차별적으로 적용함으로써 무역장벽화되어 온 것을 해소

---

15 이에 따라 18개 선진국은 2만 5000개 품목의 관세를 인하시킴으로써 세계 총무역량의 10%에 달하는 공산품이 GATT 체제 내에서 양허되었고, 주요국별 관세인하율(기준세율 기준)을 보면 미국이 약 31%, EC가 약 25%, 일본이 약 50%(실행세율로는 약 20%)였다.

16 당시 미국과 EC의 경우에는 정부조달 입찰의 대부분이 국내외 기업에 공개되었으나 일본은 주로 국내기업에 제한하고 있었으므로 이는 미국·EC가 일본시장을 개방하려는 의도에서 취해진 것이다.

17 특히 미국은 화학제품 등의 관세부과 대상가격을 미국시장 내 판매가격을 기준으로 하는 소위 American Selling Price (ASP)제도를 택하고 있어 각국 수출품의 미국 내 가격경쟁력 저하의 요인이 되었는데 이를 폐지하자는 것이었다.

하려고 하였다.[18]

ⓕ 덤핑방지규정의 개정: 덤핑방지규정은 1967년 케네디 라운드 협상에서 마련된 비관세장벽의 완화를 위한 규약으로서 덤핑수입에 의해 국내산업이 실질적인 피해를 입는 경우 덤핑가격의 범위 내에서 덤핑방지세를 부과할 수 있도록 한 것이었다. 그러나 부과기준이 불명료했으므로 동경 라운드에서는 실질적인 피해의 판단 기준 등 덤핑에 관한 규정의 해석을 명확히 하고 구체적인 운용에 관한 규칙을 정했다.

이상과 같은 협정들 중에서 덤핑방지협정을 제외하고는 모두 처음으로 국제적 합의를 갖게 된 것이어서 동경라운드는 국제무역규범의 재정립이라는 점에서 매우 중요한 의미를 갖는다.

- **개도국에 대한 우대협정**: 동경라운드에서는 남북 간 무역협상의 중요성을 인식하여 선진국이 개도국에 무역상 특별우대조치를 취할 수 있도록 하였다. 당시까지 GATT는 개도국에 대한 우대를 일시적인 것으로서 최혜국 대우조항의 예외로 간주해 왔으나 남북협력이 반드시 남측에만 일방적으로 혜택을 주는 것이 아니며 양세계가 공동으로 번영하기 위해 필수 불가결하다는 점을 인식하여 이를 GATT 규정 내에서 정당화, 합법화 시키고자 한 것이다.

- **기타협정**: 그밖에 농산물과 관련되는 협정으로 국제낙농품협정, 국제식육협정, 농산물분야 협의에 관한 권고 등에 대한 협정을 채택하였으며, 주요 선진국들의 합의사항으로 민간항공기 무역협정을 타결시켰다.

국제무역의 자유화라는 측면에서 볼 때 동경라운드 무역협상은 1970년대에 들어와서 더욱 심각해진 각국의 보호무역주의 경향의 확산을 방지하고, 경기침체로 위축된 세계무역을 다시 활성화하려는 노력이 시작되었다는 점에서 큰 의의를 갖는다.

㈐ 다자간 섬유협정(MFA)

다자간 섬유협정(Multi-Fiber Agreement: MFA)은 1973년 12월 31로 종료된 장기 면직물협정을 대체해서 국제섬유질서를 확립키 위해 섬유류 수출입

---

[18] 특히 일본은 독자적으로 정하고 있는 일본 공업표준 규격을 타국제품에 부착하는 것을 허용하지 않았는데 이를 허용하도록 하였다. 예를 들면 개도국의 제품은 JIS마크가 없다는 이유만으로 일본시장 내에서 오류제품으로 취급되었던 것이다.

국간에 GATT 체제 내에서 1973년 12월에 조인되어 1974년 1월 1일부터 발효된 협정이다. MFA 추진을 위해 GATT 이사회는 1972년 6월 협상작업단 설치를 결의하였으며 이에 따라 협상단이 구성되어 1973년 10월 1일부터 3차례에 걸친 협상 끝에 MFA가 탄생된 것이다.[19]

MFA는 원칙적으로 수입규제를 강화하거나 완화하기 위한 것이 아니라 수입규제의 국제적 규칙을 정해 섬유류 국제교역질서를 확립하자는 것이다. 즉 수입국측의 기존수입규제에 국제적 합법성을 부여하되, 일정한 수준 이하로는 수입제한을 할 수 없도록 수출국 측의 이익을 보장하자는 것이었다. 그리고 수입국 측의 일방적 수입규제도 국제적으로 수락된 규정에 따라서만 가능하도록 긴급수입제한 조치 발동요건을 구체적으로 정해 놓은 것도 하나의 특색이라 할 수 있다.[20]

1970년대 이후의 GATT

1970년대에 들어오면서 GATT는 60년대에 보여주었던 세계무역에 대한 막강한 역할을 더 이상 수행할 수 없게 되었다. 1970년대 세계경제환경의 변화에 대응하기 위하여 개최되었던 동경라운드가 관세인하 및 비관세장벽의 철폐에 원칙적으로 합의하는 등 부분적으로 성과를 거두게 되었고, 1965년 개도국조항의 신설로 개도국들이 GATT에 적극 참여함으로써 GATT는 선후진국을 거의 망라하는 국제기구로서의 위치를 확보할 수 있었다. 또한 동경라운드에서 타결된 각종 협정들에는 개도국을 위한 조항들이 부분적이기는 하나 새로 삽입되어 국제무역질서에 대한 범세계적인 활동이 시작될 것으로 기대되었다.

그러나 80년대 초에 와서도 세계경제는 깊은 불황의 늪을 헤어나지 못하고 오히려 전세계적으로 팽배된 보호주의경향이 확대되는 현상을 보였고 1981년에는 국제무역량이 감소하기 시작하는 등 GATT 중심의 다자간 자유무역체제는 그 존립 자체마저 위태롭게 되었다.

---

[19] MFA는 전문, 본문(제1조–제17조) 및 부록 A, B로 구성되어 있으며 수입국이 규제대상품목을 수입 규제하려 할 때는 수출국에게 협의를 요청하도록 하고 있다.

[20] MFA는 면직물에 대해서만 규제했던 종래의 LTA에 비해 전 섬유류를 대상으로 하고 있어 그 규제범위가 훨씬 넓어졌을 뿐만 아니라 우리나라를 비롯한 섬유수출국들의 선진국에 대한 섬유수출이 사실상 제한되는 결과를 낳았다.

7.4 UR의 추진과 협상내용

제2차 세계대전 후 1947년 10월 제네바에서 23개국이 조인하여 1948년 1월에 발표된 GATT(관세 및 무역에 관한 일반 협정)는 국제무역의 기본질서를 규율하는 국가 간의 협정으로서 지난 45년간 내국민대우, 최혜국대우, 자유무역, 공정무역의 기본원칙을 추구하면서 세계무역의 확대에 지대한 역활을 수행하였다.

GATT 체제하에서 국제무역질서의 조류는 '60년대까지의 자유무역기구 → 70년대의 신보호무역기 → 80년대 초의 관리무역기 → 80년대 중반 이후 현재까지의 무역질서 혼재기(신무역질서 모색기)를 거쳐왔으며, GATT는 이러한 시대상황에 대응해서 7차례의 다자간무역협상(Round)을 타결시켜 국제무역의 자유화를 촉진시켜 왔다.

이 중 제1차 협상에서부터 제6차 GATT 다자간협상인 케네디라운드(1964-1967)까지는 선진국들 간의 관세인하가 주요 내용이었고, 7차 협상인 동경라운드(1973-1979)는 관세인하 이외에 비관세장벽의 완화를 본격적으로 다루어 별도의 9개 다자간무역협상을 체결하였으며, GATT 규정 및 동경라운드의 협정은 80년대 국제무역질서를 주도하였다.

1) UR(우루과이 라운드)협상의 배경

UR이 출범하게 된 배경은 살펴보면 1947년 관세인하에 주안점을 두고 창설된 GATT 체제는 제2차 세계대전 이후 국제교역의 근간이 되어 왔으나 1980년대 들어오면서 주요 선진국의 국제수지보호를 위한 보호무역주의적 수단의 남용으로 실효성이 약화되었다. 즉, 반덤핑관세제도[21]의 남용과 수출자유규제[22], 시장질서협정[23] 등 GATT 체제를 우회하는 회색지대조치가 성행하였고, 농산물·섬유 등은 사실상 GATT 체제 밖에서 광범위한 규제가 행해지거나 GATT 규정의 폭넓은 예외조치를 인정받음으로써 무역질서가 혼란하

---

[21] 외국의 생산자가 정상가격(주로 동종 상품의 국내가격)보다 부당하게 저렴한 가격으로 수출(덤핑수출)함으로써 국내 산업의 피해를 야기할 경우, 수입국이 해당 물품에 부과하는 특별관세임.

[22] 수출자유규제(VER: Voluntary Export Restraint): 규제의 무차별 적용의 난점을 회피하여 GATT 테두리 밖에서 수입국이 특정상품의 시장교란 원인이 되는 수출국에만 자율규제를 강요하여 맺는 양자간 협정을 말함.

[23] 시장질서협정(OMA: Orderly Market Agreement): 수출자율규제(VER)와 유사한 것이지만 협정형태를 취하고 있으며 GATT의 무차별대우원칙에 위배되는 불법적인 것으로 VER과 함께 회색지대조치의 전형임.

표 7.2 ▸ GATT의 1947년 무역질서구조

- 기본질서
  - GATT 규정 (4부 38조)
    - 최혜국대우원칙: 제1조 1항 근거
    - 내국민대우원칙: 제3조 근거
    - 자유무역: 관세양허(28조의 2)근거
    - 상호주의(공정무역): GATT 협정문 전문근거
  - MT 협약
    - 무역확대: 정부조달, 민간항공기 무역
    - 관리규범: 기술장벽, 관세평가, 수입허가절차, 보조금 및 상계관세, 반덤핑, 낙농품, 우유
- 특수질서
  - 중진국 규제
    - 중진국 규제: 졸업정책: Framework 협약근거
    - 선별규제: Safeguards 규정(GATT 제19조 근거)
  - 개도국 우대
    - 특별우대조치: GSP제도(의무면제, 권능부여조항 근거)
    - 상호주의 철회: 제36조 8항
- 예외질서 — MFA

였다. 더욱이 국제무역에서 차지하는 비중이 날로 커지고 있는 서비스·지적재산권 등과 같은 새로운 분야에 대해 기존의 GATT 체제로서는 포괄할 수 없어 새로운 협정이 필요하게 되었다. 결국 GATT 체제의 보완과 유지를 위하여 새로운 다자간 협상이 필요하다는 공통적인 인식을 바탕으로 GATT 체제 내에서 제8차 다자간 협상인 우루과이라운드(UR)협상이 공식적으로 출범하게 되었다.[24]

2) UR(우루과이 라운드) 협상의 추진과정

UR은 1990년대 및 2000년대의 새로운 세계무역질서를 확립한다는 기본 목표 아래 국제무역에 있어서 시장개방확대, GATT 체계 및 규율의 강화, 신분야에 대한 국제규범의 마련을 구체적 목표로 설정하였으며, 출범당시에는 15개 협상그룹이었으나 7개 협상그룹, 4개 협상그룹으로 통합 조정되면서 진행되었다.[25]

UR 출범 당시의 협상그룹을 보면 협상을 총괄하는 무역협상위원회 산하에 상품협상그룹, 서비스협상그룹 및 보호주의조치의 동결/철폐의 감시기구를 두었으며, 상품협상그룹 산하에는 다시 14개의 협상그룹을 두었다. 이들

---

24 이와 같은 새로운 다자간협상 추진논의는 1982년 11월 제네바에서 열린 각료회의를 계기로 본격화되기 시작하였으며 그후 다수의 공식·비공식회의를 거쳐 1986년 9월 남미 우루과이에서의 각료선언에 의해 제8차 GATT 다자간 무역협상인 우루과이라운드가 공식 출범하게 되었다.

25 대우경제연구소, 「우루과이라운드와 한국경제」 p.22.

표 7.3 ▸ UR의 협상구조

초기의 협상체계(15개 그룹)			1991년 4월의 협상체계(7개 그룹)
상품 협상그룹	시장접근(6):	관세	1) 시장접근
		비관세[1]	1) 시장접근
		천연지원	1) 시장접근
		열대산품	1) 시장접근
		섬유	2) 섬유
		농산물	3) 농산물
	규범제정(6):	긴급수입제한조치	4) 규범제정 및 투자
		보조금 · 상계관세	4) 규범제정 및 투자
		MTN 코드[2]	4) 규범제정 및 투자
		GATT조문	4) 규범제정 및 투자
		분쟁해결절차	5) 제도분야 (최종의정서 추가)
		GATT기능 강화	5) 제도분야 (최종의정서 추가)
	신협상분야(2):	무역관련투자조치	4) 규범제정 및 투자
		지적재산권	6) 지적재산권
서비스협상그룹			7) 서비스

주: 1) 비관세조치: 원산지규정, 선적전검사 포함.
2) MTN 코드: 반덤핑, 기술장벽, 수입허가절차, 관세평가, 정부조달 등 포함.
자료: 대우경제연구소

15개 협상그룹은 그 성격에 따라 ① 신협상분야 ② 시장접근에 관한 분야 ③ 다자간 규칙에 관한 분야 ④ GATT 제도 강화에 관한 분야의 네 가지로 나눌 수 있다.

UR 출범 당시 설정되었던 협상타결 1차 시한인 1990년 12월을 넘긴 이후 1991년 4월 협상을 재개하면서 협상의 효율성을 높이기 위해 15개 협상그룹은 7개 그룹으로 통합되는데 ① 시장접근 ② 섬유 ③ 농산물 ④ 규범제정 및 투자 ⑤ 제도 ⑥ 지적재산권 ⑦ 서비스협상그룹 등으로 재편성되었다.

1991년 12월 던켈 사무총장의 최종협정초안이 제출된 직후 개최된 무역협상위원회에서는 그 동안의 7개 협상그룹이 4원협상방식으로 추진되도록 개편되었으며, 또한 개별분야별 논의가 아닌 전체 차원에서 진행되도록 바뀌었다.

이에 따라서 특히 1993년 하반기부터 최종타결에 이르기까지 UR 협상은 농산물을 포함한 시장접근 및 서비스의 양허협상에 집중되었으며, 한편으로는 최종협정문의 법제화 및 최종마무리작업과 함께 세계무역기구(World Trade Organization: WTO)의 창설 논의가 결실을 보게 되었다.

표 7.4 ▸ UR 협상추진방식

4원(元) 협상추진방식
- 시장접근(농산물협상 포함) 양허협상
- 서비스 양허협상
- 최종협정문의 법제화작업
- 최종협정안에 대한 마무리작업(fine turing)

3) UR(우루과이 라운드)협정[26]의 특징

기존의 GATT 체제와 달리 UR 협정의 타결은 다음과 같은 특징을 지니고 있다.

첫째, 선진국과 개발도상국의 관심사항을 모두 포괄하는 광범위한 의제가 채택되었다. 즉, 미국 등 선진국들은 서비스·지적재산권 등 그들이 경쟁력을 가지고 있는 새로운 분야를 협상의제에 포함시켰으며, 개도국은 선진국의 섬유쿼터제도, 각종 회색지대조치 등 보호무역장벽의 완화 또는 폐지를 추구하였다. 한편 농산물의 수출국의 경우에는 GATT 체제에서 예외로 인정되어 온 농산물 교역의 자유화를 의제에 포함시켰다.

둘째, GATT 체제의 실효성 확보를 위한 GATT 규율을 정비·강화하였다. 즉, 반덤핑, 긴급수입제한, 분쟁해결절차, 보조금 및 상계관세제도 등이 모두 의제에 포함되었다.

셋째, 전체 협상의 타결가능성을 높이기 위하여 일괄타결방식을 채택하

표 7.5 ▸ GATT와 WTO의 비교

구분	GATT	WTO
지 위	잠정인 계약관계	국제적인 법인격을 갖는 국제적인 공식무역기구
법적구속력	약함	강함
적용분야	상품	서비스·지적재산권도 포함
개정방식	일부사항(최혜국대우, 양허표 등)은 만장일치, 기타는 다수결(2/3)	3분의 2 다수결
사무국	규정없이 경험적으로 발전	공식적으로 명시
분쟁해결기구	다원화 (GATT 이사회, 반덤핑위원회 등)	일원화 (WTO 내 분쟁해결기구)

[26] UR(우루과이 라운드) 협정의 경위: UR 협정의 경위를 살펴보면 우르과이의 푼다 델 에스테에서(각료 선언, 1986.9) UR 협상의 개시를 선언하고, 무역자유화와 무역확대, GATT 기능의 강화 등 협상의 기본목표와 함께 공개주의, 일괄타결방식 등 협상의 원칙을 정하였다. 이후 협상시한을 3년 넘기면서 7년을 끌어 온 UR 협상이 서비스 등 몇 가지 분야의 미결사항을 남겨둔 채 타결되었다.(UR 협상 타결선언, 1993. 12. 15) 1994년 2월까지 각국의 이행계획서 및 서비스 양해계획서를 제출하고 기술적 검토를 마치며, 법제화 작업도 병행하여 1994년 4월 15일에는 각료장관들이 UR 협정에 서명하였다.(UR협정 서명, 1994. 4. 15) 1995년 7월 1일 상당수 국가들이 국내비준절차를 마치면서 발효되었다.

였다. 즉, 어느 한 부문에서의 협상결과에 만족하지 않을 경우 전체를 받아들이지 않아야 하며, 특정 부문만을 선택적으로 거부할 수 없도록 하였다.

과거의 GATT와 UR 협정에 의한 WTO와의 차이는 위의 표와 같다.

4) UR(우루과이 라운드)의 주요 부문별 협상 결과

우루과이라운드(UR) 협정은 크게 시장접근분야와 규범제정분야 및 제도분야로 나누어 볼 수 있다.

시장접근분야는 공산품 및 농산물의 고관세로 인한 국제교역상의 장애를 제거하기 위한 관세인하 및 양허범위의 확대를 목적으로 하는 관세분야와, 비관세조치로 인한 장애를 제거하기 위한 비관세장벽의 완화 내지 철폐를 위한 비관세분야로 나누어 볼 수 있다.[27]

규범제정분야는 국제교역의 무역왜곡효과 및 장애를 완화하여 공정하고 자유로운 국제무역을 보장하는 규범을 설정·보완하기 위한 것으로서 MFA의 섬유쿼터 철폐, 반덤핑규제강화, 보조금 및 상계관세의 규율강화, 긴급수입제한(safeguard) 국제표준의 조화 및 명료화, 무역관련투자 조치, 원산지규정, 지적재산권 보호 등이 있다.

제도분야는 다자간 무역체제 전반에 관한 규범의 개선 강화를 위한 분쟁해결절차, 세계무역기구(WTO), GATT 기능 강화분야가 해당된다.

구분	분야별 세부협정
시장접근분야	관세, 비관세, 농산물, 서비스교역
규범제정분야	섬유, 반덤핑, 보조금 및 상계관세 세이프가드, 기술장벽, 무역관련 투자조치, 원산지규정, 지적재산권
제도분야	분쟁해결절차, 세계무역기구(WTO), GATT 관련 조문

① 관세

각 회원국의 관세율을 1986년 대비 33% 인하하고 관세양허[28]품목도 확대하였으며, 일부 공산품에 대한 무관세화 또는 관세조화[29] 합의에 참여하도록 하여 관세의 하향 평준화를 달성하고자 하였다.

우리나라는 무관세화 대상 8개 분야중 맥주와 증류주를 제외한 6개 분야

[27] 아울러 뉴 이슈로서 새롭게 중요성이 증대되고 있는 서비스분야의 개방이 포함되었다.

[28] 관세양허(Concession of Tariff): GATT의 목적인 각국의 호양적 교섭에 의하여 이루어지는 무역품에 대한 관세율의 양보 내지 양허를 의미함.

[29] 무세화란 8개의 고관세품목에대해 관세를 철폐하고자 하는 것이며, 관세조화는 이러한 품목에 대하여 5~6.5%의 저율의 관세를 일괄적으로 적용하려는 것임.

(철강, 건설장비, 의약품, 의료기구, 가구, 농업장비)에 대부분 참여하고, 관세조화 대상인 196개 화학제품에 대해서는 192개 품목에 참여하였다.(HS 4단위 참여)

선진국들의 양허범위는 거의 100%에 이르고 있으며, 평균관세율도 1~4% 수준이다.

② 반덤핑(Anti-dumping)

반덤핑협정은 불공정하게 행해지는 수입국의 자의적인 반덤핑 제소를 억제하고 수출국의 우회 덤핑에 대한 대처방안을 마련하기 위한 것이다.

구체적 내용으로는 첫째, 정상가격[30] 산정시 원가 이하 판매를 부분적으로 인정하고 구성가격[31] 산정시 실제 자료에 근거하여 이윤을 산정 하도록 한다.

둘째, 정상가격과 수출가격의 비교시 각각 가중평균별 혹은 거래별 가격을 비교하는 네가티브 덤핑마진[32]을 인정한다.

셋째, 덤핑조사에서 제외되는 최소기준을 인정하여 덤핑마진은 2% 미만, 시장점유율은 국가별 3% 미만, 합계 7% 미만으로 정한다.

넷째, 제소자격기준을 계량화하고 국내 동종 물품의 생산자에 의해 고용된 근로자나 근로자의 대표 역시 제소를 하거나 제소를 지지할 수 있는 것으로 인정한다.

다섯째, 반덤핑조치의 자동소멸 시효(5년)를 설정한다.

③ 보조금 및 상계관세(Subsidies & Countervailling Duties)

보조금[33]과 상계관세[34]에 관한 협상은 보조금지급 기준을 강화하고 상계관세의 부과절차를 명확히 하려는 것이다.

구체적으로는 보조금의 종류를 금지보조금, 허용보조금, 상계가능보조금

---

30 한 국가의 국내에서 정상적으로 유통하는 물품의 정상적인 가격을 말함.

31 국내 유통량의 극소 또는 지역적 편차로 인해 정상가격을 산정할 수 없을 때 제조원가, 비용, 판매관리비, 이윤 등을 포함하여 만든 가격을 말함.

32 네가티브 덤핑마진: 덤핑마진을 반대개념으로 국내의 정상가격보다 고가로 수출함으로써 생기는 마진을 의미함.

33 보조금(Subsides): 수출증대 또는 수출감소 효과를 갖는 모든 지원금, 즉, 장려금 금융지원(저리융자), 세제지원(조세감면 내지 면제) 및 사회복지지원금 등을 의미함.

34 상계관세(Countervailling Duty): 정부의 특정 산업에 대한 보조금 또는 일반적인 보조금이 국제무역의 흐름을 왜곡시켜 수입국의 국내 산업이 피해를 입는 경우 이러한 보조금 지급을 방지하고 공정한 거래를 확보하기 위해 보조금이 지급된 수입품이 대해 부과하는 특별관세를 말함.

으로 세분하였고 특히 허용보조금은 특정상이 없거나 연구개발 및 지역개발의 경우에만 국한시켰으며, 협정 발효후 3년 이내(개발도상국은 8년 이내)에 금지보조금을 철폐하였다.

④ 긴급수입제한(Safeguards)

수입을 일시적으로 제한하여 피해를 입은 국내 경쟁산업에 적절한 조정 기회를 부여함으로써 경쟁력향상과 자원의 효율적 이동을 촉진시키고자 하는 것으로서, 반덤핑이나 상계관세 등과는 달리 수출국의 공정한 무역관행에 대한 수입 제한조치이므로 그 발동요건이 매우 까다로운 특징이 있다.

그 구체적인 내용으로는

첫째, 최혜국대우(MFN)원칙[35]의 일반적 준수

둘째, 예외적 선별적용조치의 허용

셋째, 회색지대조치의 4년 내 철폐 및 금지

넷째, 세이프가드 조치 발동후 최초 3년간은 보복금지

다섯째, 수입비중 3% 이하인 개발도상국에 대한 발동 금지 등으로 요약할 수 있다.

⑤ 분쟁해결절차(Dispute Settlement)

WTO 회원국 간의 무역분쟁에 대해 다자간 규정의 적용을 보장함으로써 WTO 하의 각종 협정의 권위를 강화하고 효율성을 확보하는 수단이라고 할 수 있다. 구체적인 내용으로는

첫째, 국가 간의 모든 분쟁은 WTO 산하의 분쟁해결기구가 관장하도록 하고

둘째, GATT에 위배되는 일반조치억제의 근거를 마련하였으며

셋째, GATT에 위배되지 않는 조치에 대한 일반 분쟁해결절차 적용기준을 마련하였고

넷째, 상소제도의 신설과

다섯째, 패널 및 상소보고서의 자동채택인정

여섯째, 자동보복권 인정과

일곱째, 페널절차의 단계적 시한 인정 등이 여기에 해당된다.

⑥ 기술장벽(Technical Barriers to Trade)

국가마다 서로 다르게 되어 있는 기술규정·표준·적합판정절차 등을 하나로

[35] 최혜국대우(Most Favour Nation)의 원칙: 관세협정에 따라 협정국 상호 간 적용될 특별한 관세율을 여타의 모든 체약국에 균등시키는 원칙을 말함.

통일시켜(이를 '표준화'라 함)국가 간의 무역을 활성화하고자 하는 것이다.

구체적인 내용으로는 첫째, 일반규정에서 기술규정·표준·적합판정절차 등에 대한 용어는 기존의 정의에 따르나 '공정 및 생산방법'(PPMs: Process and Production Methods)을 새로이 포함시켰으며

둘째, 국제무역에 불필요한 장애를 일으키는 기술규정 및 표준을 준비·채택·적용하지 않을 것을 보장하도록 하였고

셋째, 적합판정절차는 국제무역에 장애가 되지 않도록 비례성의 원칙을 준수하도록 하였다.

넷째, 기술장벽[36]의 해소를 위한 정보 및 지원체제를 마련하였으며

다섯째, 각 회원국 대표들로 구성된 '무역에 대한 기술장벽위원회'를 설치하는 등 기술장벽의 해소를 위한 기구·협의절차 및 분쟁해결기구에 관한 근거를 마련한다.

⑦ 원산지 규정(Rules of Origin)

원산지 규정이란 특정제품의 원산지를 결정하기 위한 제반 기준에 관한 규정·판례 및 행정적 절차 등으로, 그 자체가 무역의 흐름에 영향을 끼칠 목적을 가진 조치는 아니나, 경제의 세계화와 지역화가 동시에 진행되고 있는 최근의 국제경제 조류에 따라 무역 관련 조치 및 국제경제질서와 연계되어 향후 그 중대성이 증대할 것으로 보인다.

구체적인 내용으로는 첫째, 원산지 규정의 적용에 있어서 지켜야 할 주요 원칙을 규정하고

둘째, 적용범위에 대하여 관련 원칙은 비특혜부문에 한정되고 EC, NAFTA 등 특혜부문은 제외함

셋째, 관련 기구(원산지규정위원회, 기술위원회) 및 주요 작업 등 원산지 규정과 관련한 세부사항을 통일시키고

넷째, 부속서에 특혜무역과 관련된 공동성명을 덧붙인다.

⑧ 무역관련 투자조치(Trade Related Investment Measure)

외국인 투자와 관련하여 무역흐름을 제한·왜곡시키는 제도적 장치, 즉, 투자유치국의 규제나 인센티브 등을 규제하기 위한 법적 구속력을 지닌 다자간 규범을 최초로 제정하고 GATT 체제를 공고히 한다.

---

[36] 기술장벽(Technical Barriers to Trade): 어떤 상품의 기술명세에 대한 기준의 차이에 따라 발생할 수 있는 국가 간의 상품 이동에 대한 장애를 일컫는 속칭으로 정확하게는 '무역에 대한 기술장벽' 등으로 번역되고 있음.

구체적인 내용으로는 첫째, 내국세 및 규제에 관한 내국민대우 규정[37](GATT 3조)과 수량제한의 일반적 금지규정(GATT 11조)에 저촉되는 투자조치를 금지하고

둘째, 개도국에 대해 내국민대우 및 수량제한 금지의무를 일시적으로 면제하였으며

셋째, 협정 발효 후 90일 이내에 협정에 위반되는 관련조치를 상품교역이사회에 통지하도록 하고, 일정기간(선진국: 2년, 개도국: 5년, 극빈개도국: 7년)이내에 철폐하도록 한다.

⑨ GATT관련 조문(GATT Articles)

과거 애매했던 GATT관련 조문에 보다 명료한 규정과 해설 또는 보충 설명을 달아 변화된 무역 여건에 맞도록 한다.

주요 조문의 내용으로는 * 기타 과세 및 부과금, * 국제수지조항, * 국영무역기업, *지역협정, Waiver(의무면제)[38], * 양허표[39]의 수정, * 특정 체약국 간의 협정 부적용 등임.

⑩ 농산물(Agriculture)

1980년대 이후 극도로 왜곡된 농산물의 세계교역질서를 개선하고 수출입에 영향을 미치는 모든 조치들을 강화된 GATT 규정하에서 규율하여 농산물 무역의 자유화 폭을 확대하고자 하였다. 구체적 내용으로는

- 농산물시장 개방과 관련하여 예외 없는 관세화를 통한 포괄적인 시장개방과 국내 농업 보조금 및 수출보조금을 감축하도록 하고, 국내외에 가격차이인 관세 상당치인 이행기 간(7년, 단 개발도상국은 10년) 동안 산술평균 36%, 품목별로 15%(단 개발도상국은 각각 24%, 10%)를 감축한다.
- 우리나라는 쌀의 경우 10년의 관세화 유예기간을 받았으며, 이 기간 동안의 최소시장접 근비율은 1~4%이다.
- 국내 농업보조에 관하여 가격지지 및 생산과 관계된 직접보조 등 감축대

---

[37] 내국민대우(National Treatment)원칙: 수입품에 대하여 적용되는 내국세나 국내 법규에 의하여 동종의 국내 상품에 대하여 주는 대우보다 불리하지 않은 대우를 해주어야 한다는 원칙을 말함.

[38] 웨이버(Waiver): GATT 제25조 제5항에 규정되어 있는 의무면제조항으로서 GATT에 규정되어 있지 않은 예외적 상황하에서 체약국에 부과된 특정 GATT 규정의 준수의무를 면제하는 것을 말함.

[39] 양허표(Country Schedule): 시장접근 및 내국민대우에 관한 양허교환 협상 결과를 국가별로 정리한 무역자유화계획 일정표를 말함.

상 국내 보조는 7년간 20%를 감축하되, 감축대상보조가 총생산량의 5% 미만일 경우 감축을 면제하였음. 또한 허용 대상 보조는 정부재정에 의한 것이어야 하며 가격지지 효과가 없을 것을 명시하였다.

- 수출보조와 관련하여 농산물 수출을 인위적으로 촉진시키는 정부의 직접보조, 저가수 출, 유통비용 및 수출비 지원 등 수출보조금은 7년간 물량기준 21%, 금액기준 36%를 감축하도록 한다.
- 우리나라는 시장개방, 국내산업 보조, 수출보조의 각 분야에서 개발도상국의 지위를 인정 받아 감축기간은 10년, 감축폭은 선진국의 3분의 2수준을 인정받음.

⑪ **섬유(Trade in Textiles & Clothing)**

현재 GATT 체제하에서 합법적으로 인정되고 있는 MFA(Multi Fiber Arrangement: 다자간 섬유협정)[40]의 GATT 복귀와 함께, 여타 관련 보호무역주의적 조치를 해제하여 섬유류 교역의 자유화를 이루고자 하였다. 구체적 내용으로는

- 2005년 1월 1일을 기하여 MFA의 GATT에로의 완전복귀를 목표로 하였으며
- 현행 MFA상의 규제품목을 중심으로 점차적인 복귀를 시행하고 이 기간 중 쿼터 증가율을 단계별로 인상한다.
- 한편 복귀율은 제1단계 16%, 제2단계 17%, 제3단계 18%로 한다.
- 복귀 기간 중의 잠정 세이프가드 발동기준을 엄격히 규정하고 자유화된 품목은 GATT 제19조(긴급수입제한조치)의 적용을 받도록 하였으며
- MFA의 철폐와 함께 전반적인 섬유류 교역의 자유화를 위한 GATT 규율을 강화한다.

⑫ **서비스교역(Trade in Service)**

서비스 산업 및 교역의 중대성 증대, 서비스 교역관련 다자간 규범의 부제로 인한 국제분쟁의 가능성 증대, 미국 등 선진국의 관심 고조 등으로 UR 개시 이전에는 반대하던 개도국들도 참여하게 된다. 구체적 내용으로는

- 서비스 교역의 규범인 일반협정과 노동력이동, 금융, 통신, 항공, 해운 등 분야별 부속서를 제정하였으며

---

[40] 다자간 섬유협정(MFA: Multi Fiber Arrangement): 섬유류의 국제무역을 규제하는 국제협정으로 섬유류 교역의 확대 및 점진적 자유화, 개도국 섬유수출의 질서 있고 공평한 증대보장, 세계섬유시장 교란방지, 선진국의 산업구조조정 촉진 등을 그 목적으로 하고 있음.

- 모든 서비스분야를 자유화 대상으로 하며 시장접근과 내국민대우에 관해서 국가 간의 양허 협상을 추진하였으나 항공과 시청각분야가 제외됨.
- 자유화 대상분야는 각국의 양허표에 기재하는 방식(포지티브 방식)이 채택되었으며, 시장접근과 내국민대우 관련 규제는 양허표에 모두 기재해야 되는 방식(네가티브 방식)이 채택된다.
- 서비스 산업 관련 인가기준, 등록요건, 서비스 공급자의 자격요건, 국내규제 등이 국가마 다 현저히 상이하여 국가 간 상호자격 인정을 위한 협상을 권장함으로써 국내 규제조치에 대한 작업반의 설치 등이 합의되었다.
- 아울러 최혜국대우 의무면제에 대한 부속서가 채택되었다.

⑬ **지적재산권(Intellectual Property Right)**

지적 생산물에 대한 소유권을 총칭하는 지적재산권은 생산적 발명, 저작 및 문예적 창작에 대한 배타적 소유권을 의미하는 것으로, 기존의 UN 전문기구인 세계지적재산권(WIPO: World Intellectual Property Organization)을 중심으로 한 국제협약들의 보완·개정을 통한 해결이 가능하지만, 미국 등 선진국의 강력한 보호의지로 GATT 체제 내로 끌어들이게 된다. 여기에서는 ㉠도서·문예·창작물에 대한 저작권 ㉡음반·방송 사업자·연출가 등의 권리에 관한 저작인접권 ㉢상표 ㉣주류의 지리적 표시 ㉤의장권 ㉥기술적 발명에 관한 특허 ㉦반도체 소자 등 집적회로의 설계 ㉧영업비밀 등 8개 분야의 지적재산권 보호에 관한 것 등을 대상으로 한다. 협정의 구체적 내용으로는 *국제협약 Plus 방식[41]으로 기존의 관련 국제협약을 바탕으로 보호수준을 강화시키도록 하였다.

- 보호기준(범위·기간·수준)과 함께 실행절차, 권리의 분쟁발생에 대비한 분쟁예방 및 해결절차를 확대·강화하고
- 대여권을 인정하였으며
- 컴퓨터 프로그램을 저작물로 보호하며, 그 보호기간을 연장함.
- 음반의 소급적 보호를 보장하고
- IC 자체 이외에 이를 내장한 반도체 칩과 최종 제품까지 확대하여 보호하고
- 정부 제출자료의 공개를 금지하고
- 저작권, 상표권 이외에도 특허 등 모든 지적재산권 피해물품에 대하여 통

[41] 국제협약 Plus 방식: 기존의 관련 국제협약을 최저보호수준으로 하여 보호의 강도를 강화시키는 협상의 접근방식을 말함.

관 유예조치[42]를 적용을 확대한다.

---

[42] 통관유예조치: 수입품이 원산지 표시가 불명확하다든지 지적재산권을 침해한 물품인 경우 통관을 보류시키거나 범칙금을 가하는 제제조치를 말함.

NEW INTERNATIONAL AREA ECONOMY

CHAPTER 08

WTO의 출범과 신국제무역환경

1994년 4월 15일 마라케시에서 WTO 협정이 조인됨으로써 제2차 세계대전 이후 세계경제질서를 지배해 오던 GATT 체제가 종식을 고하고 새로운 WTO 체제가 출범하였다. 그동안 WTO는 새로운 국제무역질서를 주도하는 기구로서 보다 자유롭고 공정한 무역질서를 구축하려는 노력을 다각도로 진행해 왔다. 1995년 1월 1일 출범 이후 WTO는 세계 자유무역의 신장에 기여하였고, 가맹국을 대폭 확대시켰으며, 다자간 무역체제를 비교적 빠른 시간안에 강화하는 데 성공하였다는 긍정적인 평가를 받고 있다. 그러나 WTO는 공산품은 물론 농산물, 섬유, 서비스 등의 분야의 무역자유화에 커다란 기여를 하고 있으며, 지적재산권의 보호와 보조금 및 덤핑 등 불공정 무역의 규율에도 중대한 역할을 수행하고 있다. 더욱이 WTO는 모든 무역장벽이나 거래관행을 투명화하도록 노력하고 있으며, 계속 추가적인 무역장벽의 완화 및 철폐에 나서고 있다.[1]

8.1 WTO(세계무역기구) 설립

세계무역기구(WTO)는 제2차 세계대전 이후 국제교역의 근간이 되어 온「무역 및 관세에 관한 일반 협정」GATT 체제의 한계를 극복하고 1990년대 이후 새로운 국제교역질서의 형성을 위하여 추진되었다. 1947년에 창설된 GATT 체제는 제2차 세계대전 이후 국제교역질서의 근간이 되어 왔으나 각국이 국제수지 보호를 위한 보호무역주의적 수단을 남용함으로써 실효성이 약화되었고 결국 GATT 체제의 보완과 유지를 위하여 새로운 다자간 협상의 결과 탄생하게 되었다.

1) GATT 체제의 출범

1947년 10월 30일 스위스 제네바 회의에에서 22개국 정부대표가 잠정의정서(Protocol od Provisional Application: PPA)에 서명함으로써 관세 및 무역에

[1] 율곡출판사,「WTO와 국제통상」p.3

관한 일반협정(GATT)이 체결되었으며 1948년 1월 1일에 발효되었다.[2] 그러나 잠정의정서는 동 의정서의 조항이 각국 국내법과 충돌할 경우 국내법을 우선 적용토록 하는 내용을 하는 내용을 포함하고 있어 국제협정으로서의 법적 구속력이 제한되어 있었다. 또한 GATT 체제는 강대국의 불공정 행위 및 자의적 행위를 효율적으로 규제하는데 부적절하였으며, 사무국 직원이나 각국 대표의 면책특권 등에 관한 규정도 갖추지 못하는 등 국제기구의 성격을 갖지 못하였다.

2) WTO 체제의 출범

WTO는 1995년 1월 1일에 탄생되었지만, 이미 1948년에 출범한 GATT가 몇 차례의 다자간 통상협상을 거치면서 발전하여 왔다. 특히 제8차 다자간 무역협상인 Urguay Round의 개시와 더불어 완전한 국제기구로서 설립이 추진되었으며[3] 1994년 4월 모로코의 마라케쉬에서 111개국이 서명한 WTO 설립협정문이 1995년 1월 1일에 발효됨으로써 WTO 체제가 공식 출범하였다.

표 8.1 ▸ 다자간 무역협정 라운드 약사

명칭	기간	참가국	주요내용
1차(제네바)	47.4-10	23	GATT 설립, 관세율 인하
2차(앙시)	49.4	32	관세율 인하
3차(토케이)	50.9	34	
4차(제네바)	56.1	22	
5차(딜론)	60.9-61.5	23	
6차(케네디)	63.11-67.5	46	관세율인하, 반덤핑 조치
7차(동경)	73.9-79.11	99	관세율인하, 비관세장벽 제거
8차(우루과이)	86.9-94.4	125	WTO 설립(서비스 무역 및 지적재산권 포함), 관세율 인하, 비관세장벽 완화
9차(도하개발어젠다)	2001.11	138	다자간 협상 (관세 및 비관세 완전 철폐)

[2] 1944년 브레튼우즈 국제통화금융회의는 국제무역의 장벽을 낮추고 상호 유리한 국제교역관계를 증진시키기 위하여 ITO의 설립 필요성을 제기하였다. 1946년부터 미국의 주도로 ITO 헌장이 기초되고 이의 확정을 위한 3차례의 회의(런던, 뉴욕, 제네바)가 개최되었으나 합의가 지연되다가 1947년 10월 ITO 헌장중 각국이 합의한 부분을 기초로 '관세 및 무역에 관한 일반협정(General Agrement on Tariffs and Trade: GATT)체제를 출범하였다. 한편 UN과 미국은 GATT 체제 출범 이후에도 ITO 헌장을 확정하기 위하여 회의를 개최하였으며 1948년 3월 Havana회의에서 ITO 헌장에 대한 합의에 도달하였으나 미 의회의 반대로 ITO 설립은 무산되었다. 제2차 세계대전의 종전에 임박하여 미국은 환율안정, 개발자금 제공 및 자유무역체제 확립 등을 위해 IMF, IBRD 및 ITO 등 3개 국제기구의 설립을 주도적으로 추진하였다.

[3] 1986년 9월 105개국의 참여하에 우루과이의 푼타 델 에스테에서 개시된 UR(우루과이 라운드) 협상을 개시하였다.

WTO는 새로운 무역기구 설립 및 제도적, 절차적 구조를 명시한 핵심적 내용으로 UR 협상 결과를 반영하였고, 과거의 GATT가 상품부문에만 치중한 것과는 대조적으로 상품, 서비스, 지적재산권 등 광범위한 분야를 포괄적으로 다루고 있다.

WTO 관련 주요 협정

설립협정문: Marrakesh Agreement Establishing the World Trade Organization

설립협정문 부속서

- 부속서 1A: 상품교역에 관한 다자간무역협정(Multilateral Agrement on Trade in Goods)
  (MATT 1994와 농업협정, 위생 및 식물협정, 섬유 및 의류협정, 기술장벽협정, 무역관련투자협정, 반덤핑협정, 관세평가협정, 선적전 검사협정, 원산지규정협정, 수입허가절차협정, 보조금 상계조치협정, 긴급수입제한조치 협정 등 12개 협정)
- 부속서 1B: 서비스무역에 관한 일반협정
  (General Agreements on Trade in Services: GATS)
- 부속서 1C: 무역관련 지적재산권에 관한 협정
  (Agreement on Trade-related Aspects of Intellectual Property Rights: TRIPS)
- 부속서 2: 분쟁해결 규칙 및 절차에 관한 양해
  (Understanding on Rules and Procedures Governing the Settlement of Disputes)
- 부속서 3: 무역정책 검토제도
  (Trade Policy Review Mechanism)
- 부속서 4: 복수국 간 무역협정
  (Plurilateral Trade Agreements)
  a. 민간항공기 교역에 관한 협정
  b. 정부조달에 관한 협정
  c. 국제낙농협정(97년말 폐지)
  d. 쇠고기관련 협정(97년말 폐지)

- 부속서 1-3은 모든 회원국에 적용되는 다자간 무역협정으로 95. 1. 1 발효된 반면 부속서 4는 이를 수용한 회원국에만 적용되는 복수국 간 무역협정으로 각국의 개별 일정표에 따라 발효되었다.

8.2 WTO 협정의 기본원칙

WTO의 협정의 기본 원칙은 WTO의 기본 목적인 상호 경쟁증진과 무차별 원칙에 입각하여 다음과 같이 WTO 원칙이 구체화되었다.

1) 최혜국 대우 원칙(Most-Favour-Nation: MFN)

최혜국 대우원칙은 WTO 회원국들은 상대 무역국에 대해 차별적인 대우를 해서는 안 된다는 것을 말하는데 특히 상품무역을 통제하는 GATT 제1조의 원칙이 무역의 3대 핵심영역(상품무역, 서비스무역, 무역관련 지적재산권)으로 확대된 포괄적인 중요한 원칙이다.

일반적으로 최혜국대우(MFN)라는 것은 한 국가가 무역장벽을 낮추거나 철폐할 때 상대국의 부의 정도나 또는 힘의 강약에 상관없이 모든 교역상대국으로부터 공급되는 동일상품과 서비스에 대해 똑같이 무역장벽을 낮추거나 철폐하여야 한다는 것을 의미한다.[4][5]

2) 내국민 대우원칙(National Treatment)

'내국민대우' 원칙은 '다른 국가의 자연인이나 법인을 자신의 국민과 똑같이 대우'하는 것을 의미하는데, 일단 국내시장에 진입한 상품·서비스·지적 재산권에 적용된다. 그리고 현지 생산된 국산품에 동등한 세금부과를 하지 않더라도 수입품에 대한 관세부과는 내국민대우 원칙에 위배되는 것은 아니다.

3) 수량제한의 폐지원칙

보다 자유로운 무역을 추진하자는 취지에서 실행된 원칙인데 현재 대부분의 국가가 사용하는 무역장벽은 수입관세나 수량을 선택적으로 사용하여 무역을 제한하는 조치로 이용되어 왔다. 따라서 수입수량할당이나 수입금지 등을 점진적으로 철폐하여 종전보다 더 자유로운 무역을 추진하여 서로에게 도움을 주자는 것인데 최근 들어 비관세장벽과 서비스·지적재산권 같은 새로운 분야로까지 그 범위가 확대되고 있다.

---

4 율곡출판사, 「WTO와 국제통상」p.21

5 예외가 인정되는 경우는 첫째, 특정지역내의 국가들이 그 지역 밖으로부터 수입된 상품에는 최혜국대우를 부여하지 않는 자유무역협정을 발효시킬 수 있다. 둘째, 불공정무역을 한다고 간주되는 특정국가로부터 수입되는 제품에 대해서 무역장벽을 강화함으로써 최혜국대우의 원칙을 차별적으로 적용할 수 있다. 셋째, 서비스분야에 있어서 제한된 환경이나 조건하에서 차별대우하는 것이 허용되기도 한다.

또한 무역을 확대하기 위하여 불공정무역관행(수출보조금이나 덤핑)을 제거원칙과 최빈 개도국에게 대한 특별원칙 등이 있다.

8.3 세계무역기구(WTO)의 조직과 기능

세계무역기구(WTO)는 WTO의 설립협정 및 다자간 무역협정의 이행, 관리 및 운영을 촉진하고 그 목적을 증진하며 또한 복수국가 간 무역협정의 이행, 관리 및 운영을 위한 틀을 제공한다. 그리고 WTO는 다자간 무역협정에서 다루어지는 사안과 관련된 회원국들의 다자간 무역관계에 대하여 그들 간의 협상을 위한 장을 제공하며, 각료회의에 의하여 결정되는 바에 따라 회원국 간의 다자간 무역관계에 관한 추가적인 협상을 위한 토론의 장 및 이러한 협상 결과의 이행을 위한 틀을 제공한다.[6] 또한 WTO는 분쟁해결규칙 및 절차에 관한 양해를 시행하며, 무역정책검토제도를 시행한다. 그리고 국제통화기금(IMF)과 세계은행(World Bank) 및 UN 산하기구들과 협력하고 있다.

1) 조직

① 법적지위

WTO는 GATT와는 달리 법인격을 가지며 각 회원국은 WTO에 대하여 이 기구가 자신의 기능을 수행하는 데 필요한 법적 능력을 부여한다. 따라서 각 회원국은 WTO와 WTO의 관리 및 이 기구의 회원국의 대표에게 자신의 기능을 수행하는 데 필요한 특권과 면제를 부여한다. 이러한 특권과 면제는 1947년 11월 21일 국제연합총회에서 승인된 전문기구의 특권과 면제에 관한 협약에 규정된 특권과 면제에 유사하여야 한다.[7] WTO는 본부협정을 체결할 수 있다.[8] 따라서 WTO는 그 본부 소재지국인 스위스와 본부협정을 체결하고 있다.

WTO 설립협정과 다자간 무역협정의 규정이 상충하는 경우에는 상충하는 범위내에서 WTO의 설립협정의 규정이 우선한다. 그리고 WTO 설립협정에 관해서는 그 어느 규정에 대해서도 유보할 수 없으며, 다자간 무역협정의 규정에 대한 유보의 경우에는 동 협정에 명시된 범위내에서만 할 수 있다.[9]

---

[6] WTO 설립협정 제3조 1항 및 2항

[7] WTO 설립협정 제8조 1항 내지 4항.

[8] WTO 설립협정 제8조 5항.

[9] WTO 설립협정 제16조 3항 및 5항.

② 조직

WTO는 회원국 정부에 의해 운영된다. 모든 중요한 결정들은 2년마다 열리는 각료회의(Ministerial Conference)에서 그리고 각료회의 비회기중에는 각료회의의 기능을 대신하여 제네바에서 정기적으로 개최되는 일반이사회(General Council)에서 전체 회원국에 의해 이루어진다.[10] 결정은 통상 전체 회원국의 의견일치에 의해 채택된다. WTO는 세계은행(World Bank)과 국제통화기금(International Monetary Fund: IMF)과 같은 국제기구들과 다르다. WTO에서는 그 의사결정 권한이 이사회에 위임되어 있지 않다. 그래서 WTO 내의 행정조직은 정기적인 무역정책 검토시에 정책분석 측면의 의견을 덧붙이는 것을 제외하고는 개별국가의 정책에 대해 어떠한 영향도 미치지 못한다. 복수국가 간 협정에 의해 규정된 기구는 WTO의 제도적인 틀 안에서 운용되며, 일반이사회에 동 기구들의 활동상황을 정기적으로 통보해야 한다.

㉮ 각료회의(Ministerial Conference)

각료회의는 WTO 내의 최고 집행기구로서 모든 회원국의 각료급 대표로 구성되며 최소 2년에 1회 각료회의를 개최한다.

각료회의는 WTO의 기능을 수행하며 이를 위해 필요한 조치를 취하며, 회원국이 요청하는 경우 WTO의 구체적인 의사결정 요건에 따라 다자간 무역협정의 모든 사항에 대하여 결정을 내릴 권한을 가지고 있다.[11]

각료회의는 산하에 무역 및 개발위원회[12], 국제수지 제한위원회[13] 및 예산·재정관리위원회[14] 등을 두고 있으며 필요한 경우 별도 위원회를 설치할 수 있다. 이 중 무역개발위원회는 최빈개도국 회원국을 위한 다자간 무역협정의 특별조항을 정기적으로 검토하고 적절한 조치를 취하기 위하여 일반이사회에 보고하고 있다. [15]각 위원회는 WTO 설립 협정문 및 다자간 무역협정에서 규정한 기능과 일반이사회가 부여한 기능을 수행한다.

㉯ 일반이사회(General Council)

모든 회원국 대표로 구성되며 필요에 따라 회의를 개최하고 각료회의 비회기

[10] WTO 설립협정 제4조 1항 및 2항.

[11] WTO 설립협정 제4조 1항.

[12] Committee on Trade and Development

[13] Committee on Balance-of-Payments Restrictions

[14] Committee on Budget, Finance and Administration

[15] WTO 설립협정 제4조 7항.

중에는 각료회의의 기능을 수행한다. 필요한 경우 분쟁해결기구(DSB)[16]와 무역정책검토기구(TPRB)[17]로서의 역할을 수행한다. WTO의 책무와 관련된 여타 정부간 기구 및 비정부기구(NGO)와의 협의 및 협력을 위하여 적절한 협정을 체결할 수 있다.

㉰ 전문이사회(Council)

전문이사회는 일반이사회의 지휘·감독 하에 운영되며 현재 상품무역이사회[18] 서비스무역이사회[19] 및 무역관련 지적재산권이사회[20] 가 설치되어 있다. 각 이사회는 각각의 개별협정과 일반이사회가 부여한 기능을 수행한다. 또한 각 전문이사회는 보조기구를 설치할 수 있다. 모든 회원국은 각 전문이사회와 위원회에 가입할 수 있다.

③ 사무국

WTO의 사무처는 제네바에 있으며, 최고책임자인 사무총장과 4명의 사무차장, 그리고 약 500명의 직원에 의해 운영되어진다. 각료회의는 사무총장을 임명하고, 사무총장은 각료회의가 채택하는 규정에 따라 사무처 직원을 임명하고 이들의 의무와 근로조건을 결정한다.[21] 사무처의 책임은 다음과 같다.

- 협정의 이행과 협상을 위한 WTO내의 기구(이사회, 위원회, 실무작업단, 협상그룹)들에 대한 행정적·기술적인 지원
- 개도국과 특히 최빈개도국에 대한 기술지원 지원
- WTO의 경제학자들과 통계학자들에 의한 무역정책과 무역성과에 대한 분석
- WTO 규범과 선례들의 해석과 관련 무역분쟁의 해결을 위한 법률담당 직원의 지원
- 새로운 회원국에 대한 가입 협상의 처리와 가입을 고려하여 있는 정부에 대한 조언

WTO의 예산은 개별 회원국의 무역이 전체 무역에서 차지하는 점유율을 기준으로 계산된 개별분담금으로 충당하며, WTO 예산의 일부는 국제무역

[16] Dispute Settlement Body
[17] Trade Policy Review Body
[18] Council for Trade in Goods
[19] Council for Trade in Services
[20] Council for Trade-related Aspects of Intellectual Property Rights
[21] WTO 설립협정 제6조 1항 내지 3항.

센타의 운영에도 쓰인다. 이러한 WTO의 연간 예산은 사무총장에 의하여 예산·재정 및 관리위원회에 재정보고서와 함께 제출되며, 동 위원회는 사무총장이 제출한 연간예산안 및 재정보고서를 검토하여 일반이사회에 보고한다. 연간예산안은 일반이사회의 승인을 받아야 한다. 이러한 예산안에 일반이사회의 의사정족수는 과반수이며 의결정족수는 2/3의 다수결에 의한다.[22]

사무총장 및 사무처 직원의 임무는 전적으로 국제적인 성격을 갖는다. 사무총장과 사무처의 직원은 자신의 의무는 수행하는 데 있어서 어떠한 정부나 WTO 외부의 당국으로부터 지시를 구하거나 받아서는 안 된다. 이들을 국제관리로서 자신의 지위를 손상시킬 어떠한 행위도 삼가 해야 한다. WTO의 회원국은 사무총장 및 사무처 직원의 임무의 국제적인 성격을 존중하며, 이들이 의무를 수행하는데 있어서 영향력을 행사해서는 안 된다.[23]

④ 의사결정

WTO의 의사결정은 GATT와 마찬가지로 통상 합의에 의하여 이루어지나 합의되지 않은 사안은 표결로 결정한다. 각료회의와 일반이사회에서 각 회원국은 하나의 투표권을 가지며 의사결정은 WTO 설립협정문과 다자간 무역협정에서 달리 정하지 않는 한 행사된 투표권의 과반수 찬성으로 결정한다. 협정의 개정, 면제 및 유권해석은 별도의 규정에 의한 다수결로 한다.

㉮ 협정의 개정(Amendment)

WTO 협정과 다자간 무역협정의 개정은 만장일치에 의하고 여타 규정은 2/3 이상의 다수결로 개정한다. 다만 회원국의 권리와 의무를 변경하는 결정에 대해서는 이를 수락한 회원국에 대해서만 유효하다.

㉯ 면제(Waivers)

의무를 면제받고자 하는 회원국은 면제를 인정할 수 있는 "예외적 상황"을 주장하여야 하며 각료회의는 회원국 3/4이상의 다수결로 면제를 승인한다. 또한 각료회의는 면제 부여 후 1년 이내 및 그 이후 면제종료 시까지 매년 "예외적 상황"이 존재하는지 여부를 조사함으로써 면제에 대한 규정을 GATT 1947보다 더욱 엄격히 운용한다.[24]

---

22 WTO 설립협정 제7조 1항 및 3항.

23 WTO 설립협정 제6조 4항.

24 동 규정은 GATT 1947하에서 면제절차를 통해 개정요구가 우회적으로 이루어졌던 것과 유사한 사례가 나타나는 것을 방지하기 위한 것이다.

표 8.2 ▸ WTO의 기구조직

상소기구, 분쟁해결 패널, 섬유감시 기구, 그리고 복수국가 간 위원회를 제외한 모든 이사회, 위원회 등에 WTO의 모든 회원국들이 참여할 수 있다.

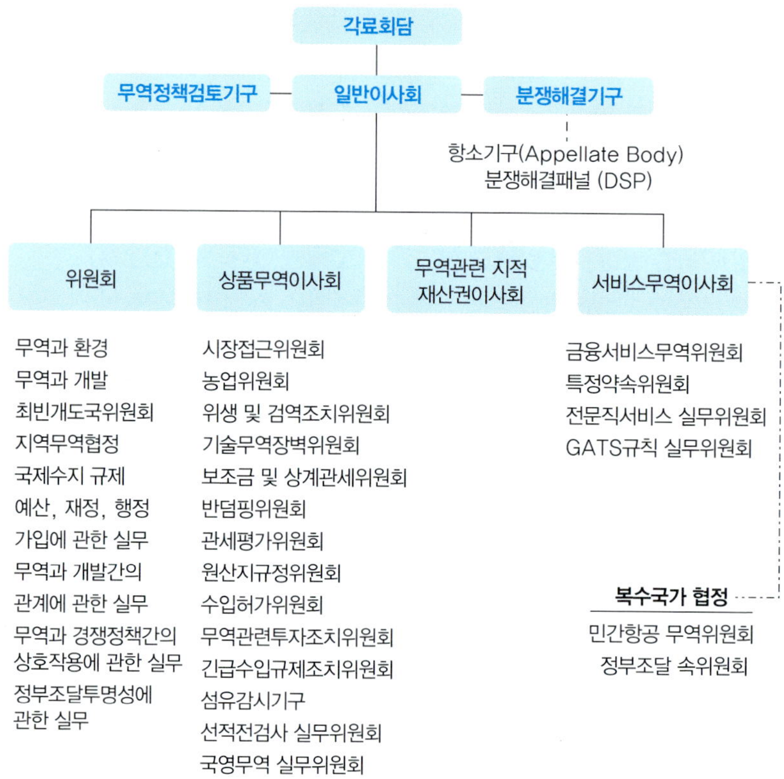

㉰ 유권해석(Interpretations)

각료회의와 일반이사회는 WTO 설립협정문과 다자간 무역 협정 규정 해석에 있어 배타적 권한을 가지며 회원국 3/4이상의 다수결로 해석이 채택된다.

⑤ 예산 및 분담금

WTO는 회원국의 출연금으로 운영된다. 일반이사회는 총회원국 1/2초과 및 행사된 투표권 2/3 이상의 찬성으로 재정규정[25] 및 연간예산권을 채택하며 사무총장은 연간예산안과 재정보고서를 예산재정관리위원회에 제출하며 동 위원회는 이를 검토하여 일반이사회에 권고한다. 회원국은 일반이사회가 정한 재정규정에 따라 WTO의 지출경비중 자국 분담금을 신속하게 납부하여야 한다. 예산재정관리위원회는 분담금 체납회원국에 대한 제재조치 관련 사

---

[25] 예산재정관리위원회는 회원국의 비용분담에 관한 재정규정을 일반이사회에 제안

표 8.3 ▸ WTO 회원국 가입추이

1995		1996	1997	1998	1999.6	계
1995.1.1 이전	95.1.1 이후					
76	36	16	4	1	1	134

*1999. 5. 21 에스토니아의 가입이 WTO 일반이사회에서 결정됨에 따라 에스토니아의 국내비준절차 이후 WTO회원국의 수는 135개국으로 증가할 것으로 예상된다. 중국과 대만이 2001년에 가입하였음.

항을 재정규정으로 정하며 동 제안을 토대로 일반이사회가 제재의 성격과 범위를 결정한다.

⑥ 회원국

1995년 출범 당시 76개국에 불과했던 회원국은 매년 증가하여 1999년 6월말 현재 134개국에 이르고 있으며 중국[26], 대만,[27] 러시아를 비롯한 33개국이 가입 협상 중에 있다.

원회원국(Original Member)은 WTO 협정 발효당시 체약국(締約國)으로서 GATT에 양허 및 약속표(Schedules of Concession and Commitments)를 제출하였고 서비스무역에 관한 일반협정(GATT)에 개방계획표를 제출한 국가이다.[28]

신규가입국은 일국 또는 자신의 대외무역관계를 수행함에 있어 완전한 자치권을 보유하는 독자적 관세영역을 WTO와의 합의된 조건에 따라 WTO 협정에 가입할 수 있다. 각료회의는 회원국 2/3 다수결로 가입조건을 승인한다.

2) WTO의 특별정책

WTO는 WTO 협정 및 다자간 무역 이행, 관리 및 운영을 용이하게 함과 동시에 복수국 간 무역협정의 이행, 관리 및 운영에 관한 기준을 제공하며 WTO 협정의 부속서에서 명기한 사항과 관련하여 회원국 간의 다자간 무역관계에 관한 협상의 장(forum)을 제공하며 분쟁해결제도 및 무역정책검토제도 운영하여 세계경제에 관한 정책결정의 조화를 유지하기 위하여 IMF, IBRD 및 그 산하기관과 협조한다. 이중에서도 WTO의 핵심기능은 무역협상

26 1999년 11월 15일 미국과의 합의에 의하여 WTO 가입이 확정되었다.

27 중국과 대만은 2001년 11월에 WTO 가입하였다.

28 최빈개도국(Least Development Countries)은 자국의 독자적인 개발, 금융 및 무역의 필요성이나 행정 및 제도적인 능력에 합치되는 범위 내에서 약속 및 양허를 제공받을 수 있다.

과 분쟁해결절차를 포함하는 다자간 무역규범의 이행과 관계가 있다. 이러한 기능을 지원하는 특별 정책은 다음과 같다.

- WTO 회원국 내 경제정책 결정에서의 협력
- 투명성[29]
- 무역증진을 위한 다양화된 지원
- 개도국과 제3세계국가 경제에 대한 원조

① WTO회원국내 경제정책 결정에서의 협력

WTO의 역할중의 하나가 일괄성있는 경제정책을 수행하기 위하여 국제통화기금, 세계은행과 다른 국제기구와 협력하는 것이다. 개별적인 각료선언이 이런 WTO의 역할을 강조하기 위해 1994년 4월에 있었던 마라카시 각료회의에서 채택되었다. 이 선언은 상이한 경제정책들이 서로 연계되어 있다는 것을 인식하여 WTO와 화폐·금융문제들에 대해 책임을 맡고있는 국제 기구(국제통화기금, 세계은행)들과의 협력증진을 요구하고 있다.

WTO가 투명성 확보를 위한 조치로는 첫째, 회원국의 정책변화에 대한 지속적인 WTO에 통보의무가 있고, 둘째, 일반대중에 대한 지속적인 정보제공 등을 들 수 있다.[30]

② 국제무역센타

국제무역센터(International Trade Center)는 수출을 촉진시키려는 개도국을 돕기 위해 개도국들의 요구로 1964년 GATT에 의해 설립되었다. 이 국제무역센터는 WTO와 UNCTAD(The UN Conference on Trade and Development: 무역과 개발에 관한 유엔회의)를 통해 UN에 의해 공동으로 운영되어진다.[31]

국제무역센타는 수입활동과 기술뿐만 아니라 수출촉진계획의 수립과 실

---

[29] 회원국들이 새로운 무역정책을 도입하거나 과거의 무역정책을 수정하는 경우에 WTO에 통보하게 함으로서 모든 회원국들이 다른 회원국의 정책 변화를 알 수 있도록 한다.

[30] 1996년 7월 18일, WTO 일반이사회는 WTO 활동에 관한 더 많은 정보를 일반인들이 이용가능하도록 하는데 동의하였고, 비제한적인 WTO 문서를 포함하는 공공정보가 온라인으로 접속 가능하도록 할 것을 결정하였다. 또한 일반이사회는 새로운 문서가 더 신속하게 공개되도록 노력할 것에 동의하였다. 그 목적은 WTO의 활동에 관심이 있는 비정부 기관(Non-governmental organization: NGOs)을 포함하는 일반인들이 더 많은 정보를 이용할 수 있도록 하자는 것이다.

[31] 율곡출판사, 「WTO와 국제통상」p.64

행에 관한 도움을 요청하는 개도국에 대해 자문한다. 또한 국제무역 센터는 수출시장과 마케팅기술에 대한 정보와 자문을 제공하고, 수출촉진 및 마케팅 서비스기관을 설립하거나 이러한 서비스기관에 필요한 인력을 훈련하는 데 도움을 준다. 최빈개도국들에게는 이러한 국제무역 센터의 지원이 무상으로 제공된다.

③ 개도국과 제3세계국가에 대한 원조

개발도상국들은 전체 WTO 회원국의 3/4을 차지하고 있다. 현재 시장경제로의 전환과정에 있는 국가들과 함께 그들 회원국 수가 확대됨에 따라 WTO에서 한층 더 중요한 역할을 하게 될 것으로 기대된다. 한편 개도국 관리들에 대한 특별 지원 훈련과정이 있는데 일 년에 두 번 제네바에서 실시된다. 1955년에 GATT 아래서 이 훈련과정들이 시작된 이후로 1997년 7월까지, 이 과정에는 130개 국가와 11개 지역기구들에서 온 약 1,515명의 무역관련부서의 관리들이 참석한다. 1991년 이후 시작된 특별과정은 중앙계획경제에서 시장경제로 체제전환중인 국가로부터 온 관리들을 위해 제네바에서 매년 개최되고 있다.

8.4 분쟁해결제도

분쟁해결규칙 및 절차에 관한 양해에서는 분쟁의 신속한 해결이 WTO의 효과적인 기능수행과 회원국의 권리와 의무 간의 적절한 균형의 유지에 필수적이며, 분쟁해결 제도의 목적은 분쟁에 대한 긍정적인 해결책을 확보하는 것이라고 규정하고 있다.[32] 그러나 분쟁의 당사국 간에 상호 합의된 해결책이 없다면, 분쟁해결제도의 첫 번째 목표는 통상에 대한 조치가 '대상협정'에 대한 위반으로 판정이 내려진 경우 당해 조치의 철회를 확보하자는 것이다. 분쟁해결절차에 제소한 회원국이 최후로 의지할 수 있는 구제수단은 다른 회원국에 대한 차별적인 대상협정상의 양허 또는 그 밖의 의무적용을 정지시킬 수 있다는 것이다. 이러한 경우에는 분쟁해결기구의 승인이 있어야 한다.[33]

1) 분쟁해결기구(Dispute Settlement Body)

분쟁해결기구는 일반이사회의 다른 형태로서 분쟁제소사건을 심의하기 위한

[32] 분쟁해결규칙 및 절차에 관한 양해 제3조 3항 및 7항.

[33] 분쟁해결기구 및 절차에 관한 양해 제3조 7항.

전문가로 구성된 패널의 설치, 패널 및 상소기구의 보고서 채택, 판정 및 권고의 이행을 감독하고 판정을 준수하지 않을 경우 보복을 가하는 독점적 권한을 가진다.

WTO 협정은 WTO가 효과적으로 작용하려면 즉각적인 분쟁해결이 필수적이라고 강조하여[34], 분쟁해결 시에 따라야 하는 상세한 절차와 일정표를 명확히 규정해두고 있다.[35] 분쟁해결 일정표에 따라 일반적인 분쟁해결에 걸리는 시간을 계산해보면, 분쟁이 모든 절차를 걸쳐 최초의 패널판정에 이르기까지의 소요시간은 일반적으로 1년 이상이 걸리지 않도록 되어 있다.

지금의 WTO에서는 일방 분쟁당사자가 정식으로 분쟁해결기구에 자국의 상소결정을 통지하지 아니하거나 또는 분쟁해결기구가 총회에서 패널보고서를 채택하지 아니하기로 결정하지 아니하는 한, 패널보고서의 판정은 자동적으로 채택된다.

2) 분쟁해결절차

WTO의 분쟁해결절차는 세계경제의 안정에 가장 큰 기여를 한 제도중 하나로 세계무역시스템을 안전하고 예측 가능한 시스템으로 만들었다. 분쟁해결 규칙 및 절차에 관한 협정과 대상협정의 협의 및 분쟁해결규정을 실시하기 위하여 분쟁해결기구가 설치되며, 분쟁해결은 분쟁해결기구(일반이사회의 분쟁해결 관련 명칭)의 주요 임무이다. 분쟁해결기구(DSB)는 분쟁을 심의하기 위한 전문가로 구성된 '패널'을 설치할 수 있으며, 그리고 패널의 판정 또는 상소기구의 보고서를 채택 또는 거부할 수 있고, 대상협정에 따른 양허 및 그 밖에 의무 정지를 허가하는 독점적인 권한을 가진다.[36] 분쟁해결기구는 채택된 WTO의 '권고와 판정'의 이행을 지속적으로 감시하며, 또한 회원국이 판정을 이행하지 않을 경우 보복조치를 허가할 수 있는 권한을 가지고 있다.

1999년 6월 말까지 국제무역분쟁 71건 중 19건이 페널구성 이전에 해결되는 등 무역당사국의 일방적인 조치를 줄임으로써 상대적으로 약한 국가에게 공정무역 관행을 제공하였다. 회원국은 타회원국의 WTO 협정 위반시 일방적인 조치대신 국제적으로 합의된 다자간 분쟁해결절차를 이용한다.[37]

---

[34] 분쟁해결규칙 및 절차에 관한 양해 제3조 3항.

[35] 분쟁해결규칙 및 절차에 관한 협정 제12조.

[36] 분쟁해결규칙 및 절차에 관한 양해 제2조.

[37] GATT 1947 하에서의 분쟁해결은 일정표가 없어서 많은 시간이 소요되었을 뿐만 아니라 결정자체가 거부되는 사례도 있었다.

① 협의(Consultations, 60일 이내)

구체적인 법적 조치를 취하기전에 분쟁당사국은 제소에 앞서 상호 만족스러운 해결책을 모색하기 위해 협의하여야 한다.[38] “분쟁해결 규칙 및 절차에 관한 양해”에 의해 회원국은 협의절차의 효율성 강화 및 개선을 위해 노력하여야 한다. 사무총장은 분쟁당사국간의 분쟁해결을 위하여 직권으로 주선, 조정 및 중재가 가능하다.

협의요청은 분쟁해결이사회 및 관련 이사회와 위원회에 통보되고, 모든 협의요청은 서면으로 제출되며, 협의요청시에는 문제가 된 조치의 명시 및 제소에 대한 법적 근거를 포함한 협의요청사유를 제시하여야 한다.[39]

협의요청을 받은 회원국은 협의요청 접수일로부터 10일 이내에 회신하여야 하며 30일 이내에 협의를 개시하여야 한다. 그렇지 않을 경우 협의요청을 한 회원국은 패널의 설치를 요청할 수 있다. 협의요청 접수일로부터 60일 이내에 협의가 타결되지 않을 경우 패널설치를 요청할 수 있다.[40]

② 패널설치(Establishment of Panels)

(45일 이내에 패널 임명, 패널이 판정을 내리기까지 6개월)

분쟁이 상호협의를 통해 소정기한 내에 해결되지 않는 경우 및 분쟁당사국들이 소정기한 경과 전에 상호 합의할 경우 제소국은 패널설치를 요청할 수 있다. 패널설치요청이 의제로 상정되는 첫 번째, 분쟁해결기구 회의에서 충회로 패널의 설치를 한 번은 막을 수 있지만, 분쟁해결기구의 두 번째의 모임이 개최되면 패널의 설치를 더 이상 막을 수 없다.[41] 그리고 선진회원국과 개발도상회원국이 요청하는 경우, 패널위원 중 적어도 1인은 개발도상회원국의 인사를 포함하여야 한다.[42]

공식적으로, 패널은 분쟁당사자가 분쟁해결기구에 제기한 문제를 조사하고, 분쟁의 사실부문에 대한 객관적인 평가, 관련 대상협정의 적용가능성 및 그 협정과의 적합성을 포함하여 패널에게 회부된 사안에 대하여 객관적인 평가를 내려야 하며, 분쟁해결기구가 판정이나 권고를 내리는 데 도움이 되는

---

38 분쟁해결규칙 및 절차에 관한 양해 제4조.

39 비공개로 진행되는 협의과정에서 분쟁해결제도에 따른 다음 단계의 조치를 취하기 전에 회원국은 만족할 만한 조정을 시도해야 하며, 다음 단계에서의 당사국의 권리를 저해해서는 안된다.

40 분쟁해결규칙 및 절차에 관한 양해 제4조 8항.

41 분쟁해결규칙 및 절차에 관한 양해 제6조.

42 분쟁해결규칙 및 절차에 관한 양해 제8조 10항.

조사결과를 작성한다.[43] 패널은 분쟁당사국이 합의한 3명(가끔 5명)의 전문가로 구성되나 분쟁당사국이 합의하지 못할 경우 사무총장이 전문가를 지명한다(전문가는 어느 정부로부터도 지시를 받지 않음) 패널은 분쟁해결기구가 판정 또는 권고를 할 수 있도록 도와주며 패널의 보고서는 분쟁해결기구가 만장일치로 거부하지 않는 한 채택한다.

패널 진행과정

① 1차 청문회전: 양측은 문서로 패널에 이유서를 제출한다.

② 1차 청문회: 제소국들 및 피소국은 분쟁에의 관심사항 및 주장을 개진한다.

③ 2차 청문회: 양측은 서면 반박문(rebuttals) 제출과 함께 회의에 참석하여 구두 진술한다. 어느 일방이 과학적 또는 기술적문제를 제기할 경우에 자문보고서 작성을 위하여 패널은 관계전문가와 협의하거나 전문가 그룹을 지명할 수 있다.

④ 1차 시안: 패널은 사실관계 및 양측의 주장을 담은 보고서를 양측에 제출하고 2주일 이내에 답변제출을 요구하고 동 보고서에는 조사결과 및 결론이 포함되어 있지 않다.

⑤ 중간보고서: 패널은 조사결과 및 결론이 포함된 중간보고서를 양측에 제출하고 1주일 이내에 답변제출을 요구한다.

⑥ 재검토: 재검토(review) 기간은 2주일 이내이며 동 기간 중 패널은 양측과 추가적인 회합을 가진다.

⑦ 최종보고서: 양측에 최종보고서(final report)제출하고 3주 후 WTO 전회원국에 배포하고 패널이 문제가 된 무역관련 법률이 WTO 협정 또는 회원국으로서의 의무를 위반한다고 판단하는 경우 동 법률이 WTO 규칙을 따르도록 권고하고 최종보고서는 분쟁해결기구에서 60일 이내에 전원합의로 거부되지 않는 한 분쟁해결기구의 판정 또는 권고사항이 되며 각 당사자는 최종보고서에 동의하지 않을 경우 상소(appeal) 할 수 있다.

※ WTO 분쟁해결절차의 소요시간

WTO 협정에서의 분쟁해결절차상 각 단계의 대략적 기간은 목표수치이므로 분쟁해결기간은 탄력적이라 할 수 있다. 또한 분쟁당사국들은 그들 스스로의 합의에 의하여 어느 단계에서든 그들의 분쟁을 해결할 수 있다.

---

[43] 분쟁해결규칙 및 절차에 관한 양해 제7조 및 11조.

표 8.4 ▶ WTO 분쟁해결절차의 소요시간

60일	협의, 중개.... 등
45일	패널 설치 및 패널리스트 임명
6개월	당사국에 패널최종보고서를 보냄
3주	WTO 회원국에 최종보고서를 보냄
60일	DSB에서 패널 최종보고서 채택(상소가 없다면)
종합: 1년	상소가 없는 경우
60-90일	상소보고서
30일	DSB의 상소보고서 채택
종합: 1년 6~8개월	상소가 있는 경우

③ 상소심의(Appellate Review)

상소는 현재의 증거를 재조사하거나 새로운 증거를 조사하는 것이 아니며 다만 법률해석과 같이 법률적 관점에서 이루어진다. 상소심의는 GATT 1947의 분쟁해결에는 없었던 새로운 제도이다.

분쟁당사국들 중 어느 국가도 패널의 판정에 대해 상소할 수 있다. 때로는 제소국과 피소국양국이 모두 상소하는 경우도 있다. 하지만 분쟁당사국만이 패널보고서에 대하여 상소할 수 있으며, 제3자는 상소할 수 없다. 그러나 이해관계가 있는 회원국인 제3자는 상소기구에서 자신의 입장을 개진할 기회를 가질 수 있다.[44]

분쟁해결기구는 7인의 위원으로 구성되는 상소기구(Appellate Body)를 설치하며 상소된 각각의 분쟁에 대해 3명의 위원이 심의를 담당한다. 동 위원의 임기는 4년으로 관련 법률·국제무역 전문가로서 어느 정부에도 소속되지 않는다. 상소는 패널의 판정을 지지, 수정, 번복할 수 있으며 대체로 60일 이내에 이루어지나 90일을 초과할 수 없다. 분쟁해결기구는 30일 이내에 상소보고서를 처리하여야 하며 위원 전원이 합의한 경우에 한하여 거부가 가능하다.

④ 시정조치

협정을 지속적으로 위반하고 있는 회원국은 적절한 벌칙을 감수해야 한다. 즉, 한 회원국이 다른 회원국에 발생하는 이익을 직접적으로 또는 간접적으로 침해하고 있다면 이러한 침해는 신속하게 바로 잡혀야 한다. 그리고 계속해서 협정을 어긴다면 보상을 해야 하거나 고통이 수반되는 적절한 처벌을 감내해야만 하는 것이다.

44 분쟁해결규칙 및 절차에 관한 양해 제17조 4항.

일단 그 사건에 대한 판정이 내려진다 하더라도, 무역제제조치(전통적인 방식의 처벌)가 취해지기 전에 해야 할 일이 더 남아있다. 이 단계에서 패널 또는 상소기구는 특정 회원국의 조치가 대상협정에 일치하지 않는다고 결론 짓는 경우, 관련 회원국에게 동조치를 동 협상대상에 일치시키도록 권고할 수 있으며[45] 패소한 피소국이 우선적으로 해야할 일은 그들의 정책을 패널 또는 상소기구의 판정이나 권고에 맞추는 것이다. 그러므로 분쟁해결협정은 '모든 회원국에 이익이 되도록 효과적인 분쟁해결을 하도록 하기 위해, 분쟁해결기구의 권고와 판정에 즉각적으로 따르는 것이 필수적이다'[46]라고 강조하고 있다.

전통적 형태의 벌칙인 무역제제가 부과되기 전에 패소한 회원국은 최우선 과제로서 판정 또는 권고에 맞게 정책기조를 변화시키는 것이다. 분쟁해결기구의 판정 또는 권고를 신속히 이행하는 것이 모든 회원국에 이익이 되며 분쟁의 효과적인 해결을 확보하는 데 필수적이다.

제소국이 패소하는 경우 패널보고서 또는 상소보고서의 권고사항을 준수해야 하며 보고서 채택 후 30일 이내에 분쟁해결 기구 회의에 참석하여 준수의사를 표명해야 한다. 권고사항을 즉시 준수하는 것이 비현실적인 경우에는 "적절한 기간"이 주어지며 동 기간 내에 준수하지 못할 경우 관세인하 등 상호 합의할 수 있는 보상을 결정하기 위하여 제소국과 협상을 개시해야 한다. 협상개시 20일 이내에도 만족스러운 보상에 합의하지 못할 경우 체소국은 피소국에 대해 제한적인 무역제제를 부과할 수 있도록 분쟁해결기구에 요청한다. 동 요청에 대하여 분쟁해결기구가 전원합의로 결정하지 않는 한 분쟁해결기구는 "적절한 기간" 경과후 30일 이내에 동 요청을 승인해야 한다. 원칙적으로 제재는 분쟁관련 분야에 국한된다. 동일분야의 제재가 비현실적이거나 비효과적이라고 판단될 경우 동일 협정상의 여타 분야에서 제재가 가능하다.

3) 개도국에 대한 배려

개도국에 대한 배려는 분쟁해결양해의 전 규정을 통하여 잘 나타나있다. 개도국이 선진국을 상대로 제소하는 경우, 제소국은 이 양해의 협의(제4조), 주선 조정 및 중개(제5조), 패널설치(제6조) 및 패널절차(제12조)에 포함된 규정 대신 1966년도의 절차의 적용을 선택할 수 있으며, 회원국은 협의 과정에

---

45 분쟁해결규칙 및 절차에 관한 양허 제19조.

46 분쟁해결규칙 및 절차에 관한 양해 제21조.

서 개발도상 회원국의 특별한 문제점과 이익에 관하여 특별한 배려를 하여야 한다.

패널과정과 관련하여 선진국과 개도국사이의 분쟁시 개도국이 요청하는 경우 패널리스트 중 적어도 1인은 개도국의 인사를 포함하여야 하며, 또한 개도국이 취한 조치와 관련된 협의에 있어서 분쟁당사국들은 협의기간을 연장하도록 합의할 수 있다. 개도국을 상대로 하는 제소에 있어서 패널은 개도국이 자국의 주장을 정리하고 제시하는데 필요한 충분한 기간을 부여하여야 하지만, 전체적인 분쟁해결기한을 초과하여서는 안 된다. 그리고 개도국이 분쟁당사자인 경우 패널은 대상협정에 명시되어 있는 개도국 우대에 관한 관련규정이 분쟁해결절차에 어떠한 형태로 고려되었는지를 패널보고서에 명시하여야 한다.

보복조치와 관련하여서는 당해 사안이 개도국에 의하여 제소된 사안인 경우 분쟁해결기구는 상황에 비추어 어떠한 적절한 추가적인 조치를 위한 것인지를 검토하여야 하고, 어떠한 적절한 조치를 취할 것인지를 고려함에 있어서 제소대상조치의 무역대상범위뿐만 아니라 그러한 조치가 당해 개도국의 경제에 미치는 영향도 고려해야 한다.[47]

① 개도국에 대한 배려

WTO의 130여 회원국들중 약 100여개국은 개도국(Developing Countries)이다. 세계경제에서 차지하는 개도국의 위치가 점점 중요해지고 있고, 그 수로 보아도 개도국들은 앞으로 WTO에서 보다 더 중요한 역할을 하게 될 것으로 기대된다. WTO에서는 개도국의 특별한 요구를 다음 세 가지 방향에서 접근하고 있다.

- WTO 협정은 개도국에 대한 특별규정을 포함하고 있다.
- WTO의 무역개발위원회가 개도국의 문제를 관장하고 있다.
- WTO 사무처는 개도국을 위해 기술적인 지원(주로 다양한 종류의 훈련)을 제공한다.

② WTO 협정상의 특별대우

WTO 협정문에는 개도국과 최빈개도국에 관계되는 많은 우대조항이 포함되어 있다. 주로 상품무역에 대해 규정한 관세와 무역에 관한 일반협정의 무역과 개발에 대한 특별조항에는 선진국과 개도국 사이의 무역협상에서 비상호

47 율곡출판사, 「WTO와 국제통상」,161.

주의 개념이 적용되는 내용들을 포함하고 있다.[48] 이러한 비상호주의는 선진국이 개도국에게 무역양허(Trade concessions)를 제공하는 경우라 할 지라도 선진국은 이러한 무역양허에 상응하는 조치를 개도국으로부터 기대하여서는 안됨을 의미하고 있는 것이다.

GATT는 회원국들이 회원국 전체에서 동일한 대우를 하지 않고도, '특별하며 차별적인 대우(special and different treatment)라고 알려진, 개도국에 대한 특별 양허의 공여를 가능하도록 하고 있다. 또한, 서비스무역에 관한 일반협정에서도 '경제통합'이라는 제목의 GATT의 2부에 따라서 개도국에 대한 특별대우를 허용하고 있다.[49]

WTO 협정에 포함된 개도국에 관한 그 외의 다른 조치들은 다음과 같다.

- WTO 협정을 구성하는 대부분의 협정에서는 개도국이 약속을 이행하는데 필요한 유예기간을 추가적으로 주고 있다.
- 섬유 및 서비스 분야의 시장접근확대와 기술적인 무역장벽의 제거를 통하여 개도국이 교역기회를 확대할 수 있도록 규정을 만들어 놓고 있다.
- WTO 회원국들이 어떤 국내 또는 국제적인 조치(즉, 반덤핑, 세이프가드, 기술적인 무역장벽과 같은 조치)를 채택할 때 개도국의 이익을 보호하도록 하는 규정을 만들어 놓고 있다.
- 개도국을 지원하기 위한 다양한 방법들을 담은 규정을 만들었다. 예를 들어 개도국이 동식물 건강기준, 기술표준에 관한 약속을 마련하는 것을 도와주며, 개도국의 국내 통신부문을 강화하는 것을 지원하는 규정을 만들어 놓고 있다.

③ 무역개발위원회

WTO 내의 개도국 대한 업무는 다음과 같이 크게 두 가지로 나눌 수 있다. 첫째, WTO 무역개발위원회의 업무와 최빈개도국을 관할하는 소위원회의 업무와 위원회의 관할 아래 WTO 사무처가 실시하는 정부관료들의 훈련 등이다. 한편, WTO 무역개발위원회는 광범위한 권한을 가지고 있다. 이 위원회가 우선적으로 다루는 것은 광범위한 주제들 중에서 다음과 같은 내용을 다루고 있다.

- 개도국에 유리한 규정이 채택되도록 하는 방법

[48] 1994 관세 및 무역에 관한 일반협정(GATT) 제36조.

[49] 서비스무역에 관한 일반협정 제5조, 제3항.

- 기술협력에 관한 지침
- 개도국회원국의 무역체제 참여기회를 증가시키는 방법
- 최빈국의 지위 등

또한 회원국은 개도국의 제품에 대한 무역양허를 포함한 특별프로그램과 개도국간의 지역협정에 관해서는 반드시 WTO에 통고해야 한다. 무역개발위원회는 다음과 같은 통고사항을 다루어 왔다.[50]

- 선진국이 개도국의 제품에 대해 특혜적으로 무역장벽을 낮추어 주는 일반 특혜관세제도(Generalized System of Preferences: GSP)
- MERCOSUR(남미공동시장: The Southern Common Market in Latin America), COMESA(동남아프리카 공동시장: The Common Market for Eastern and Southern Africa), AFTA(아세안 자유무역지대: The ASEAN Free Trade Area)와 같은 개도국들간의 특혜적인 협정 등이다.

④ 최빈개도국에 관한 소위원회

최빈개도국에 관한 소위원회는 그 업무를 무역개발위원회에 보고하고 있지만, 그 자체 권한만으로도 중요한 기구이다. 소위원회의 업무는 두 개의 서로 관련된 문제에 초점이 맞춰져 있다. 첫째, 최빈개도국들을 다자간 무역체제로 통합시키는 방법과 둘째, 기술협력 등이다.

또한 소위원회는 주기적으로 WTO 협정상의 최빈개도국을 우대하는 특별규정들이 어떻게 채택 이행되고 있는지를 조사한다. 소위원회는 최빈개도국이 다자간 무역체제로 더 잘 통합될 수 있도록 WTO가 할 수 있는 다음과 같은 두 가지 임무를 인정하고 있다. 첫째, WTO가 제공하는 기술협력에 대하여 최빈개도국에게 우선권이 있으며, 이러한 기술협력은 최빈개도국이 필요한 기구를 설립할 수 있는 능력을 창출하도록 도와주는 것과 필요한 지식과 기술을 가진 사람을 훈련시키는 것에 초점이 있다는 것을 확신시키는 것과 최빈개도국을 위한 WTO의 실행계획을 준비하는 것 등이다. 1997년 소위원회의 임무는 대개 최빈개도국에 대한 고위급 회담에 초점이 맞추어 졌다.[51]

---

[50] 율곡출판사, 「WTO와 국제통상」 p. 171.

[51] 율곡출판사, 「WTO와 국제통상」 p. 172.

8.5 무역정책검토제도(Trade Policy Review Mechanism)

무역정책 검토제도는 우루과이라운드 협상 초기인 1988년 12월 Montreal 중간평가회의에서 잠정적으로 도입되었다가 1994년 4월 WTO 설립협정문에 따라 상설기구인 무역정책 검토기구를 설치하였다.

이 제도의 목적은 첫째, 회원국의 다자간 무역협정상의 규칙, 규율 및 약속 준수 도모하고 둘째, 회원국의 무역정책 및 관행의 투명성 및 이해 제고를 통하여 다자간무역체제를 원활히 운영하며, 셋째, 회원국의 무역정책 및 관행이 다자간무역체제에 미치는 영향 조사하기 위한 것이다.[52]

무역정책 검토제도의 관장업무는 첫째, 상품뿐만 아니라 서비스 및 무역관련 지적재산권까지 포함한다. 둘째, 각회원국의 무역정책에 대한 검토 주기는 회원국의 세계교역 비중에 따라 상이하며, 4대 무역국가(미국, EU, 일본, 캐나다)는 매 2년마다, 그 다음 16대 무역국가는 매 4년마다, 기타 회원국은 매 6년마다 검토하는 것이다.[53]

무역정책검토계획 수립을 살펴보면, 첫째, 무역정책검토 수행에 대한 기본계획을 수립하고, 매년 검토대상 회원국과 직접 협의하여 연도별 검토계획을 수립하는 것이다.[54]

무역정책검토기구의 업무수행은 첫째, 각 회원국이 제출한 정식보고서 및 사무국이 작성한 보고서를 기초로 업무를 수행하고 둘째, 각 회원국이 제출한 정식보고서와 사무국이 작성한 보고서는 무역정책검토기구의 회의록과 함께 검토된 후 즉시 공표 되며 각료회의에 제출된다. 셋째, 정식보고서는 회원국 또는 검토대상 회원국의 무역정책 및 관행에 대한 것이며 동 보고서 양식은 검토기구가 결정하고 넷째, 회원국은 무역정책에 중대한 변격이 있을 경우 관련 약식보고서를 검토기구에 제출하며 통계정보는 합의된 양식으로 제출한다. 다섯째, 검토기구는 세계무역기구 설립협정 발표 후 5년(99년 말) 이내에 무역정책검토제도의 운영에 대한 평가를 실사하여 각료회의에 동 평가보고서를 제출하며 그 이후에도 동 기구의 결정 또는 각료회의 요청에 따라 평가를 실시하는 것이다. 여섯째, 또한 다자간 무역체제에 대한 영향을 미치

---

[52] 동 조사결과는 WTO 협정사의 특정 의무의 집행 또는 분쟁해결 절차를 위한 기초로 사용되거나 회원국들에게 새로운 정책의무를 부과하는데 이용되지 않음

[53] 최빈개도국에 대해서는 보다 장기간이 설정되며 무역상대국에 큰 영향을 미칠 수 있는 무역정책 또는 관행상의 변화가 있는 회원국에는 보다 단기간이 설정된다.

[54] 무역정책검토의 정상적 주기는 국제수지 협의를 위한 일정과 조화되어야 하며 12개월 이상 연기될 수 없다.

는 세계무역환경의 변화에 대해서도 매년 평가를 실시하는 것이다.

한편, 모든 회원국들은 무역정책검토기구에 참여할 수 있으며 각년도 첫 회의시 회원국 대표중에서 의장을 선출하고 각년도 중반에 내년도 검토일정을 채택하며, 무역정책검토기구의 활동지원을 위하여 무역정책검토국(Trade Policy Review Division: TPRD)을 설치하고 무역정책검토국은 국장, 16명의 전문가 및 11명의 직원으로 구성되며, 무역정책검토국는 각 회원국 앞 질의서를 작성, 배포하고 회수된 질의서를 토대로 사무국 보고서를 작성(약 10개월 소요)한다. 또한 국제수지 제한위원회의 회의준비를 지원하고 WTO 연차 보고서중 "무역정책 동향"을 작성한다. 한편 무역정책 검토기구는 1992년 및 1996년에 우리나라에 대한 제1차 및 제2차 무역정책 검토회의를 개최한 데 이어 2000년 9월 20일 및 22일 양일 간에 걸쳐 제3차 회의를 스위스 제네바에서 가질 예정으로 있다.[55]

8.6 WTO의 새로운 협상의제

8차에 걸친 다자간 자유무역협상의 타결로 각국의 관세인하 및 비관세장벽의 철폐 등 국경상의 제약을 완화하는 데 있어서는 상당한 성과가 있었다. 그러나 WTO의 출범과 함께 상품과 서비스의 생산과정, 판매과정 또는 이와 관련된 직접투자 등 모든 경제활동에 있어서 GATT 1947 하의 내국민대우 원칙을 넘어서는 '공정한 경쟁조건'의 형성 또는 시장경합성의 보장이 요구되고 있다. 다시 말해서 지금까지의 통상현안이 단순히 자유롭고 공정한 시장접근에 머물러 있었다면, 새로운 현안들은 여기에서 나아가 시장 내에 주재하는 기업에 공정한 활동기회를 부여하고, 시장에 자유롭게 진입하는 기회를 보장하는 방향으로 발전해 가고 있음을 뜻한다.[56]

WTO는 향후 2개의 주요한 활동분야를 가지고 있다. 그 중 한 분야는 UR 협정에서의 '협상과제들'이다. 이것은 여러 협정과 약속에 적용할 프로그램과 특히 여러 분야에서의 새롭게 재개된 협상에 대한 일정을 다룬다. 또 다른 한 분야는 현재 논의되고 있는 광범위한 의제들이다.[57]

관세는 WTO 체제에서 중요한 위치를 차지하고 있으므로 어떤 시기만

---

[55] 한국은행, 「WTO의 조직 및 기능과 뉴라운드 논의동향」p. 19.

[56] 김완순·한복연, 「국제경제기구론」p. 230.

[57] GATT/WTO 체제에서 어떤 의제는 다소 논의가 진행되었고, 어떤 의제는 완전히 새로운 것이다.

되면 관세협상이 다시 재개될 것으로 보인다. 최근에 논의되기 시작하였으나, WTO 협정에서는 깊이 다루어지지 않았던 의제들이 현재 논의 중에 있거나 또는 향후에 논의되어질 것이다. 향후에 다루어질 신의제들은 다음과 같다.

- 지역경제공동체의 형성(Regional Economic Groupings)
- 무역과 환경(Trade and the Environment)
- 무역과 투자(Trade and Investment)
- 경쟁 정책(Competition Policy)
- 정부조달의 투명성(Transparency in government procurement)
- 무역과 노동권(Trade and Labour rights)
- 절차의 간소화를 통한 무역의 촉진 등이다.

1) WTO 협정상의 기설의제(Built-in Agenda)

우루과이라운드 협정은 장래 활동에 대해 일정표를 마련하여 놓고 있다. 그 후 이 일정표에는 약간의 추가와 변경이 가해졌다.

이러한 '기설 의제들'에는 새로운 협상을 진행해야 할 분야가 있고 또는 정해진 일정에 따라 추진상황의 평가를 받아야 하는 분야도 있다. 기설의제중의 일부는 이미 협상이 완료되었다. 예를 들면, 기본통신 분야에서의 시장접근에 관한 협상은 1997년 2월에 타결되었다. 다음은 1995년 WTO가 출범되었을 때부터 시작된 일정표의 주요 내용이다.

기타 2004년까지 섬유와 의류가 상품무역이사회에서 협정의 이행을 검토되었고, 일정이 정해지지는 않았지만, 장래에 언젠가는 논의가 이루어질 의제로는 지적재산권과 서비스보조금 협상 등이 있다.

2) WTO와 지역주의

지역무역협정이란 지역적으로 차별적인 무역정책을 말하며 자유무역지대란, 관세동맹, 공동시장, 경제동맹, 완전경제통합 등의 다양한 형태로 존재한다. 또한, 자유무역협정은 적용되는 제품의 범위, 정부조달이나 국가별 제품기준 등 비관세장벽을 접근하는 방법, 반덤핑 등과 같은 보호를 다루는 정도에 따라 광범위한 종류의 지역무역협정이 존재한다.

1990년대 이후 지역무역협정의 수나 적용범위에 있어 괄목할 만큼 확산 또는 심화가 되어 있고, 각국 경제에서 무역이 차지하는 비중이 높아짐에 따라 지역무역협정이 세계경제에서 차지하는 의미가 점점 더 커질 것으로 예상된다. 현재 지역주의 경향은 유럽연합(The European Union), 북미자유무역

표 8.5 ▸ WTO 협정상의 기설의제

기설의제		
연도	제목	내 용
1995년	WTO 창설	동 협정완료.(1995년 1월 1일) 협상완료.(1995년 7월 28일까지)
1996년	정부조달협정	발효(1996년 1월 1일)
	보조금	연구개발보조금에 관한 규정사용의 검토.(1996년 7월 1일까지)
	해양서비스	시장접근협상종료.(1996년 6월 30일, 2000년까지 연기되었다)
	식량순수 수입국들	싱가포르 각료회의에서 농산물교역에 있어서의 개혁이 저개발국과 순 농산물 수입국들에게 미칠 가능성이 있는 부정적인 효과를 검토하였다.(1996년 12월)
	서비스와 환경	GATT 14조의 변경에 관한 작업단의 보고서에 대한 최조기한
	지적재산권	지리적 표시에 관한 규정적용에 대한 첫 검토
	선적전검사	관련협정의 운영과 이행에 관하여(각료회의에 의해)매3년마다 행해지는 검토중 첫 번째.(1996년 말까지)
	서비스분야의 정부조달	협상시작.(1996년 말까지)
1997년	기본통신	협상완료(1997년 2월 15일, 1996년부터 연기되었다)
	금융서비스	협상완료(1997년 12월 30일, 1996년부터 연기되었다)
	무역에 대한 기술적장벽	협정의 운영과 이행에 관하여 매3년마다 행해지는 검토중 첫 번째.(1997년 말까지)
	지적재산권	포도주에 대한 지리적 표시의 통보와 등록에 관한 다자간 체제를 창출하기 위한 협상(1997년 시작)
	섬유와 의류	상품무역이사회에서 본 협정의 이행 검토.(1997년 말까지, 새로운국면이 1998년 1월 1일에 시작, 섬유감시기구는 1997년말까지 상품무역이사회에 보고)
1998년	서비스(긴급수입제한)	긴급수입제한에 관한 협상의 결과를 발효시킬 것.(1998년 1월 1일까지)
	반덤핑	검토기준의 조사, 상계하는 경우에 적용을 고려(1998년 1월 1일 또는 그후)
	원산지 규정	원산지규정의 조화에 관한 작업 프로그램의 완성(1998년 7월 20일)
	위생과 검역조치	협정의 운영과 이행의 첫검토.(1998년에)
	정부조달	규범과 절차를 개선하기 위한 추가 협상시작(1998년 말까지)
	분쟁해결	규범과 절차에 대한 전면적인 검토.(1998년 말까지)
1999년	지적재산권	특허자격과 식물의 다양성 보호에 대한 예외에 대한 검토.(1999년 1월 1일 또는 그후)
	지적재산권	협정을 위반하지는 않았지만 불만을 호소하는 국가의 권리를 여전히 침해하는 그런 행위가 발생할 경우에 제소를 위한 범위와 방법의 조사.(1999년 말까지)
	농업	협상시작되어야 한다.(1999년 말까지)
2000년	서비스	새로운 라운드의 협상시작.(2000년 1월 1일까지)
	서비스 최혜국 대우 면제	첫검토.(2000년 1월 1일까지)
	무역정책 검토기구	검토 메카니즘의 운영에 대한 평가(2000년 1월 1일)
	무역관련 투자조치	당협정의 운영의 검토와 투자정책과 경쟁정책에 관한 규정이 이 협정에 포함되어져야 하는가에 대한 논의(2000년 1월 1일까지)
	관세양허	양허의 변경에 관하여 GATT 28조 하에서 협상권리를 가지는 '기본 공급자'의 정의에 대한 검토(2000년 1월 1일)
	지적재산권	협정의 이행에 관하여 매2년마다 행해지는 검토중 첫 번째(2000년 1월 1일 또는 그후)
2001년	섬유와 의류	상품무역이사회가 협정의 이행을 검토.(2001년 말까지, 새로운 국면은 2002년 1월 1일에 시작, 섬유감시기구는 2001년 7월 말까지 상품무역이사회에 보고)

협정(The North-American Free Trade Agreement), 동남아시아국가연합(The Association of Southeast Asian Nations), 지역협정을 위한 남아시아협정(The South Asian Association for Regional Cooperation), 남미공동시장(The Common Market of the South America: MERCOSUR), 호주·뉴질랜드 경제협력협정(The Australia-New Zealand Closer Economic Relations Agreement) 등 여러지역무역협정 또는 지역무역협정으로 잘 나타나고 있다.

3) 무역과 환경

WTO에는 무역과 환경을 다루는 특별한 협정은 없다. 그러나 UR 최종협정문에 환경관련 내용이 명시적으로 포함됨으로써 국제무역규범이 환경보전측면을 고려해야 한다는 요구가 반영되어 있다. 환경정책에 대한 관심이 증가한 것은 비교적 최근의 일이다. 우루과이라운드의 막바지에, UR 참가국들의 통상장관들은 WTO에서 무역과 환경에 대한 폭넓은 프로그램을 시작하는데 공감대를 형성하였고, 1994년 4월 15일 UR최종협정문에 대한 서명을 위해 개최된 마라케시 각료회의에서는 '무역과 환경에 관한 결정'이 채택되었다. 이 결정문에 따라 1995년 1월 1일 WTO의 정식 출범과 함께 동시에 각료회의 산하에 '무역환경위원회(WTO Committee on Trade and Environment)'[58]를 창설하였다. 이 위원회는 환경 보전과 지속 가능한 개발이라는 의제를 WTO 업무의 중심으로 가져오는 작업을 하고 있다.

무역환경위원회는 상품, 서비스와 지적재산권 같은 다자간 무역체계의 모든 분야를 포괄하는 광범위한 책임을 가진다. 위원회의 업무는 무역과 환경일을 연구하고 무역협정에서 필요한 환경관련 문제들에 대해 권고하는 것이다. 위원회의 업무는 2가지 중요한 원칙에 기초를 두고 있다.

---

58 ◆ WTO 무역환경위원회의 의제

1. 국제환경협약상의 무역조치를 포함하여 환경목적의 무역조치
2. 현저한 무역효과를 동반하는 환경정책 및 조치
3. * 환경목적의 부과금, 조세
   * 표준, 기술규정, 환경마크, 포장여건, 재활용여건 등의 환경관련 제품요건
4. 환경목적의 무역조치와 환경조치의 투명성에 관한 국제무역규범
5. 국제무역규범과 국제환경협약의 분쟁해결절차
6. * 환경조치의 시장접근, 특히 개도국과 후진국의 시장접근에 대한 영향
   * 무역에 대한 제한과 왜곡을 제거함에 따른 환경효과
7. 국내 판매금지물품의 수출문제
8. 지적재산권(TRIPs)협정의 환경관련조항
9. 서비스에 관한 일반협정의 환경관련 조항
10. 민간단체와의 관계와 문서배포관련 투명성 증진방안

첫째, WTO의 역할 또는 기능은 무역관련 문제로 제한된다. 달리 말하면, 환경관련 문제에서의 WTO의 유일한 업무는 환경정책이 무역에 현저한 영향을 가질 때 일어나는 문제를 연구하는 것이다. WTO는 환경관련기구가 아니며, WTO 회원국은 국내 또는 국제적 환경정책에 WTO가 간섭하거나 환경기준을 마련하는 것을 원하지 않는다. 환경문제를 전문적으로 다루는 다른 기구들이 이러한 작업을 수행하는 것이 더욱 적격이다.

둘째, 만일 무역환경위원회가 실제로 문제를 인지한다면, 해결책은 WTO 무역체제의 원칙을 계속해서 고수하는 것이어야만 한다.

일반적으로 이러한 원칙은 1992년 리오에서 개최된 환경과 개발에 관한 UN 회담(The UN Conference on Environment and Development), 즉, 지구 정상회담('Earth Summit')의 결과에서 인식되어졌다.

4) 무역과 노동기준

국제적으로 공정한 노동기준의 필요성이 제기되기 시작한 것은 2차대전 직후인 1948년에 국제무역기구(International Trade Organization: ITO) 설립을 위한 하바나 헌장이 채택되면서부터 이다.

노동기준이란 근로자의 근로조건과 노사관계를 결정짓는 중요한 척도로서, 넓은 의미로는 최저임금, 근로시간, 작업환경, 미성년노동과 강제노역의 사용, 노동조합을 결성하고 파업을 할 권리 등 노동시장의 모든 여건을 포함하고 있다. 이러한 노동기준은 시대와 국가의 경제발전단계를 반영하여 만들어짐으로 각국은 상이한 노동기준을 가질 수밖에 없다. 따라서 국제적인 노동기준을 설정하기 위해서는 노동권보호에 있어서 핵심적이라 할 수 있는 선별적으로 선택된다. 국제노동기구(International Labor Organization: ILO)에서는 결사의 자유, 단체권 및 단체교섭권, 강제노동금지, 아동노동금지를 인권 보호차원에서 중요시하고 있다. 이 네 가지 노동기준이 1995년 3월 덴마크 코펜하겐에서 열린 세계사회개발 정상회의에서 '핵심노동기준(Core Labor Standards)'으로 인정되었다.

무역과 노동기준은 매우 논쟁적인 문제이다. 1996년 싱가포르 각료회의에서 WTO 회원국들은 국제노동기구(ILO)를 노동기준을 다루는 적합한 단체로서 확인하면서 ILO의 역할을 더욱 명확하게 정의했다. 현재 WTO에서는 무역과 노동권에 관한 아무런 연구활동도 이루어지지 않고 있다. WTO 밖에서의 토론은 다음 3가지 광범위한 문제를 제시하였다.

법적인 문제	핵심노동권을 심각하게 위반하고 있는 것으로 간주되는 국가들에게 압력을 가하는 수단으로서 무역조치가 허락되어져야 하는가?
분석적인 문제	만일 한 국가가 노동권에 대해 상대적으로 낮은 기준을 가지고 있다면, 이러한 국가의 수출품은 불공정한 우위를 가지는가?
제도적인 문제	WTO는 노동을 논의할 적절한 기구인가?

WTO 협정은 어떠한 핵심노동기준도 다루지 않는다. 그러나 일부 선진국들은 WTO 내로 핵심노동기준의 문제를 불러들이기 위한 첫 번째 단계로서, WTO에 의해 이 문제가 연구되어져야 한다고 믿고 있다. 또한, 선진국들은 WTO 규범과 원칙이 회원국들로 하여금 작업장 환경을 개선하도록 강력한 유인을 제공해야 한다고 주장하고 있다.

8.7 WTO와 한국경제에 주는 의미

우리나라의 경제성장은 지난 60년대부터 수출주도형의 대외 지향적 성장전략에 힘입은 바 크다. 이것은 전후 GATT를 중심으로 한 다자주의 무역환경하에서 가능했다고 볼 수 있다. 즉, 대외 지향적 성장전략은 부존자원의 부족과 국내 시장규모의 협소 등의 제약을 극복하고 빠른 시일 내에 경제성장을 이룩하는데 최선의 선택이었으며, 이러한 성장전략은 60~70년대 세계경제에서 차지하는 후진개도국으로서 우리경제의 세계속에서 차지하는 비중이 상대적으로 작기 때문에 GATT 다자규범의 직접적인 규율대상에서 벗어날 수 있어 가능하였다.

그러나 우리나라 경제 및 무역규모가 그 동안 괄목한 정도로 커진 오늘의 현실에서는 우리는 새로운 WTO 체제를 수동적이 아닌 보다 능동적인 자세로 적극 대체로 나가야 할 것이다. 즉, 대외무역의존도가 높고 대외지향적 성장을 추구해 나가야 할 우리로서는 자유무역이 우리경제의 체질을 강화시키고 경쟁력을 높이기 위한 최선의 선택이므로 교역 상대국의 시장개방 여부에 관계없이 우리 스스로가 추진해 나가야 할 정책방향이다. 왜냐하면, 이미 UN에서 2021년에 선진국으로 인정된 만큼, 세계시장의 개방과 함께 우리시장도 개방되므로 결과적으로 모든 국가에 대하여 전세계적으로 더 많은 시장진출 기회가 주어지게 되며 우리가 노력하기에 따라서는 이러한 시장개방의 기회를 우리무역 및 경제성장 증대의 기회로 이용할 수 있기 때문이다.

CHAPTER 09

유엔무역개발회의 (UNCTAD)

9.1 UNCTAD의 성립배경

유엔무역개발회의(United Nations Conference on Trade and Development: UNCTAD)의 설립을 가져오게 한 근본적인 배경은 GATT를 중심으로 한 기존 국제무역질서가 개발도상국의 경제발전을 보장하기에는 미흡하다는 데서 출발하고 있다.

UNCTAD의 탄생에 있어서 이론적인 근거를 제시한 것은 유엔의 위촉을 받아 제출된 '프레비쉬 보고서'(Prebisch, R.: 1962)였다. 이 보고서는 개발도상국의 농산물 등 1차산품의 수출에 의한 소득증대방안을 촉구하는 한편, 개발도상국의 농산물 등 1차산품의 수출에 의한 소득증대방안을 촉구하는 한편, 개발도상국의 공산품수출에 대해서 선진국의 특혜관세조치를 촉구하는 것을 주요 내용으로 하고 있다. 즉, 이 보고서는 남북(빈국과 빈국) 간 경제적 격차의 원인이 단순히 개발도상국 내의 사회·경제적 여건 이외에 기존 국제무역질서에서도 연유한다는 점을 강조하고 이러한 기존질서 아래에서는 개발도상국의 획기적인 수출증대를 기대할 수 없으므로 GATT 체제에 대한 개혁을 시도해야 한다는 것이었다.

특히, 이 보고서는 무역에 있어서 공산품 대 1차 산품의 상대가격, 즉, 교역조건이 1차 산품을 수출하는 개발도상국에 상대적으로 불리하게 작용하므로 이들 국가들이 새로이 비교우위산업을 발전시킬 수 있도록 특혜관세제도를 잠정적으로 도입해야 하며, 또 이러한 개발도상국의 성공적인 공업화는 선진국으로부터의 수입수요를 유발하기 때문에 세계무역을 증진시키는 데 기여한다고 지적하고 있다.

이와 같은 제안 하에서 UNCTAD는 GATT 범위 밖에서 개발도상국들의 특수한 무역문제를 해결하기 위한 UN 총회 산하의 상설기관으로 1964년 12월 정식으로 발족하게 되었다.

9.2 UNCTAD의 발전

이렇게 해서 탄생된 UNCTAD는 1968년 뉴델리에서 개최된 제2차 회의에서부터 본격적인 활동을 시작하였다. 이 회의에서는 소위 '개발도상국 77그룹'이 작성한 '알지에 헌장'과 선진국을 중심으로 작성된 OECD 보고서를 토대로 토론을 한 결과 상당한 업적을 남겼는데, 무엇보다도 선진국은 GNP의 1%를 개발도상국에 원조로 공여한다는 기준을 설립하고, 또 개발도상국의 수출에 적용할 일반특혜관세제도를 협의하기 위해 특별위원회를 구성하기로 결의한 것은 이 회의의 주요 성과를 볼 수 있다.

그 후 UNCTAD는 4년마다 정기회의를 개최하여 오고 있는데, 현재 개발도상국들은 UNCTAD를 통해서 선진국들에게 대하여 소위 '신국제경제질서'(New International Economic Order: NIEO)를 요구하고 있다. 이 신국제경제질서에서 요구하는 바는 무역 특혜문제뿐만 아니라 선진국에서 개발도상국으로의 제조업 및 기술의 이전 등을 포함하고 있다.

이러한 여러 가지 개발도상국들의 요구에 대한 선진국의 반응이 비록 만족스러운 것은 아니지만, UNCTAD를 통한 개발도상국의 의견 집약은 개발도상국이 안고 있는 문제점을 부각시키고 무역의 중요성을 인식시키는 데 기여하였다고 하겠다. 또한 UNCTAD는 GATT가 국제무역 질서를 관장하여 세계 후생의 증진에 기여하고 있는데 비해서 선·후진국 간의 여러 가지 문제들 중 소득재분배 문제를 주로 다루고 있는 것이 특징이라 하겠다.

9.3 일반특혜관세제도(GSP)

일반특혜관세제도는(GSP)는 1968년 제2차 뉴델리회의에서 이의 설립을 위한 특별위원회를 구성하기로 결의한 후 그 내용에 대해서 토의를 거듭한 결과, 1970년에 이르러 GSP 공여를 위한 입법조치를 취하자는 데 합의를 보았다. 이에 따라 EC가 최초로 1971년 7월부터 GSP를 공여하기 시작했으며 뒤이어 일본이 그해 8월부터, 그리고 미국을 제외한 선진국은 1972년 1월부터 각각 실시하여 오고 있다. 미국은 의회와의 관계 등 국내사정 때문에 1976년 1월부터 실시하여 오고 있다.

일반특혜관세제도는 개발도상국의 수출을 보호해 준다는 점에서 간혹 유치산업보호론과 비교되기도 한다. 그러나 유치산업보호를 위해 부과하는 관세는 무역의 감소와 아울러 그 나라 소비자가 부담하는 일종의 사회적 비용을 초래하지만 GSP의 경우는 무역의 확대와 아울러 수입국의 소비자 후생에도 기여하게 된다는 이점이 있다.

따라서 일반특혜관세제도는 개발도상국의 수출을 보호해 준다는 점에서 간혹 유치산업보호론과 비교되기도 한다. 그러나 유치산업보호를 위해 부과하는 관세는 무역의 감소와 아울러 그 나라 소비자가 부담하는 일종의 사회적 비용을 초래하지만 GSP의 경우는 무역의 확대와 아울러 수입국의 소비자 후생에도 기여하게 된다는 이점이 있다.

따라서 일반특혜관세제도는 GATT의 무차별원칙과 호혜성의 원칙에 대한 예외조항임에도 불구하고 이의 도입은 개발도상국은 물론 세계 후생증진에도 도움이 되는 것으로 인식되고 있다. 하지만 이 제도의 실시가 개발도상국의 수출 증대에 어느 정도 기여했는가에 대해서는 잘 알려진 바 없다. 그러나 1965년도에는 개발도상국들의 공산품수출이 세계전체 공산품수출 가운데 차지하는 비중이 7.3%에 불과하였고, 1973년까지만 해도 10% 미만이었던 데 비해 1985년에는 17.4%를 차지하게 된 점으로 미루어 볼 때 일반특혜관세제도가 개발도상국의 수출 증대에 어느 정도 기여한 것으로 보인다. 특히 수출진흥무역전략을 수행해 왔던 한국, 싱가포르, 대만, 홍콩 등 신흥공업국의 경우 이 제도로부터 상당한 혜택을 받은 것이 사실이다.

그러나 GSP가 관세만을 대상으로 하고 있으며 또 그간 수차례에 걸친 무역 협상으로 인하여 관세가 크게 인하되었을 뿐 아니라, 최근 다수의 선진국들이 비관세장벽을 강화하여 신흥공업국의 수출을 제한하고 있어 이 제도의 의의가 크게 약화되고 있는 실정이다. 특히 미국 및 EU를 비롯한 선진국들은 한국을 비롯한 신흥공업국은 이미 그 수혜 대상에서 제외된 바 있다.

CHAPTER 10

경제협력개발기구(OECD)

OECD는 회원국의 경제성장도모 및 세계경제발전에의 공헌, 개도국에 대한 원조, 세계자유무역의 확대를 설립목적으로 서유럽 18개국과 미국, 캐나다가 1961년 9월에 창설한 정부차원의 정책연구 및 정책협력기구이다.

10.1 OECD 출범의 배경

2021년 UN에서 선진국으로 인정받은 한국은 경제 역할이 중요해지고 있다. 과거, OECD는 WTO와 같이 시장개방이나 국가 간 무역분쟁해결을 위한 협

표 10.1 ▸ OECD 회원국의 경제지표(1998년기준)

국 가	GDP(억 달러)	인구(백만 명)	수출액(억 달러)	수입액(억 달러)	1인당 GDP(달러)
캐나다	5,983	30.2	2,446	2,415	19,779
미국	87,288	270.6	9,228	11,102	32,262
일본	38,081	126.5	4,497	3,912	30,107
호주	3,727	18.7	727	814	19,900
뉴질랜드	529	3.8	166	170	13,962
오스트리아	2,112	8.1	946	983	26,146
벨기에	2,502	10.2	2,139	2,005	24,521
룩셈부르크	183	0.4	–	–	42,732
덴마크	1,737	5.3	626	612	32,752
핀란드	1,293	5.2	497	403	25,039
프랑스	14,470	60.0	3,895	3,517	24,103
독일	21,506	82.0	6,186	5,917	26,218
그리스	1,214	10.5	202	300	11,542
아이슬랜드	81	0.3	28	34	29,720
아일랜드	863	3.7	706	643	23,284
이태리	11,909	57.6	3,090	2,785	20,680
네델란드	3,913	15.7	2,503	2,307	24,921
노르웨이	1,470	4.4	536	518	33,174
포르투갈	1,109	10.0	318	432	11,136
스페인	5,860	39.4	1,578	1,603	14,884
스웨덴	2,378	8.9	1,026	900	27,078
스위스	2,628	7.1	1,060	962	36,955
튀르키예	2,003	64.8	491	548	3,092
영국	14,104	59.2	3,734	3,940	23,810
멕시코	4,209	95.5	1,294	1,416	4,406
체코	557	10.3	336	341	5,411
헝가리	470	10.1	279	299	4,638
폴란드	1,593	38.7	371	541	4,119
한국	3,171	46.4	1,562	1,170	6,829
합계	236,943	1,103.6	50,464	50,589	20,800

자료: 외교통상부

상기구가 아니고 회원국 간의 정책협의와 정책검토를 통하여 경제협력을 증진시키려는 국제기구이다.

회원국 간의 정책 조율은 OECD의 가장 중요한 역할 중의 하나이며, 또한 가장 활발한 활동을 하고 있는 분야이다. OECD는 세계 경제질서를 주도하는 미국, EU, 일본 등 선진국을 포함하고 있으며, 최근 주요한 국제경제 현안이나 새로운 규범 창출이 먼저 OECD에서 회원국 간 합의를 이룬 뒤 범세계적으로 공론화되어 왔다는 점에서 OECD 회원국은 논의의 초기 단계부터 참여할 수 있게 됨으로써 자국의 입장과 이익을 반영할 수 있다.

예컨데 UR 협상의 농산물, 서비스, 지적재산권 등의 통상현안도 OECD 회원국 간 협의를 거쳐 합의를 이룬 뒤 범세계적으로 공론화되는 과정을 거쳤다. 현재 환경, 노동, 기술, 경쟁정책, 투자, 반부패문제 등 향후 세계 경제질서에 중대한 영향을 미치게 될 통상현안에 대한 국제규범의 정립논의가 OECD 차원에서 진행 중에 있다.

우리나라는 1996년 10월 11일 OECD 이사회로부터 만장일치로 가입초청을 받은 뒤, 동년 11월 26일에 국회의 비준·동의를 거쳐 12월 12일에 OECD에 관한 협약가입서를 프랑스정부에 기탁함으로써 OECD의 29번째 정식회원국이 되었다. 중진국을 벗어나 선진국으로 도약하려는 한국경제의 노력이 국제적으로 평가되기 시작한 것이다. 그러나 OECD 가입은 단순히 경제적 의미에 국한되지 않는다. OECD 회원국이 선진국에만 국한되지 않고 자유시장경제, 다원적 민주주의, 그리고 인권존중의 가치와 이념을 존중하는 같은 생각을 가진 국가들의 모임이라는 사실에서 OECD 가입의 포괄적 의미는 잘 드러난다.

10.2 OECD의 조직기구

OECD는 부유한 선진공업국들의 경제협력에 대한 논의를 위해서 결성된 협의체이다. OECD의 주요 조직은 각료이사회(Council), 집행위원회(Executive Committee), 사무국(Secretary)으로 구성된 상부조직과 각종위원회, 작업부회 등으로 구성되는 하부적 조직으로 나눌 수 있다. 이외에도 OECD의 기능을 강화시키기 위한 조직으로 민간자문기관과 반독립적 부속기관들이 설치 운영되고 있다.

1) 각료이사회

각료이사회는 OECD의 주요 기구로서 파리에 본부를 두고 있어서 모든 회원

표 10.2 ▸ OECD 의사결정 흐름도

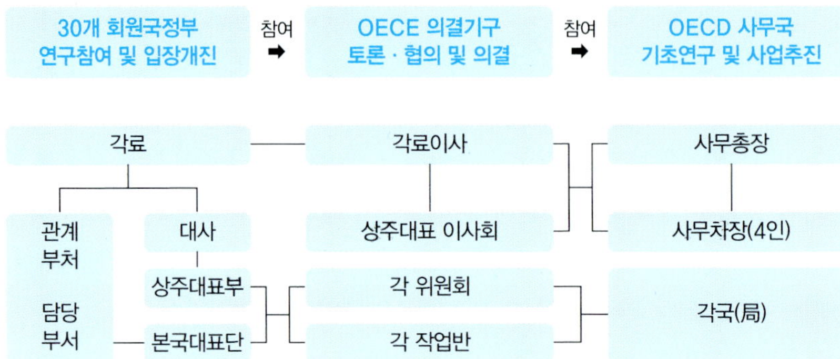

국들의 상주대표부가 주재하고 있으며 그 책임자를 통해 결정을 내리는 최고 의사결정기구이다. 이사회는 1년에 1회씩 정기적으로 각 정부의 각료급 회의를 개최한다. 여기에 EC 위원회가 공식적으로 참여한다. 이 이사회는 각 가맹국에 의해 의장직을 갖는 각료급 수준으로 구성되며 이에는 각국의 외무·재무 및 무역장관들이 참석한다. 이사회의 주체는 각 회원국들이 당면하고 있는 주요 경제 및 사회문제들을 다루고 있다. 이러한 것들은 이 조직의 장래 사업을 위한 지침으로 이용되고 성공적으로 운영할 수 있는 정치적인 추진력을 제공하고 있다. 이사회의 모든 결정과 권고는 만장일치를 요하고 있으며 또한 회원국들은 투표유보로서 결정 및 권고에 대한 적용을 무리 없이 스스로 거부할 수 있다.

2) 집행위원회

집행위원회는 일반적으로 이사회의 회의를 보좌하는 기구로서 이사회에서 결정된 사항 또는 위임된 사항을 집행·운영하는 곳이다. 이 집행위원회는 14개 의석으로 구성되어 있는데 캐나다, 프랑스, 독일, 이탈리아, 일본, 미국 등의 7개 상주대표부와 나머지 이동식 대표부인 7개국으로 구성·운영되고 있다. 이 조직은 OECD의 과제를 실제적으로 보좌하고 있으며 특정한 문제 토의를 위해 이사회를 소집한다. 또한 이 위원회는 각 회원국가들의 경제문제를 분석하여 「Economic Outlook」라는 백서와 개별국가에 대한 보고서를 작성한다.

1972년 이후 집행위원회는 이사회 아래 새로운 국제경제문제를 유기적으로 조정하기 위한 특별집행위원회(Executive Committee in Special Session)를 설립하였다. 이 조직은 여러 가지 문제의 상호의제적인 논의를 검토하기 위한 것이다. 회원국들의 전문인력들이 참가하여 국제투자·다국적기업·남북문제·긴급수입규제 등의 국제무역문제에 대한 논의를 하고 있으며 이를 이사회에 보고한다.

OECD의 실제적인 업무의 대부분은 전문위원회에 의해 수행되고 있는 것이다. 이 전문위원회는 OECD 가맹국에서 파견되는 상주대표들로 구성되어 있다. 일반적으로 각 위원회의 작업사항을 준비하는 사무국 직원은 이 각 위원회의 활동에 참여하고 있다.

3) 사무국

OECD의 사무국은 24개 회원국가와 전문가들로 구성되는 전문수행기구로서 각 기구와 위원회의 업무를 지원해준다. 사무국은 이를 대표하는 사무총장과 2명의 차장으로 구성되어 있고 530명의 전문직 종사자들을 포함한 1,700여 명의 직원이 있다. 이들 전문직원들은 대학·기업·금융기관 및 정부관리들로 구성되어 있다.

이 조직은 전형적인 정부의 행정부서와 유사하게 구성되어 있고 이를 보충하기 위해 많은 전문인력들을 금융·재정과 기업문제, 인력 및 사회개발과 교육, 농업 및 수산업, 과학·기술 및 산업문제 등에 투입하고 있다.

사무국을 대표하는 사무총장은 이사회에서 5년마다 선출되는데 그는 OECD의 제반활동을 기획·관리·조정하며 또한 이 기구의 대변인이기도 하다. 이러한 역할을 수행하는 사무총장은 OECD에 결정적인 영향력을 가진다.

사무국은 OECD 가맹국의 국제경제협력과 그 해결책 마련에 필요한 기반을 제공하고 있다. 이 기관의 사업을 구체적으로 살펴보면 첫째, 양적 및 질적 분석을 통해 회원국이 당면하고 있는 경제적·사회적 문제를 검토한다. 둘째, 각 개별국가들이 당면한 문제를 어떻게 접근하여 해결할 수 있는가에 대한 논의와 그 경험을 토대로 여타 다른 나라들에게까지 적용하여 정보를 교환하는 사업을 한다. 셋째, 경제 및 사회정책의 효율성을 분석한다. 넷째, 토론을 통해 이 기관에서 수행하는 정책이 다른 나라에 어떠한 영향을 미치는가를 검토한다. 다섯째, 공동적인 해결 또는 전략을 모색한다.

OECD 내의 합의는 대부분 비공식적이거나 또는 비공개적이다. 그러나 만약 회원국들이 그 합의가 적절하다고 생각하면 이러한 협정은 OECD의 규정이 허락하는 범위 내에서 보다 공시적인 협정으로 규정될 수 있고 그후에 개발·발전시킬 수 있는 것이다. 일반적으로 말해 이러한 행동조치는 회원국간의 합의가 필수적으로 뒤따라야 한다. 이러한 행동조치는 이사회 결의에 의해 구속력을 가지게 된다.

4) 민간자문기관

OECD는 가맹회원국의 기업계와 노동조합과의 밀접한 관계를 유지하고 있다. OECD는 독립적인 민간자문기구로서 기업 및 산업자문위원회 및 노동조합자문위원회와 긴밀한 협조관계를 취하고 있다. 이 양 조직기구들은 그들 회원국 및 자신들의 입장을 OECD 정책 과정에 반영하려 하고 있다.

기업 및 산업자문위원회는 가맹회원국의 경영자 연합회와의 협의를 통해 운영하고 있다. 회원국의 민간기업 대표들이 이 조직기구들을 통해 공동적인 이해관계가 있는 문제를 상호 협의한다. 이 기구의 창설은 과거 OEEC 하에 있었던 유럽회원국의 경영단체연합체와 구주 산업협의체를 통합하여 만들어진 것이다.

노동조합자문위원회는 가맹국들의 노동자를 대표하여 그 권리와 요구를 주장하며 이 문제를 각 가맹회원국들이 상호 협의하여 해결하는 기구이다. 또한 이 기구는 과거 OEEC 하의 공동노동조합자문위원회를 보강해서 창설한 것이다.

5) 반독립적인 부속기관

OECD에는 설립목적이나 회원국의 가입절차면에서 특수성을 갖춘 여러 개의 반독립적인 기구들을 설치 운영하고 있다. 이는 기존의 위원회에 비해 조직 목적이나 회원제도면에서 신축성을 가지고 있으며 그 운영에 필요한 재원도 특별한 프로그램에 의해서 이루어지고 있다. 이러한 부속기관에는 다음과 같은 기구들이 있다.

① 핵에너지기구(Neclear Energy Association)

이 기구는 현재 23개국으로 구성되어 있다. 1958년에 설립된 이 기구는 국제원자력기구와 협력체제를 유지하면서 핵에너지 이용에 대한 정책결정에 참여하고 있다. 원자력의 평화적 이용을 위해 원자력에너지에 의한 전력공급, 안전사고에 대한 예방, 사고대책에 대한 협력체제를 유지하고 있다.

② OECD 개발센타(Development Centre)

1962년에 창설된 이 기구는 가맹국 및 비가맹국들에게 의해 운영되며 공업개발을 위한 프로젝트를 연구하고 기술정보의 파급과 이에 따른 훈련과정을 수립하여 후진국의 경제개발 협력에 기여하고 있다. 특히 이 기구의 효과적인 운영을 위해 기술협력위원회와 공동으로 개도국에 대한 기술협력을 제공하고 있다.

③ **교육연구·개발센터**

이는 1968년에 창설되어 사회 및 교육분야에 대한 국제적 협력으로 인력개발과 기술이전을 촉진시키기 위한 역할을 수행한다. 인력 및 산업기술은 자본과 함께 경제성장의 요소로서 작용하며 기술 또한 비가시적인 것으로 자본의 효율성을 증대시키는 것이므로 개도국에 대한 기술지원을 증가시키고 있다. 이를 위해서는 유엔 산하의 UNCTAD·UNIDO·ILO 등과 같은 국제협력기구와 공동협력체제를 유지하여 그 운영에 효율성을 기하고 있다.

④ **도로연구조정위원회(Road Research Programme Committee)**

1968년에 유럽국가 간의 도로망을 연결하기 위해 각국 간의 협력체제를 유지하면서 인적·물적 수송을 최대화시키도록 유럽 내의 도로망 건설, 고속도로 등의 장기적 계획을 추진하는 기구이다. EU 내의 도로에 대한 전반적인 건설, 운영계획에 대한 내용을 주로 다루고 있다.

⑤ **국제에너지 기구(International Energy Agency)**

이 기구는 1973년에 제1차 오일쇼크 이후 산유국의 석유공급 삭감에 대처하기 위한 석유소비국회의 조정그룹이다. 미국, 일본, 캐나다 등을 비롯한 국가들이 1974년 11월에 발족시켰다.

10.3 OECD의 위원회 활동

OECD의 목표와 과제를 달성하기 위하여 각종 위원회가 그 과제를 분담하여 전문인력의 지원을 받아서 현안 문제들을 검토·해결하고 있으며 그 외에도 이사회의 필요에 따라 전문분야별 특별위원회가 설치 운영되고 있다. 이 중에서 OECD의 대표적인 위원회로는 경제정책위원회와 무역위원회·개발원조위원회 등이 있으며 최근 자본시장위원회는 그 중요성이 점차 부각되고 있다.

1) 경제정책 위원회

OECD의 위원회 중 가장 중요한 역할을 담당하는 경제정책위원회는 가맹국의 경제정책의 여러 문제를 논의·조정하는 기구이다. 가맹국의 경제정책 및 경제정세에 대한 장기적 분석·검토를 통해 국제협력의 강화와 가맹국들의 정책을 조정한다. 이 위원회는 매년 분석·검토를 통해 해당국가에 대해 권고와 제의를 하며 또한 경제백서인 「OECD Economic Outlook」를 발행하고 있다.

2) 무역 및 지불위원회

OECD가 가장 큰 관심을 갖고 있는 부분은 무역 및 지불금융에 관한 내용이다. 무역위원회는 전체 가맹국의 통상정책을 다루며 그 상황에 따르는 대책 마련 등 가맹국의 관련문제를 검토한다.

3) 개발원조위원회

이 위원회는 가맹국간의 정보교환과 정책조정을 통해 개도국에 대한 경제개발원조 문제를 분석·검토하고 원조의 가부를 결정한다. 이 기구는 개도국에 대한 선진국 원조의 촉진이나 대상국에 대한 연차 심사를 행하고 있으며 회원국들의 원조정책을 개선하고 조정하는 일을 수행한다.

4) 자본시장 위원회

세계적 금융자본시장이 효율적으로 이루어질 수 있도록 하기 위해 자본시장 위원회는 1969년 설립되었다. 이 위원회는 회원국의 국내 통화 및 자본시장 뿐만 아니라 국제자본시장의 발전과 영향을 관찰하고 이에 대한 대책을 마련한다. 자본시장 위원회의 사업은 다음의 4가지로 요약 될 수 있다.

① 국내 및 국제금융시장의 발전에 대한 분석과 그것이 미치는 영향을 관찰하는 것이 다.
② 제도 및 법률적 조건을 분석하고 국내외적 자본시장의 기능을 검토하여 연구하고 있는 것이다. 또한 이 위원회는 회원국정부에 대해 권고를 준비하고 있다.
③ 자본시장을 진입을 용이하게 하고 국제자본이동의 장벽을 완화할 수 있도록 국내자 본시장과 국제자본시장 이동의 연계를 조사 분석한다.
④ 국내 및 국제자본시장간의 자본흐름을 파악하기 위한 통계자료를 수집한다.
⑤ OECD의 가입조건과 절차

오늘날 선진국으로 지칭되는 OECD는 유럽공동체와 같은 초국가적인 조직은 아니지만 이에 참여하는 국가들이 경제정책에 관한 문제들을 토의·협의하여 그들의 견해와 경험들을 상호 교환하고 이에 대한 구체적인 해결방법들을 논의하는 데 그 의의가 매우 크다고 보겠다.

따라서 새로이 가입국이 이에 참여하기 위해서는 OECD의 목적과 법규를 숙지하고 이들과의 협력체적인 노력을 기해야 하며 이에 따르는 책임과 의무를 준수해야 한다. OECD 가입을 위해서는 여러 가지 조건이 부여된다.

OECD 가입의 구체적인 가입조건과 절차를 위한 기준을 명확하게 규정되어 있지 않다. OECD 협정문 제16조에 따르면 OECD의 가입은 각료이사회의 조정에 의하여 가맹국전체회의의 동의를 얻어 만장일치로 가결되어야만 OECD 가입이 결정된다. OECD 가입을 위한 절차상의 특별한 기준은 없지만 먼저 가입을 희망하는 국가들이 그 동안 자국의 무역·외환·자본자유화의 추진방향과 개도국원조의 업적들을 기초로 하여 OECD에 가입의사를 타진하게 된다.

10.4 OECD의 주요 경제정책

1) 거시경제정책

선진국들로 구성된 OECD 회원국의 거시경제정책은 크게 두 가지가 있다. 즉, 국내적으로는 인플레이션이 없는 경제성장을 이룩하는 일이고 국제적으로는 안정적인 환율체계를 유지하여 국가 간의 국제수지균형을 달성하는 일이다.

전자는 금융 및 재정정책의 역할을 확대하여 이러한 정책에 수요효과를 부과함으로써 주요한 관심을 정책과정의 유지와 중장기적인 의미에 둔다. 특히 이들 정책과 공급측 부문과의 상호작용이 이루어져야만 하는데 예를 들면 저축과 투자촉진을 위한 조세 및 정부지출정책의 효과와 인플레이션의 기대심리, 이자율의 금융정책 효과를 함께 달성한다는 것이다.

후자는 각국 간의 이해관계에 중점을 두면서 국내정책이 국제적으로 상호작용을 할 수 있는 방법들을 고안해 내야 한다. 이는 어디에서나 성과가 개선되는 긍정적인 면도 있으나 한편으로 국내적인 목표가 국제적 반응에 의해 좌절되는 부정적인 경우도 있다. 이러한 문제의 토의는 주로 OECD의 경제정책위원회에서 다루고 있는데 그 내용은 회원국들의 주요 경제정책가들이 전반적인 정책과제를 평가하고 각각 다른 정책들을 조사하거나 비판하고 일정한 범위 내에서 그들이 의도하는 것을 논의하는 것이다.

2) 산업구조 전환의 촉진

산업구조전환의 기본적인 틀은 OECD가 긍정적 조정정책(Positive Adjustment Policy)이라고 불리는 것에 의해 제공된다. 이것은 각 국가 내에 사양산업이나 사양작업, 쇠퇴해 가는 분야로부터 산업을 경쟁적이고 생산적으로 유도하기 위해 경제적 자원을 새로운 분야로 이동하는 변화에 각국이 적응하기 위한 촉진정책이라 할 수 있다. 이것은 무역상대국에게 손해를 끼치거나 저소득그룹에 부당하게 불이익을 주는 정책을 의미하는 것은 아니다. 또한 노사간이해와 사회전반의 높은 의식수준을 전제로 한다.

산업구조전환의 기본적 전제는 OECD 조직의 모든 업무가 골고루 연관성을 가지고 있다는 것이다. 예를 들면 공업구조전환을 평가하기 위한 공업위원회의 업무는 농산물 잉여의 문제를 취급하는 농업위원회의 업무와 관련성이 있다는 것을 의미한다. 경제정책위원회는 이러한 문제를 다루고 있는 특별작업부회를 운영하고 있으며 인력 및 사회개발위원회(Manpower and Social Affairs Committee)는 노동시장의 차원에서 초점을 맞추고 있다. 이러한 문제들은 1984년 2월에 있었던 OECD 경제 및 재무장관의 특별회의의 주제가 되었다.

3) 보호무역주의의 퇴치

OECD 협약에 구체화되어 있는 자유무역에 대한 회원국들의 전통적인 협약은 1970년대에 계속된 국제통화질서 및 무역질서에 대한 지속적인 마찰요인에 의해 퇴색되고 있다. 이러한 보호무역주의 경향을 제거하기 위해 OECD 회원국들은 1974년에 무역선언이라는 것을 만들었는데 이는 수입통제나 보조금 지급을 통해 국제수지를 조정하지 않는다는 내용이다. 이러한 무역선언은 1980년 각료 이사회에서 채택되었는데 그 내용은 각 회원국 정부들이 개방적이고 다자적인 무역제도를 유지하고 개선하여 GATT의 역할을 더욱 강화시킬 것을 전제로 하는 「무역정책의 선언」으로 몇 차례 개정된 후 채택되었다.

OECD는 새로운 무역대책을 각 국가에 제공해주고 첨단산업기술 제품의 무역문제를 조사한다. 동서무역과 남북무역의 발전이 개괄 조사되고 분석되며 이 부분에 대한 특정한 문제들이 논의되고 있는 것이다.

4) 에너지 정책

석유자원으로 대표되고 있는 에너지문제에 있어서는 1945년 이후에는 선진국들이 아무런 제한 없이 석유공급을 받아왔으며 경제성장을 위한 중요한 자원으로 상용되어 왔다. 그러나 1970년대 석유파동 이후에는 석유뿐만 아니라 다른 천연자원의 부존국가들이 자원의 공급을 줄이거나 국제가격 시세를 올림으로써 국제경제에 충격을 주기 시작했다. 1974년 10월 이스라엘과 아랍 간의 소위 중동전쟁은 석유수출국기구가 석유가격을 4배 이상 대폭적으로 인상하여 석유를 무기화 함으로써 전세계에 석유파동을 일으키는 계기가 되었다.

이에 따라 선진국 대표기관인 OECD는 세계적 자원으로서의 석유수급 안정을 위해 에너지정책 조정에 관심을 기울이게 되었다. 1970년대 초에 석유위기가 최고 정점에 이르렀을 때 주요 선진국들은 에너지문제에 집단적 행동으로 대처하기 위해 OECD 내에 국제에너지기구를 1974년에 설립하였는데 이것은 소위 에너지 소비국가들이 카르텔적 방식의 기구이다. 이 기구에는 현재 핀란드·프랑스·아일랜드를 제외한 21개 정부가 가입하고 있으며 이는 중요한 에너지 협의기구가 되고 있다. 이 주요 에너지 협의체는 장기적인 자체에너지 개발투자·대체에너지 개발에 공동노력을 집중시키고 있으며 에너지 위기에 어떻게 대처해 나갈 것인가를 논의한다.

5) 환경보호문제

OECD는 경제성장과 직·간접적인 관련을 가지고 있는 가지고 있는 공해문제와 환경문제에 대해서도 활발한 활동을 벌이고 있다. 지금까지 경제개발·성장우선주의 정책으로 뒷전에 밀려났던 환경공해문제는 앞으로 정책의 우선 순위에 두고 있다.

OECD의 환경위원회가 1970년에 창설된 이후 환경정책의 경제적 의의가 강조되었고 그 정책들은 경제성장의 질적 목표에 연결되어서 국제환경문제에 대한 해결방안을 모색하게 되었다. 환경오염방지 대책들이 국가·국제적 차원에서 강력히 추진되어 왔다. 각국 정부들은 새로운 환경보호에 대한 입법과 규정들을 개별적으로 마련했으며 OECD를 통해 일련의 주요 문제로서 대두되기 시작하였다.

환경오염에 관한 국제회의는 1972년 6월 스톡홀름에서 인간과 환경이라는 인류공통의 주제를 놓고 하나뿐인 지구, 도시인구, 거주문제, 천연자원의 합리적 이용 등 여러 문제를 토의하고 세계인권선언에 부응하는 UN 인간환경선언을 발표했다. 또한 환경오염방지 대책이 효과적으로 전개되기 위해서는 보호관련법을 강력히 실시하고 감시체제를 강화해야 한다고 하였다.

OECD 각료이사회는 환경관리의 경제적·법률적·과학적 관점에 관한 특정한 권고를 내린 바 있다. OECD에 의해 권고된「공해발생자 지불원칙」은 예방하는 것이 치유하는 것보다 우선한다는 개념으로써 OECD 각 회원국들에 의해 채택되었다. 또한 OECD의 권고를 효율적으로 실천하기 위한 정책수단은 공해발생자를 사전에 파악하여 공해발생을 방지하는 것과 공해 발생에 대한 공해세의 부과, 공해 대책을 갖춘 기업의 보조금 지불, 그리고 공해 방지를 위한 연구개발 사업의 지원 등 이 있다.

10.5 한국과의 관계

1) OECD 가입추진 배경

① 세계 정치, 경제질서의 변화에 대응한 외교능력의 강화

80년대 말 냉전체제 붕괴 이후 국가관계가 경제적 이해관계 중심으로 변화함에 따라 냉전체제를 전제로 한 우리의 안보, 경제외교의 질적 변화가 불가피하다. OECD 가입은 유엔안보리 이사국진출, APEC 활동 및 ASEM 2000년 정상회의 유치 등 보다 광범위하고 중추적인 국제협력체제 참가의 일환으로 추진하였다. 또한 우리외교의 연결고리를 확충함과 아울러 안보여건을 강화하는데 초점을 두었다. 아울러 국민경제의 세계화와 개방경제체제 확산에 능동적으로 대응하기 위해서였다. 즉 OECD, WTO, APEC, EU, NAFTA(북미자유지역), FTAA(범미주자유무역지대) 등 국제협력 확산추세에 부응하기 위해서였다.

② 국제사회에서의 발언권 강화

OECD 가입을 통해 세계 경제질서 형성과정에 적극 참여함으로써 우리의 외교적·경제적 위상을 강화하는 계기가 됐다. GDP 세계 11위, 무역규모 세계 12위, 자동차 생산 5위, 반도체 생산 3위 등 경제역량에 상응한 국제적 지위를 확보하였고, OECD 회원국들과의 유대 및 정책협조를 강화하는 계기가 되었다.

③ 우리 경제의 구조개선 및 선진경제체제의 달성

우리가 OECD에 가입함으로써 OECD 회원국들의 경제·사회정책 경험을 습득 활용할 수 있는 계기가 되었고, 새로운 국제경제, 무역정책논의에 조기에 대응이 가능하며, 궁극적으로는 각 분야 공공정책의 선진화를 통한 국민의 「삶의 질」향상에 기여하였다.

2) 가입관련 부담 요인 및 대응방안

① 자본이동, 금융시장 개방에 따른 부작용 여부

금융의 국제화는 세계경제의 주요 흐름으로 자본이동 자유화와 금융시장 개방은 불가피하다. 만약에 OECD에 가입하지 않았더라도 금융시장은 결국 개방되었을 것이다.

또한 우리경제여건을 감안한 점진적, 단계적 자유화 조치를 취하였으며 국익차원에서 특정 분야의 개방은 제한하거나 유보하였다.

② 대개도국 원조 확대 부담

OECD는 회원국에 개도국 원조의 양적 확대를 강요하지 않으며, 다만 원조의 효율성 등 정책 협조를 권고하고 있다. 최근 가입국인 멕시코, 체코, 헝가리, 폴란드 등은 대외원조를 실시하지 않고 있다.

향후 우리의 대 개도국 원조는 OECD 가입에 종속된다기 보다는 우리의 경제적 능력향상에 따라 전향적으로 나가야 할 정책과제이다.[1]

③ OECD 가입에 따른 제반 재정부담

OECD 가입에 따른 분담금은 회원국의 GDP 비율에 따라 부담하며, 우리나라는 OECD 사무국 예산의 2%인, 2000년 기준으로 약 174.8만 달러를 부담하였다. 이것은 OECD 참여로 얻는 유·형 이익과 비교해보면 우리로서 충분히 부담 가능한 금액이다.

④ 일반특혜관세(GSP) 혜택 축소 문제

선진국의 우리나라에 대한 GSP 공여는 OECD 가입과 관련 없이 이미 축소되는 추세이다. 이미 미국은 1989년부터 폐지하였고, EU는 1998년부터 폐지되었다. 또한 우리나라의총 수출액중 GSP 혜택을 받는 수출 비중은 이미 1% 미만으로서 GSP 혜택 효과는 이미 거의 소멸되었다.

관세인하 추세에 따라 GSP에 의한 실질적인 관세 감면 혜택(maginal benefit)이 미미한 수준으로 하락하였고, 따라서 GSP 혜택에 대한 기대보다는 제반 경쟁력 향상을 통해 대응하는 것이 바람직하다.

---

[1] 1999년 대외무상원조는 GNP의 0.24% 규모(선진국의 목표치는 GNP의 O.7%, 평균치는 0.3% 수준이다.

NEW INTERNATIONAL AREA ECONOMY

PART

03 지역경제협력과 발전

CHAPTER 11

지역경제통합의 이론과 발전

지역경제통합(regional economic intergration)은 지리적으로 인접하거나 경제적으로 공동의 이익을 추구하고자 하는 일단의 국가들이 그들 간의 경제적 장벽을 낮추기 위한 정부 간의 노력으로 하나의 시장 혹은 하나의 경제권역을 형성해 나가는 과정이나 상태라고 정의될 수 있다.

11.1 지역경제통합의 정의

경제통합은 위와 같은 국가 간의 정책노력과 그에 따른 제도적 장치를 가지는 이른바 제도적 통합(institutional integration)과정 뿐만 아니라, 기능적 통합(functional integration)과정을 통해서도 이루어진다. 후자는 정책노력과 제도장치 없이도 지리적, 문화적 이유 등으로 일단의 국가들 간에 여타 지역보다 긴밀한 경제교류와 시장통합이 자연스럽게 이루어지는 경우를 의미한다. 이러한 경제통합은 결과적으로 지역 내 국가 간 경제교류의 증대와 함께, 여타지역에 대한 차별성으로 요약되는 지역주의(regionalism)라는 성격을 가지게 된다.

그러나 모든 경제통합이 반드시 지역주의적 성격을 가지는 것은 아니다. 최근 들어 매우 넓은 의미로 사용되는 경제통합의 개념은 통신기술과 교통의 발달, 신자유주의적 국제통상제질서 속에서 지구촌 각국 간의 상호의존성이 급속히 높아지며, 전 지구적으로 경제교류가 자유로워지고 긴밀해지는 현상 혹은 그 과정을 의미하기도 한다. 이러한 범세계적 경제통합의 진전과 지역주의적 성격을 가지는 전통적 의미의 경제통합을 구분하기 위하여, 후자를 지역경제통합이라고 부르기도 한다.

11.2 지역경제통합의 유형

세계경제의 지역주의화는 경제통합, 블록화 및 지역경제협력 등 다양한 의미를 내포하고 있다. 국가들이 점증하는 상호의존성을 토대로 제도적 틀을 갖는 지역통합협정을 체결하고, 참가국들이 일정한 지역 내에서 무역장벽 철폐 등의 수단을 통해 지역 내 연계를 강화하는 것을 일반적으로 지역통합이라고 부르고 있다. 다양한 성격의 지역경제를 이해하기 위해서는 먼저 경제통합의 유형을 살펴보아야 한다. 지역통합의 유형은 자유무역지대, 관세동맹, 공동시장, 경제연합, 그리고 정치연합의 순으로 그 범위가 넓어지고 있다. 여기서는 통합의 정도와 단계에 따라서 발라사(Bela Balasa)교수가 분류한 유형을 소개하고자 한다.

1) 자유무역지대(Free Trade Area: FTA)

자유무역지대란 각 지역 내에 있는 모든 국가 간에 각종 무역장벽(관세 및 수당제한)을 없애고 역내의 상품 이동을 자유화하고 비회원국에 대해서는 각 나라마다 독자적인 무역규제를 하는 것을 의미한다. 이론적으로 자유무역지대에 참여하는 국가 간에는 어떠한 유형의 차별적인 관세나 수입할당, 보조금 또는 행정적인 규제도 없어진다. 그러나 자유무역지역의 구성원이 아닌 다른 국가에 대해서는 각국이 개별적으로 무역정책을 실시하도록 허용한다. 따라서 이 자유무역지역에 참여하지 않은 다른 국가에 대한 관세는 회원국마다 차이가 있을 수가 있다. 이러한 자유무역지역의 대표적인 경우는 현재 유럽지역에서 아직까지 유럽연합에 가입하지 않은 노르웨이, 아이스랜드, 스위스가 참여하고 있는 유럽자유무역지역협정(European Free Trade Association)이 있다. NAFTA 역시 자유무역지역의 한 형태라고 할 수 있다.

2) 관세동맹(Customs Union: CU)

관세동맹은 자유무역지대에서 한 걸음 더 나아가 회원국 간에 무역장벽을 없애는 것과 동시에 비회원국에 대해서도 공통의 관세정책을 취하는 것을 말한다. 유럽연합도 초기에는 이 관세동맹으로 출발하여 현재와 같은 형태에까지 발전해왔다. 현재 관세동맹의 대표적인 경우는 ANDEAN 조약으로 남미의 볼리비아, 콜럼비아, 에콰도르, 그리고 페루가 구성 국가 간에 자유무역을 보장함과 동시에 관세동맹 외부에서의 수입에 대해서는 5~20%의 공통적인 관세를 부과하고 있다.

3) 공동시장(Common market)

공동시장이란 관세동맹보다 좀더 발전한 것으로서 재화뿐만 아니라 생산요소까지도 자유로운 이동이 보장된다. 따라서 노동자와 자본이 자유롭게 이동할 수 있으므로 이민과 국외취업 그리고 자본의 해외이전 등은 구성 국가 간에는 완전히 자유롭게 되어 있다. 유럽연합은 현재 공동시장의 단계를 벗어나 완전한 경제연합으로 발전하는 추세에 있지만 유럽연합을 제외하고는 아직도 공동시장의 단계에 이른 지역경제통합은 이루어지지 않고 있다.

4) 경제연합(Economic Union: EU)

경제연합은 공동시장보다 더 발전된 형태로써 공통의 통화를 가지고 구성 국가 간의 세율도 동일하게 적용하며 공통의 재정금융정책을 펼치는 단계를 말한다. 이와 같이 경제연합을 이루기 위해서는 경제연합을 전체적으로 통괄할 수 있는 행정부가 필요하며 각국이 자신의 주권을 어느 정도 포기해야 한다. 현재 유럽연합에서 Maastricht 조약을 실현하려고 하는 것을 이와 같이 유럽의 공동통화발행, 동일한 조세제도의 시행, 그리고 공동의 재정·금융정책의 실시이다. 유럽연합은 지금 완벽한 경제연합이 되기 위해 노력하는 중이다.

5) 정치적통합

경제연합의 다음 단계는 단순히 경제면에서 만의 통합이 아니라 더 나아가 정치적인 면에서 통합을 이루는 것이다. 유럽연합은 현재 유럽단위의 행정부를 가지고 있으며 유럽전체의 의회와 사법부 역시 가지고 있다. 이들이 단일한 행정부, 의회, 군사적인 조직체를 가지게되면 유럽은 그야말로 하나의 국가로 재 탄생하게 되는 것이다.

이와 같은 지역경제통합이 일어나는 현상은 앞서 밝힌바와 같이 지리적으로 가까운 국가들이 우선적으로 그들 간에 각종 무역장벽을 없앰으로서 자유무역의 효과를 빨리 실현하는 것이다. 물론 GATT 체제와 WTO 내에서 국가 간의 무역장벽이 바른 속도로 철폐되고 있으나 GATT와 WTO는 120개국이 참여하는 경제시스템이며 이들 간의 합의에 도달하는 데 상당한 시일이 걸린다는 것은 그 동안 GATT가 수차례의 라운드를 걸쳐서 무역장벽을 철폐해 온 역사를 보면 알 수 있다. 즉, 이들 지역경제통합은 GATT나 WTO 체제보다 더 빠른 속도로 무역장벽을 철폐하여 재화와 서비스 그리고 생산요소의 자유로운 이동을 통해서 자유무역의 경제적인 효과를 극대화하는 데 그 목적이 있다.

또한 이들 지역경제의 통합은 위와 같은 경제적인 효과 이외에 정치적인 효과도 있다. 즉, 지역 내 국가 간의 경제를 통합함으로써 정치적인 유대관계도 높이고 국가 간의 정치적인 갈등이나 분쟁 등을 미연에 방지하는 역할을 하고 있다. 예를 들어 유럽연합도 유럽 내에서 다시는 세계대전과 같은 전쟁이 일어나게 해서는 안 된다는 공감대 위에서 시작되었다. 다른 지역에서의 경제통합 역시 자유무역을 통한 경제적인 효과를 배가시킴과 동시에 그 지역의 정치적 안정을 도모한다는 정치적인 효과가 크다.

6) 경제적 비용

지역경제통합에는 그 나름대로 비용이 따른다. 먼저 지역경제통합을 하게되면 빠른 속도로 자유무역이 실현되기 때문에 각국에 있는 일부산업과 그 산업에 종사하는 국민들은 지역경제통합으로 인해 도산하거나 실직할 수도 있다. 따라서 자유무역의 결과로 발생하는 일부기업서의 실직과 도산 사태는 지역경제통합의 장애요인으로 작용하게 된다.

또한 지역경제통합이 촉진된다는 것은 그 만큼 각 국가의 주권이 감소한다는 것을 의미한다. 유럽통합이 진행됨에 따라 유럽의 각국은 과거 자신의 국가 내에서 실시하였던 보조금정책과 조세정책을 포기하고 유럽단일통화와 공동의 재정, 금융정책 그리고 더 나아가서는 유럽의회와 유럽행정부 그리고 유로군대까지 창설됨으로써 점차 주권을 상실해가고 있다. 지역경제통합으로 얻을 수 있는 경제적, 정치적 이득이 이러한 주권의 상실과 비교해 보았을 때 과연 더 큰 가치가 있는 것인가의 문제는 각 국가의 국민이 판단해야 할 문제이다.

11.3 지역경제통합의 효과

지역경제통합의 효과는 경제통합이 어떤 목표로 또 어떠한 형태로 추진되는냐에 따라 다르겠지만, 지금까지 경제통합이론의 주요 대상이었던 관세동맹의 경제적 효과를 중심으로 살펴보고자 한다. 크게는 정태적 효과와 동태적 효과로 나누어 살펴볼 수 있으며, 경제통합의 정태적 효과는 주로 J. Viner(1950)와 R.G. Lipsey(1960)의 저서 등에서 제시된 무역창출효과(trade creation effect)와 무역전환효과(trade division effect)로 설명된다.[1]

1) 무역창출효과

경제통합으로 회원국간의 무역장벽이 완화되면 회원국 간 무역거래가 촉진되며 이때, 무역창출효과란 역내 각 회원국이 비교우위산업에 특화함으로써 발생하는 무역증대와 자원의 효율적 배분 및 국민후생 증대 등의 이득을 뜻한다. 이러한 무역창출에 따른 역내국들의 소득 증대는 파생적으로 역외국제품에 대한 수입 수요도 증대시키는 효과를 있다는 점에서 역외국들에게도 긍정적 영향을 준다.

무역창출효과를 Lipsey(1960)의 예를 통하여 설명하면 다음과 같다. 어떤 재화의 생산비가 규모에 대하여 불변이며 각 국의 국내가격은 생산비 수준으로 결정된다고 상정하자. 이 재화의 국내 가격 즉, 국내 생산비는 각각 A 국은 35달러, B 국은 26달러, 그리고 C 국은 20달러라고 가정하자(<표 > 참조)

[1] 정재영 외, 『국제통상론』, pp. 412~415

표 11.1 ▸ 무역창출의 예

구분	무역이전 각국 국내시장가격 (국내생산비)	관세부과시 A 국 국내시장가격 (A 국 100% 수입관세)	A-B 간 관세동맹시 A 국 국내시장가격 (100% 역외공통관세)
A 국 제품	35달러	35달러	35달러
B 국 제품	26달러	26+26=52달러	26+0=26달러
C 국 제품	20달러	20+20=40달러	20+20=40달러
비고	국내생산	국내생산	B 국에서 수입

A 국이 100%의 관세를 부과하고 있다면, A 국은 B 국 제품 52달러와 C 국 제품 40달러보다 낮은 가격인 35달러로 공급되는 국내 제품을 생산하여 소비할 것이다. 즉, A 국은 해당 재화를 외국에서 수입하지 않는다. 이때, A 국과 B 국이 관세동맹을 결성하고 역내 제품에는 무관세를 그리고 역외인 C 국의 제품에는 100%의 관세(공통관세)를 부과하게 되면, 무역의 방향은 어떻게 될 것인가? 이때 A 국은 40달러의 C 제품이나 35달러의 국산제품보다 낮은 26달러의 B 국 제품을 수입할 것이다. 즉 해당 재화의 경우 역내 회원국이 B 국에서 A 국으로의 무역이 새롭게 발생한다.

이러한 무역창출은 생산비 35달러인 국산제품 대신에 더 낮은 비용으로 생산되는 역내 후생의 증대에 기여한다. 관세동맹 이전 A 국의 해당 재화 한 단위의 기회비용은 35달러에 해당하는 여타 국산품이었으나, 관세동맹 후에는 A 국의 해당 재화 한 단위의 기회비용은 26달러에 상당하는 국산 수출품이기 때문이다. 즉, 해당 제화 한 단위의 국내생산이 B 국 제품 한 단위의 수입으로 바뀜에 따라 9달러만큼의 국내자원이 절약되기 때문이다.

2) 무역전환효과

관세동맹 결성 후, 역내 제품에 대한 관세 철폐에 따라 역외 제품에 대한 역내 제품에 비하여 상대적으로 불리해진다. 이때 무역전환효과란 종전에는 효율적으로 생산하는 역외국(저생산비국) 제품의 수입이 통합 후에는 비효율적으로 생산되는 역내 타 회원국(고생산비국) 제품의 수입으로 전환되어, 자원배분의 효율성이 저해되어 회원국들의 국민 후생이 저하되는 효과를 의미한다. 따라서 무역전환효과는 역외국들의 통합지역에 대한 수출을 감소시키는 부정적인 효과를 갖는다.

아래 표에서처럼, 관세동맹 이전 A 국이 50%의 관세를 부과할 때는 A 국은 국내시장에 단위당 30달러로 공급할 수 있는 C 국 제품을 수입할 것이다. 만약 이때 A 국과 B 국 사이에 관세동맹이 결성되고 역외제품에 대하여 50%

표 11.2 ▸ 무역전환의 예

구분	무역이전 각국 국내시장가격 (국내생산비)	관세부과시 A 국 국내시장가격 (A 국 50% 수입관세)	A-B 간 관세동맹시 A 국 국내시장가격 (50% 역외공통관세)
A 국 제품	35달러	35달러	35달러
B 국 제품	26달러	26+13=39달러	26+0=26달러
C 국 제품	20달러	20+20=30달러	20+10=30달러
비고	국내생산	C 국에서 수입	B 국에서 수입

의 관세(공통관세)가 부과된다면, A 국은 30달러로 공급될 수 있는 C 국 제품 대신에 더 낮은 가격인 26달러로 공급되는 B 국 제품을 선택하여 수입하게 된다. 해당 재화의 수입원이 저생산비국(C 국 20달러)에서 고생산비국(B 국 26달러)으로 바뀜에 따라 A 국의 해당 재화 한 단위 수입의 기회비용은 종전의 20달러에서 26달러로 상승하게 된다. 관세동맹에 따른 수입공급원의 이러한 전환은 수입국의 후생감소는 물론 세계 전체의 자원배분을 비효율적으로 바꾸어 세계 전체의 후생수준을 감소시킨다.

무역창출효과와 무역전환효과는 경제통합이 가지는 상반되는 성격, 즉, 자유무역주의적 성격과 보호무역주의적 성격을 각각 반영한다고 볼 수 있다. 역내 자유무역의 확대를 통한 효율성 증대라는 긍정적 측면과 무역자유화의 편익이 역내국에만 돌아가고 역외 제품을 그만큼 상대적으로 불리하게 차별함으로써 역외지역과의 무역이 위축된다는 부정적 효과를 가져올 수 있기 때문이다.

따라서 많은 학자들과 정책당국자들은 이러한 양면성을 고려하여 긍정적 효과를 극대화하고 부정적 효과를 극소화하여 전체 후생을 높일 수 있는 조건을 찾고자 노력해 왔다.

3) 동태적 효과

경제통합은 정태적 효과 못지 않게 여러 가지의 동태적 효과를 가진다. 즉, 역내 시장의 통합으로 시장이 확대되어 동태적 효율성이 증대되는데, 이는 규모의 경제, 경쟁촉진, 대외거래에 대한 위험의 감소와 역내시장의 안정적 확보 등에 따라 회원국의 경제성장에 기여한다.

규모의 경제(economies of scale)란 평균비용 곡선이 우하향하는 산업의 경우, 시장규모의 확대로 해당 기업들이 생산시설을 최적규모로 확대되어 평균생산비가 하락하고 생산효율이 향상되는 것을 의미한다. 시장의 확대와 규모의 경제에 따른 기업의 대규모화는 기업의 기술개발 투자를 자극하여 기술진보를 촉진할 수도 있을 것이다.

시장규모가 커질 경우, 외부경제(external economies)효과도 달라질 것이다. 여타 산업에서의 기술적·조직적 노하우가 시간이 감에 따라 확산되고 경영층이나 숙련 노동자의 증대에 따라 그 산업과 관련이 있는 다른 산업이 긍정적 영향을 받게 된다는 의미이다.

또한 경제통합으로 경제권역이 확대되고 동일산업에서 경쟁하는 기업의 수가 증대되는 경우, 그 동안 독과점 시장구조 속에서 온존해 오던 기업들의 비효율이 축출됨으로써 해당 산업의 생산효율이 증대될 것이다. 물론 경제통합의 결과 전반적인 경제규모의 완화추세 속에서 오히려 독과점이 유발되어 경제의 효율성을 낮출 수도 있으므로 일부 경제통합협약은 독과점을 금지하는 규정을 담기도 한다.

경제통합에 따른 제도적·행정적 장벽의 제거와 역내 시장의 안정적 확보는 경제주체들에게 위험과 불확실성을 감소시켜 투자 확대를 유도하고 경제성장을 촉진할 수도 있다.

CHAPTER 12

유럽연합(EU)

유럽연합(EU: European Union)은 현재 형성되어 있는 지역경제통합기구가운데 가장 오래되고 또한 가장 발전된 지역경제통합기구로서 1952년에 출범한 유럽석탄·철강공동체(ECSC)를 모태로 해서 그 후 EEC(1957), EC(1967)를 거쳐 1993년부터 현재의 EU로 발전하였고 지금은 유로화가 통용되면서 하나의 단일 국가가 되어가고 있다.

12.1 서유럽 경제통합의 전개

서유럽의 경제통합은 전후 1950년부터 본격화하었다. 제2차 세계대전 이후 10여 년간 전쟁 복구를 끝마친 유럽의 소규모 국가들이 1950년대 후반부터 미국의 대규모 경제력에 대응하기 위하여 서유럽 국가들이 지역경제통합체로서 통합하기 시작하였으며, <표>에서 보는 바와 같이 1959년 경제력의 강화를 목적으로 한 지역경제통합인 유럽경제공동체(European Economic Community: EEC)가 탄생하였다. 1972년에는 EC와 EFTA 간의 공산품에 국한되었던 자유무역협정이 체결되었고 1994년에는 EC와 EFTA 가입국들이 모두 참여하여 EEA(유럽경제지역)가 창설되어 유럽도 하나의 경제권으로 통합되어 가고 있다.[1]

1970년대 이후 EU 회원국들은 고실업과 저성장이라는 경제적 침체기를 경험해 왔으며, 이에 따라 유럽의 국제적인 지위는 상대적으로 계속 저하되어 왔다. 즉, 1970년대 중반 이후 EU는 첨단산업분야에서의 국제경쟁력은 미국이나 일본에 비해 계속 떨어지고 있었으며, 기타 분야에서도 한국 등 신흥공업국들의 강한 도전에 직면하게 되었다.

과거 EU 회원국들은 제각기 독립적인 많은 프로젝트에 중복투자하고 있었으므로 EU 전체로 보면 낭비가 심한 실정이었고 대부분의 회원국들은 막

---

[1] 1995년 1월부터 GATT를 대신하여 새로운 WTO(세계무역기구)가 발족되었다. 그러나 한편으로는 EU, NAFTA, MERCOSUR, AFTA, APEC 등과 같이 지리적으로 근접한 특정 나라들 간에 한정적인 자유화의 이익을 향유하기 위한 지역주의의 움직임이 활발하게 나타나고 있다. 지역주의에 따른 지역경제통합의 목적은 일반적으로 경제적 효율성 제고, 대규모 시장의 형성, 역내 보호주의적 무역규제회피 및 타 지역주의에 대한 대응 등으로 볼 수 있다. 그러나 각각의 지역경제권의 추진계기와 목적은 지역적 특성, 역사적 배경 및 경제상황에 따라 다소 다른 것으로 나타나고 있다.

한편, 지역경제통합이란(regional economic integration)이란 한 지역 내의 여러 국가들이 상호 간에 관세 및 비관세장벽을 철폐하여 재화 및 서비스와 생산요소가 자유롭게 이동하도록 보장하는 협정을 의미한다. 지역경제통합의 가장 대표적인 사례는 유럽연합이다. 유럽연합은 15개 국가와 약 4억의 인구를 가진, 세계에서 가장 큰 지역경제연합이라고 볼 수 있다. 현재 유럽연합은 경제연합의 성격을 떠나 정치연합으로까지 발전되는 과정에 있다.

대한 투자가 요구되는 첨단산업을 위한 연구개발에는 엄두고 못 내고 있었다. 그러므로 EU 회원국들은 국제경쟁력제고를 통한 경제활성화를 위해서는 더욱 강력한 자본 및 기술협력과 역내무역장벽으로 인해 발생하는 비용을 줄이는 것이 필요하게 되었다.

한편 EU의 통합이 15개국의 통합으로 그치지 않고 헝가리, 체코, 폴란드 등의 동구와 키프러스, 몰타 등의 지중해 연안국가, 튀르키예 등의 소아시아, 그리고 튀니지, 모로코 등의 북부아프리카까지 포함하는 대통합으로 진전될 가능성이 증가하고 있다. 이미 이 지역의 국가들은 공식, 비공식으로 EU 가입을 추진하고 있다. 만약에 대통합이 성사된다면 그 경제적 의미는 대단할 것이다.

12.2 EU의 형성

EU는 유럽공동체로서 유럽경제공동체(European Economic Community: EEC), 유럽철강공동체(ESCS), 유럽원자력공동체(Euratom)의 총칭이다. 1967년 7월 EEC의 법적 기초를 이루는 로마조약 조인 10주년을 맞이하여 이들 3조직의 집행기관이 종합하여 일체가 되어 새로운 출발을 하였기 때문에 이 이름이 쓰여지게 되었다. 종래는 프랑스, 독일, 이탈리아, 벨기에, 네델란드, 룩셈부르크 유럽 6개국으로 구성되어 있었으나 1973년 1월 1일에는 영국, 덴마크, 에이레의 3개국이 신규 가입하였고, 다시 1981년 1월 1일부터 그리스가 가입하여 10개국이 되었으며 스페인, 포르투칼도 1986년 1월에 가입하여 12개국 체제가 되었다.[2] EU의 목표는 공동시장의 설립과 회원국들의 경제정책을 점진적으로 접근시킴으로써 EU 전 지역의 조화로운 경제발전에 있다.

유럽경제공동체(EEC)는 1958년 1월에 발족하여, 1959년 1월부터 실시되었다. 조약내용을 살펴보면 첫째, 역내제국 간의 관세철폐와 수출입 제한의 철폐. 둘째, 대외공통관세의 설정과 공동 통상정책의 수립 셋째, 농업, 운수, 경쟁제한 등의 면에서의 공통 정책의 작성 넷째, 노동력, 자본이동, 기업설립 등의 자유화 다섯째, 유럽투자은행의 설립 등을 행하도록 되어 있었다.

EU의 기구에는 각료이사회, 유럽의회, 사법재판소, 유럽위원회가 있다. 각료 이사회는 EU의 최고결정기관이며 가맹국의 대표로 구성, 가맹국의 일반조정정책을 조정한다. 유럽회의는 로마조약에 정해진 제 기관이 특정국의

[2] EU는 원래 세계 제2차대전 후 마샬플랜에 의한 원조자금을 배분하고 서구의 부흥을 촉진하기 위하여 설립된 OEEC(Organization of European Economic Cooperation)부터 시작한다.

표 12.1 ▸ 범유럽 경제권의 구상추진과정

년도/구분	EU권	EFTA권	동유럽권
1921. 7. 25	벨기에·룩셈부르크 경제동맹		
1946. 9. 19	윈스턴 처칠이 츄리히 대학 연설에서 독일과 프랑스의 재화합을 통한 유럽합중국과 유럽 평의회 창설 역설, 그후 1946. 12-47.6사이에 서구에서 유럽통합운동 단체가 동시 다발적으로 창설되었다.		
1947. 9. 22	파리에서 유럽경제협력회담		
1948. 1. 1	베네룩스 3국 관세동맹발효		
1948. 5. 7-11	윈스턴 처칠의 주재로 헤이그에서 제1차 유럽 통합대회 개최		
1949. 1. 1			COMECON (CMEA) 발족(10개국)
1952. 8. 10	ECSC(유럽석탄철강공동체) 발족		
1955. 6. 1-2	ECSC 6개국 외상회담에서 유럽통합 재활성화 결의		
1956. 5. 6	EEC와 EURATOM 창설 준비를 위한 스파크 보고서 재출		
1957. 2. 13	OEEC(유럽경제협력기구)내에서 협상전개	EFTA 창설을 위한	
1957. 3. 25	로마조약(EEC 설립조약) 체결		
1957. 10. 17		EFTA 창설을 위한 마우들링위원회 (Maudling Committee)구성	
1958. 1. 1	로마조약의 발효로 EEC 및 EURATOM 발족		
1959. 7. 20		OEEC 가맹 7개국이 EFTA 창설 결정	
1960. 1. 4		EFTA 창설 조약 체결	
1960. 5. 3		EFTA 발족	
1960. 12. 19	EEC 6개국은 공동농업정책 원칙 합의		
1965. 4. 8	ECSC, EEC, EURATOM 통합조약 서명		
1967. 7. 1	EC 발족(6개국)		
1968. 7. 1	EC의 관세동맹 완성		
1972. 7. 22	EC-EFTA 간 자유무역협정	(발효: 1973. 1. 1)	
1973. 1. 1	EC 제1차 확대(영국, 아일랜드, 덴마크 가입) (9개국)	EFTA가 7개국으로 구성(오스트리아, 핀란드, 수웨덴, 스위스, 노르웨이, 아이슬랜드, 리히텐슈타인)	
1975. 1. 1	EC-ACP 46개국 로메협정 체결(1976. 4. 1 발효)		
1979. 3. 13	유럽통화제도(EMS)발효, ECU 창설		
1981. 1. 1	EC 제2차 확대(그리스 가입)(10개국)		
1985. 6	EC 시장 통합백서 채택		
1985. 12. 2	유럽단일의정서(SEA)채택 (1986년 각 회원국 조인)		
1986. 1. 1	EC 제3차 확대(스페인·포르투갈 가입)(12개국)		

(계속)

표 12.1 ▸ 범유럽 경제권의 구상추진과정 (계속)

년도/구분	EU권	EFTA권	동유럽권
1987. 7. 1	유럽단일의정서 발효		
1988. 1. 21	EC-EFTA 간 무역절차 간소화 개최	위한 제1차 합동위원회	
1988. 10. 19	'유럽 1992' 성명채택		
1990. 7. 1	경제통화통합의 제1단계 시작		
1991. 4. 15			EBRD(동유럽재건개발은행) 설립
1991. 10. 22	EC와 EFTA를 통합. 1993. 1 EEA 창설 협정체결	부터 시장을 통합하는	
1991.11. 22	EC와 헝가리 · 체코슬로바키아 · 폴란드 간의 협력협정 체결		EC와 좌측의 동구 3국 간에 협력협정 체결
1991. 12. 21			소련의 11개 연방의장들 CIS 창설조인, 소비에트연방공화국 해체, COMECON 해체
1992. 2. 7	EU 창설 위한 마스트리히트 조약 서명		
1992. 5. 2	EEA 창설조약 체결(19개국 발효)	참가, 1993. 1. 1발	
1992. 12. 6	스위스 국민투표로 EEA 가입	거부	
1993. 1. 1	EEA 창설조약 발효로 유럽 해짐	단일시장 형성이 가능	
1993. 11. 1	마스트리히트조약 발효로 EU 탄생(12개국)		
1994. 1. 1	EEA 발족(EC와 EFTA의 통합:	18개국)	
1995. 3. 1	오스트리아, 핀란드, 스웨덴의 EU 가입(15개국)	7개국 중 3개국이 EU에 가입하여 4개국이 됨	
1995-1999	EU는 단일통화발행, 경제통화 리·폴란드·동구권 CIS 국가의	동맹(EMU) 완결예정, 가입으로 범유럽경제권	노르웨이 · 튀르키예 · 헝가리 구상
2001.1	유로화가 12개국에서 통용		

이익에 사로잡히지 않고 EU 전체의 입장에 서서 행동하고 있는가의 여부를 감독하는 권한을 갖는다. 사법재판소는 로마조약의 해석이나 적용에 대한 법규를 준수하기 위한 기관이다. 또 유럽위원회는 EU 위원회라고도 불리며 주요 업무는 첫째, EU 각 기관이 채택한 조치의 실시를 감독하고 둘째, 로마조약이 규정한 사항에 대하여 권고나 의견을 작성하며 셋째, 이사회가 결정한 규칙을 실시하는 것 등을 임무로 하고 있다.

12.3 유럽연합(EU) 조약의 주요 내용

유럽연합은 경제통화분야, 외교안보분야, 사법내무분야 등 세 분야에서 역내 회원국 간의 정책 협력을 추진하고 있다. 과거 EC의 경우 경제분야에서만 정

책적 협력을 추진한 데 비하면 협력 추진 분야가 크게 확대된 것이다.[3]

1) 경제통화분야

단일유럽의정서에 의한 단일시장형성부문과 경제통화동맹 결성의 두 부문으로 나누어진다.

① 단일시장형성

1993년 1월부터 실시되고 있는 단일유럽의정서를 그대로 수용하고 있다.

② 경제통화동맹(European Economic and Monetary Union)

1998년 6월까지 통일된 금융정책을 실시하고 2002년 1월부터의 단일통화의 통용 및 유럽중앙은행의 설립을 목표로 하고 있으며 이를 세단계로 나누어 추진하고 있다.

- 제1단계(1993 12월까지): 회원국 간의 경제정책조화를 위한 가이드라인 설정
- 제2단계(1996년 12월까지): 각국의 중앙은행을 정부로부터 독립시키고 유럽중앙 은행의 과도기적 기능을 수행할 유럽통화기구(European Monetary Institute)설립
- 제3단계(2002년 1월까지): 유럽중앙은행의 설립과 통일된 금융정책의

---

[3] EU는 1957년에 EEC 창설조약인 로마조약으로 유럽공동체가 프랑스, 독일, 이태리, 네델란드, 벨기에, 룩셈부르크에 의하여 결성됨으로써 시작되었다. 1968년의 관세동맹을 거쳐 1986년 단일유럽의정서(SEA)가 조인되면서 유럽의 단일시장 구성과 경제적으로 하나의 유럽을 만드는 것을 목표로 추진되어 왔으며 상품뿐만 아니라 노동, 자본과 같은 본원적 생산요소와 서비스가 회원국들 간에 자유롭게 이동할 수 있도록 하는 공동시장형태로 발전하였다. 유럽연합은 창설이후에 회원국의 수를 점차 늘리면서 유럽 단일시장을 형성하기 위하여 282개의 입법사항중 262개사하에 대한 입법조치를 통하여 1993년부터 상품, 생산요소 및 서비스의 단일시장을 출범시키게 되었다.

그러나 진정한 경제적 단일시장의 형성을 위해서는 상품과 생산요소의 자유로운 이동뿐만 아니라 금융정책과 재정정책을 포함한 회원국가들의 국내경제정책들을 조율할 필요가 잇었으며 환율과 이자율 등 각국의 통화문제와 관련된 회원국 간의 경제적 이해관계를 해결할 필요가 있었기 때문에 유럽연합은 화폐의 통합가지 추진하게 되었다.

1958년 1월 1일에 로마조약에 의거하여 벨기에, 프랑스, 독일, 룩셈부르크, 이탈리아 및 네델란드를 회원국으로 출발했다. 1973년에는 덴마크, 아일랜드가 가입했고 1981년 그리스, 1984년에 스페인과 포르투칼, 그리고 최근에는 오스트리아, 스웨덴, 핀란드가 가입하여 현재 회원국의 수가 15개이다.

EU는 1958년이래 지금까지 많은 발전을 해왔으며, 이 발전과정은 관세동맹의 완성단계(1958-1968), 공동시장의 형성단계(1968-1985), 공동시장의 완성단계(1985-1992) 등으로 구분할 수 있다.

실시, 유럽단 일통화의 발행 및 사용 등 경제 및 통화동맹의 완성이다.[4]

2) 외교안보분야

유럽연합은 정치외교면에서도 연방의 성격을 갖는 긴밀한 동맹관계로 발전되도록 하기 위하여 유럽정치동맹(European Political Union)의 결성을 추진하고 있다. 이 동맹에 있어서는 외교안보정책의 결정은 각국의 수뇌급으로 구성되는 유럽정상회의에서 기본적인 골격을 정하고 각료이사회에서 구체적 실시계획이 만장일치 방법으로 결정되도록 하고 있다.

3) 사법·내무분야

유럽연합은 정치적 난민, 역외국통화문제, 이민정책, 마약퇴치, 세관협력, 테러 등 국제범죄 방지 및 경찰협력(Europol 설치)등 사법 및 내무분야에 있어서도 정부간 협력을 추진하고 있다.

이상과 같은 기능을 수행하기 위하여 유럽이사회(European Council, 15개 회원국의 정상회담), 각료이사회(15개국관련 각료회담), 유럽의회(European Parliament, 의원 518명), 집행위원회(EU Commission, 집행위원 17명 및 23개 조직을 가진 기구), 사법재판소(Court of Justice, 법관: 13명) 등의 기구를 두고 있다.

유럽경제지대(EEA)

1. EEA의 창설배경

EEA(European Economic Area)는 1992년 5월에 조인된 EEA 협정에 의하여 1994년 1월 발족되었다. 회원국은 EU 12개국과 EFTA 7개국 중 노르웨이, 스웨덴, 핀란드, 오스트리아, 아이슬랜드 등 5개국으로 도합 17개국으로 되어 있다. 형식상으로는 EU와 EFTA가 통합되는 것으로 되어 있지만 내용면에서 보면 EFTA가 EU에 흡수 통합되는 과정이라고 볼 수 있다.

EFTA 회원국들은 EC와의 교역확대를 위해서 공산품분야에 국한되었지만 1972년에 자유무역협정을 체결하여 관세와 수량제한조치를 철폐한 바 있다. 그러나 상품교역을 저해하는 기술장벽 등 여러 가지 요인들이 제거되지 못하여 EFTA의 대 EC교역은 활발하지 못하였다. 이에 따라 EFTA 발전의 한계를 느낀 EFTA 회원국들은 EFTA를 탈퇴하여 EC에 가입하기

[4] 2002년 1월부터 유로화가 통용되고 있다.

를 희망하였다. 한편 EC는 이러한 EFTA 회원국들의 가입을 장기적으로는 희망하면서도 EFTA 회원국들의 EC 가입으로 야기될지도 모르는 시장통합의 지연을 우려하여 EEA 협정을 체결하였다. EC 가입을 희망하는 EFTA 회원국들과 EEA 협정을 맺어 과도기적인 과정을 가지려는 EC의 의도에서 EEA는 탄생되었다.

2. 교역자유화의 주요 내용

1) 상품의 자유이동

상품의 수출입에 대한 관세, 수량제한조치 및 이와 유사한 효과를 갖는 모든 무역 장벽을 폐지하고 원산지 규정을 강화하고 있다. EU는 세가지 원산지 판정기준 중 부가가치기준을 강화한 역내산부품사용비율을 별도로 채택하고 있는데 EEA에서도 이러한 기준이 그대로 채택되고 있다.

통관절차와 행정절차를 간소화하고 기술수준 및 검사제도를 단일화하였다. EU로의 우회수입을 규제하기 위하여 회원국이 역외국에 대하여 관세상의 우대조치를 취할 경우 EEA 합동위원회에 30일 이전에 통보해야 하고 이를 위원회가 심의토록 하고 있다. 또한 정부조달 및 세제상의 차별조치를 폐지하고 농산물교역관련장벽을 단계적으로 자유화하도록 하고 있다.

2) 노동의 자유이동

EEA 회원국들은 취업 및 거주의 자유화를 인정하고 임금 및 근로조건상의 차별을 금지하며 각종 자격을 상호 인정하는 등 노동의 자유로운 이동을 보장하고 있다.

3) 자본 및 서비스의 자유이동

EEA는 자본과 서비스의 자유로운 역내이동도 보장하고 있다. 그러나 직접투자의 경우 EFTA 각국은 일정한 유예기간을 두고 허용하고 있으며 항공을 제외한 교통서비스업에 대한 내국민대우를 보장하고 있다. 이상과 같이 EEA는 역내 회원국 간의 상품과 자본, 기술, 노동, 서비스 등 각종생산요소의 자유로운 이동을 보장하고 있지만 대량생산이 가능하도록 각종의 제도를 통일한 상태에는 이르지 못하고 있다.

12.4 EU의 주요 기구

EU를 움직이는 기구는 크게, 최고 입법기관으로서 최종 정책결정기관인 이사회, 공동정책을 입안하고 집행하는 집행위원회, 입법권과 집행위원회에 대한 감독기능을 가지는 의회, 그리고 최고법원인 사법재판소 등으로 구성된다.

1) 이사회

회원국 대표로 구성되며 입법권을 가지는 이사회는 유럽이사회와 각료이사회로 구별된다. 유럽이사회(European Council)는 EU 회원국의 국가원수와 EU 집행위원장으로 구성되며 일명 유럽 정상회의(European Summit)로 명명된다. 정치적으로 민감한 사항을 결정하고 EU 운영의 기본방향과 정책지침을 제시한다.

한편 각 회원국의 각료 1인 총 15인으로 구성되는 각료위원회(Council of Ministers)는 EU의 최고 의사결정기관으로서 입법권, 집행위원회가 제안한 안건의 심의의결권, 예산의 심의의결권, 제3국과의 협정 체결권 등을 가진다. 각료이사회는 외무장관이 참여하는 일반이사회(General Council)와 재무, 농업, 환경, 에너지, 교통, 법무, 내무, 교육 등 분야별 장관들이 참여하는 부문이사회(Technical Council)로 구분된다.

2) 유럽위원회

유럽위원회(European Commission)는 일명 EU 집행위원회라고 불린다. 위원장(President of the Commission)을 포함하여 총 20명으로 구성되고 EU의 전체이익을 위하여 독립적으로 임무를 수행하는데, 각료이사회에서 심의될 안건의 발의, 각료이사회 결정사항의 집행, 각료이사회가 위임한 대외협상의 교섭, 법규위반에 대한 제소 등의 권한과 임무를 가진다.

3) 유럽의회와 사법재판소

유럽의회(European Parliament)는 각 회원국별로 보통·직접선거로 뽑은 임기 5년의 626명의 위원으로 구성되며, 회원국 국민을 대표하고 집행위원 불신임권, 일부 예산확정권 가입조약의 동의권 등을 가진다.

EU의 사법재판소(Court of Justice)는 각국에서 1명씩 선임된 15명의 판사와 독일, 프랑스, 영국, 이탈리아 등 4개국이 추가로 뽑은 1명 등 총 16명의 판사(임기 6년, 연임가능)로 구성되며 EU 법규를 수호하는 독립적 사법기관으로서 역할을 수행한다. 사법재판소는 유럽연합의 최고법원으로서 조약이나 법령에 대한 해석은 물론 EU 내의 각 기관, 회원국 정부 및 법원을 귀속한다.

12.5 EU의 확대

최근 세계각지의 지역주의에서 '자기팽창'의 힘이 강하게 나타나면서, 지역경제통합의 확대를 촉발시키고 있다. 우선 EU는 1994년 EU 12개국과 스위스, 리히텐슈타인을 제외한 EFTA(유럽자유무역연합) 5개국이 EEA(유럽경제영역) 협정을 발효시켰다. EEA는 공통의 역외관세를 적용하지 않는 단일시장으로서 양 지역간에 인력, 물자, 서비스, 자본의 자유로운 이동이 가능하게 되었고, 한편 냉전 종식에 따라 EFTA 국가 간에 중립정책 유지의 필요성이 희박해짐에 따라 1995년에 오스트리아, 핀란드, 스웨덴의 가입으로 EU는 15개국이 되었다. 이어 3개국 가맹이 잇따랐고, 1997년 7월에는 유럽위원회가 폴란드, 체코, 헝가리, 슬로바키아, 에스토니아, 키프로스 등 6개국을 EU 신규가입 협상대상국으로 지정하는 등 EU는 앞으로 발트 3국, 중·동구국가, 지중해국가들과의 관계를 강화하려는 움직임을 보이고 있다.

EU는 유럽경제공동체(EEC)로 출범한지 40여년만에 1999년 단일통화를 실현하였고 2002년 1월부터는 유로화가 유통되기 시작하였다. 이어 21세기에는 평화 안정 번영의 공동목표를 서유럽지역에서 유럽전역으로 전파한다는 목표아래 회원국 확대를 강력히 추진해 나갈 계획으로 있다.

EU는 EC 시절인 1970년부터 협력관계를 맺어온 사이프러스 등 지중해국가는 물론 동구 체제전환국에까지 문호를 개방하여 현재 15개인 회원국수를 2000년대 초반에 2배수준인 25-30개로 확대할 계획이다. 이를 위해 2000년부터는 현재 가입협상을 진행중인 6개국 이외에 나머지 가입 신청국들과도 가입협상을 시작하고 있다.[5]

표 12.2 ▸ EU의 가입신청국 현황

	국가	가입신청일		국가	가입신청일
1차 가입 협상 대상국 (98.3월기개시)	헝가리	1994.3.31	2차 가입협상 대상국 (2000년 2월 개시)	말타	1990.7.3
	폴란드	1994.4.5		불가리아	1995.12.14
	체코	1996.1.17		라트비아	1995.10.13
	슬로베니아	1996.6.10		루마니아	1995.6.22
	에스토니아	1995.11.24		리투아니아	1995.12.8
	사이프러스	1990.7.3		슬로바키아	1995.6.27
			가입후보국 인정(99.12월)	튀르키예	1987.4.14

자료: EU 집행위원회

[5] 최근까지 EU의 화두가 단일통화(EMU)이었다면 앞으로 21세기 초반 EU의 화두는 회원국 확대(Enlargement)이다.

회원국 확대의 추진에 따라 EU의 각종 정책 및 기구 등도 불가피하게 개편하여야 할 필요성이 증대하고 있다. 이를 위해 EU는 1999년 3월 베를린 정상회의시 회원국 확대에 대비하여 재정개혁 및 정책개편 등을 목적으로 한 'Agenda 2000'을 최종 확정하였으며 12월 헬싱키정상회의서에는 회원국확대 이후의 기구개편 및 그에 따른 EU 조약 개정문제를 다룰 정부간 협의를 2000년 2월초 개시하여 연말까지 매듭짓기로 결정하였다.

1) 회원국 확대

EU는 1958년 유럽경제공동체로(EEC)로 출범하여 지난 40여년간 4차례에 걸쳐 회원국을 추가로 가입시켜 15개 회원국을 가진 현재의 유럽연합(EU)으로 발전해 온 데 이어(참고1 EU의 발전약사 참조) 최근에는 새로운 세기를 맞아 베를린장벽 붕괴이후의 유럽정치 지도의 변화를 반영, 평화안정번영의 공동목표를 동구 등 유럽전역으로 확대하여 명실상부하에 유럽연합을 실현하고 유럽의 EU를 중심으로 확대하여 명실상부하게 유럽연합을 실현하고 유럽에 EU를 중심으로 하는 신 정치경제질서를 구축한다는 야심찬 계획을 추진하고 있다. 21세기의 첫 4반세기 내에 회원국수를 현재의 15개에서 25-30개로 확대하여 로마제국의 멸망이후 처음으로 공동의 이념과 법제도 아래 평화적인 방법으로 전 유럽을 통일한다는 점에서 정치 경제적, 역사적으로 큰 의의가 있다. 이를 위해 13개 EU 가입신청국중 1차로 사이프러스 체코 에스토니아 헝가리 폴란드 슬로베니아의 6개국을 대상으로 1998년 3월 이후 진행하여 온 EU 가입협상(accession negotiation)을 2000년부터는 나머지 가입신청국과도 시작하고 있다.

2000년에는 회원국 가입요건(accession criteria)[6]을 충족시키는 국가를

---

[6] EU의 회원국가입은 EU 조약상에 각료이사회(Council)가 EU 집행위(European Commission)와의 협의와 EU 의회(European Pariliament)의 동의를 거쳐 만장일치로 가입협상 개시를 결정하고 해당국과 가입협정을 체결함으로써 이루어진다고 절차만 규정되어 있고 그 밖의 구체적인 요건들은 별도로 규정되어 있지 않은데 1993년 6월 열린 코펜하겐 정상회의는 동구국가의 EU 회원국 가입요건(Copenhagen Criteria)을 다음과 같이 세 가지로 결정하였다.

- 정치적 요건: 민주주의, 법치, 인권 및 소수민족 보호를 보장하는 안정된 정부기구를 갖출 것(stability of institutions guaranting democracy, the rule of law, human rights and respect for and protection of minorities)
- 경제적 요건: 시장경제체제가 기능하고 EU 내에서의 경쟁압력과 시장의 조정력을 수용할 수 있는 능력을 갖출 것(existence of a functioning market economy, as well as the capacity to cope with competitive pressure and market forces within the union)
- 8의무이행요건: 정치, 경제, 통화동맹 목표 등 회원국으로서의 각종 의무를 이행할 것(ability to take on the obligations of membership, including adherence to the aims of politicak, economic and monetary union) 이 요건은 여객선에 새로 탑승한 승객은 기존 승선규칙을 준수해야 한다는 의미에서 소위 community aquis라고 한다.

선정하고 빠르면 2003년에 회원국으로 정식 가입시킬 계획이다.

2) 추진경과 및 주요 내용

EU는 동구국가의 회원국 가입신청 이전에도 1990년 이후 폴란드 및 헝가리에 대한 경제재건지원계획(PHARE)의 추진과 1991-95년 중 각국과의 협력협정 체결 등을 통하여 상호협력관계를 확대하는 한편 이들 국가의 시장경제체제 전환 및 EU 경제권 편입을 지원하였다.

1989년 폴란드와 헝가리에 대해 처음 시작한 경제재건지원계획(Poland&Hungary Aid for the Reconstruction of the Economy: PHARE)을 1990년 이후 체코 불가리아 등 여타 동구 및 발트국가로 계속하여 확대하였다. 아울러 지중해 가입신청국가 등과의 전례[7]대로 각국과 협력협정을 체결하여 공산품무역의 자유화를 통해 2002년까지 자유무역지대를 창설키로 하는 한편 경제 각 부문의 협력기반을 확충하고 EU 법규의 국내 법제화 등을 지원한다.

1993년 6월 코펜하겐에서 열린 EU 정상회의가 사상 처음으로 동구국가에도 문호를 개방하기로 결정하고 EU 가입요건을 구체화한 이후 동구 체제전환국들의 EU 가입신청이 쇄도하였다. 1994-96년 상반기중 동구권의 10개국가가 잇따라 EU 가입을 신청하여 1996년 6월말에는 이미 가입신청을 마쳤던 사이프러스 말타[8] 튀르키예의 3개국을 포함하여 전체 가입신청국이 13개국으로 증가하였다.

EU는 회원국 가입신청이 늘어남에 따라 그 동안 지속적으로 회원국 확대 관련정책을 발전시켜 왔을 뿐만 아니라 1998년 3월 이후로는 사이프러스 등 6개국과 구체적인 가입협상을 진행중이다. 1994년 12월 에센정상회의는 가입전전략(pre-accession stratagy)을 수립하여 회원국 신청국들의 가입준비를 지원하기로 하였으며 1996년 12월의 더블린정상회의는 다양한 지원제도들을 가입 파트너쉽(accession psrtenerships)[9]이라는 이름의 단일체계로 묶어 각국의 EU 가입요건 충족을 위한 준비를 보다 체계적으로 돕기로 하고

---

[7] 1990년 이전에 EU 가입을 신청한 지중해 3개국의 경우 EU는 관세동맹을 목적으로 터어키 및 사이프러스와는 각각 1964년 및 1973년 협력협정을 체결하여 1995.3월 및 1998.1월 동 협정의 마지막 단계를 발효시켰으며 말타와도 1971년 협력협정을 체결하였으나 새로 집권한 정부의 추진 보류결정으로 마지막 단계까지 이르지는 못한 상태이다.

[8] 말타는 1996년 9월 EU 가입신청을 철회하였다가 1998년 8월 재 신청하였다.

[9] 가입파트너쉽은 1997.12월 발표된 EU 집행위의 권고안을 토대로 EU 의회와의 협의 등을 거쳐 1998.3월 확정되어 현재 모든 가입신청국들을 대상으로 활용중이다.

표 12.3 ▸ 동구국가의 EU와의 관계

국가	협력협정서명일	EU 가입신청일
헝가리	1991.12.16	1994.3.31
폴란드	1991.12.16	1994.4.5
체코	1993.10.6	1996.1.17
에스토니아	1995.6.12	1995.11.24
슬로베니아	1996.6.10	1996.6.10
불가리아	1993.3.1	1995.12.14
라트비아	1995.6.12	1995.10.13
리투아니아	1995.6.12	1995.12.8
루마니아	1993.2.8	1995.6.22
슬로바키아	1993.6.10	1995.6.27

자료: EU 집행위

이후 그 내용을 구체화하였다.

1995년 12월 마드리드정상회의는 EU 집행위에 대해 동구 국가의 회원국 가입에 대한 의견을 암스텔담조약을 위한 정부 간 협의(1996.3월-1997.6월)종료 후 조속히 제출토록 하였으며 이에 따라 집행위는 1997.7월 각국의 가입요건 충족상황에 대한 평가와 회원국확대정책의 추진반향 등을 담은 'Agenda 2000'[10]을 발표하였다.

EU 집행위는 'Ageda 2000'에서 동구 10개 가입후보국중 절반인 5개국과 1차로(first wave)가입협상을 시작하되 그 시기를 암스텔담조약을 위한 정부 간 협의 종료후 6개월 이내로 되어 있던 사이프러스와의 가입협상 개시 일정에 맞추도록 하고 동 협상의 대상국가를 EU 가입조건(Copenhagen Criteria) 충족 정도가 상대적으로 좋은 헝가리 폴란드 체코 에스토니아 슬로베니아의 5개국으로 선정할 것을 권고하였다.

슬로바키아는 EU 가입을 위한 경제적 요건과 의무이행요건이 타국보다 나았지만 법치, 민주주의 등 정치적 요건이 미달함에 따라, 여타 4개국은 경제적 및 의무이행요건이 미달함에 따라 각각 1차 가입협상 대상국에서 배제되었다. 1997년 12월 룩셈부르크정상회의는 'Ageda 2000'의 권고 대로 사이프러스 등 6개국을 1차 가입협상 대상국으로 확정하였으며 이에 따라 EU 집

[10] Agenda 2000은 ① 회원국확대 정책의 추진방향 이외에도 ② EU의 중기(2000-2006년)재정계획과 ③ EU 주요정책의 개편계획 등을 포함하고 있다.

행위는 1998년 3월말부터 각국과 쌍무적으로 가입협상을 진행하였다. 가입협상은 총 31개 부문으로(chapters) 나누어 해당국 법제의 EU와의 합치여부를 주로 심의(screening)하는데 대사급 및 장관급회의에 의한 정부간 협의 형태로 진행한다.

아울러 1999년 3월 베를린 정상회의시 회원국확대 지원자금 증액 등을 포함한 Agenda 2000을 최종 확정하였으며 12월의 헬싱키 정상회의는 나머지 6개 가입후보국과도 2000년부터 가입협상을 개시하기로 결정하였다.

Agenda 2000는 가입후보국의 가입전 준비 지원을 강화하기 위해 기존의 가입대상국 경제재건지원계획(PHARE)을 제도개편과 사회간접자본 및 환경투자 지원목적에 특화토록 하고 2000년부터 구조기금(ISPA)과 농업기금(SAPARD)을 신규로 설립하여 지원함으로써 가입전준비 지원자금 규모를 종전의 2배 규모로 확대[11]하였다.

1999년 12월의 헬싱키정상회의는 동년 10월 EU 집행위가 가입후보국의 가입요건 충족현황에 관한 보고서에서 권고한 대로 슬로바키아 루마니아 불가리아 라트비아 리투아니아 말타 등 6개국과도 2000년 2월부터 가입협상을 시작하기로 결정하였다. 각국의 가입요건 충족정도가 미흡하고 국가별로 격차도 있지만 가입후보국들의 제도개편을 독려하여 조기가입을 유도할 목적으로 나머지 모든 후보국에게도 가입협상 기회를 부여하였다. 또한 1997년 12월 룩셈부르크 정상회의 시 사이프러스를 둘러싼 그리스와의 영토분쟁과 정치적 요건의 미비를 이유로 가입후보국으로 인정하지 않았던 튀르키예에 대해서도 최근의 긍정적인 변화를 감안하여 후보국 자격을 부여하고 가입전 준비를 지원하기로 결정하였다.

EU는 앞으로 각국과의 가입협상을 국별로 차별화(principle of differentiation)하여 진행한 뒤 2002년말 이중 가입 요건을 충족한 국가를 신규 회원국으로 선정하고 빠르면 2003년 1월에 신규회원국으로 EU 가입을 실현시킬 계획이다. 이밖에 향후 EU와의 접경국가가 될 러시아 우크라이나 쿠카서스 및 마그레브국가 등과도 각종 지원제도의 시행과 무역협정 체결 등을 통해 이들 국가를 특별 대우하는 등 협력을 보다 강화해 나갈 방침이다.

3) 정책개편(Policy Reform)

EU는 회원국확대 추진에 따른 재원소요 증가 등에 대비하여 중기 재정정책

[11] 가입전준비 지원자금은 2000-2006년중 매년 PHARE 1,560백만 유로 구조기금 1,040백만 유로, 농업기금 520백만 유로 등 총 3,120백만 유로 규모이다.

을 수립하는 한편 이를 뒷받침하기 위해 EU의 중요한 공동농업정책(Common Agricultural Policy: CAP)과 구조조정정책(Structural Operations)을 재검토하는 정책개편을 단행하였다.

동 내용은 1997년 7월 EU 집행위가 'Agenda 2000'안에 포함하여 발표된 뒤 그 동안 회원국 및 EU 기구 등의 토의를 거쳐 1999년 3월 베를린정상회의에서 최종 확정되었다.

① 추진경과 및 주요내용

㉮ 중기재정계획

EU는 가입전 준비 지원(pre-accession aid) 및 신규회원국 지원(accession-related expenditure)등 회원국 확대 관련 비용을 확충하는 반면 현재 EU 예산의 대부분이 투입되고 잇는 농업정책 및 구조조정정책 관련 지출은 억제하는 방향으로 2000-2006년 중에 중기 재정계획(Financial Perspective)[12]을 편성하였다.[13]

EU 집행위는 상기 재정계획을 뒷받침하기 위한 재원확보와 회원국의 재정건전화 지원을 조화하는 방향에서 현행 세입제도[14]도 개편하도록 이사회에 권고하였다. 관세 및 농산물 과징금에 의한 전통적 세입 원의 비중을 2001년부터 현재의 10%에서 25%로 확대하는 반면 부가가치세 실효부담률을 현

---

[12] EU는 1988년 이후 매년의 연간 예산은 물론 중기 재정계획을 EU 의회, 각료이사회, 집행위의 3기구 간 합의(Interinstitutional Agreement)에 의해 수립해오고 있는데 이번의 중기 재정계획은 1988-92년(Delors Ⅰ package)과 1993-99년(Delors Ⅱ package)에 이어 세번째이다.

[13] * 2000-2006년 중기 재정계획의 주요 내용

① 농업정책예산을 2002년 이후 단계적으로 감축하여 2006년에는 거의 2000년 수준에 접근하도록 삭감

② 구조조정관련 예산은 지원대상지역의 축소 및 집중지원을 통하여 매년 지속적으로 감축

③ 현재 가입협상을 진행중인 6개국이 계획기간 내 EU 가입을 실현할 것으로 상정하고 신규회원국의 농업 및 기타부문 지원자금명목으로 2002년부터 매년 41-142억 유로를 연차적으로 증액

④ 회원국가입 대상국의 가입전준비 지원자금을 새로운 예산항목으로 분리하여 매년 31억 유로를 배정하고 동비목과 타비목 간의 예산전용을 금지

⑤ 회원국확대의 추진에도 불구하고 단일통화 도입에 따른 재정안정협약 발효 등을 감안하여 총세출 실행한도를 GNP의 1.2%로 되어 있는 현행 예산한도 이내로 유지하여 편성

⑥ 이밖에 역내정책 예산은 네트워크산업 연구훈련 및 중소기업 지원 등 중점추진사업을 중심으로 기간중 매년 소폭 증액하고, 대외정책 예산도 공동외교안보정책의 강화를 반영하여 현재보다 증액

[14] EU의 예산은 일정 예산한도 내에서 세출을 먼저 편성한 후 세입을 결정하는 데 세입은 관세, 농산물과징금, 부가가치세 및 GNP에 비례하여 부과하는 국별 분담금의 4가로 이루어지며 현재 국별 분담금이 전체의 약 50%로 가장 높은 비중을 차지한다.

표 12.4 ▸ EU의 재정지출계획

단위: 백만 유로(1999년 가격기준)

예산항목	2000	2001	2002	2003	2004	2005	2006
1. 농업정책	40,920	42,800	43,900	43,770	42,760	41,930	41,660
2. 구조정책	32,045	31,455	30,865	30,285	29,595	29,595	29,170
3. 역내정책	5,930	6,040	6,150	6,260	6,370	6,480	6,600
4. 대외정책	4,550	4,560	4,570	4,580	4,590	4,600	4,610
5. 행정비용	4,560	4,600	4,700	4,800	4,900	5,000	5,100
6. 예비비	900	900	650	400	400	400	400
7. 가입전준비지원	3,120	3,120	3,120	3,120	3,120	3,120	3,120
세출한도	92,025	93,475	93,955	93,215	91,735	91,125	90,660
셀행한도	89,600	91,110	94,220	94,880	91,910	90,160	89,620
8. 신규회원국지원	-	-	4,140	6,710	8,890	11,440	14,220
총실행한도	89,600	91,110	98,360	101,590	100,800	101,600	103,840
(대GNP비율, %)	(1.13)	(1.12)	(1.18)	(1.19)	(1.15)	(1.13)	(1.13)

자료: EU 집행위

행 1%에서 2002년 0.75%, 2004년 0.5%로 하향 조정하였다.

㉯ 공동농업정책 개편

EU는 농촌인구비중이 높은 동구권으로의 회원국 확대와 함께 농산물 세계무역규모의 증가, 환경 및 식품 안전에 대한 소비자의 관심고조 등 최근의 여건변화를 반영하여 공동 농업정책을 개편하였다. EU 집행위가 1998년 3월 공동농업정책 개편 및 농촌개발에 대한 권고안을 마련하여 이를 'Agenda 2000'에 포함시켜 논의를 시작하였다. 세계무역기구(WTO)의 새로운 농업관련 다자간 협상 추진에 대비하여 EU의 입장을 사전에 강화한다는 포석도 작용하였다. 공동농업정책의 개편은 주요 농산물에 대한 가격지지제도 위주의 현행제도를 개선하는 한편 농촌의 환경 친화적인 개발을 유도하는 것이 주요 내용이다.

소비자에게 농산물을 보다 저렴하게 공급하고 농업생산의 경쟁력을 강화하기 위해 주요 농산물의 시장지지가격을 제품별로 15%(경작물, 낙농제품), 29%(쇠고기) 하향조정[15]하였다. 포도주의 경우 2010년 7월말까지 포도재배면적의 증가를 금지한 현 제도를 유지하도록 하되 시황 등에 따라 예외를 일부 인정하였다. 보상가격 인하에 따른 농가수입의 손실액은 직접보조금

[15] 경작물은 2000년 7월이후 2년동안 각각 7.5%씩, 낙농제품은 2005년 이후에 15%(연도별 계획은 미정), 쇠고기는 2000-2002년의 3년간 일정비율로 20% 하향 조정하였다.

표 12.5 ▸ EU의 농업정책 예산

단위: 백만 유로(1999년 가격기준)

	2000	2001	2002	2003	2004	2005	2006
가격지지정책비용	36,620	38,480	39,570	39,430	38,410	37,750	37,290
농촌개발비용	4,300	4,320	4,330	4,340	4,350	4,360	4,370
농업정책예산계	40,920	42,800	43,900	43,770	42,760	41,930	41,660

자료: EU 집행위

을 증액하여 일부 보전해주되 환경 및 고용요건을 강화하였다.

한편 농업정책의 예산의 1/10 정도를 농촌 개발 지원 자금으로 분리하여 각국이 자국 책임하에 EU가 합의한 목적에 부합하게 지원토록 하되 환경 보존의무를 부여하여 지원을 증감하거나 취소하도록 조치하였다.

㉰ 구조조정정책 개편

EU의 구조조정정책 관련예산은 지역간 격차 축소를 위한 조정기금과 국가간 경제력격차 축소를 위한 결속기금으로 이루어지는데 1998년중 EU 전체 예산의 35%나 되는 289억 유로 규모이다. 조정기금은 1인당 GDP가 EU 평균의 75% 미만인 지역 및 경기침체가 심각한 지역의 개발 지원 등에 사용하고, 결속기금은 1994년부터 신설되어 1인당 GDP가 EU 평균의 90% 미만인 그리스 스페인 아일랜드 포르투칼 등 4개국의 사회간접자본 및 환경투자를 지원하였다.

EU는 관련기금의 규모를 점차 줄이되 회원국확대 이후에도 지역 간 및 국가 간 경제력격차 해소를 위한 구조조정이 필요성이 지속될 것임을 감안하여 대상지역의 감축과 집중지원을 통해 효율성을 높여 나갈 계획이다. 조정기금은 2000년 294억 유로에서 2006년 267억 유로로 감축되었다. 조정기금의 지원목적을 현행 7개에서 3개로 단순화하는 한편 각국 책임하에 유용을 방지토록 하는 등 기금의 관리 체제를 효율화하였다.

결속기금도 같은 기간 중 26억 유로에서 25억 유로로 감축되었다. 2003년에는 기존 수혜국들에 대한 계속 지원여부를 중간 검토하여 소정의 요건을 넘어설 경우 기금규모를 자동적으로 추가 감축할 계획이다.

② 기구개편(Institutional Reform)

EU의 현기구들은 6개 회원국으로 시작했던 1950년대 설립 당시의 기본 골격과 운영 방식을 그대로 유지하고 있어 현실을 반영하지 못하고 있으며 회원국확대를 앞두고 이를 개편할 필요성이 증대되고 있다. 지난 1997년 6월의 암

표 12.6 ▸ EU의 조정기금 지원대상

	목적1	목적2	목적3
지원대상	개발낙후지역	심각한 경기침체지역	고용촉진 및 교육훈련 필요지역 (단, 목적1과 동시지원불가)
총지원액(10억 유로)	135.9	22.5	24.1
조정기금중 비중(%)	69.7	11.5	12.3
지원기금	ERDF, ESP, EAGGF, FIFG	ERDP, ESF	ESP
해당지역인구비중	22.2	18.0	

주: 1) ERDF (European Regional Development Fund), ESP (European Social Fund), EAGGF (Guidence Section of European Agricultural Guidence & Guarantee Fund), FIFG (Financial Instrument for Fisheries Guidence)
자료: EU 집행위

스텔담조약시에도 기구개편에 관한 논의가 있었으나 결론을 보지 못하고 이를 다음번 회원국가입 확대 이후로 보류되어 현재에 이른 상태이다. 21세기 들어 회원국수가 20-30개로 크게 늘어나면 회원국의 이해관계가 다양해짐에 따라 의사결정과정이 복잡해지고 지연되는 등 정책결정면에서의 비효율성이 더욱 증폭될 가능성이 있다. 이에 따라 EU는 향후 회원국확대 추진일정 등을 감안하여 2000년 2-12월중에 기구개편 및 조약개정을 위한 정부간 협의 (Intergovernmental Conference: IGC)[16]를 개최하기로 결정하였다.[17]

---

[16] EU 조약상에는 기구 및 법체계나 조약 개정을 위해서는 회원국의 정부간 협의 반듯이 거치도록 규정되어 있다. 지금가지 EU의 정부 간 협의는 6차례 있었는데 가장 최근의 협의는 암스텔담조약을 위해 1996. 3월~1997. 6월 중 열렸었다.

[17] * EU 집행위가 마련한 정부간 협의 운영권고안의 주요 내용

① 의사결정방식 변경: 회원국수가 많아지면 만장일치제 의사결정방식으로는 거부권행사로 인해 각종 문제해결이 원천적으로 불가능해지므로 현재 만장일치제가 필요한 모든 사항을 재검토하여 핵심사안이었으나 정치적으로 매우 민감한 사안 등 극히 일부를 제외하고는 가중다수결 표결방식을 각료이사회의 일반 표결원칙으로 채택할 필요성이 있다

현재 각료이사회의 만장일치 의결을 반듯이 거치도록 되어 있는 사항중 EU 시민의 거주이전 보장, 사회보장제도관련 규정, 세제조화, 문화관련 결정등과 같은 사하에도 가중다수결 표결방식을 적용하는 것을 적극 검토하고 있다.

② EU 조약 체계의 정비: EU 조약은 그동안 자주 수정되어 체계가 복잡하게 조항간 중요도의 차이도 큰 바 조약체제를 기본조항과 일반조항으로 이원화하여 기본조항은 현행처럼 정부간 협의시의 만장일치 의결과 각국의 비준을 거쳐 개정하되 일반조항은 각료 이사회의 의결과 EU 의회의 동의만으로 쉽게 개정할 수 잇도록 하는 방안을 논의중이다.

일반조항의 개정을 위한 각료이사회의 의결은 조항에 따라 만장일치나 가중다수결 표결방식을 따르도록 하되 전항의 취지를 살려 가급적 후자를 많이 채택한다.

③ 각료이사회 투표권에 대한 가중치 조정 : 각료이사회의 총 87표를 국별로 프랑스, 독일, 이태리 및 영구 각 10표, 스페인 8표, 벨기에 , 그리스 네델란드 및 포르투칼 각5표, 오스트리아 스웨덴 각 4표, 덴마크, 아일랜드 핀란드 각 3표, 룩셈부르키 2표로 나누고 있는 현행제도는 중소국가에게 인구수에 비해 상대적으로 많은 투표권을 인정하고 있으며 이러한 제도를 도입한 당초의 도입취지를 최대한 살리되 대국들의 가중치 확대 요구를 반영하여 이를 미조정할

2003년 신규회원국 가입을 실현하기 이전에 조약개정안에 대한 각국 비준 등 모든 절차를 완료한다는 계획이다.

㉮ 추진경과 및 주요내용

EU의 기구개편 논의는 1997년 6월 암스텔담조약 체결시 핵심사안에 대한 합의도출에 실패함에 따라 다음번 회원국 가입 확대 시의 과제로 넘겨졌으나 최근 회원국 확대 논의가 급진전되면서 다시 전면으로 부상하였다. EU는 당초 암스텔담조약의 부속협정에서 기구개편을 ① 신규회원국이 가입하기전에 부분적으로 단행한 다음 ② 회원국수가 20개를 넘기전에 전면적으로 시행하는 2단계 전략하에 추진하기로 명시하였다. 그러나 최근 회원국 확대 논의가 급진전되면서 앞으로 계속될 회원국 가입 확대사이의 간격이 매우 짧아질 것으로 예상될 뿐만 아니라 회원국 수가 일시에 20개를 넘어설 가능성도 있어 전면적인 기구개편안을 즉각적으로 검토하여야 할 필요성이 대두되고 있다.

필요성이 대두되고 있다. 이러한 EU 내 인구 대소구간의 상이한 투표권가중치로 인해 총 87표중 62표이상의 찬성이 필요한 각료이사회의 의결은 EU 전체 인구의 58%만의 찬성으로 가결될 수도 있고 인구비중 12%의 반대만으로 부결을 위한 26표를 확보할 수 도 있는데 회원국이 27개국으로 늘어난 이후에도 현행 배분 비율을 그대로 적용하면 동 임계치가 각각 50%와 10%정도로 더욱 낮아질 전망이다. 따라서 의결정족수를 낮춰 의사결정의 원활화를 기하면서도 민주적인 대의제도가 강화될 수 있는방향으로 투표권 배분방식을 개정활 필요성이 대두되고 있다.

④ EU 각 기구의 개편: 회원국확대로 예상되는 각 기구의 문제점을 해결하고 조직의 효율성을 증진시키기 위한 개편방안을 검토하고 있다. EU 의회의 의석수 배분방안, 각료이사회 의장꾸에 대한 지침 발의권 부여 등 역할 강화방안, EU 집행위의 집행위원수 증가시 집행위원장의 권한 강화방안, 회원국 확대이후의 회원국의 법률수요 증가에 대응한 사법재판소 등 EU 사법체계의 개편방안, 회계감사원 경제사회위원회 지역위원회 등 EU 사법체계의 개편방안, 회계감사원 경제사회위원회 지욕위원회 등 기타 기구의 효율성 증진방안, 공공이익 보호를 위한 EU 공익검사지명 제도 도입 등이다.

⑤ 조직운영의 개혁: 이밖에 조약개정과는 별도로 EU 의회, 각료이사회, 집행위 등 각 기구의 조직운영의 투명성을 높이기 위한 개혁방안도 논의하고 있다.

1999년 12월에 열린 헬싱키정상회의는 회원국 확대에 따른 EU조약의 개정안 마련을 위한 정부 간 협의를 2000년 2월부터 12월까지 개최하기로 합의하였다. 차기 정부 간 협의는 EU 집행위의 권고대로 3개 핵심사안은 물론 조약전반에 걸친 개정방안을 광범위하게 다루기로 결정하였다. 정부간협의는 각국의 EU 관계 장관회의 참석장관들의 책임하에 정부대표 1인씩으로 구성하되 정치 및 실무급 협의시에는 EU 집행위 대표도 참석하도록 하고 순차적으로 직위를 격상시켜 진전되었다.

정부간협의에 관한 업무보조는 각료이사회 사무국이 담당한다. EU 의회는 각 직급의 정부간협의체와 의견교환을 활성화하는 등 조약개정안 마련 작업에 긴밀하게 개입하였다. 이를 위해 실무급 협의시에는 2인의 의회 옵저버를 참석케하고 장관급 협의시에는 회의시마다 의원 2인이 참석해 EU 의회 의장을 보좌할 수 있도록 조치하였다. 또한 각료이사회 의장국은 동구 등의 EU 가입 후보국에게도 동 정부간협의의 진전상황을 알려주고 각꾸이 이에 관한 의견을 개진할 수 있는 기회를 제공하였다.

이에 따라 EU는 1999년 6월 퀼른 정상회의시 기구개편을 위한 정부 간 협의를 2000년 초에 시작하기로 하고 차기 의장국에 대해 12월의 헬싱키정상회의시 동 협의의 구체적 추진방안에 관한 보고서를 제출토록 요청하였다. 또한 정부간 협의의 핵심논의사항으로 EU 집행위의 규모와 구성, 각료이사회의 투표권에 대한 가중치배분, 가중다수결 표결방식의 적용확대 등 세 가지를 제시하였다.

1999년 11월 EU 집행위는 헬싱키정상회의에서 확정할 정부 간 협의 추진방안에 대한 권고안을 마련하여 의장국에 제시하였다. EU 집행위는 벨기에 전수상 J. Dehaene을 의장으로 하는 현안그룹에 정부 간 협의 시의 핵심논의사항 및 논의방법 등에 관한 독립적인 보고서의 작성을 의뢰한 후 동 내용을 바탕으로 정부 간 협의 추진 권고 안을 마련하였다. EU 집행위는 동 권고안에서 예정된 정부 간 협의가 1999.6월 퀠른 정상회의에서 제시했던 세 가지 핵심논의사항은 물론 회원국 확대와 관련하여 EU 기타기구의 개편방안 등에 이르기까지 폭넓게 다루어질 것을 제안하였다. 또한 지난번 암스텔담조약을 위한 정부간 협의시에 긴 기간이 소요됐던 점을 거울삼아 예정된 정부간 협의는 2000년내에 반드시 마칠 수 있도록 협의개시 초기부터 조약개정안에 대한 실질적인 토의에 들어갈 수 있도록 준비할 것으로 강조하였다.

③ 전망 및 시사점

EU는 앞으로 유로화의 성공적인 정착과 공동외교안보정책의 강화 등을 통하여 기존 회원국의 역내 정치경제통합을 심화시켜 나가는 한편 앞에서와 같이 전쟁방지 및 국제사회에서의 유럽의 지위 확보 등을 동진 및 남진정책에 의한 외연적 확장을 더욱 가속화해 나갈 전망이다. 궁극적으로는 정치경제동맹의 달성 및 동서유럽의 통합에 의한 유럽합중국을 지향하고 있다.

EU 가입을 위한 마지막 단계인 가입협상이 현재 진행중이거나 진행될 예정인 12개국이 모두 EU의 회원국으로 가입하는 경우 EU는 인구 5억의 세계 최대경제권이 된다. GDP 규모는 초기에는 EU의 현 GDP 보다 5%정도 늘어나는 데 불과하나 이들 국가의 EU 가입이후의 발전잠재력을 감안하면 중장기적으로는 현재보다 크게 확대될 전망이다.

현재 60%에 가까운 동구국가들의 대 EU 무역비중과 10% 정도인 EU의 대 동구 무역비중도 빠른 속도로 제고될 전망이다. 1993-97년의 4년 동안 동구국가의 전체 무역규모는 2배로 늘어났으나 이중 EU와의 무역규모는 이보다 더 높은 증가율을 시현하고 있다. 회원국 확대에 따른 시장 확대와 역내 무역 및 경제활동규모의 증대는 유럽경제의 성장지속과 통합진전에 새로운

동인(動因) 또는 유인(誘引)으로 작용할 전망이다.

동구국가들도 EU 가입을 통해 냉전시대 종식 이후에 EU를 동지역의 새로운 정치세력의 중심축으로 받아들이는 한편 EU 시장에 대한 접근과 인력의 자유로운 이동을 보장받을 수 있는 경제적 혜택을 향유하고 있다. EU는 경제적으로는 물론 정치·외교적으로 막대한 영향력을 행사할 수 있게 됨으로써 국제사회에서의 위상이 더욱 높아질 전망이다. 그러나 EU와 가입신청 각국의 지속적인 노력에도 불구하고 동구권 특유의 정치경제 상황 등으로 인해 이들 국가의 EU 회원국 가입 및 전례 없는 정치 경제적 부담을 안겨줄 가능성이 있다.

가입협상을 7년 간이나 계속하고 EU에 가입한지 10년이 경과한 스페인과 포르투갈의 경우도 아직 1인당 GDP가 EU 평균의 70~80% 수준(구매력평가 기준)에 머물고 있는 점을 감안할 때 동구국가 등의 경제력격차 축소에는 더욱 긴 기간이 소요될 가능성이 있다. 이러한 점들을 고려하여 EU의 회원국확대 정책은 앞으로 속도와 질의 두 가지 측면을 적절히 조화하는 방향에서 추진될 전망이다. 가입후보국들의 가입준비를 최대한 지원하면서도 시한과 명분에 쫓겨 각 부문의 의무이행요건 등 EU 가입요건의 충족정도가 미흡한 국가를 회원국으로 졸속 결정하지는 않을 전망이다. 신규 가입국이 최종적

표 12.7 ▸ 구매력평가에 의한 1인당 GDP 격차

	EU15=100	EU25=100[1]		EU15	=100	EU25=100[1]
오스트리아	112	130	불가리아	28(23)	<23>	33
벨기에	112	130	체코	65(64)	<60>	75
덴마크	119	138	에스토니아	34(37)	<36>	39
핀란드	97	112	헝가리	47(49)	<49>	55
프랑스	104	120	라트비아	26(27)	<27>	30
독일	108	125	리투아니아	29(30)	<31>	34
그리스	68	78	폴란드	35(37)	<39>	40
아일랜드	97	112	루마니아	32(31)	<27>	37
이태리	103	119	슬로바키아	45(46)	<46>	52
룩셈부르크	169	195	슬로베니아	67(68)	<68>	78
네델란드	107	123				
포르투갈	70	81				
스페인	79	91				
스웨덴	101	107				
영국	100	115				

주: 1) 동구권 10개국 포함 2) (　)와 〈　〉내는 각각 1997년 및 1998년

자료: Eurostat

으로는 정치적으로 결정될 가능성이 없지 않으나 이 경우에도 회원국 확대의 경제적 영향이 심대하다는 점에서 유럽중앙은행[18]의 의견 등이 그 결정과정

표 12.8 ▸ EU 가입후보국의 경제성장률

(단위: %)

	1993	94	95	96	97	98	99	2000
불가리아	-1.5	1.8	2.9	-10.1	-6.9	3.4	3.5	4.0
사이프러스	0.7	5.9	5.8	2.2	2.5	5.0	..	..
체코	0.6	2.7	6.4	3.9	1.0	-2.3	0.3	1.4
에스토니아	-9.0	-2.0	4.3	4.0	11.4	4.0	3.6	5.0
헝가리	-0.6	2.9	1.5	1.3	4.6	5.1	4.0	4.5
라트비아	-14.9	0.6	-0.8	3.3	6.5	3.6	3.8	4.9
리투아니아	-16.2	-9.8	3.3	4.7	6.1	5.1	3.6	4.9
폴란드	3.8	5.2	7.0	6.1	6.9	5.0	3.7	3.9
루마니아	1.5	3.9	7.1	3.9	-6.6	-7.3	-4.1	-2.1
슬로바키아	-3.7	4.9	6.9	6.6	6.5	4.4	2.1	3.4
슬로베니아	2.8	5.3	4.1	3.3	3.8	3.9	3.5	3.8

자료: EU 집행위 및 Eurostat

표 12.9 ▸ EU 가입후보국의 무역수지 및 물가상승률

(단위: %)

	무역수지				물가상승율			
	1997	1998	1999	2000	1997	1998	1999	2000
불가리아	3.9	-5.5	-4.3	-4.8	985.8	22.3	6.6	7.2
체코	-8.7	-4.5	-3.3	-3.0	7.9	10.7	4.0	4.5
에스토니아	-24.1	-29.9	-20.1	-18.6	9.1	10.5	3.9	2.3
헝가리	-3.8	-5.7	-5.2	-5.4	18.0	14.3	8.8	7.0
라트비아	-15.4	-21.6	-17.0	-15.9	8.5	4.7	3.5	3.0
리투아니아	-12.0	-19.6	-13.2	-13.7	8.8	5.1	2.5	4.5
폴란드	-8.5	-11.9	-10.5	-11.0	14.9	11.8	7.9	7.5
루마니아	-5.7	-9.3	-7.5	-6.0	155.5	59.1	38.0	24.0
슬로바키아	-10.3	-11.3	-7.9	-6.7	6.0	6.7	10.0	8.5
슬로베니아	-4.3	-5.4	-4.2	-4.7	8.3	7.9	10.2	11.0

자료: EU 집행위 및 Eurostat

[18] 이와 관련하여 유럽중앙은행는 최근 총재 연설(1999.10.15, 부록 2참조) 등을 통해 회원국 확대에 대한 기본입장을 밝히고 12개 가입후보국 중앙은행총재를 초청하여 EU 가입과정에 대한 세미나를 개최(1999.11.11-12)하고 통화 금융 및 환율정책 등의 협력을 논의하는 등 이미 발빠른 움직임을 시작하였다.

에 상당한 영향을 미칠 것으로 예상된다. 불가피하게 특정부문에 대해 의무이행을 일정기간 연기하거나 또는 단계적으로 시행할 수 있도록 하는 경과조치를 허용하는 경우에도 최소한의 부문에서 짧은 기간만 이를 허용할 전망이다.

따라서 향후 이들 EU 가입후보국들이 가입요건을 충실히 충족하여 순조롭게 가입을 추진하는 데는 무엇보다 이들 국가의 경제성장 지속 여부와 구조개편에 긴요한 직접투자의 지속적인 유입 여부 등이 관건이 될 전망이다. 이러한 점들을 감안할 때 체제전환을 일찍 시작하여 경제여건이 비교적 양호한 폴란드와 헝가리, 그리고 경제력이 상대적으로 큰 체코, 슬로베니아 및 지중해 국가들의 EU 가입이 먼저 이루어질 가능성이 높다. 여타 동구국가들은 대부분 체제전환의 후유증, 러시아 경제위기의 영향 등으로 인해 경기침체 상태를 지속하다가 최근 들어서야 다소 호전되기 시작한 점 등을 감안할 때 EU 가입준비에 보다 장기간이 소요될 전망이다.

12.6 EMU-EPU의 추진방향

1993년 11월 발효된 마스트리히트 조약은 ① 기존 EC의 기능강화 및 경제통화동맹 ② 공동외교·안보정책, 그리고 ③ 사법·내무협력의 3가지 분야를 축으로 하고 있으며, 이의 내용과 추진동향을 보면 다음과 같다.[19]

첫째, EC의 기능강화와 관련하여 유럽경제통화동맹(European Economic and Monetary Union: EMU)을 추진한다. EMU의 완성을 위해 회원국들은 이를 3단계로 추진하고 있다. 1990년 7월부터 시작된 제1단계에서는 회원국이 환율조정체계(ERM)에 가입하여 환율안정과 정책협조를 추진하였고, 1994년에 시작되는 제2단계에서는 유럽통화기구(European Monetary Institute: EMI)를 설립하였으며, 제3단계에서는 빠르면 1997년부터 늦어도 1999년부터 경제적 여건이 충족되는 회원국에 한하여 유럽중앙은행을 설립하고 단일통화를 창출하여 EMU를 완성한다는 목표로 추진하고 있으며 2002년 1월부터 유로화가 12개국에서 유통되기 시작하였다.

이와 관련 1998년 5월 EU 정상회담에서는 1999년 초부터 EMU가 공식 출범하여, 일차로 독일, 프랑스, 베네룩스 3국, 이탈리아, 스페인, 포르투갈, 아일랜드, 핀란드 등 11개국이 참가하여 1999년 초부터 유로화를 자국통화로

---

[19] 정재영 외, 『국제통상론』. pp. 419~420

사용한다고 선언하였다. EMU의 공식출범을 위하여 1998년 8월부터 유럽중앙은행(European Central Bank: ECB)이 독일 프랑크프르트에서 그 업무를 개시하였다.

둘째, 공동외교와 안보정책은 EU의 공동가치와 독립성을 보호하고, EU와 회원국의 안보를 강화하여 국제평화와 국제협력을 증진하는 것을 목표로 한다. 한편 1990년 EC 정상회담에서는 유럽정치동맹(EPU)을 위한 기본방향으로서 공동안보정책의 수립, 유럽의회의 기능강화, 공동체 활동 강화, EC 시민권 도입 및 EC 기구의 계속성 부여 등 5개 원칙에 합의한 바 있다.

셋째, 사법, 내무 분야의 협력에서는 난민, 이민, 제3국 국민의 역내 유입에 대해 회원국 간 협조를 강화하고, 민사·형사 분야의 협력증대와 유럽경찰의 정보교환 확대 등 협력을 강화하고 있다.

CHAPTER 13

미주지역 지역경제협력

최근 들어 지역주의 움직임이 세계경제 보편적 질서로 빠르게 자리잡아 가면서 지역주의는 세계경제의 큰 흐름이 되고 있다. 세계 주요 국가 대부분이 지역통합에 참여하고 있으며, 이들 지역통합은 질적 심화와 외연적 확산으로 이어지고 있고, 한편으로 기존 타 지역통합간의 연계도 강화됨으로써 지역블록이 세계경제질서의 형성의 중심적 역할을 하고 있다. 세계 최대 경제대국인 미국은 NAFTA 창설을 계기로 지역주의를 WTO와 함께 세계무역자유화를 추진하는 양축으로 활용하는 정책을 추구하고 있고 여타 국가들도 지역주의를 전략적 통상정책으로 활용코자 노력하고 있다.

13.1 미국의 FTA 정책

미주 지역에서의 경제통합은 미국의 자유무역지대(Free trade area: FTA) 정책에 의하여 전개되어 왔다. 1980년대 중반에 시작된 미국의 FTA 정책은 GATT를 중심으로 한 다자간 무역협상을 통한 범세계적인 무역자유화 노력과 함께, 특정 국가와 자유무역지대를 형성함으로써 자유무역을 점차 확대해 나간다는 취지에서 추진되었다.[1]

미국은 1985년 처음으로 미·이스라엘 간의 자유무역협정을 체결하였으나, 그것은 미국과 이스라엘간의 특수한 정치적 관계 등이 크게 감안된 협정이라 할 수 있다. 따라서 지역경제통합이라는 차원에서의 미국 DTA 정책은 1989년에 발효된 미·캐나다 간 자유무역협정(Canada-U.S. Free Trade Agreement)이 그 효시이다.[2]

그 후 1994년에는 멕시코도 참여하는 미국·캐나다·멕시코 등 3국 간의 북미자유무역협정(North American Free Trade Agreement: NAFTA)이 발효되었으며, 미국은 중남미 국가들과 협의하여 전 미주를 포괄하는 미주자유무역지대(Free Trade Area of the Americas: FTAA)를 형성하기 위한 협상을 2005년까지 마무리 짓는다는 원대한 구상과 연결하여 FTA 정책을 계속 추진

---

[1] 정재영 외, 『국제통상론』. pp. 420

[2] 미국·캐나다 FTA: 유사한 역사와 인종 구성을 가지고 있으며 지리적으로도 인접한 미국과 캐나다 양국은 밀접한 경제·무역관계를 바탕으로 1960년대 자동차 부문의 자유무역확대를 위하여 미국·캐나다 간 자동차협정(U.S.- Canada Auto Pact)을 체결한 바 있으며, 1985년부터 3년간의 협상을 거쳐 1988년 1월 미국-캐나다간 자유무역협정을 체결하였다. 이 협정은 1989년부터 정식 발효됨으로써 북미지역에서의 역내시장통합의 커다란 계기가 되었으며, 이 협정은 상품교역이 자유로운 단순한 자유무역지대를 추구하는 데 그치지 않고, 서비스, 투자, 지적재산권 등의 내용을 담고 있어 양국 간 경제관계 전반에 영향을 미치는 매우 포괄적인 자유무역협정이라는 큰 의미를 가진다.

하고 있다.

미국의 이러한 정책방향에는 EU의 급속한 경제통합 및 그에 따른 지역 불럭화 우려 속에서, 미국은 FTA를 통한 자유무역의 점진적 확대와 함께 이를 통하여 EU에 대한 협상력 제고 및 미국의 국제적 영향력 지속이라는 전략 목표도 포함하고 있다고 할 수 있다.

13.2 NAFTA(북미자유무역협정)

북미자유무역협정인 NAFTA(North America Trade Agreement)는 1988년에 미국과 캐나다, 멕시코 등 북미 3개국이 자유무역지대의 창설을 위해 추진해 온 협정으로 1994년에 북미자유무역지역이 정식으로 발효되었다. NAFTA는 EC(유럽공동체)에 이어 두 번째로 진행되어온 대규모 경제통합운동으로 인구 4억 5천의 거대한 단일시장이다. 주요 내용을 살펴보면 3개국 간에 재화와 서비스 이동에 대한 각종 관세 및 비관세장벽을 향후 15년간 단계적으로 철폐한다는 것이다. 또한 NAFTA는 2000년까지 금융산업을 포함한 서비스의 자유로운 이동을 보장하고 지적재산권을 보호하고 각 국가 간의 해외직접투자에 대한 제한을 철폐하여, 환경기준에 대한 규정을 설립하고 또한 최소임금, 미성년자의 노동에 대한 규정을 위반할 경우에 이를 제재하도록 하였다. NAFTA에 대한 협상은 1991년 7월부터 본격적으로 진행되어 왔으며 쟁점사항이었던 자동차의 현지부품조달비율, 멕시코의 에너지산업에 대한 미국의 참여문제 등이 해결되면서 마침내 타결을 본 것이다.[3]

1) NAFTA 협정의 주요 내용

NAFTA 협정은 협정명 자체에 나타난 것처럼 미국, 캐나다, 멕시코 3국 간에 체결된 자유무역협정으로 이들 3국 간에 관세와 비관세장벽을 제거하고 노동 이외에 생산요소의 자유로운 이동을 보장하고 있다. 노동력이 이동을 제한하는 대신 기업의 자유이동이 가능하도록 투자시장을 개방하고 있는 점이 특이한데 이러한 노동이동의 제한은 다민족으로 구성된 미국사회의 고뇌를 나타

[3] NAFTA는 특히 미국, 캐나다와 멕시코 간의 임금의 격차가 심한 상황에서 많은 노동집약적인 산업이 미국과 캐나다로부터 멕시코로 이동할 것이라는 우려 때문에 미국과 캐나다에서 내부적으로 많은 반대에 부딪혔었다. 그러나 결국 멕시코의 소득증대는 미국과 캐나다산 제품에 대한 소비를 증대시킬 것으로 기대되었고 미국과 캐나다 역시 중국과 인도 등 개발도상국에 대하여 노동집약적 산업에서의 가격경쟁력을 확보할 수 있다는 근거에서 NAFTA가 통과되었다.

내고 있는 것으로 해석된다.[4]

① 관세장벽의 철폐

원칙적으로 모든 상품에 대한 관세를 10년 이내에 완전히 철폐하도록 되어있으나 경쟁력이 약한 품목의 관세는 15년 이내에 철폐하도록 기한을 연장하고 있다.

관세철폐스케줄

구분	관세철폐기간	대상품목
카테고리A	즉시	총교역 품목(9,000개)의 50%
카테고리B	5년 이내	총교역 품목의 15%
카테고리C	10년 이내	섬유 및 의류제품
커테고리C+	15년 이내	운동화, 세라믹타일, 가정용 유리그릇 등 공산품과 오렌지 농축액, 땅콩 등 농산물

② 비관세장벽의 제거

역내국 간 교역에 적용되고 있는 쿼터, 수입허가제 등 비관세장벽을 협정 발효 즉시 또는 점진적으로 철폐토록 하고 있다. 농산물, 섬유 및 의류, 자동차 등의 역내 교역에는 비관세장벽을 철폐하는 대신 다음과 같은 특별규정을 적용토록 하고 있다.

농산물: 미국과 멕시코는 협정발효 즉시 모든 비관세장벽을 관세쿼터 또는 일반관세로 전환하고 동 관세를 단계적으로 철폐하도록 하고 있다.

---

[4] NAFTA의 초기 성과를 보면 NAFTA의 발효로 인한 대량실업사태가 발생하리라는 비판은 기우였다는 것이 드러났다. 1994년 기준, 미국의 멕시코에 대한 수출은 총 22% 증가하였으며 멕시코의 미국에 대한 수출 역시 23% 증가하였다. 미국 상무성은 멕시코에 대한 수출의 증가로 미국에 13만 명의 고용이 창출되었던 것에 비하여, 1만 3천 명만이 NAFTA 발효로 인한 실직 때문에 실직보험을 청구했다고 발표하여, NAFTA로 인한 실직은 사실상 소규모였던 것으로 드러났다.

특히 NAFTA의 발효로 인하여 미국과 멕시코의 국경지대에는 많은 공장이 위치하여 양국 간의 분업화현상이 두드러지게 나타나고 있다. 멕시코와 미국의 국경주변에는 도시가 대칭적으로 발전되고 있다. 특히 멕시코의 국경도시는 Maquiladora라고 하는 수출자유무역지구가 다수 존재하고 있다. 가장 대표적인 예로 미국의 켈리포니아주 San Diegp에는 일본의 Sony, Matsushita와 같은 유명한 TV회사들이 위치하고 있다. 이들은 고급 TV만을 미국내의 San Diego에서 생산하고, 소형 TV나 노동집약적인 부품삽입공정은 멕시코의 Tijuana에 위치한 현지법인에서 수행한 후, san diego에 있는 공장에서 최종조립을 실시한다. 최근 한국의 삼성전자 역시 tijuana지역에 tv 조립공장을 설치하였다. 마찬가지로 미국의 El Paso와 멕시코의 Ciudad Juarez, Laredo와 Nuevo Laredo 등 NAFTA 발효 이후 양국 간의 경쟁우위를 최대한으로 활용할 목적의 국경도시가 나날이 발전하고 있는 상황이다.

표 13.1 ▸ 연도별 현지부품조달 비율

1994-1997	50%
1998-2001	57%
2002년 이후	60%-62.5%

섬유 및 의류: 별도로 제정된 역내 원산지규정을 충족시키는 제품의 역내 간 교역 시 모든 쿼터를 즉시 철폐하고 충족시키지 못하는 제품에 대해서는 점진적으로 철폐한다.

자동차: 멕시코의 자동차운송법(Auto Transportation Decree)의 즉시 철폐 및 자동차법(Auto Decree)의 10년 이내 철폐를 통해 자동차의 교역 장벽 및 투자 장벽을 제거하도록 되어 있다.

③ 원산지규정의 강화

원칙적으로 세 번 변경 기준을 채택하고 있으며 역내 산업보호가 필요한 자동차, 전자제품, 섬유 및 의류 등에 대해서는 별도의 기준을 설정하고 있다.

자동차: 세번변경기준 + 부가가치기준(현지부품조달비율)을 적용한다.

섬유 및 의류: 첫째, 대부분의 섬유류 및 의류제품에 대해 북미산섬유사를 사용할 때만 역내 산으로 인정한다(섬유사요건, yarn forward) 둘째, 면, 인조섬유사 등 일정 품목의 경우 북미산 섬유 원료를 사용할 때 역내 산으로 인정한다(섬유원료요건, fiber forward) 셋째, 역내 공급이 불충분하여 역외국으로부터의 수입에 의존해야 하는 견직물, 린넨 및 직물 등으로 만들어진 의류에 대해서는 재단, 봉재의 북미 시행 시에 역내 산으로 인정하고 있다.

컬러 TV, 컴퓨터: 주요공정기준 + 부가가치 기준을 적용한다.

- 컬러 TV: 역내 산 브라운관 장착 + 부가가치율 50% 이상
- 컴퓨터: 역내 산 주 직접회로 및 회로기간 장착 + 부가가치율 50% 이상

④ 서비스 교역의 자유화

역내국 간 서비스공급자에 대한 내국민대우, 최혜국대우의 부여 및 시민권요건 철폐 등의 원칙하에 상호 서비스시장을 개방토록 하고 있다. 금융서비스와 관련, 역내국 간 은행, 증권, 보험 및 여타 형태의 금융서비스업 진출을 점진적으로 허용하고 있다.

⑤ 투자시장의 개방

자국에 대한 역내 투자기업에 대해서는 수출실적의무, 국내부품사용의무 수출입 연계 의무 등의 요건을 폐지하였고 역내 투자기업에 대해서는 판매수입, 이자소득, 기타 상업적수입의 시장환율에 의한 본국 송금을 보장하고 있으며, 멕시코 투자진출시 부과되는 각종 제한규정의 15년 내 폐지 및 미국과 캐나다의 대 멕시코 투자기업에 대한 내국민대우를 부여하고 있다.

⑥ 환경 및 노동

노동 및 환경문제의 해결을 위해 3국이 공동으로 참여하는 위원회를 구성하여 노동과 환경기준위반을 둘러싼 분쟁에 대하여 3국위원회가 심사, 조정한다. 3국위원회의 조정 이 실패할 경우 독자적인 전문가들로 구성된 중재위원회에 회부하도록 하고 있다. 중재위원회의 결정에 대해 위반국이 이를 시정하지 않을 경우 피해당사국은 조세 및 쿼터 등의 형태로 위반국에 대한 무역제재조치의 실시가 가능하게 되었다.

⑦ 지적재산권의 보호

국제지적재산권 협정의 준수: WTO 협정 및 여타 국제지적재산권협정에 의한 역내국의 특허권, 상표권, 식물재배권, 산업디자인, 영업비밀, 직접회로배치설계 등의 지적재 산권을 보호하고 있다. 또한, 지적재산권 침해행위에 대한 규제가 용이하도록 협정 집행요건규정 및 3년 이내의 멕시코 국내관련법 개정을 의무화하고 있다.

⑧ 분쟁해결

북미무역위원회(NATC)의 설치 및 운영을 통한 공정한 분쟁해결을 유도하기 위하여 3국 통상각료급으로 NATC를 구성하여 본 협정의 운용을 감독하도록 하며 분쟁해결의 각 단계별 처리기간을 제한함으로써 분쟁해결의 신속성을 제고시키고 있다.

2) NAFTA의 확대

NAFTA는 1990년 미국 부시정부가 제안한 중남미지원구상(EAI)의 일환으로 추진되어 1994년 1월 공식 출범하였고, 이 구상을 이어받은 클린턴 정부는

표 13.2 ▸ NAFTA와 EU의 비교

	NAFTA	EU
가입국	미국, 캐나다, 멕시코 등 3개국	프랑스, 독일, 영국, 이태리, 스페인, 포르투칼, 그리스, 덴마크, 아일랜드, 벨기에, 네덜란드, 룩셈부르크 등 15개국
성격	• 1992년. 8 자유무역협정체결 – 가맹국 간 관세 및 비관세장벽 철폐 역외국에 대한 독자관세 – 노동 이외의 생산요소의 자유이동	• 1958년 관세동맹으로 출발 • 1993년 공동시장형성 및 경제공동체로 발전 • 완전한 경제통합추진: 단일통화통용 및 유럽중앙은행 출범(1999년) • 2002년 1월 1일. 유로화 12개국에서 사용
목적	• EU에 대응 – 미국의 자본과 기술, 캐나다의 자원, 멕시코 노동력의 상호보완적 결합을 통한 경쟁력 제고 – 세계경제에서 차지하는 지도적 위치 고수	• EU 각국의 경쟁력 강화 및 세계경제의 지도적 위치 회복 – 1단계: EFTA 각국의 흡수통합 – 2단계: 동구권 등 시장경제전환국의 가입
전망	향후 남미 각국까지 확대하여 남북미주대륙을 포괄하는 경제통합체의 결성	범유럽경제권의 형성
경제규모 (2000)	• 인구(백만명): 4억 5천	인구(백만명): 4억 5천

NAFTA의 중남미 확대를 목표로 칠레와 가입교섭을 진행하였다.[5] 또한 1994년 12월에 미주 34개국의 정상이 모인 마이애미 미주정상회의에서 FTAA(범미주 자유무역지대)의 창설선언과 향후 계획일정에 합의하였다. 이러한 가운데 브라질, 아르헨티나, 우루과이, 파라과이 4개국으로 구성된 MERCOSUR은 1995년 1월에 관세동맹으로 출발하였고 그 후 칠레, 볼리비아가 준회원국으로 가입한 외에도 안데스공동시장(ANCOM) 등과의 통합움직임을 보이고 있다. MERCOSUR도 FTAA 결성을 겨냥해 확대하고 있으나 2005년 목표

[5] FTAA의 추진: 북미에서의 NAFTA 추진이 일단락된 후, 미국은 북미와 중남미를 포괄하는 미주자유무역지대(FATT)의 창설을 주도하고 있어, 자유무역지대는 북미에 그치지 않고 점차 아메리카 대륙 전체로 확대될 것으로 보인다. FATT의 뿌리는 1990년 6월 부시 미국 대통령이 외채경감, 무역증대, 투자확대, 환경문제 등을 위한 범미주구상(Enterprise for the Americas Initiative: EAI)을 선언하면서 전체 미주대륙을 하나의 자유무역지대로 하겠다는 개념에서 찾을 수 있다. EAI 발표 후 중남미에서는 개별적 또는 지역적으로 경제통합이 추진되었으며 특히 1991년에는 브라질, 아르헨티나, 우루과이, 파라과이가 인구 1억 5천만 규모의 남미공동시장(MERCOSUR)을 결성하여 단계적인 무역자율화를 추진하기도 하였다. 그리고 1993년 12월 마이애미에서는 쿠바를 제외한 미주지역 34개국이 모여 FTAA를 2005년까지 마무리짓기로 합의하고, 1995년 6월 제1차 미주 무역장관회담을 통하여 FATT 협상을 위한 준비에 착수하였다. 미국 입장에서 FTAA는 EU와 일본에 대한 국제협상에서의 입지를 높여주고, 중남미 국가에게는 미국시장의 안정적 확보 및 새로운 진출기회를 보장해 준다는 점에서, 양측이 적극적인 자세를 보인 것으로 평가된다. 다만 미주국가들은 FTAA의 추진속도와 자유화의 범위에 있어서 서로 다른 입장을 보이고 있어, 당분간 전면적인 협상보다는 역내에 이미 존재하고 있던 지역협력체들의 내실화, 기존 지역협력체(협정)간의 FTA 체결, 쌍무적 자유무역 확대 등에 치중하면서 여건 조성에 노력할 것으로 보인다.

인 FTAA 실현 여부는 결국 미국이 주도하는 NAFTA와 브라질이 주도하는 MERCOSUR 간의 협상에 의해 좌우될 것으로 보인다.

NAFTA의 회원국인 미국, 캐나다, 멕시코는 북미경제권의 형성이라는 큰 목표에는 의견의 일치를 보이고 있으나, NAFTA를 통하여 추구하고자 하는 실리에 있어서는 차이를 보인다. 미국은 기존의 미국, 캐나다 경제관계를 더욱 공고히 하고 멕시코시장의 개방을 유도하며 지적재산권 등 자국의 이익이 걸린 문제를 해결하고자 하는 반면에 캐나다는 미국시장에서의 기득권유지와 무역확대를 원하며 무역분쟁을 원활히 해결할 수 있는 도구로써 NAFTA를 이용하려 하고 있다. 한편 멕시코는 거대한 미국시장을 안정적으로 확보하고 멕시코 내부의 경제개혁을 NAFTA와 연계하여 추진하여 하고 있다. NAFTA의 주요 합의내용중 가장 중요한 것은 역시 관세의 단계적 인하라고 할 수 있다. 관세인하의 효과는 기존관세율 수준이 높은 멕시코에서 주로 나타날 것이며, 멕시코로 수출되는 미국의 농산물과 공산물의 65% 정도가 5년 이내에 면세혜택을 받게 될 것이며 여타 품목들도 10~15년 간에 걸쳐 자유화될 예정이다.

NAFTA는 경제발전단계가 상이한 국가 간에 체결된 최초의 포괄적 자유무역협정이다.[6] 즉, 관세인하에 의한 자유무역지역 달성에 그치지 않고 정책협조를 통한 경제구조의 조정도 꾀하는 것이다. 동 협정은 역내 국가 간의 교역증진 및 자원의 효율적 배분을 추구하며 이를 통해 역외국에 대한 경쟁력을 배양하려 하고 있다.

NAFTA 회원국들은 5~10년에 걸쳐 관세 및 비관세장벽을 제거해 나갈 계획이며 농산물과 같이 분쟁의 소지가 있는 품목에 대해서는 15년에 걸쳐 무역방벽을 제거할 계획이다. 관세 및 비관세장벽의 완화는 북미지역에서 생산된 제품에 한정되므로 원산지규정이 중요한 역할을 할 것으로 전망된다.

NAFTA의 결성은 북미시장 확대로 인한 무역창출효과와 역내 외국 간의 무역전환효과를 동시에 가져왔다. 전문가들에 의하면 NAFTA의 결성으로 미국의 대멕시코 수출은 약 167억 달러 증가했으며, 미국의 대 멕시코 수입은 약 77억 달러 증가하는 것으로 나타났다. 이것은 1990년에 비하여 각각 61%,

---

[6] 1994년 12월에 발생한 멕시코의 외환위기는 멕시코의 페소화를 35%만큼 평가 절하시켰고 멕시코의 주식시장을 폭락시켰다. 이와 같이 멕시코의 불안정한 경제상태는 NAFTA로 인한 이득뿐 아니라 멕시코에 대한 투자의 위험성을 보여줌으로써 현재 미국과 캐나다의 멕시코에 대한 직접투자는 약간 주춤한 상태이다. 미국과 캐나다는 1989년 자유무역협정을 맺어 기존의 밀접한 경제관계를 더욱 심화시키게 되었다. 미국은 1992년에 멕시코와 북미자유무역협정을 조인하였다.

35%씩 증가한 것이며, 미국의 기존 관세가 낮은 데 반해 멕시코 기존의 관세 수준은 높기 때문에 NAFTA의 결성은 미국에서 멕시코로의 순수출을 증가시키기 될 것이다. 또한 NAFTA의 결성은 미국내에 13만개, 멕시코내의 61만개의 새로운 직업을 창출할 것으로 추정되고 있다.

NAFTA 회원국과 역외구간의 무역은 국가별로 상이한 영향을 받을 것으로 예측된다. 대체적으로 미국의 대역외국 교역은 거의 영향을 받지 않을 것으로 예상되는데 이는 이미 미국의 무역보호수준이 낮기 때문에 NAFTA가 결성되어도 무역전환정도가 그리 크지 않을 것이기 때문이다. 반면에 멕시코의 대역외국 교역은 30억 달러 가량 감소할 것으로 보이는 데 주 요인은 미국으로의 무역전환때문이라고 할 수 있다. NAFTA회원국의 대역외국 교역이 크게 감소하지 않는다 해도 NAFTA의 결성은 역외국의 대북미수출에 상당한 영향을 미칠 것이다. 이러한 우려에 대해 미국은 역내 교역증가가 경제를 활성화시킬 것이며 이를 통해 역외교역도 증가할 것으로 보고 있으며, 또한 NAFTA의 자연스러운 확산을 통해 범세계적 무역자유화가 촉진될 수도 있다고 보고 있다.

3) NAFTA의 경제적 효과

북미자유무역협정이 갖는 영향을 역내국가와 역외국가로 나누어 살펴보면 다음과 같이 요약할 수 있다. 역내국가에 미치는 긍정적 효과로는 역내자유시장의 확대에 따라서 발생하는 규모의 경제, 기업의 경쟁촉진과 비효율의 제거, 노동, 자본, 기술, 자원 등 각종 생산요소의 효율적 결합으로 인한 생산성 향상과 산업경쟁력 강화가 예상된다.[7]

국별로는 특히 미국과 캐나다의 노동집약적 산업이 멕시코로 공장을 이전함으로써, 멕시코의 환경악화와 멕시코의 기존 중소기업들의 도산 우려, 미국과 캐나다의 실업발생 등 부정적인 효과가 단기적으로 발생할 수 있다.

역외국가에 미치는 영향으로는, 우선 범세계적인 지역주의화를 촉진시키는 계기가 되었다. 냉전체제 이후 세계 유일의 강대국인 미국의 주도로 NAFTA가 형성되자 국제사회는 미국과 EU가 경쟁적으로 지역경제통합을 강화하는 것으로 인식하게 되었다. 따라서 EU가 경쟁적으로 지역경제통합을 강화하는 것으로 인식하게 되었다. 따라서 EU와 NAFTA 등 강력한 지역통합체에 속하지 않는 국가들은 어떤 형태로든 지역협력체를 통하여 자국의 이익을 확보하려는 추세가 심화되고 있다.

---

7 정재영 외, 『국제통상론』. pp. 422

한편 대미수출 의존도가 높고 미국 시장에서 멕시코 상품과 치열하게 경쟁하고 있는 아시아 국가들의 상품은 그만큼 차별 대우를 받게 되므로, NAFTA는 이 국가들의 대미수출에 부정적인 영향을 미친 것으로 보인다. 또한 그동안 동아시아 국가로 향하던 선진국의 외국인직접투자가 멕시코로 전환되어, 동아시아 국가들에는 또 하나의 타격 요인으로 작용할 수 있다.

13.3 중남미 지역의 지역경제협력

1) 남미공동시장(Mercado Comun del Sur: MERCOSUR)

① MERCOSUR의 설립배경

중남미 각 지역은 1990년대 들어 경제자유화(Liberalization), 민영화(Privatization), 규제완화(Deregulation)로 대변되는 시장 지향적 경제개혁 과정에서 무역자유화 조치들과 병행하여 지역경제통합을 추구하고 있다. 이들 가운데 특히 남미남부 4개국이 지역경제통합을 이루게 된 데에는 아래와 같은 정치, 경제적 변화와 아울러 국제환경의 변화가 중요한 역할을 담당하였다.

첫째, 정치적 민주화에 따라 상호 신뢰구축과 경제협력 강화의 분위기 속에서 종래의 경쟁적 관계를 협력관계로 전환시키고자 하는 지역협력 의식이 고취되었다.

둘째, 4개국이 종래의 대내 지향적인 수입대체산업화 전략을 대외 지향적인 수출주도형 전략으로 전환하기 시작하였다.

셋째, 유럽의 통합심화, NAFTA 출현, 아세안의 통합심화 등 세계무역질서의 지역주의화이다.

넷째, 냉전종식 후 구공산권의 세계경제 참여와 서유럽의 동유럽 개발참여로 중남미국가들이 이미 동아시아 개도국들과 벌여오던 원조, 차관, 외국인투자, 기술유치 등 이른바 자본유치경쟁이 더욱 치열해졌다.

이와 같이 남미남부 4개국의 경제통합을 향한 노력에는 민주주의 실현과 경제안정 및 발전, 지역협력강화라는 정치, 경제, 국제적 배경 및 목표가 자리하고 있다.

② 기구 및 제도

MERCOSUR의 조직은 공동시장협의회(Common Market Council: CMC)와 행동기구인 공동시장그룹(Common Market Group: CMC)는 공동시장

의 최고결정기관으로 회원국의 외무부장관 경제부장관들로 구성되며, 최소 1년에 1회 이상 소집된다. 협의회의 장은 국가명 알파벳순에 의해 순차적으로 선임되며 임기는 6개월이다. 또한 협의회는 회원국 외무부장관들의 합의에 의해 소집된다. 공동시장그룹은 공동시장의 집행기관으로 조약이행의 감시, 위원회 결정사항의 이행에 필요한 제반조치를 결정, 공동시장결성까지의 이행프로그램 등을 설정하며, 회원국 외무부 간의 합의에 의해 조정된다. 행정사무국은 우루과이 수도 몬테비데오에 설치키로 했으나 문서관리 및 연락업무만을 전담할 뿐 유럽위원회와 같은 권한과 책임을 갖는 구심체로서의 상설행정기구는 갖추지 않았다.

③ 중남미지역과의 경제통합 확대

남미국가들은 1960년대에 이미 중남미자유무역연합(LAFTA)을 통해 경제통합을 시도하였다. 제2차 세계대전후 중남미국가들은 경제발전에 박차를 가하면서 유럽의 경제공동체 형성에 자극을 받아 19세기부터 추진해온 중남미 정치통합은 종국적으로 경제통합으로부터 나올 수 있는 것이라는 인식이 지배하게 되었다. 유엔중남미경제위원회(ECLA)의 지원하에 1960년 멕시코와 남미의 10개국은 LAFTA를 구성했고, 중미 5개국은 중미공동시장(CACM)을 설립했다. 그러나 역내 국가 간의 경제정책상의 갈등과 정치변동 사건 등으로 1970년대부터 중남미 지역통합은 마비상태에 빠지고 말았다. 이러한 마비상태에서 벗어나기 위해 LAFTA 11개국은 1980년 라틴아메리카통합기구(LAIA)를 창설, 역내 공동시장의 꿈을 다시 펴기 시작했으나, 1980년대를 뒤덮은 중남미의 외채위기로 큰 진전을 보지 못한 경험을 갖고 있다.

1976년 안데스그룹 탈퇴 이후 어느 지역통합체에도 참여하지 않고 있던 칠레는 NAFTA의 가입과 MERCOSUR 가입을 동시에 추진하다가 1996년 6월 24일 MERCOSUR와 FTA를 맺고, 이를 동년 10월 1일부로 발효시켰다.

칠레-MERCOSUR 간의 자유무역으로 1996년 10월부터 1997년 2월까지 칠레의 대 MERCOSUR 수출은 전년동기의 6억 4,500만 달러보다 11.3% 늘어난 7억 1,790만 달러를 기록했다. 이 같은 증가는 같은 기간 중 칠레의 여타 지역수출이 7.4% 감소한 사실과 대조를 이루었으며 대 MERCOSUR 수출에서는 공산품이 주종을 이루었다.

볼리비아는 칠레와 거의 같은 시기에 MERCOSUR에의 참여에 큰 관심을 표했으나 개발수준의 격차를 감안, 일종의 특별지위를 요구하여 MERCOSUR와의 협상이 더디게 진행되었다. 결국 MERCOSUR는 1996년 12월 17일 브라질의 포르탈레자(Fortaleza)시에서 개최된 제11차 정상회담에서 볼리비아와 FTA협정을 체결하여 1997년 5월 1일부터 발효시키기로 하였다.

MERCOSUR와 ANCOM은 통합 협상과정에서 1995년 2월 23일~24일 몬테비데오에서 개최된 1차 각료회의에서 1995년 6월 30일까지 FTA 협상을 종결짓고 7월 1일부터 관세를 단계적으로 인하하여 2005년에는 전면적인 자유무역지대를 창설한다는 원칙에 합의하였다. 그후 양측은 3월 23~24일 2차 협상에서 1980년 몬테비데오 조약에 저개발국으로 분류된 볼리비아와 에콰도르에 대해 차별관세혜택을 부여할 것인지의 여부와 가격 밴드설정문제에 이견을 보여 협상이 정체되었으며, 1995년 11월 남미 대륙 전체를 단일시장으로 통합하는 SAFTA 창설을 목적으로 통합을 추진한다는 원칙적인 합의만을 보았다.

이후 볼리비아를 비롯하여 페루, 베네수엘라가 MERCOSUR와 개별적으로 자유무역을 추진하게 되자 1996년 3월 안데스정상회의는 MERCOSUR와의 통합원칙을 재확인하면서 1997년 1월 확대위원회 회의에서 통합 안을 확정키로 하였다. 그러던 중 1996년 12월 볼리비아가 MERCOSUR와 FTA를 체결하였으며, 마침내 1997년 1월 ANCOM 측은 MERCOSUR에 통합협상을 제안하여 1997년 3월까지 3차례의 실무협상을 가졌다. 그 결과 양측은 협상 가속화 의정서에 서명하여, FTA 규범 마련은 블럭대 블럭 형태로 추진하되 민감품목 등의 리스트 작성은 MERCOSUR 대 ANCOM의 개별국 형태를 채택하기로 원칙적인 합의를 보았고, 1997년 6월 6차 회의까지의 협상일정을 정하였다.

3차 협상까지의 양측 간 현안은 첫째, 관세인하 일정에 관한 것으로 MERCOSUR 측은 15년간 단계적 인하후 무관세를 시행한다는 목표로 첫 10년내에 비민감품목에 대해 무관세를 실현하고, 10년 후 5년간 민감품목의 단계적 무관세추진을 제의한 반면, ANCOM 측은 경제구조 조정에 시간이 필요하다며 20년 기간을 제시하고 MERCOSUR 측의 협상 안을 검토키로 약속하였다. 둘째, 자유무역 예외품목 리스트를 교환해야한다고 주장하고 있으나 MERCOSUR 측은 이를 인정할 수 없다는 입장이다. 셋째, 원산지규정과 관련하여 MERCOSUR 측은 부가가치율 60% 이상을 제시한 반면, ANCOM 측은 40% 이상을 기준으로 할 것을 요구하고 있다. 넷째, 긴급수입제한조치와 관련하여 ANCOM 측은 MERCOSUR 측과는 달리 대외경쟁력이 약한 역내산 농산물 보호를 위해 농산물을 세이프가드 적용대상에 포함시켜야 한다고 주장하고 있다.

SAFTA는 해당국 다수에게 대서양과 태평양으로의 무역진출로 확보, 그리고 상품 및 서비스 수출시장 확대, 또한 향후 FTAA와 같은 무역협상에서의 협상력 제고 등의 이점을 약속하고 있다. 현재 MERCOSUR와 안데스 그룹 및 칠레 간의 관계강화는 각 레벨에서 적극적으로 진행되고 있어 인구 3억 명, 총 GDP 규모 1조 800억 달러에 달하는 SAFTA의 출범을 머지 않아 이루어질 전망이다.

2) 중미공동시장(Central American Common Market: CACM)

① 설립배경

과테말라와 엘살바도르, 온두라스, 니카라과, 코스타리카 등 5개국을 통틀어 일반적으로 일컫는 중미지역은 과거 한나라에 속하였다는 역사적 공통성에서뿐만 아니라, 지난 1970년대와 1980년대에 보듯이 정치·경제적 과제를 함께 풀어나가야 하는 현실속에서 운명적 공동체로서 여겨지고 있다. 특히 1979년 니카라과의 산디니스타 혁명을 전후하여 이 지역이 휘말린 내란과, 미국을 비롯한 강대국의 간섭, 그리고 이로 인한 경제 사회적 피해는 역내 국가들로 하여금 평화와 발전을 위한 단결된 노력의 필요성을 절감하게 하였으며, 역내 평화가 정착되어 가는 과정에서 1990년대 들어 새로운 지역협력의 틀이 제시되게 되었다.

본래 CACM은 유엔중남미경제위원회(ECLA)가 중남미 지역의 경제통합을 장려한 결과로 탄생하게 되었다. 1951년 멕시코의 멕시코시티에서 개최된 제4차 ECLA회의에서 중미 5개국은 중미국가들이 경제통합과 단일시장 형성이 공동의 관심사임을 천명하고 동년 10월에는 중미 5개국 외무장관회담을 개최, 산살바도로 선언문을 채택하였다.

동 선언문에 기초하여 1951년 중미경제협력위원회를 설립하고 경제통합을 위한 실무작업에 착수하였으며, 동 위원회는 단계적이고 점진적인 경제통합계획을 수립해 나갔다. 아울러 경제통합을 위한 정치적 지원을 목적으로 중

표 13.3 ▸ CACM 회원국들의 경제개황

	인구 (백만 명)	GDP (억 달러)	1인당GDP (달러)	총수출 (백만 달러)	총수입 (백만 달러)
과테말라	10.93	147.8[1]	2,590	3,134	4,000
엘살바도르	5.9[1]	95.5[1]	2,608	2,810	3,950
온두라스	6.13	37.3	1,208	2,111	2,994
니카라과	4.27	19.1[1]	920	987	1,391
코스타리카	3.3	91.9[1]	4,808	3,880	3,954

자료: 한국수출보험공사

미국가기구(ODECA: Organizaton of Central American States)를 설립하기도 하였다.[8]

1958년 중미 5개국은 '자유무역 및 경제통합에 관한 다자간 조약'에 서명했으며 이를 토대로 1960년 12월에는 니카라과의 마나구아시에서 '중미통합에 관한 일반협정'을 체결하였다. 동 협정이 1963년 발효됨으로써 CACM이 공식으로 발족했다.

동 마나구아 협정은 역내 자유무역의 실현 및 대외공동관세 설정 등 상당히 발전된 수준의 경제통합을 목표로 설정, 관세대상 품목의 약 95%에 대한 무역자유화 조치를 명시하였다. 명칭은 공동시장이었지만, 노동과 자본의 자유로운 이동이 포함되지 못하였기 때문에 관세동맹 수준이었다.

중미국가들은 산업화를 촉진시키기 위해 한편으로는 원료 및 자본재 수입에 면세혜택을 제공하였으며, 대외공동관세(CET)를 통해 외국의 경쟁으로부터 보호를 받도록 하여 국내외 투자가들을 유치하는데 효과를 거두었다.

② 기구 및 제도

㉮ 기구

CACM의 결과로 많은 기관이 생겨났는데, 중요한 기관으로는 각료위원회, 행정적 지원을 담당하는 중미통합 조약 상설사무국, 개발 자금을 제공하는 중미경제통합은행, 중미결제은행, 중미통화안정기금 등을 들 수 있다.

[8] 제5차 중남미자유무역지역 총회 폐막. 제5차 중남미자유무역지역총회가 2001.8.31 파나마 콜론에서 폐막됐다. 이번 회의에서 주요 쟁점으로 논의한 사항은 WTO 회원국일지라도 자유무역지역에 대한 재정지원을 계속할 수 있도록 해야 한다는 내용이었다. 이번 5차 회의에는 25개국 300명의 관계자가 참석했는데, 이와 같이 WTO 범주 내에서의 자유무역지역 보조금 지속을 오는 11월 카타르 도하(Doha) WTO 각료회의에서 채택하도록 권고하기로 했다. 앞으로 무기한 자유무역지역에 관한 한 정부보조금을 라틴아메리카 각국의 경제정책 및 경제발전 전략 등의 사정에 맞춰 제공할 수 있도록 배려해야 한다는 내용의 결의도 채택했다. 중남미에서 가장 큰 자유무역지역인 콜론에서 이와 같은 결의를 채택한 것은 WTO 정부보조금 및 상계조치 등에 관한 별도 규정을 염두에 둔 것으로 나름대로의 의미를 가진다. WTO 규정에 의하면 2003년 1월 1일부터 중남미 자유무역지역 관련 재정보조금을 차츰 철폐하게 돼 있다. 그러나 이번 총회 결의에서는 자유무역지역이야말로 중남미 경제발전 및 생활수준 향상에 있어 중요한 일부분을 이룬다는 점을 강조함으로써 사실상 WTO 규범에 반대하는 시각을 보였다. 오히려 자유무역지역이 라틴아메리카 경제, 사회발전에 대한 그 역할을 다하지도 못한 시점에서 시급하게 철폐시키는 것은 시기상조라는 의견을 내놓고 있어 앞으로 WTO와의 의견 조화를 어떻게 끌어낼지 궁금하게 하고 있다. 총회에 참가한 기업인들은 앞으로 자유무역지역에 대한 재정지원을 철폐할 경우 투자유치, 고용 유지, 이민 촉진 등에 있어서 큰 곤란을 초래할 것이라고 경고하기도 했다. 한편 파나마와 관련, 총회 참석자들은 앞으로 파나마가 미주자유무역지역(ALCA) 영구사무국이 되도록 지지하기로 했다.

각료위원회: 정기적인 장차관급 회담에서 CACM의 주요정책을 논의하며 각국 중앙은행장들의 회의도 CACM 정책 수립에 중요한 역할을 한다.

중미 통합 조약 상설사무국: 신살바도르시에 위치하고 있으며 경제통합 관련 주요 정책결정 기관으로 제반업무를 관리감독하고, 주요 기구의 회의를 주재한다. 경제통합사무국 산하에는 산업정책부, 농업정책부, 세제 및 관세부, 통계부, 경제사회 개발부, 재정행정부, 과학기술부 등이 있다.

중미경제통합은행(CABEI: Central American Bank for Economic Integration): 중미경제통합은행은 1960년 과테말라, 온두라스, 코스타리카, 니카라과, 엘살바도르 등 5개국들의 지역통합노력에 따라 설립되었다. 온두라스 테구시갈파에 본부를 두고 있으며, 각 회원국 수도에 대표사무소를 개설하고 있다. 동 은행은 세계은행, 미주개발은행(IDB), USAID, 일본 등으로부터 자금을 지원 받아 저율의 금리 등 양호한 조건으로 동 지역에 대해 국제금융 및 중장기 저율의 금리 등 양호한 조건으로 동 지역에 대해 국제금융 및 중장기 금융서비스 업무를 담당하고 있다. 주요 기능은 각종 인프라 건설 및 산업개발자금 지원, 프로젝트사업 관련 타당성 조사 및 투자기회 제공, 기술지원 등이다.

중미통화위원회(Central American Monetary Council): 코스타리카의 수도 산호세에 위치하고 있으며 환율조정 및 통제를 통한 환율정책, 각국 간 국제수지 조정 등을 주 업무로 하고 있다.

기타 주요 기관: • 무역 및 산업지구: 중미상업위원연맹, 중미산업위원연맹, 중미산업연구원, 중미기업관리연구원. • 행정기관: 중미공공행정연구원. • 수송 및 통신기관: 중미전기통신기술위원회, 중미항공서비스공사 등이 있다.

㉯ 제도

역내무역의 자유화: 커피(콩, 소고기), 설탕, 에틸알코올, 알코올 음료, 밀가루, 담배, 일부석유제품 등 2국 간 별로 정해진 특례에 의한 일부 예외품목을 제외한 관세는 철폐되었다. 또한 품목에 의한 검역, 수입허가, 수입할당이 적용되고 있다. 한편, 국내 생산자가 현저한 손해를 주었다고 간주될 경우에는 긴급수입제한조치의 발동과, 상쇄관세의 부가가 인정된다.

대외공동관세(CET): CACM 회원국은 1999년 12월까지를 목표로 CET를 0~15%로 인하하기로 합의하였다. 이에 따라 현재 각국은 CET를 0~15%로 낮추기 위해 독자의 일정으로 관세인하를 실시하고 있다. 중미의 CET제도로서는 1960년에 '중미통일관세품목표'가 채택되어 그 후 NAUCA II를 거쳐 1993년에 HS에 의거한 '중미관세시스템'이 도입되어 현재에 이르고 있다. 또한 SAC에 있어서는 품목코드에는 '중미통일관세코드'가 사용되고 있지만, 현재 'CAUCA II'가 검토되고 있다. 또한 과세적산을 위한 세제인 '중미통일관세코드규정'도 재검토되고 있다.

자본이동의 간소화: 코스타리카와 엘살바도르의 증권거래서가 온라인 화됨에 따라 양국간의 주식 및 채권 매매가 가능하게 되었다.

통화·금융정책의 통합: 통화 및 금융정책분야의 역내 통합은 전혀 진전되지 않고 있다. CACM 발족시에 통화통합을 목표로 창설된 '중미 페소'는 통계에도 사용되지 않고 있다.

노동의 이동: 역내 노동자의 자유로운 이동은 인정되지 않는다. 단, 코스타리카는 인접한 니카라과와 사탕수수, 커피, 목장, 건설, 가사 노동자에 한하여 코스타리카로 수시 도입을 위한 양국 간 협정을 맺고 있다.

정치통합: CACM은 정치분야도 포함한 역내최상급기관인 중미경제통합시스템(SIECA)아래에 중미의회을 두고 있다. PARLACEN은 과테말라에 있으며, 각국에서 선출된 22인의 의원으로 구성되어 있다. 코스타리카만 아직 의원이 선출되지 않았다. 현재로서는 PARLACEN의 실질적 기능은 없다. 1995년 말 온두라스 자유당 출신인 롤란도 발렌수엘라 오유엘라가 PARLACEN의 제6대의장에 선출되었다.

3) 안데스 공동시장(Andean Common Market: ANCOM)

① 설립배경

ANCOM의 설립배경은 1960년대를 전후한 중남미의 전반적인 지역경제 통합 움직임의 맥락속에서 파악할 수 있다. 1961년 역내 7개국에 의하여 몬테비데오 협정이 체결됨으로써 설립된 중남미자유무역연합(LAFTA, 현재 LAIA의 전신)은 역내 회원국 간의 교역에 관한 장벽을 제거하는 궁극적 역내 경제통합을 표방하였지만, 발전 자체는 상당히 부진하였다. 역내국 간에 자유무역 및 산업협력의 이익이 역내 경제대국인 멕시코, 브라질, 아르헨티나 등에 집중되어 역내 소국들의 불만이 노골화되었으며, 공동경제정책의 내용과 추진속도에 대한 이해 상충으로 LAFTA내 빈·부국 간에 마찰이 자주 발생하였다.

이러한 이유로 안데스산맥 주변 6개국(콜롬비아, 베네수엘라, 페루, 볼리비아, 에콰도로, 칠레)은 LAFTA에 우선하여 중소국가의 입장에서 실현 가능하고 실질적 효과를 기대할 수 있는 소규모 경제권의 단일시장 형성을 이룩함으로써 각 회원국의 경제 및 사회개발을 추진하고자 하였다.

ANCOM 설립의 근본목적은 회원국 국민의 생활수준을 항구적으로 개선키 위해 이익의 공평한 분배를 통해 현존하는 역내국 간의 불균형을 완화하고 경제통합을 통하여 회원국 간의 균형적이고 조화 있는 발전을 촉진하는 데 있다. 또한 이러한 근본목적을 달성하기 위한 협정의 세부적 목표는 첫째, 경제·사회정책 및 이와 관련되는 국가입법의 조화 둘째, 지역 공업화의 강화와 부문별 산업발전 프로그램의 시행 등을 통한 공동공업화 계획 셋째, 대외공동관세 실시 넷째, 농축산부문 발전계획 다섯째, 지리적 통합 여섯째, 에콰도르 및 볼리비아 2개 저발전국에 대한 특혜공여 일곱째, 역내 통합을 위해서 필요하다고 인식되는 부문에 대한 투자를 위해 역내 외로부터 투자재원 조달장치 마련 여덟째, 회원국 간의 개발계획의 조정 및 경제사회 정책의 조화를 통하여 역내공동개발 전략 채택 아홉째, 회원국 간 교역확대를 위한 관세면제 등이다.

② 기구

ANCOM의 2대 기구는 카르타헤나 협정이사회(JUNTA)와 협정위원회이다(COMISION)이다. 또한 이들 양대 기구 이외에 사무국과 경제 및 사회자문위원회 등이 있다.

협정이사회(JUNTA): 이는 협정최고기구로서 5개 회원국 정부대표로 구성되어 있다. 이 기구의 기본 기능은 정책결정, 경제정책의 조화 및 개발계획의 조정을 위하여 필요한 가이드라인의 승인, 협정에 파생되는 의무사항의 이행여부확인, 협정위원회에 지시 사항 부여, 제안에 대한 승인, 협정위원회 구성원의 지명 및 임기종료 결의 등이다. 이사회의 의장은 각국의 알파벳 순서에 의거 윤번제로 하며 임기는 1년이다.

협정위원회(COMISION): DURSO 이익의 추구를 위한 각종활동을 수행하는 실무기구로 3명의 위원으로 구성되는데, 위원은 중남미 국적인 이어야만 한다. 주요 기능은 협정의 이행을 확실히 하며 이사회가 시달하는 결의 및 결의 사항을 이행하는 데 있다. 또한 에콰도르 및 볼리비아에 대한 특혜공여를 위하여 필요한 조치를 제안하고 있다.

경제 및 사회자문위원회(CAES): 회원국의 경제부문 간 연결 및 이들의 통합과정에 대한 참여활동을 촉진시키는 업무를 담당하고 있다.

사무국: 사무국의 기능은 정책의 조화 및 조정을 용이하게 하기 위하여 권고를 작성하고 협정위원회에서 토의될 의제에 대한 사전준비 및 조사를 행하는 것 등이다.

CHAPTER 14

아시아 지역의 지역경제협력

14.1 동북아 경제협력

한국과 일본 중국을 중심으로 한 아시아 국가 간의 금융협력 움직임이 가시화 단계에 들어서고 있다. 현재 논의되고 있는 금융협력방안이 구체화되기까지는 상당한 장애요인이 남아있지만 앞으로 금융협력이 본격화될 경우 아시아 경제 안정뿐만 아니라 세계 경제질서 재편에 커다란 영향을 미칠 것으로 예상된다.

한·중·일 3국 간의 금융협력을 위한 논의가 본격적으로 시작된 때는 1997년 외환위기 시점으로 거슬러 올라간다. 이때부터 아시아 경제를 실질적으로 주도하는 이들 3국이 외환위기 재발방지 차원에서 다양한 금융협력을 구상해 왔다.

그동안 아시아 국가 간의 포괄적인 지역블록 구축 필요성과 함께 한·중·일 3국 간 자유무역협정(FAT)을 추진하자는 움직임이 지속적으로 제기돼왔다. 외환위기 방지대책으로는 외환위기 문제를 수시로 협의할 수 있는 금융안정포럼(FSF)과 외자융통계획인 통화스와프 협정, 아시아통화기금(ANF) 창설문제가 검토됐다.

최근에는 아시아 지역 내에 공통화폐가 도입돼야 한다는 취지에서 한·중·일 3국의 전문가들이 공통화폐 도입방안을 놓고 한창 연구를 진행 중이다.

1) 공통화폐 도입 논의

최근 들어서 한국과 일본 간의 통화스와프 협정에 대한 논의가 활발하다. 왜냐하면, 아시아 경제를 주도하고 있는 한·일 양국이 통화스와프 협정을 맺을 경우 아시아통화기금과 공통화폐 도입 논의도 급속히 진전될 가능성이 높기 때문이다.

이처럼 한·중·일 3국 간의 금융협력이 구체화되는 것은 미국이 주도하는 세계경제질서와 갈수록 심화되고 있는 미국의 통상압력 그리고 동남아를 중심으로 계속 위험 요인으로 거론되는 '3년 주기의 국제금융위기'에 대해 개별 국가 차원보다는 공동대응의 필요성을 절실히 느끼고 있기 때문이다.

또 최근 아시아 경제의 중심축이 빠르게 중국으로 이전되고 있는 데다 일본 고이즈미 내각이 당면한 금융현안을 해결하기 위해 인접 국가와의 협력이 중요하다고 보고 경제협력에 적극적인 입장을 나타내고 있는 것도 한몫하고 있다.

주요 예측기관들은 한·중·일 3국 간 협력의 정도가 높아질수록 아시아 경제가 급속히 안정을 되찾을 수 있을 것으로 보고 있다. 실제로 우리의 경우 한·중·일 3국 간 FTA를 추진할 경우 수출이 20%이상 늘어날 것으로 추정된다.

문제는 한·중·일 3국을 중심으로 한 금융 협력이 구체화되기까지는 여전히 걸림돌이 많다는 점이다. 무엇보다 일본과 중국의 아시아 경제 주도권 확보에 대한 미국의 견제가 심하고 아시아 국가 간 경제력 격차가 가장 큰 장애 요인이다.

동시에 과거 일본의 식민지 지배로 인한 한국 등 주변국의 역사적 감정이 아직까지 많이 남아 있는 데다 북한문제를 둘러싼 동북아 정세의 가변성이 높은 것도 걸림돌로 지적되고 있다.

14.2 AFTA (ASEAN 자유무역지대)

ASEAN 자유무역지대(AFTA: ASEAN Free Trade Area)은 태국, 말레이지아, 인도네시아, 필리핀, 싱가포르, 브르나이 등 동남아국가연합(ASEAN) 6개국을 중심으로 1994년에 결성하였으며 1995년 베트남, 1997년 미얀마와 라오스 1999년 캄보디아 가입함으로써 인도차이나반도를 포함하는 동남아 지역의 광대한 경제블럭을 형성해 나가고 있다.

1) AFTA의 설립과 내용

1992년 1월 싱가포르 정상회담에서 '싱가포르 선언'(Singapore Declaration)과 'ASEAN의 경제협력강화에 관한 기본협정'(the Framework Agreement on Enhancing ASEAN Economic Cooperation)이 체결되었고 ASEAN 경제각료회의에서 'ASEAN 자유무역지대결성을 위한 공동유효특혜관세제도에 관한 협약'(Agreement on the Common Effective Preferential Tariff (CEPT) Scheme for the ASEAN Free Trade Area (AFTA)이 체결됨으로써 ASEAN 6개국은 1994년 1월 1일부터 정식으로 ASEAN 자유무역지대(AFTA)를 창설하였다.

AFTA는 ASEAN 회원국 간의 무역거래에 대한 관세 및 모든 비관세장벽을 점진적으로 인하(철폐)함으로써 ASEAN 역내 무역을 자유화하고 외국인에 의한 ASEAN 역내 투자를 촉진하며 그를 통해 자원의 효율적 배분, 규모의 경제실현, 경쟁력향상 및 지속적 경제발전을 도모하고자 설립되었다. AFTA의 주요 내용은 공동유효특혜관세(Common Effective Preferential

Tariff: CEPT) 제도와 이를 통한 역내거래에 대한 관세인하 및 비관세장벽의 철폐계획, 원산지규정, 그리고 역내회원국 간 협력분야검토 등으로 이루어져 있다.

① 관세인하 및 비관세장벽 철폐계획

1993년 1월 1일부터 시작된 ASEAN 역내무역자유화의 대상은 비가공 농산물과 서비스부문을 제외한 자본재 및 가공농산물을 포함하는 전 제조업제품이며 이들의 역내거래에 대한 관세인하 및 비관세장벽 철폐계획은 다음 <표>에 정리된 바와 같다. CEPT 제도가 ASEAN 자유무역지대를 형성하는 주요 정책수단이며 관세인하계획의 기본원칙은 각 회원국이 예외품목으로 지정한 품목들을 제외한 모든 역내무역거래에 대해 공동유효특혜관세(CEPT)를 적용하고, 동 CEPT를 1993년 1월 1일부터 향후 15년 이내에 점진적으로 인하하여 관세인하계획 완료후 역내거래에 대한 관세율을 0%~5% 수준으로 유지한다는 것이다. 그러나 AFTA 회원국들이 비회원국에 대해 적용하는 관세율은 각 회원국의 독자적 결정에 달려 있다.

AFTA 설립 이전부터 시행되어 오던 우대관세협정에 의해 회원국 간 무역거래시 우대관세율을 적용 받던 제조업 상품들은 모두 CEPT 관세율의 적용을 받게 되며 비제조업상품으로서 우대관세율을 계속 유지함으로써 CEPT에 보완적 기능을 하게 된다.

CEPT 제도에서는 전 산업제품이 가속관세인하대상(Fast Tract Program) 품목, 정상관세인하대상(Normal Track Program) 품목, 그리고 예외(Exclusions and Exceptions) 품목으로 나뉘어 진다. CEPT 적용품목별 관세인하계획은 동 품목의 나누어진다. CEPT 적용품목별 관세인하계획은 동 품목의 가속관세인하대상 여부 및 1993년 1월 1일 당시 적용관세율의 고저

표 14.1 ▸ 관세인하 및 비관세장벽 철폐계획

구분	현행관세율 20% 이상 품목	현행관세율 20% 이하 품목
1. 정상관세인하 - 1 단계 - 2 단계	1993.1.1부터 5~8년 이내에 20% 수준으로 인하 이후 7~10년 간 0~5% 수준으로 인하	1993.1.1부터 15년 이내에 0~5% 수준으로 인하
2. 가속관세인하	1993.1.1부터 10년 이내에 0~5% 수준으로 인하	1993.1.1부터 7년 이내에 0~5% 수준으로 인하
3. 비관세장벽 - 양적규제 - 기타 비관세장벽	1993.1.1부터 5~8년 이내에 철폐 양적규제가 철폐된 후 5년 이내에 철폐	즉시 철폐

(20% 기준)에 따라 다르며, 양적 규제를 포함하는 비관세장벽의 인하계획은 동 품목에 대한 현행 적용관세율 및 양적 규제 이외의 비관세장벽의 존재유무에 따라 달라진다.

가속관세인하계획: 가속관세인하대상은 15개 부문으로 현재 동 부문에 적용되는 관세율이 20% 이상인 경우 10년 이내에 0~5% 수준으로 인하하고 현행 관세율이 20% 이하인 경우 향후 7년 이내에 0~5% 수준으로 가속 인하하여 늦어도 2003년 1월 1일까지는 가속관세인하대상 전부문들에 대한 관세 인하를 완료하도록 하고 있다.

정상관세인하계획: 가속관세인하대상이 아닌 정상관세인하대상 산업부문에 대해서는 <표>에 나타난 바와 같이 각 회원국들의 현행 관세율 차이가 큰 점을 고려하여 회원국별로 신축적인 2단계 관세인하 계획을 수립할 수 있도록 하고 있다. 현행 관세율이 20% 이상인 경우 향후 5~8년 사이에 20% 수준으로 인하하고, 그 후 7~10년 사이에 0~5% 수준으로 인하하여, 현행관세율이 20% 이하인 경우 향후 15년 이내에 0~5% 수준으로 인하한다. 그리고 현행 관세율이 20%를 초과하는 정상관세인하 대상품목들의 2001년 이후 회원국간 관세인하일정을 일반화하기 위해 동 품목들에 대한 관세를 2003년 말까지 15%, 2005년말까지 10%, 그리고 2007년 말까지는 0~5%수준으로 인하하기로 합의하였다.

또한 가속관세인하대상 품목이 아닌 경우에도 2개 이상의 회원국들이 동 품목의 가속관세인하에 대해 합의할 경우 이를 인정하게 되어 있다. 향후 AFTA 협정의 진척과 관련하여 한 가지 흥미로운 점은 동 관세인하계획에 의한 관세 인하 개시일자가 회원국 별로 다를 뿐 아니라 관세인하 시행방법도, 예를 들면 정율법에 의한 관세인하, 역시 회원국의 결정에 달려 있다는 점

표 14.2 ▶ ASEAN 5개국 관세율현황(가중평균)

(단위: %)

구분	1986년 9월 현재	1992년 11월 현재
싱가포르	0.8	0.7
말레이지아	10.8	10.0
태국	31.7	27.6
인도네시아	18.0	10.4
필리핀	21.4	19.8

자료: East Asia Analytical Unit, Australia's Challenge: South-East Asia in the 1990s, AGPS, Canberra, 1992, p. 38

이다.[1]

양적 규제 및 기타 비관세장벽: 비관세장벽 중 양적 규제의 경우 현행관세율이 20% 이상인 품목에 대한 양적 규제에 대해서는 향후 5~8년 이내에 동 양적 규제를 철폐하며, 현행관세율이 20% 이하인 품목에 현존하는 양적 규제는 즉시 철폐하도록 규정하고 있다. 그리고 양적 규제를 제외한 기타 비관세장벽에 대해서는 양적 규제가 철폐된 후 5년 이내에 동 비관세장벽을 철폐하도록 하고 있다.

② 예외품목

ASEAN 역내무역자유화 계획에서 CEPT의 적용대상에서 제외되는 배제 및 예외품목은 일반예외(general exceptions)품목과 잠정배제(temporary exclusions)품목, 그리고 비가공 농산물과 서비스부문이 있으며[2] 산업피해구제를 위한 일시적인 CEPT 적용배제 또한 인정된다.

일반예외품목: 각 회원국들은 자국의 안보, 공공도덕, 국민 및 동식물의 생명과 건강보존, 그리고 예술적·역사적·고고학적 가치를 지닌 물건의 보호를 위해서 필요하다고 인정되는 품목들을 CEPT 시행대상에서 제외할 수 있다.

잠정배제품목: 각 회원국이 일시적으로 특정 민감품목(sensitive items)들을 CEPT 적용대상품목에 포함할 수 없는 경우 이들을 잠정적으로 CEPT 적용대상에서 배제할 수 있다. CEPT 적용품목들은 조화관세분류[Harmonished Systems (HS) Code]상 6단위의 산업부문단위(sectoral basis)로 적용되나 CEPT 적용대상에서 잠정적으로 배제되는 민간품목들을 HS 분류 8/9단위 수준에서 지정한다. 이러한 잠정배제품목들의 존속여부는 8년 후에 재검토하며, 이 때 회원국들은 동 잠정배제품목의 수를 줄이고 이들의 관세율이 그 후 7년 이내에 0~5% 수준에 이르도록 관세인하에 노력하여야 한다.

서비스와 비가공 농산물: 앞서 논의된 바와 같이 서비스와 비가공 농산물은 CEPT 적용대상에서 제외되며 비가공 농산물이란 HS 분류상 1~24에 속하

---

[1] 1977년부터 시행되었던 우대관세협정(Preferential Trading Arrangements)의 실패원인이 회원국간 합의된 품목들에 대한 품목별(product by product base) 할인관세율 적용원칙이었다는 점과 이것을 이용하여 회원국들이 자국산업에 미칠 영향을 극소화할 수 있는 우대관세 적용품목을 선정하는 국가별 이기주의로 인한 것이었다고 할 수 있다. AFTA 협정체결 당시 동 협정내용 중 각 회원국에게 자국의 관세인하일정 및 내용을 자율적, 신축적으로 조정할 수 있게 한 것이 동 협정의 진행에 부정적인 영향을 미치리라는 것이 일반적인 예상이었다.

[2] 'AFTA Reader' vol. 1(1993) 참조

거나 기타 분류에 속하는 비가공 농산물들과 원재료에 최소의 가공을 한 품목들을 말한다.

산업피해규제: CEPT 실시 이후 역내회원국들로부터 수입급증으로 동일한 상품 혹은 경쟁관계에 있는 상품을 생산하는 자국산업의 피해가 발생할 때 수입국가는 CEPT의 적용을 잠정적으로 중지할 수 있다. 회원국이 이러한 긴급 산업피해구제조치를 취할 때는 ASEAN Secretariat를 통해 AFTA Council에 즉시 통고하여야 한다.

③ 원산지규정

자유무역지대하에서는 비회원국으로부터의 수입품에 대해 적용되는 관세율이 회원국마다 다르므로 역외국으로부터의 수입품가격에 차이가 존재하게 마련이다. 따라서 자유무역지대 설립시 이러한 회원국 간 수입품의 가격차이를 이용한 수입품의 역내교역(Commodity arbitrage)[3]을 방지하기 위해 회원국간의 무역에 대해 원산지규정을 적용함으로써 우회무역의 가능성을 봉쇄한다. 만일 회원국들이 관세 혹은 비관세장벽을 통해 비회원국으로부터의 수입을 규제하는 경우 비회원국의 수출업자들은 그러한 무역규제를 피하기 위해 동 자유무역지대내에 직접 투자하여 현지 생산을 할 수도 있다.

역내부품사용제도(Local content scheme)는 비회원국의 수출업자가 역내투자를 통해 현지공장을 설립하는 경우 그것이 역내무역장벽을 회피하기 위한 단순부품조립공장(screw driver plant)이 되는 것을 방지하기 위해 FDI에 의해 현지공장을 설립한 외국기업들은 총 생산액 중 일정 비율 이상의 역내부품 혹은 생산요소를 사용해야 한다고 규정한다. AFTA의 원산지규정과 역내부품사용제도는 적어도 40% 이상의 역내부품을 사용한 물품의 경우 이를 ASEAN 역내 생산품으로 인정한다고 규정한다.

④ CEPT와 호혜주의

AFTA 협정상 특기할 사항은 회원국 간의 무역거래에 대한 조건부 CEPT 적용규정이다. 즉, CEPT가 AFTA 설립 이전 주요 역내무역진흥수단이었던 우대관세제도와 다른 점은 CEPT 제도하에서 회원국 간 거래에 호혜주의가 적용된다는 점이다. 따라서 A라는 회원국이 여타 회원국과 B라는 상품의 무역거래에서 CEPT의 적용을 받으려면 다음의 세 가지 조건을 만족시켜야 한다.

---

[3] 이러한 수입품의 역내거래가 성립하기 위해서는 회원국 간 무역에 소요되는 운송비용이 너무 크지 않다는 가정이 필요하다.

첫째, 동 상품이 수출국과 수입국의 CEPT 적용대상상품 목록에 속해야 하며 동 상품의 현행 관세율이 20% 이내이어야 한다.[4]

둘째, AFTA Council에 의해 인정된 동 상품의 관세 인하계획이 있어야 한다.

셋째, 동 상품이 ASEAN 부품을 40% 이상 사용한 ASEAN 상품이어야 한다.

처음 두 가지 조건들이 CEPT 적용을 받기 위한 실질적, 형식적 조건들이며 이러한 조건들은 앞서 논의된 2개 이상 ASEAN 회원국들이 상무협정을 통해 특정품목에 대해 회원국 전체에 적용되는 CEPT 관세율 인하계획보다 가속적으로 적용 관세를 인하하는 것을 인정하는 CEPT 적용 원칙과 함께 CEPT 제도가 상호주의 원칙에 입각해 있음을 보여주고 있다.[5] 이러한 호혜주의 원칙의 적용은 과거 우대관세제도 시행 시 나타났던 회원국 간의 실질적 무역개방노력의 지연을 방지하고자 하는데 있다. 즉, 상기조건을 만족시키지 못한 회원국들과의 무역거래에는 CEPT를 통한 관세 인하의 혜택을 부여하지 않음으로서 free rider 문제를 방지하고 각 회원국에 자유시장개방의 동기를 부여함으로서 회원국 간의 무역자유화 노력을 가속화하는 데 동 제도의 목적이 있다.

⑤ 외환규제완화 및 기타 역내협력강화

CEPT의 시행을 원활히 하기 위해 CEPT 적용품목의 수출입대금 결제시 외환규제조치를 완화한다. 또한 회원국들은 무역자유화를 보완하기 위하여 기준의 통일, 제품검사보증의 상호인정, 외국인투자에 대한 장벽제거, 공정경쟁정책의 제정, 벤처 캐피탈의 장려, 거시경제정책에 대한 협의 등과 같은 분야에서 회원국 간 협력가능성을 협의하도록 한다.

2) AFTA의 무역자유화 추진

AFTA협정은 역내 무역자유화의 회원국별 일정 등의 세부적 실천계획을 명시적으로 규정하지 않은 상태에서 단지 무역자유화의 기본 원칙만을 천명하

[4] 현행관세율이 20% 이내의 품목의 경우 각 회원국이 관세율인하가 독자적(무차별적)이든 혹은 AFTA 회원국 간의 거래에 대해서만 적용되든 관계없이 CEPT 적용대상에 포함된다. 이러한 점에서 CEPT제도가 '개방적 지역주의'의 요소도 포함하고 있다고 볼 수 있다.

[5] 이러한 CEPT의 호혜주의적 원칙은 (6-X)규칙이라고 표현되기도 한다. 즉, 6개의 ASEAN 회원국 모두가 자동적으로 CEPT 적용 요건을 만족시키거나 2개 이상 회원국 간 관세 인하에 관한 특별합의가 있는 경우에만 CEPT의 적용을 받을 수 있다.

고 있었다. 1992년 12월 자카르타에서 열린 제3차 AFTA Council 회의에 각 회원국들이 잠정적인 CEPT 대상품목 목록과 품목별 관세인하계획을 제출하였으나 회원국별로 관세 인하 개시시기의 차이가 존재[6]해 회원국 간 이해관계의 갈등으로 CEPT의 시행이 지연되었다는 사실 이외에도 관세 인하대상에서 잠정적으로 제외되는 민간품목의 수가 너무 많다는 점 그리고 무역자유화의 일정이 너무 길다는 점과 같은 문제점들로 인해 민간부문이 동 계획의 실현가능성에 거는 기대는 매우 낮은 수준이었다. 이에 따라 역내 산업들은 동 산업제품의 배제품목화를 위해 자국정부에 대한 로비활동을 증대하는 상황이었으며 회원국들의 관세 인하 일정 및 방법 등에 관한 회원국 간의 복잡한 이해관계를 조율하는 일이 AFTA 성패의 관건으로 남아 있었다고 할 수 있다.

이와 같이 AFTA 회원국들이 국내 산업으로부터의 반대와 국내경제사정을 이유로 관세인하계획을 적극적으로 이행하지 않았고, 1994년 4월 UR이 타결되어 1995년부터 출범하게 된 WTO 체제하에서 GATT 회원국들이 10년 내에 관세 인하를 완료하고 관세 및 비관세 장벽을 철폐하기로 함으로서 1993년 1월에 발효된 AFTA 협정상의 관세 인하계획은 해외투자자들의 관심을 끌기에는 부족했다고 볼 수 있다. 이러한 상황에서 그 동안 주요 투자선이었던 일본경제의 불황, NAFTA의 결성과 같은 이유로 역외 선진국과 NICs로부터의 외국인투자가 멕시코, 중국, 베트남 등의 국가들로 전환되어 1993년 중 ASEAN의로의 투자가 격감하자 ASEAN 회원국들은 싱가포르에서 열린 1993년 10월 재4차 AFTA Council 회담과 1994년 9월 태국 치앙마이에서 열린 경제각료회의 등을 통해 역내 무역 자유화를 가속화하기 위한 다음과 같은 일련의 합의를 맺게 되었으며 이를 통해 그동안 지지 부지하던 AFTA 계획은 커다란 발전의 계기를 맞게 되었다.

1993년 10월 제4차 AFTA Council 회의에서는 그동안 확정되지 않았던 회원국별 CEPT 실천계획과 대상품목을 확정[7]하였으며 그동안 각 회원국이

[6] 싱가포르와 태국은 1993년 1월 1일부터 동 관세 인하계획을 시행하였으나 브루나이는 관세 인하 개시시기를 1994년으로, 인도네시아는 1995년(정상관세인하대상품목)과 1998년(가속관세인하대상품목)으로 그리고 필리핀은 1996년으로 설정하였다. 이에 대해 말레이지아는 자국의 관세 인하계획을 1993년부터 시행하되 여타 ASEAN 국가들이 관세 인하를 실시하는 시점부터 유효하다는 조건부 관세 인하계획을 발표하였다.(AFTA: Trading Bloc or Building Bloc? (1994), p. 43~44)

[7] 이러한 CEPT 세부실천계획을 1993년 11월 1일부로 비회원국가, GATT 무역개발위원회, 그리고 민간부문에게도 알려 동 계획의 투명성을 제고할 뿐 아니라 그 동안 동 계획에 회의적인 반응을 보이던 역내 민간부문 및 외국인 투자자가 동 계획에 대해 갖던 불확실성을 제거하도록 하였다.

자율적으로 결정되어 있던 관세 인하실행시기의 문제도 현행 관세율이 20%가 넘는 고관세품목의 경우 관세율 인하일정을 1994년 1월 1일 이전으로 앞당기는데 합의하였다. 그리고 비가공 농산물의 경우 CEPT 시행대상에 정식으로 포함되지는 않으나 몇몇 회원국들이 자발적으로 일부 비가공 농산물을 CEPT 대상에 포함하기로 결정하였다.

1994년 중 인도네시아를 비롯한 몇몇 AFTA 회원국들은 해외투자에 대한 규제를 완화하였으며 1994년 9월 태국에서 열린 제26차 경제각료회의에서는 원래 AFTA 협정서상 관세 인하 완료시점인 2008년 1월 1일보다 5년 빠른 2003년 1월 1일까지 역내 무역 자유화를 완료하는 것과 잠정배제품목의 점진적 CEPT 대상품목화계획을 골자로 한 수정 관세 인하계획을 발표했다. 이 회의에서 합의된 수정 관세 인하계획안과 기타 주요 의결사항은 다음과 같다.

첫째, 정상 관세 인하 대상품목 중 현행관세율이 20%가 넘는 품목의 관세율을 1998년 1월 1일까지 20% 이내로 낮추고 역내 무역자유화를 원래 계획보다 5년 앞선 2003년 1월 1일까지 완료했다. 현행 관세율이 20% 이하인 품목들의 관세율을 2000년 1월 1일까지 0~5% 이내로 인하한다.

둘째, 가속 관세 인하 대상품목 중 현행 관세율이 20% 이상인 품목들의 CEPT 관세율을 2000년 1월 1일 까지 0~5% 수준으로 인하하고 현행관세율이 20% 이하인 품목들의 관세율을 1998년 1월 1일까지 0~5% 이내로 인하한다.

셋째, 기존 CEPT 협정에서 관세 인하대상으로부터 제외되었던 쌀 등의 비가공 농산물을 점진적으로 관세 인하대상에 포함시키며 잠정배제품목의 수를 1996년 1월 1일부터 5년 간에 걸쳐 20%씩 균등하게 축소하여 CEPT 적용대상 품목으로 전입한다. 즉, 1996년 1월 1일까지 잠정배제품목 중 20%를 감축하며 2000년 1월 1일에는 전품목이 CEPT 대상품목이 된다.

넷째, 그동안 자국의 자동차산업을 보호하기 위하여 제품별 보완 계획에 참여하지 않던 인도네시아가 동 계획에 참여하기로 하였으며 AIJV 계획에서 1990년 12월 31일 이전에 승인된 사업에만 한시적으로 적용되던 외국인지분 한도 확대조치를 1996년 12월 31일 이전에 승인되는 모든 AIJV 합작사업에 확대 적용한다. 그리고 CEPT 규정과 AIJV 계획상 현지부품사용비율 불일치에서 빚어졌던 모순점을 해결하기 위해 AIJV의 현지부품사용비율을 50%에서 40%로 인하한다.

다섯째, AFTA 협정상 합의된 사항들의 진전상황점검, 농산물 제외품목의 선정, 통관수속 및 과세기준의 통일, 역내분쟁을 해결하기 위한 기구로서 실무그룹을 설치한다. 또한, AFTA 사무국을 설치하고 정책협의기구을 정례화하여 회원국 간 정책협력을 강화한다.

여섯째, 동아시아경제협력체(EAEC)는 무역문제를 제외한 에너지·산업·관광·인적자원개발 등 분야의 협력문제를 다루는 협의체로 할 것을 검토하고 APEC 협상이 실패할 경우 EAEC에서 무역문제를 취급하기로 한다.

3) AFTA의 경제적 효과

AFTA의 형성이 가져올 경제적인 효과는 여러 가지 생각해 볼 수 있다. 무역창출과 무역전환의 효과면에서 무역창출효과가 무역전환효과를 능가하기 위해서는 경제블럭에 포함되는 회원국들이 통합전에는 경쟁적인 구조를 가지고 있으면서 잠재적으로는 상호 보완적인 구조를 갖고 있어야 하며 각 회원국들의 AFTA 형성이전에 무역보호율이 높고 AFTA 형성으로 인하여 무역보호율이 대폭 인하된다면 무역창출효과가 무역전환효과보다 클 가능성이 많아지는 것이다.

현재의 아세안국가들은 모두 제조업 제품의 수출을 늘리고 있는데 섬유, 의류, 목제품, 전기부품같은 수출품들이 서로 비슷하기 때문에 무역전환의 가능성은 적어 보인다. 또한 아세안 수출특화지수를 검토해 보면 아직까지 절대수준은 낮지만 수출부문에서 보완성이 어느 정도 증가하고 있는 것으로 나타나고 있어 공업화의 진전과 AFTA의 추진과 함께 역내 교역이 활발히 이루어지고 무역창출효과가 파생될 것으로 기대된다.

아세안은 4억 이상의 인구를 포용하고 있어 EU나 NAFTA를 능가하고 있지만 국민총생산면에서 세계전체의 2%, 교역액은 세계전체의 6%에 불과한 소규모 시장을 배후로 하고 있다. 이에 비하여 EU와 NAFTA는 교역액면에서 세계전체의 각각 38%, 19%를 차지하고 있으며 국내총생산면에서도 세계전체의 29%, 31%를 점하고 있는 등 AFTA와 비교할 수 없을 정도로 큰 규모의 시장을 역내에 두고 있다. AFTA 회원국들의 역내 교역비중도 EU나 NAFTA에 비하여 낮아서 AFTA 회원국들의 역내 수출비중은 총수출의 23.9%로, NAFTA 회원국들의 47.6%, EU 회원국들의 56.5%보다 훨씬 낮고 역내 수입비중도 NAFTA회원국들의 36.9%, EU회원국들의 54.5%보다 훨씬 낮은 19.3%를 나타내고 있다. 그러나 최근 AFTA 회원국들 사이의 역내교역이 급증하는 등 큰 폭의 신장세를 보이고 있고 교역구조도 과거 1차상품 위주였으나 이제는 기계, 전자제품 등 제조업 제품이 압도적인 비중을 차지하고 있어 교역구조도 빠르게 개선되고 있다.

14.3 아시아 · 유럽정상회의(ASEM)

ASEM은 경제, 정치안보 및 문화를 포괄하는 광범위한 지역협력체로 출범하였으나, ASEM의 추진 주요 요인은 경제분야의 협력이라고 볼 수 있다.

1) 아시아·유럽정상회의(ASEM) 의의

1996년 3월 방콕에서 개최된 아시아·유럽정상회의(Asia-Europe Meeting, ASEM)는 아시아 10개국(ASEAN 7개국 + 한국, 일본, 중국)과 유럽연합(European Union) 15개국 정상 및 EU 집행위원장이 새로운 아시아·유럽 동반자 관계의 창설을 위해 양 지역 국민 간의 이해 증진과 상호 대등한 입장에서 강화된 대화의 확립을 위해 함께 일할 것을 합의하였다.

제1차 ASEM은 정치, 경제, 문화분야에서 양 지역 간의 잠재적 협력과 동반자 관계가 미진함을 인식한 시점에서 개최되었다. ASEM이 발족된 것은 오늘날 다극체제의 세계에서 아시아 유럽 간의 관계가 북미지역과 대서양지역 간의 연결고리보다 뒤져있음을 시정하기 위한 필요성을 인식하였기 때문이다.

제2차 ASEM 정상회의는 1998년 4월 런던에서 개최되었으며, 런던회의에서 취해진 결의는 향후 ASEM의 진행방향을 결정하게 되었다. 우선적으로 행할 협력분야의 윤곽을 제시하고 또 적절한 주요사업과 역내의 조정관계를 확고히 하는 방안, 즉, ASEM 협력의 기본 틀에 관한 계획(Framework Programe)을 마련하였다.

제3차 ASEM 정상회의는 '새천년 번영과 안정의 동반자 관계'라는 표어를 내걸고 2000년 10월 서울에서 개최되었다. 동 회의에서는 ASEM 회원국 간 정치, 경제, 사회, 문화 등 분야에서의 협력방안과 향후 ASEM Process의 발전방향 등에 대한 폭넓은 의견 교환이 있었다.

ASEM은 제1차 회의에서의 역사적 출범에 이어, 제2차 회의에서 내실화를 위한 기존조건을 충족시킴으로써, 제3차 서울회의를 계기로 본격적으로 발전단계로 진입할 토대를 마련하였다.

2) ASEM 발족 동기

ASEAN이 발족한 직접적인 동기는 동남아 국가연합(ASEAN) 정상들이 1994/1995 회의에서 아시아-유럽정상회의를 방콕에서 개최할 것을 제의한 것에 유래된다. ASEAN 정상들이 ASEM 회의 발족을 제의한 이유를 살펴보면 아래와 같은 두 가지로 요약할 수 있다.

첫째, 오늘날의 세계경제 현황을 살펴보면, 북미권, EU권 그리고 아시아권(ASEAN 7개국 + 동북아 3개국 즉 한국, 일본, 중국)으로 구분할 수 있는바, 이들 3개 지역의 세계전체 GDP에 대한 비중과 앞으로 발전 가능성을 고려할 때 이들 3지역 간의 협력유대의 필요성이 크게 기대되고 있다. 예컨데, 1995년 북미, EU, 아시아 10개국의 GDP는 세계 GDP 대비 북미, EU가 각각 29.5% 그리고 아시아가 24.9%였다. 그러나 가령 이들의 연간 경제성장률을 아시아 5%, 북미와 EU를 각각 2.5%로 가정한다면 2020년에 가서 이들의 대략적 GDP는 북미 146조$, EU 144조$, 아시아 207조$가 될 전망이다. 다시 말하자면 2020년 아시아 10개국의 경제는 북미나 EU 지역을 크게 능가하는 결과를 가져오게 될 것이다.

둘째, 현재 북미와 EU 지역에는 북대서양 조약기구(NATO), 유럽안보협력(OSCE) 등 매우 강한 제도적인 유대관계가 형성되어 있고, 또 최근 북미지역과 동아시아 간에는 아시아·태평양경제협력체(APEC), 아세안 지역포럼(ARF) 등이 형성되어 양 지역을 연결하는 교량역활을 하고 있으나, EU와 동아시아와의 경우는 이러한 제도적 유대관계가 이루어지지 못하고 있다. 따라서 ASEM의 개최는 양 지역 간의 이러한 느슨한 제도적 연결고리를 강화하기 의한 것이므로 매우 현명하고 시의 적절한 조치라고 하겠다.

3) ASEM의 주요 협력사업

ASEM에 참여하는 유럽과 아시아지역의 GDP는 각기 세계 GDP의 약 1/4을 창출하고 있으며, 이들 2개 지역과 미국을 포함한 북미지역은 세계경제의 3대축을 형성하고 있다. 아시아의 경제는 다양한 양상을 보이고 있는 가운데 최근 금융위기가 발생하기 전까지 과거 20~30년 간 고수준의 경제성장을 이룩한 바 있으며, 그 성장은 아시아 개도국의 산업선진국에 대한 수출과 선진국들로부터의 대 아시아 개도국에 대한 투자에 의해 힘입은 바 크다. ASEM 회원국들의 총 무역량은 세계전체무역의 약 40%를 약간 밑도는 방대한 량이다. 물론 그 무역의 성격은 양 지역간의 무역이 아니라 대부분 지역 내의 역내무역이다. 그러나 ‘80년대 후반이후 아시아의 개발도상국들과 유럽 간의 무역은 급격하게 신장하고 있다.

오늘날 아시아·유럽 양 지역 간 무역 및 직접투자의 상호보완적 확대, 그리고 경제적 유대관계의 발전을 위해 무역과 투자의 자유화는 매우 중요한 작용을 하게될 것이다. 따라서 아시아와 유럽의 경제발전을 위한 지역 간 대화의 증대가 크게 요구되고 있다. 특히 아시아 경제의 역동성과 다양성을 감안할 때 아시아와 유럽의 연결고리의 강화는 양 지역 간 경제의 보다 큰 발전과 상승작용을 위해 매우 긴요한 일이다. 경제적 유대관계의 확대를 위해 아시아·유럽간에 요구되는 것은 아래와 같은 다섯 가지가 될 것이다.

첫째, 직접투자와 무역의 확대이며 이를 위해 필수적인 것은 시장경제원리가 작동되어야 하며 지역 간 경제통합의 확대가 뒤따라야 할 것이다. 양 지역 간에 지금까지 투자가 충분히 이루어지지 못한 이유는 정보의 부족이며 그것은 시장기능이 충분히 작동되지 못하였기 때문이다, 특히 아시아와 유럽 간의 매우 먼 지리적 거리, 이들 양 지역의 민간부문상호 간에 상대를 알 수 있는 정보의 부족, 그리고 이에 따른 투자기회의 상실 등이 그 주된 이유라 하겠다.

둘째, 경제활동의 활성화를 자극하기 위해 정부와 민간부문의 협조가 긴요하며, 이를 통한 경제활동의 주역인 민간기업의 활동을 최대한으로 극대화시켜야 할 것이다. 양 지역의 상호 간에 지역시장에 관한 정보교환을 위해 민간부문의 기업간에 보다 긴밀한 상호교류의 촉진이 있어야 할 것이다. 그리고 정부가 이러한 민간기업의 필요성을 이해하여 적절하고 효과적인 조치를 취해야 할 것이다.

셋째, 민간부문의 활동을 한층 더 자극하기 위해 민간부문에 대한 고동의 예견가능성과 함께 기업환경의 개방과 투명성을 제고시키고, 또 비차별성을 확산 개발함이 긴요한 일이 될 것이다.

넷째, 무역과 투자에 관련된 모든 경제규제와 제도는 WTO의 규칙 등 국제적 룰(Rule)에 합치되어야 할 것이다.

다섯째, 아시아와 유럽이 그들 상호 간의 경제활동을 증대하기 위해 기본적으로 요구되는 전제는 서로 대등한 입장에서 상호교류를 하고 또 동시에 양 지역 간의 경제 및 사회적 다양성을 고려하면서 상호작용이 이루어져야 할 것이다.

경제의 상승작용을 극대화하는 데 중요한 세 가지 활동조치는 ① 민간수준에 있어 상호 경제활동의 활성화, ② 기업분위기 조성의 고도화, ③ 지속적이고 안정적 경제성장 등을 들 수 있다. 양 지역 간의 경제발전을 위해 지역간 협력분야로서 ① HRD(Human Resources Development), ② 정보교환과 이해(Understanding)의 증진, ③ R&D 및 기술개발증진, ④ 합작을 통한 각종 유대관계 증진, ⑤ 중소기업 간의 협력, ⑥ 대체에너지 개발 및 환경문제 해소를 위한 아시아·유럽의 공동노력 등이 요구되고 있다.

4) 제2차 ASEM의 주요 결의사항

런던개최 제2차 ASEM 에서는 의장성명서 외에 아시아 경제위기에 관하여 별도로 '아시아의 금융 및 경제상황'에 관한 성명서가 채택되었는데, 의장성명서와 아시아 경제위기에 관한 성명서에 담긴 주요 사항을 살펴보면 다음과 같다.

① ASEM의 원칙

ASEM은 동등한 동반자관계, 상호존중과 호혜원칙을 바탕으로 개방적이고 점진적 과정으로 정치·경제 여타분야의 협력을 균등 추진한다. 그리고 정부간 협력을 넘어서 민간·기업분야의 협력을 제고한다.

② 정치·안보분야

런던회의에서는 아시아 경제위기가 집중 토론됨에 따라 정치·안보분야에 대해서는 상대적으로 진전이 미약한 인상이 있었으나 특기할 사항은 한반도 문제가, 캄보디아, 보스니아, 코소보 문제 등과 함께 지역안보문제로 ASEM에서 처음으로 다루어졌다는 점이다. 이들 문제에 대해서는 아시아·유럽간 협력을 통해 세계평화, 안정 및 번영에 기여하기 위한 노력을 집중시켜 나가기로 합의하였다.

아시아·유럽 양 지역의 진전 사항으로서 EU의 확대 및 구주통화통합(EMU)에 의한 Euro 단일화폐를 위한 협조를 강조하고 1997년 ASEAN + 한, 중, 일 정상회의에 주목한다고 천명하였다.

③ 경제분야

아시아 외환·금융위기가 세계경제에 미칠 영향에 대한 우려를 표명하고 동시에 아시아의 경제위기가 EU와 결코 무관할 수 없다는 공동의 위협 인식을 공유하고 있음을 천명하였다.

동아시아의 경제위기가 각국의 보호주의적 대응 가능성을 제고시킬 수 있음을 경계하는 동시에, 세계 경제상의 불안정을 불식시킬 수 있는 국제화폐, 금융제도의 개혁방안을 모색할 필요성이 있음을 지적하였다.

아시아 경제위기를 다룬 별도 성명서에서는 IMF를 중심으로 한 대응노력을 지지하고, 관련국의 개혁과 관련된 기술적 지원에 사용될 ASEM 신탁기금(ASEM Trust Fund)의 창설을 환영하고 경제위기의 사회적 충격에 대한 적절한 고려가 필요하다는 것 등을 언급하였다.

그리고 특기할 사항은 아시아 경제위기 극복을 지원하기 위하여 한국이 제안한 유럽국가들의 고위기업인 투자촉진단(high-level business mission)의 파견에 합의함으로써 ASEM 신탁기금과 함께 아시아 경제위기에 대한

ASEM 차원에서의 공동 대응 노력이 구체화되었다.

동아시아 경제위기에 관한 논의와 함께 ASEM 경제각료회의에서 합의된 투자촉진 행동계획(IPAP)과 무역원활화 행동계획(TFAP)에 채택되었으며, 또 비지네스포럼(AEBF)의 활동강화를 통한 민간부문 협력의 중요성을 재 강조하였다.

④ 사회문화 분야

범세계적 현안에 대한 공동 협력의 중요성을 재강조하고 이와 관련 인력자원 개발, 빈곤퇴치, 환경보호, 마약 및 국제범죄, 여성 및 아동복지 증진에 대하여 협력을 다짐하였다.

그리고 양 지역 간의 인적교류 및 접촉의 증대를 위한 사회, 문화분야에서 각종 사업계획의 중요성에 합의하고, 그 일환으로서 청년지도자회의, 편집인 라운드테이블 등의 활동을 평가하고 이러한 제반교류의 구심점으로서 아시아·유럽재단에 대한 협력 강화에 합의하였다.

⑤ 비젼그룹(AEVG) 및 아시아·유럽협력 기본틀(AECF)

제1차 회의시 한국이 제안한 바 있는 아시아·유럽 비젼그룹이 정식으로 발족되어, 2000년 제3차 서울회의에서 채택을 목표로 1999년 외무장관회의에서 1차 검토될 비젼보고서 작성작업에 착수하도록 합의하였다. 이와 관련, 1998. 4. 5~6양일 간 영국 캠브리지에서 개최된 제1차 비젼그룹 회의에서 한국이 의장국으로 피선됨에 따라 향후 비젼그룹 사무국 역할을 한국이 수행하게 되었다.

그리고 1998. 2. 19～20 런던 고위실무자회의(SOM)에서 확정된 아시아·유럽 협력기본틀(AECF)이 공식 채택됨으로서 AECF는 향후 ASEM의 단기적 차원에서의 협력방향을, AEVG는 중·장기적 발전협력 전망을 검토하는 역할을 상호보완적으로 분담하게 되었다.

CHAPTER 15

APEC (아시아 · 태평양 경제협력)

15.1 APEC의 개요

지역경제통합에 비교적 미온적이었던 아시아·태평양지역에서도 역내 국가간 경제협력에 관한 논의가 1980년대 후반 이후 활발해지고 있다. 우리나라와 호주의 적극적인 역할로 1989년 11월 출범한 아시아·태평양경제협력체(Asia-Pacific Economic Cooperation: APEC)는 호주의 캔버라에서 개최된 각료회의를 출발점으로 하여 본격화되었으며, APEC은 아시아 태평양지역의 최초의 정부간 공식 경제협력체로 발전하고 있다.[1]

APEC은 그간 자발적 협력(voluntarism)의 정신을 바탕으로 회원국 간의 경제적·사회적·문화적 이질성을 극복하고, 역내 지속적 경제성장에 기여함으로써 역내 주민들의 복리후생 증진과 궁극적으로 아·태 공동체 수립의 토대를 마련해 가고 있다. APEC은 아·태 공동체 형성이라는 목표를 달성해 나가기 위해서 처음에는 비록 느슨한 형태의 협의체로 출범하였으나, 1993년 정상회의 연례화를 계기로 점차 실질적인 협력체로서 발전해 나가고 있다.

APEC은 경제 통합체로서의 제도적 장치를 갖추지는 않았으나, 역내 각 참가국의 다양성을 존중하는 가운데 경제 협력을 꾸준히 추진하여, 지도자회의(정상회담), 각료회의, 고위실무회의(Senior Official Meeting: SOM), 경제위원회(EC), 무역투자위원회(CTI) 및 각종 실무작업반 등을 운용하고 있으며, 점차 기구화의 과정을 추진하고 있다.

APEC 이 발전하게된 여러 요인 중에서도 가장 두드러진 것은 단·중·장기적인 목표를 설정해 놓고, 각 단계별로 구체적인 성과를 도출해 나가면서 최종 목표를 점진적으로 달성해 나가는 지속적인 발전과정으로서의 역동적인 성격이라고 볼 수 있다. APEC은 지난 1996년 수빅 정상회의를 통해 아·태 공동체를 실현하기 위한 무역·투자 자유화의 구체적 실행계획을 완성하여 1997년부터는 이 계획을 이행하는 단계에 진입하였다. 최근까지 이 계획을 지속적으로 이행함으로써 가까운 시일 내에 APEC의 양대 중점분야인 무역·투자자유화는 물론 경제·기술협력분야에서 가시적인 성과를 이루어 낼 것으로 기대되고 있다.

---

[1] 회원명칭 표기: APEC에는 대만과 홍콩이 회원자격으로 참가하고 있어 국가명칭 및 국기사용이 금지되어 있음, 따라서 회원을 '국가(country)'로 지칭하지 않고 '경제체(economy)'로 표기하고 있으며, 대만과 홍콩을 차이니스 타이베이(Chinese Taipei)와 홍콩차이나(Hong Kong, China)로 각각 표기하고 있음에 유의

표 15.1 ▸ APEC의 조직구조

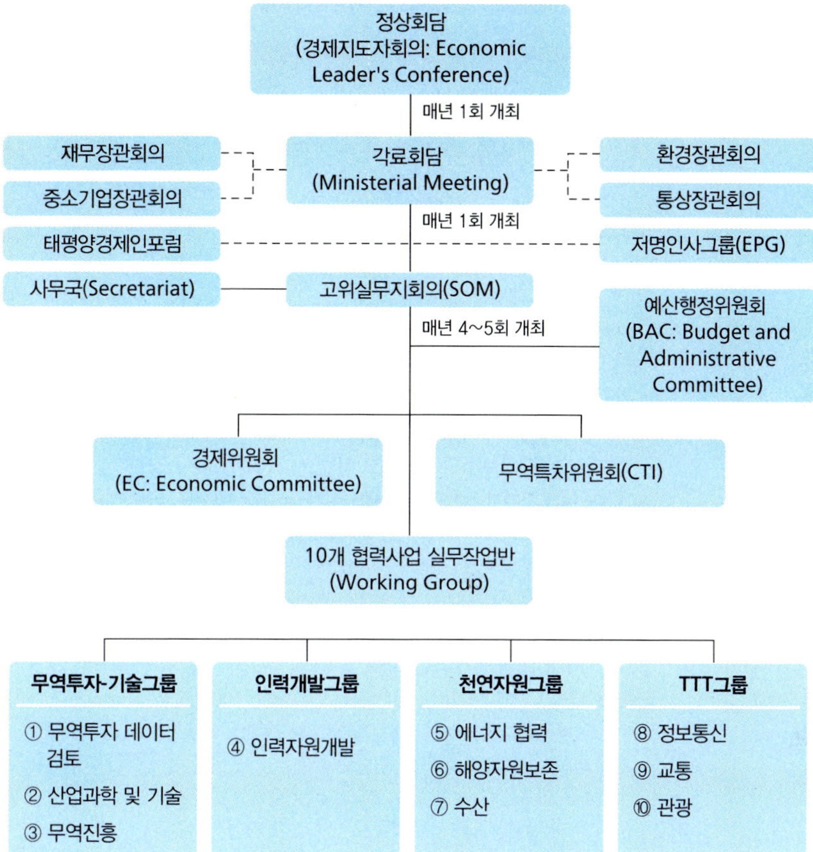

김완순 책 pp. 458

APEC이 시작된 이후 이 지역 내에서는 NAFTA의 결성, 동남아국가연합(ASEAN)의 자유무역지대(AFTA)의 추진, 동북아시아 경제 협력 논의, 동아시아 경제협력회의(EAEC)논의 등이 진행되었다. APEC은 이러한 역내 소지역주의 움직임(Sub-regionalism)을 모두 포괄하는 아태지역에서 경제발전단계, 경제규모, 산업구조는 물론 종교, 인종, 문화 등이 상이한 21개 회원국으로 구성되는 광범위한 협력체라 할 수 있다.

15.2 APEC의 성격

APEC은 다양성을 그 특징으로 하는 아시아태평양 지역을 포괄하는 협력체이다. 따라서 APEC은 지역 내 경제의 역동성을 유지·발전시키는 방향으

로 경제협력을 추진하면서도 국가 간의 다양한 이해관계를 조화시키려 하고 있다.[2]

제1차 APEC[3] 각료회의인 캔버라회의에서 채택된 아-태경제협력에 관한 제원칙은 이러한 여건을 반영하고 있으며, 이를 정리해 보면 다음과 같다.

첫째, 아태경제협력의 목적은 지역경제의 지속적 성장 및 발전을 통하여

---

[2] APEC의 개요:
- 명칭: 아시아·태평양 경제협력체 (Asia-Pacific Economic Cooperation: APEC)
- 창설일자: 1989.11.6(제1차 각료회의, 호주 캔버라)
- 회원국: 총 21개국
  - 창설국(12): 한국, 미국, 일본, 카나다, 호주, 뉴질랜드, 아세안 6개국 (태국, 말레이지아, 인도네시아, 싱가포르, 필리핀, 브루나이)
  - 제3차 APEC 각료회의(1991.11, 서울)시 가입국(3): 중국, 대만, 홍콩
  - 제5차 각료회의(1993.11, 시애틀)시 가입국(2): 멕시코, 파푸아뉴기니(PNG)
  - 제6차 각료회의(1994.11, 자카르타)시 가입국(1): 칠레
  - 제7차 각료회의(1998.11, 쿠알라룸프르)시 가입예정국(3): 러시아, 베트남, 페루
- 옵서버: 3개 기구
  - ASEAN 사무국, 태평양 경제협력위원회(PECC), 남태평양포럼 사무국(SPF)
- 상설 사무국위치: 싱가포르(1993. 2. 12 설치)
- APEC 총인구: 약 23억(전 세계의 51.9%, 단위: 100만 명)
- 총면적: 약 4,752만 km^2(전 세계의 26.9%, 단위:1000 km^2)
- 총 GDP(97): 약 17조$(전 세계의 62.6%)
- 총교역량: 약 5조3,097억$(전 세계의 47.8%)

[3]
- APEC 회의 개최 의의
- APEC 정상들의 연례 회의를 통하여 APEC 회원국 간 무역·투자자유화 및 경제·기술협력 강화에 대한 계기 마련
  - 93년 미국 시애틀 제1차 정상회의에서 아 · 태 경제공동체에 대한 미진 제시
  - 94년 인도네시아 보고르 제2차 정상회의에서 APEC 무역·투자 자유화에 대한 목표년도 설정(선진국 2010, 개도국 2020년)
  - 95년 일본 오사카 제3차 정상회의에서 무역·투자자유화 및 원활화 목표달성을 위한 구체적 오사카 행동지침(OAA)합의
  - 96년 필리핀 수빅 제4차 정상회의에서 무역·투자 자유화 및 원 활화에 대한 구체적 실행계획(일명 마닐라 실행계획: MAPA)을 마련하여 97.1월부터 시행 중에 있음
  - 97년 캐나다 벤쿠버 제5차 정상회의에서는 역내 무역·투자 자유 화를 추진하기 위해 분야별 조기 자유화(EVSL)대상 15개 분야를 선정하여 추진 키로 합의
- 우리나라는 정상회의에 적극적으로 참가하여 APEC에서의 무역·투자 자유화가 우리에게 경제적 실익이 되며, WTO의 발전에도 기여할 수 있도록 노력하고 있다. 또한, 역내 금융위기로 보호무역주의가 대두되지 않도록 노력하고 APEC이 여타 지역협정에 대한 견제 역할을 수행하도록 추진하고 있다.
  - NAFTA, EU 등의 지역협정이 내부지향적인 무역블록으로 발전하지 않도록 APEC이 기존의 균형자, 견제자 역할을 지속적으로 수행하도록 추진하고 있다.
- 또한 우리는 APEC이 역내 경제발전, 평화와 번영에 기여할 수 있는 방향으로 발전하도록 노력하고 있다.
  - 경제·기술협력을 통해 APEC 회원국 간 경제적 격차가 해소되고 지속적 성장과 균형된 발전이 이룩될 수 있도록 추진한다.

세계경제의 성장·발전에 기여한다.

둘째, 협력추진에 있어서 상이한 사회·경제적 제도 및 발전단계를 비롯한 다양성이 인정되어야 한다.

셋째, 협력은 공개적 대화와 합의 원칙을 준수하고, 모든 회원국의 의견이 동일하게 존중되어야 한다.

넷째, 협력은 아태경제 간의 비공식적 협의 성격의 의견교환에 기반을 두어야 한다.

다섯째, 협력은 공동의 이해를 증진시키고 상호혜택을 누릴 수 있는 분야에 집중되어야 한다.

여섯째, 협력은 아태경제의 이익을 도모하면서도 다자간 개방적 무역체제를 강조하는 데 초점을 맞추어야 하며, 경제 블록의 형성 가능성을 배제하여야 한다.

일곱째, 협력은 상품, 서비스, 자본 및 기술의 자유로운 이동을 촉진함으로써 지역 및 세계 경제의 상호 의존도를 높여 그에 따른 이익을 증대시켜야 한다.

15.3 APEC의 특성

아태지역의 경제협력 구상은 이미 1960년대부터 꾸준히 진행되어 왔다. 그러나 APEC의 창설은 민간차원의 논의 또는 협력체구성에 머물고 있던 아·태 경제협력 움직임을 정부주도의 공식적인 협력의 장으로 격상시켜 경협의 실익을 도모한다는 의의를 가지고 있으며, 이 과정에서 각 참가국의 다양성을 존중한다는 기본원칙 아래서 운영되고 있다. 따라서 APEC은 회원국 상호 간의 의견교환과 정보의 공유에 의한 합의제 도출을 기본원칙으로 삼고 있으며, 회원국간의 교섭과 구속력을 가진 결정 등은 행하지 않는 것을 운영원칙으로 삼고 있다. 한편, APEC의 특성을 크게 몇 가지로 살펴볼 수 있다.

1) 아·태 경제공동체의 점진적 달성 추구

장기적으로는 역내 무역과 투자 자유화의 실현을 목표로 하고 있다. 중·단기적으로는 무역활성화 조치를 취함과 동시에 인력자원, 기술, 관광, 통신 등 경제 각 분야별로 실질협력 증진을 통하여 동아시아와 미주를 잇는 경제공동체를 점진적으로 추구한다.

1994년 제2차 APEC 지도자회의가 개최되었던 인도네시아의 보고르에서 채택된 보고르 선언(Bogor Declaration)에서, 선진국들은 2010년까지 그리고 개도국은 2020까지 역내 무역투자를 자유화하기로 결정함으로써, APEC의 경제협력은 새로운 전기를 맞았다.

보고르 선언상의 무역·투자 자유화 목표를 달성하기 위한 행동지침(Action Agenda)이 1995년 오사카 지도자회의에서 확정됨으로써 APEC은 구체적인 실천단계에 들어갔다. 이러한 행동지침을 통하여 무역투자 자유화가 지속적으로 추진되고, 이에 대한 가시적 성과가 나타날 것으로 기대하고 있다.[4]

2) 개방적 지역주의(Open Regionalism) 표방[5]

APEC은 아·태지역 내 무역 자유화를 추진하되, 역외국에 대한 배타적인 지역주의는 지양하고 다자무역체제를 보완 강화해 나가고 있으며, 아울러 아·태지역 내 무역·투자 자유화를 통해 역외 국가들의 자유화도 촉진시키는 효과를 유발하고 있다.

당초 APEC은 한국, 미국, 일본, 캐나다, 호주, 뉴질랜드와 ASEAN 6개국을 포함한 12개국으로 출범하였으나, 우리나라가 의장국 역할을 수행한 91년에 중국, 대만, 홍콩 등 '3개의 중국', 93년에는 멕시코와 파푸아뉴기니아, 94년에는 칠레가 추가로 가입하여 현재 21개의 회원국으로 구성되어 있다. 이와 같은 회원국의 구성에서 살펴볼 수 있듯이 APEC은 발전단계, 경제력, 산업구조 등이 상이한 국가들의 집합체이며, 세계 경제의 핵심국인 미국, 일본과 중심국으로 부상하고 있는 중국 및 NIEs를 포함하고 있다는 점에서 다자주의의 확립을 촉진시키는 지역주의적 면모를 갖추고 있다.

이와 관련하여 APEC은 EU, NAFTA 및 FTAA와는 달리 특혜적 무역블럭과는 대조적으로 무역·투자 자유화에서 파생되는 경제적 이익을 역외국과도 공유한다는 「개방적 지역주의(Open Regionalism)」의 원칙을 천명하고 있다. 이는 타경제블럭의 배타적 성향과는 달리 WTO의 최혜국 대우 원칙을 최대한 존중함으로써 역내 무역 및 투자확대를 통한 범세계적 자유무역촉진에 기여한다는 APEC의 기본 이념과 맥락을 같이하고 있다.

---

[4] 한편, APEC이 추구하는 공동체는 완전한 경제통합의 의미가 아니라 동양적인 대가족(Big Family)의미로 해석한다는 견해도 있다.

[5] 개방적 지역주의: • 세계적으로 대두하고 있는 지역주의에 대항하여, 다자 자유무역체제를 강화하기 위해 비배타적, 비차별적원칙에 입각한 지역협정을 추구하는 GATT 체제에 대한 부합되는 다자체제를 확대해 나가는 것을 의미한다.

- 제2차 EPG 보고서의 정의(1994): ① 가능한 최대한의 일방적 시장개방 조치를 실시함 ② 역외국에 대한 무역장벽을 지속적으로 완화함 ③ 역내 자유화 조치의 혜택을 역외국에 대하여 상호주의에 입각하여 부여함 ④ APEC 회원국들은 개별적으로 역내 자유화 조치의 혜택을 역외국에 대하여 조건부 또는 무조건적으로 부여할 수 있음.

3) 발전적 과정(evolving process)

APEC은 OECD나 WTO 등과 같이 형식적인 틀을 가진 기구로 출범하지 않았다. 창설당시 아-태 협력의 기본원칙에 대해서만 합의하였으며, 운용해 나가는 과정에서 필요에 따라 그때그때 탄력적으로 제도를 마련하고, 기구를 확대해 나가고 있으며, 이러한 측면에서 아직도 발전단계(inevolving process)에 있는 협의체라고 할 수 있다.

행동지침은 자유화와 원활화 및 경제협력으로 구성되어 있으며, 자유화·원활화는 9개의 일반원칙과 15개의 실행과제로 구성되어 있다.[6]

자유화와 원활화의 일반원칙은 포괄성, WTO 협정과의 일치, 형평성, 무차별성, 투명성, 규제조치의 추가적인 도입을 금지하는 현상동결, 자유화의 동시 개시와 계속적 추진, 회원국 간의 상이한 자유화 일정, 각국의 민간부문을 인정하는 신축성, 관련된 경제 및 기술협력의 추진 등이다.

실행과제는 관세, 비관세장벽, 서비스, 투자, 표준, 통관수속, 지적재산권, 경쟁정책, 정부조달, 규제완화, 원산지규정의 투명성 제고, 분쟁해결, 기업인의 이동, UR 합의의 성실한 이행, 정보의 수집과 분석 등의 15개 분야에서 선정되며 향후 자유화추진을 위한 구체적 논의가 진행될 것으로 보인다.

각국은 자유화를 위한 구체적인 행동계획(Action Plan)을 1997년부터 실시하며, APEC은 매년 각국 계획의 이행상태를 점검하고 수정·보완해 나가게 된다.

APEC의 이러한 자유화 추진은 아태지역의 경제성장에 긍정적인 효과를 나타낼 것이며, 개방적 지역주의(Open regionalism)를 지향하고 있는 APEC의 발전은 범세계적인 무역자유화에도 긍정적인 영향을 미칠 것으로 기대된다.

APEC은 89년 호주의 캔버라에서 개최된 제1차 각료회의를 기점으로 정식 출범한 이후 아태지역의 경제협력 증진과 유대강화를 위한 의견교환과 합의를 도출하기 위한 기구로 그 기능과 역할이 강화되고 있다. 당초 느슨한 형태의 결속을 특징으로 하고 출범한 APEC은 역내 지역국 간의 긴밀한 경제협력 필요성이 증대함에 따라 새로운 모습으로 변모하고 있는 것이다.

---

[6] 분야별 조기 자유화 대상(EVSL) 15개 분야: • 9개 우선 추진 분야: 수산물, 임산물, 환경제품 및 서비스, 보석, 에너지, 의료장비, 완구, 화학, 통신 상호인증 협정. 추진 일정: 1998. 11월 정상 및 각료 회의시 구체 이행 방안 합의후 1999년부터 시행. • 6개 추가검토 분야: 식품, 고무, 비료, 자동차 형식승인, 유지 종자, 민간항공기. 추진일정: 자유화 추진 가능성을 1998년중 검토

4) 전원합의(Consensus)에 입각한 의사결정 과정

APEC 회원국들은 최첨단 기술을 소유하고 1인당 GDP가 3만 불에 달하는 고도산업 국가로부터 1인당 GDP가 300불에 불과한 개발도상국에 이르기까지 경제발전 단계에서 큰 차이가 있고, 경제구조나 역사·문화 등에 있어 여타 지역보다 많은 다양성을 지니고 있다.

APEC은 이러한 역내 각국들이 가지고 있는 다양성을 인정하는 토대 위에서 협력을 추구하며, 이를 위해 전원합의(Consensus)에 의거한 의사결정 원칙을 따르고 있다.

5) APEC 중장기 무역·투자 자유화의 원칙

1994년 보고르 정상회의 선언에 따라 선진산업국의 경우는 2010년까지, 개발도상국은 2020년까지 역내 무역·투자 자유화를 추진키로 합의하였으며, 이에 따라 1995년 오사카 정상회의에서 자유화 행동지침(Action Agenda)이 채택되었다.

이 행동지침(Action Agenda)에 따라 1996년부터 협의가 진행되어 1996년 11월 필리핀 정상회의에서는 각국의 자유화 행동계획(Action Plan)이 채택되었으며, 각국은 동 행동계획에 따라 1997년부터 자유화를 이행하고 있으며, 향후 협의과정 및 자유화 추진 과정에서 APEC의 운영방향 및 성격에 대한 논의가 계속될 것이다.

15.4 APEC의 발전과정

APEC는 1989년 결성 이후 총 13차례의 각료회의와 9차례의 정상회담을 거치면서 조직 및 기능 면에서 다음과 같은 내용의 성과와 발전을 이룩하였다.

APEC는 지난 1994년 제2차 정상회의에서 역내 선진국은 2010년, 개도국은 2020년까지 무역 및 투자 자유화를 달성한다는 내용의 '보고르 선언'을 채택하여 세계무역 자유화를 선도하였다. 그리고 2001년 10월 제9차 정상회의에서는 보고르 목표를 달성하기 위한 각국의 의지를 재확인하고 동 목표를 차질 없이 달성하기 위한 좌표를 제시하였는데, 이처럼 APEC은 느리지만 꾸준한 전진을 계속하고 있다. 또한 무역·투자 자유화와 함께 APEC의 양대 축인 경제·기술협력분에에서도 꾸준한 진전이 이루어지고 있다. APEC은 세계화와 정보화가 진행되는 과정에서 필연적으로 발생하는 정보격차 및 빈부격차로 인한 선·개도국 또는 계층간의 격차 해소를 위한 해법을 찾으려 노력하고 있는 것으로 보인다.

또한 APEC은 13차례의 각료 회담을 거치면서 조직 및 활동에 있어서 상당한 발전을 이루었는데 각료 회담의 주요 내용을 구체적으로 살펴보고자 한다.

1) 제1차~4차 각료회의

제1차에서 4차의 각료 회의를 통해 APEC은 종래의 단순한 비공식적인 의견 교환의 역할에서 벗어나 구체적인 정책추진 기능이 강화되었다. 89년 11월 호주의 캔버라에서 개최된 제1차 각료회의에서는 개방성의 유지, 역내 경제 간의 다양성 존중, 합의에 의한 협력추진 등 APEC의 제원칙이 채택되었으며, 이후 제2차 각료회의(90년 7월, 싱가포르)에서는 무역 및 투자 데이터 검토, 무역진흥, 투자 및 기술이전, 인적자원개발, 에너지, 수산, 해양자원 보존 등의 7개 분야에 대한 협력사업 추진을 위한 합의가 이루어져 APEC의 발전 기틀을 다지게 되었다. 특히 우리나라가 의장국의 역할을 수행한 제3차 각료회의에서는 3개의 중국 문제를 해결하여 중국, 대만 및 홍콩을 정식회원으로 받

표 15.2 ▸ APEC 정상회담의 주요 내용

구분	개최일자	개최지	주요내용
1차	93년 11월	미국 시애틀	• UR 연내 타결 • APEC의 무역·투자 기본방향 선언
2차	94년 11월	인도네시아 자카르타	• 보고르 선언 채택(선진국 2010, 개도국 2020년까지 무역·투자 자유화) • 각국의 투자에 대한 규제완화 및 투명성제고를 위한 APEC 투자준칙 제정
3차	95년 11월	일본 오사카	• 무역·투자 자유화 행동지침 발표 • APEC 경제인 자문회의 설치 • 개방적 지역주의의 유지
4차	96년 11월	필리핀 마닐라	• 무역·투자 자유화 이행계획 • 기업제한 철폐 • WTO 체제의 지지
5차	97년 11월	캐나다 벤쿠버	• 동아시아 외환·금융위기 해결 위한 역내 금융체제의 구축 • 신규가입조건 구축 • 역내 인프라개발과 경제·기술협력의 강화
6차	98년 11월	말레이시아 쿠알라룸푸르	• 아시아 금융위기 공동극복(100억 달러 지원) • 헤지펀드·투자은행의 투명성·정보 공개
7차	99년 9월	뉴질랜드 오클랜드	• 세계무역기구(WTO) 뉴라운드 일괄타결 • 지역금융시장의 강화
8차	2000년 11월	브르나이 반다르 스리 베 가완	• 세계화에의 대응 • WTO 뉴라운드(도하개발 어젠다) 2001년 출범 • 신경제 체제에 대비한 협력강화 방안
9차	2001년 10	중국 상해	• 세계 및 지역경제 현황 • 인간능력배양 • 21세기 APEC의 발전

아들여 수적팽창에 기여했을뿐 아니라, GATT 원칙하에 의거한 교역장애 요인 제거를 통한 아태경제 및 세계경제의 발전도모를 이룩한다는 APEC의 목표를 설정하였다. 또한 참가국들은 경제동향 및 현안그룹과 역내 무역 자유화 그룹 설치를 합의하였다. 한편 92년 9월 방콕에서 개최된 제4차 각료 회의에서 합의된 사무국설치안에 따라 상설사무국이 싱가포르에 설치되었으며, 자문기구인 저명인사그룹이 발족되어 APEC은 비로소 협력기구로서의 면모를 갖추게 되었다.

2) 제1차 정상회의

1989년 결성 이후 네 차례에 걸친 각료회의를 통해 실질적인 역내 정부 간 공식 창구로 성장한 APEC은 제5차 각료회의(93년 11월, 시애틀)와 제1차 정상회의를 계기로 APEC을 축으로 추진되는 아·태 경제협력은 새로운 도약의 국면을 맞이하게 된다. 우선 제5차 각료회의의 가장 커다란 성과는「APEC 무역·투자자유화의 기본틀에 관한 선언(Declaration on an APEC Trade and Investment Framework」이 채택되어 아·태무역투자 자유화 추진에 대한 회원국의 의지가 표명되었다는 점이다. 이에 따라 서울회의에서 창설된 역내 무역 자유화 그룹이 무역투자위원회(CTI)로 공식화되어 무역·투자 자유화 달성과 경제 협력과제에 대한 세부 분야별 구체적 활동 계획을 마련하게 되었다.[7]

특히 각료회의에 이어 개최된 '제1차 아태지역 지도자회의'에서 12개 회원국의 정상급 지도자들은 아·태 경제협력의 비젼과 결속가능성을 제시하여 아·태경협의 필요성에 대한 공감대를 정치적 차원에서 확산시키는 계기를 마련하였다. 특히 APEC의 자문기구로 발족한 데는 1차 보고서(A Vision for APEC: Towards an Asia Pacific Economic Community)에서 '아·태지역에서의 자유무역 달성과 범세계적인 무역자유화 촉진 및 이를 달성하기 위한 구체적 프로그램 착수'의 원칙을 제안하여 아·태 경제공동체의 창설에 대한 비젼을 제시하였다.[8]

---

[7] 우리나라는 CTI의 초대의장국으로 피선되어 95년 11월까지 2년간 아·태무역 자유화, 원활화 및 협력사업 관련 분야별 구체적 활동계획을 마련하는 데 기여하였음.

[8] APEC을 축으로 아·태지역 국가 간의 무역·투자 자유화 원칙을 구체화시키기 위한 회원국의 노력은 92년 9월 방콕에서 개최된 제4차 아·태각료회의에서 태동된 저명인시그룹(EPG: Eminent Persons Group)이 역내 무역 활성화를 위하여 제출한 1, 2차 보고서가 정상회담에서 채택됨으로써 최초의 결실을 맺은 것으로 평가되고 있다.

3) 제2차 정상회의 (보고르선언)

94년 11월 인도네시아의 보고르에서 개최된 제2차 APEC 정상회의에서는 1차 회담때 제시된 비젼을 구체화시킨 저명인사그룹(EPG) 2차보고서의 핵심내용이 각국 정상들 간에 선언(보고르선언)으로 채택됨으로써 논의 수준에 머물던 역내 무역·투자 자유화 방안이 가시화되는 구체적 전기가 마련되어 APEC이 역동적 추진력을 갖추게 되었다.

보고르 선언은 첫째, 급속히 변화하는 지역 및 세계경제의 도전에 대한 공동의 해결책 마련, 둘째, 세계경제의 확대 및 개방적 다자주의 무역제도의 지원, 셋째, 역내 경제주체 간에 상품, 서비스, 투자의 자유로운 이동을 위한 무역 및 투자 장벽의 완화, 넷째, 역내 국민들의 경제성장 혜택, 교육 및 훈련의 개선, 교통과 통신발달을 통한 역내 경제주체들의 연계 및 지속적인 자원사용의 확보 등 93년 시애틀 정상회담에서 제시된 비젼을 실현하기 위한 이행조치의 합의를 내용으로 하고 있다. 동선언에서는 각국의 지도자들은 APEC 이 동등한 동반자적 관계, 책임의 공유, 상호존중, 공동의 이해 및 공동의 혜택이라는 정신아래 아·태지역의 경제협력 강화를 합의하면서 첫째, 개방적 다자간 무역제도의 강화, 둘째, 아태지역에서 무역 및 투자 자유화의 촉진 및 셋째, 아·태개발 협력의 강화 목표를 추구할 것을 결의하였다. 이러한 목표 달성을 위한 분야별 내용을 간추려 살펴보면 다음과 같다.

① 개방적 다자주의 무역제도의 강화

APEC은 UR의 다자간 원칙에 입각한 개방적 다자주의 제도의 강화를 선도한다.

첫째, UR 협상의 공약을 모든 당사국들이 충실하고 지체없이 수행할 것을 촉구한다.

둘째, 개방적 다자간 교역질서에 대한 의지를 입증하기 위해서 현재의 보호수준을 높이는 조치의 사용을 동결한다.

셋째, WTO 체제에 능동적으로 참여하여, APEC 회원국이 아닌 WTO 당사국 모두가 추가 적인 다자간 자유화 실현을 위해 APEC 회원국 공동의 보조를 취할 것을 촉구한다. 등이다.

② 아태지역에서 무역 및 투자자유화의 촉진

첫째, 아·태지역의 무역 및 투자를 확대시키기 위해 자유롭고 개방적인 무역

과 투자의 실현을 위한 장기적인 목표를 수립하는 데 동의하였다.[9]

둘째, 아·태지역의 개방적인 무역 및 투자 자유화의 실현은 2020년까지 완료할 것으로 그 이행은 APEC 회원국 사이의 경제발전의 수준차이를 고려하여, 선진공업국은 늦어도 2010년까지, 그리고 개도국은 늦어도 2020년까지 개방적인 무역 및 투자 자유화의 달성을 실현할 것이다.

셋째, 범세계적 자유무역 구현에 역행하는 내부지향적 무역블록의 결성에 강력하게 반대한다. APEC의 무역 및 투자 자유화 노력은 범세계적인 무역 및 투자 자유화를 강화하고 장려할 목적으로 추진되고 있다. 따라서 APEC의 무역 및 투자 자유화의 결과는 역외국가와의 교류에도 영향을 미치기 때문에, GATT에 부합되는 자유무역의 혜택을 역외 개도국이 향유할 수 있도록 고려하고 있다.

넷째, 실질적인 자유화 과정을 보완하고 지원하기 위해 APEC의 무역 및 투자 활성화 프로그램을 확대 추진한다.[10]

다섯째, 역내 투자 흐름의 원골함과 경제정책 이슈에 관한 APEC의 대화를 강화하기 위해 경제성장전략, 역내 자본이동 및 기타 거시경제정책에 관한 유익한 자문을 계속해 나가기로 결정하였다.

③ 아 · 태개발 협력의 강화

아·태국가 간의 개발협력을 강화하기 위한 목적을 달성하기 위해 아·태지역의 인적·천연자원의 효율적인 개발이 가능토록 하고, APEC 회원국들의 지속적인 성장과 균형된 발전을 달성하면서 회원국 간의 경제적 격차를 축소하고 국민들의 경제·사회적 복지를 증진시킨다.

상기 분야의 협력프로그램은 교육, 연수 및 경영기술 훈련 등의 인력자원 개발, APEC 연구센타의 발전, 과학 및 기술협력(기술이전 포함), 중소기업 육성을 위한 조치 및 에너지, 교통, 정보, 통신, 관광 등의 경제 인프라의 발전

---

[9] • 아·태지역의 무역 및 투자를 확대시키기 위해 자유롭고 개방적인 무역과 투자의 실현을 위한 장기적인 목표를 수립하는 데 동의한다.
• 이와 같은 목표는 무역 및 투자장벽의 완화와 역내 구간의 상품, 서비스 및 자본의 자유로운 이동을 촉진함으로써 신속하게 달성될 수 있다.
• 이를 GATT에 부합되는 방법으로 추진할 것이며, 다자간 수준에서 추가적인 자유화를 촉진하는 강력한 기폭제가 될 것이다.

[10] 무역 및 투자에 대한 행정적인 장벽 및 기타 장애를 제거함으로써 APEC 회원국 간의 상품, 서비스 및 자본의 이동을 촉진시킬 것이다.
• 무역 자유화 노력만으로는 무역의 증대를 가져오기 어려우므로 무역 원활화의 중요성이 강조되고 있다. 이를 위하여 APEC 회원국의 각료와 정부관계자에게 관세, 표준, 투자 원칙 및 시장접근의 장애가 되는 행정절차에 관한 APEC 차원의 합의안에 제출하도록 요구하고 있다.

을 위한 조치가 포함되어 있다.

첫째, 지속적인 성장을 위해 환경관련 문제에 대한 효율적인 협력도 증진될 것이다.[11]

역내 경제협력을 지원하는 기업들 간의 상호 연관관계에 기반을 둔 시장경제에 힘입어 아·태지역의 경제성장과 발전이 이룩되었다.

둘째, 경제발전에 있어서 기업의 역할을 인정하면서, APEC의 경제발전에 기업의 참여를 위한 지속적인 장치의 발족에 합의한다.

이와 같이 아·태지역에서 무역 및 투자 자유화의 촉진, 개방적 다자간 무역제도의 강화 및 아·태개발 협력의 강화를 골자로 하는 보고르선언은 국가정상들의 합의로 발표되었으나 협정이나, 조약의 형태를 취하지 않고 있기 때문에 법적 구속력을 지니고 있지 않다. 그러나 보고르선언에서 APEC의 전회원국이 경제 발전단계에 따라 2010 또는 2020년까지 무역 및 투자 자유화를 추진하는 원칙에 합의함으로써 역내 무역 자유화를 위한 목표와 발전방향을 제시하였다는 점에서 당시까지 역내 국가 간 경제협력체 성격에 머물고 있던 APEC이 역동적 추진력을 갖추게 되고 이를 중심으로 한 결속이 한결 다져지게 되었다.

④ 제3차 정상회의와 행동지침

1995년 11월 19일 일본 오사카에서 개최된 제3차 정상회의에서는 보고르선언을 이행하기 위하여 제7차 각료회의에서 확정된 행동지침(Action Agenda)을 채택하는 성과를 거두었다. 보고르선언 이후 이를 이행하기 위한 실무적 논의는 95년 총6차례에 걸쳐 개최된 고위실무자회의(Special SOM)에서 이루어 졌으며, 이 과정에서 회원국의 경제적 특수성과 다양성의 포용과 조화가 성공적인 아·태경협을 위한 주요한 변수임이 드러났다. 이러한 사정을 고려하여 합의·채택된 'Action Agenda'는 세부적으로는 투자와 무역에 영향을 미치는 모든 분야를 대상으로 하면서 각국의 발전단계와 특수한 여건을 고려함으로써 자유화를 원만하게 추진할 수 있는 포괄적이며 신축적인 사항을 규정하고 있다. 자유화, 활성화 및 협력을 3대 지주로 하고 있는 Action Agenda는 구성상 「자유화, 활성화」와 「경제·기술협력」의 두부분으로 나누어져 있다. 우선 자유화와 활성화 분야는 9개의 일반원칙과 추진계획을 포함하고 있다.

---

[11] 아·태국가 간의 협력을 원만히 하고 가속화시키기 위해 지역협력 협정을 추진·이행할 준비가 된 APEC 회원국은 이를 추진할 수 있으며 참여준비가 미흡한 회원국들은 이후에 합류할 수 있다고 규정함으로써, 역내 회원국 간의 다양성을 존중하고 있음.

일반원칙에서는 ① 자유화 대상이 포괄성(Comprehensiveness) ② WTO 협정과의 일치(WTO-Consistency), ③ 형평성(Comparability), ④ 무차별성(Non-Discrimination) ⑤ 투명성(Transparency), ⑥ 현상동결(Standstill), ⑦ 자유화 동시 개시·지속적 추진·상이한 일정(Simulataneous Start, Continuous Process and Differentiated Time Table) ⑧ 신축성(Flexibility) ⑨ 협력(Cooperation) 등과 같이 Action Plan을 작성·이행하기 위한 9개의 기본지침을 명시하고 있다.

또한 자유화 추진과 관련하여 각국은 오사카 지도자회의 직후 자유화계획을 준비하고 협의하여 96년 마닐라에서 개최되는 제8차 각료회의에 'Action Plan'을 제출하여 97년 1월부터 자유화계획을 이행하기로 합의하였다.[12] 한편 APEC 회원국 간의 불균형을 해소하고 아·태지역의 지속적인 성장과 균형된 발전을 달성하기 위하여 마련된 협력과제 있어서는 인력개발, 교통·통신 등 인프라 개발, 교육, 중소기업진흥 등 경제 및 기술관련 분야의 협력방향을 제시하고 있다.

이와 같은 Action Agenda의 채택과 함께 지도자들은 자국의 자유화 실천 의지를 천명하는 초기가시화 조치(Initial Actions)를 공동 발표하여, 자발적으로 무역·투자 자유화를 추진한다는 APEC의 기본정신을 다시 한 번 강조하는 계기로 삼았다. 따라서 93년의 시애틀 지도자회의에서는 APEC의 무역·투자 자유화에 대한 비젼이 제시되고, 94년의 보고르 선언을 통해 자유화의 목표 년도가 결정된 것과 같은 연장선상에서 95년의 오사카회의에서는 자유화를 구체적으로 실행하기 위한 지침이 마련됨으로써 APEC 발전의 새로운 장이 열렸다는 의미가 있다.

[12] 한편 Action Agenda는 15개 분야의 자유화 추진을 위한 자유화목표, 추진지침 및 공동조치에 관하여 언급하고 있음. 여기에 해당되는 분야는 다음과 같다. ① 관세 ② 비관세장벽 ③ 서비스 ④ 투자 ⑤ 표준·적합 ⑥ 통관수속 ⑦ 지적재산권 ⑧ 경쟁정책 ⑨ 정부조달 ⑩ 규제완화 ⑪ 원산지규정 ⑫ 분쟁처리 ⑬ Businessman의 이동 ⑭ UR 이행 ⑮ 정보수집 및 분석

4) 9차 정상회의(중국 상해)[13]

2001년 10월 제9차 중국 상해에서 제13차 각료회의와 제9차 정상회의[14]가 개최되었다. 상해 정상회의의 주제는 세계 및 지역경제 현황, 인간능력 배양, 그리고 21세기 APEC의 발전 등 세 가지로 요약할 수 있다. 이들 주제에는 각각 세부적인 사안이 내포되어 있는데, 이들 주제의 포함 내용을 살펴보면 다

---

[13] APEC 정상회의 의의 및 성과

- 9.11 테러 사태후 개최된 최초의 다자간 정상회담으로서 세계 경제 회복과 반테러 공조의 틀에 합의하였다.
- 우리 정상은 정상회의 첫 번째 발제연설을 통해 반테러 사태 논의와 경제적 대응 방안논의를 선도하였다.
  - APEC 내 우리나라의 지도적 역할 재확인하였다.
- 전자정부 구현, 여성과 장애인의 IT능력 및 지위향상, 제1차 해양장관회의 주최 등 4개의 구체적인 협력 사업을 제안, APEC에 대한 적극적 기여 의지 표명
  - 이러한 우리 제안을 정상선언과 각료성명에 반영하였다.
- 대북 포용정책과 동 정책의 일환으로 북한의 APEC 활동 참여 유도를 위해 꾸준히 노력하고 있음을 환기시키고, 이에 대한 APEC 정상회의 지지를 재확인하였다.

[14] 2. 김대중 대통령의 기조발언 요지

- 김대중 대통령은 금번 회의 참석 20개국 정상중에서 첫 번째로 기조발언
- 對美 테러가 세계 경제에 미치는 영향 및 테러 근절 노력
  - 테러 대참사를 당한 미국 국민들을 위로
  - 다국적군의 反테러 군사 행동 지지
  - 대부분의 이슬람 국가들과는 변함없는 우정을 지켜나갈 것임을 강조
  - 우리가 유엔총회 의장국으로서 유엔차원에서의 테러 대응을 위해 노력하고 있으며, 국제적인 反테러 연대 형성에도 적극 동참할 의향을 표명
    ※10.18 APEC 외무장관 간 테러관련 오찬 회의시 한승수 외교부장관이 주제 발제자로 참여하였다.
- 역내 경제의 발전과 공동번영을 위한 정책공조 강화 방안 제의
  - 지속적인 경제구조개혁을 통한 시장의 신뢰 제고 및 내수진작 시책 강화
  - 무역과 투자자유화 노력의 지속 및 WTO 뉴라운드 출범에 대한 정상들의 강력한 지지 촉구
  - IT BT 등 차세대 성장산업에 대한 투자증대 촉구
- APEC 내 정보화 격차 해소를 위한 구체적 협력사업 제시
  - 행정절차의 투명성 제고와 부패척결을 위한 전자정부(e-government)구현과 관련된 심포지움을 내년중 서울에서 개최할 것을 제안
  - 여성 및 장애인의 IT 활용 확대를 통해 이들의 경제활동 참여와 지위 향상을 도모하기 위한 연구 주도 및 심포지움 주최 제안

3. 우리의 기존 제안사업 성과에 대한 회원국들의 평가(정상선언문에 반영)

- 사이버교육 협력 컨소시움
  - 한국이 주도하는 APEC 교육재단의 주도로 금년에 한국 등 5개국(한국, 미국, 뉴질랜드, 홍콩, 싱가폴)이 참여하는「사이버교육 협력 컨소시엄」이 출범, APEC 내 인간능력배양 분야 협력의모범이 되고 있음을 설명정상선언문은 동 컨소시엄의 출범을 환영
- 사회안전망 협력 강화
  - 사회안전망의 강화도 결국 인간능력 배양 문제에 귀착된다고 하면서
  - 한국이 내년에 태국과 공동으로 사회안전망 네트웍 구축 및 전문가 회의 개최 등을 추진할 계획을 천명

음과 같다.[15]

① 지역 및 세계경제 현황

각국의 정상들은 세계경제 둔화의 원인 및 영향을 평가하고 경기회복과 세계경제 활성화를 위한 정책조정 및 협력방안을 논의하였다. 나아가 이 주제에서 WTO 뉴라운드 출범에 대한 APEC의 문제도 논의되었다.

한편 세계화와 정보화 혜택의 공유와 확산을 위한 APEC 차원에서의 협력방안 논의도 이 주제에서 이루어졌다. 세계 경제의 조기 회복을 위해서는 각 회원국이 취하는 경기부양조치가 상호보완적이고 상호 강화되는 정책이 되어야 하며, 따라서 상해 회의에서는 각 회원국들이 채택하고 있는 경기회복

■ APEC의 장래
• 김대중 대통령은 APEC이 향후 가장 역점을 두어야 할 분야로 정보화 격차 해소 문제를 제시 어려운 여건하에서도 김대통령의 지도력하에 한국이 세계적인 정보화 국가로 성장한 과정소개
- 정부의 강력한 노력이 있으면 소외된 계층, 저소득 계층에 대한 정보화 혜택 확산이 가능함을 강조
• 2002년 한국에서 개최될 제1차 해양장관회의에 대한 적극적인 참여 요청
■ 북한의 APEC 활동 참여 유도
• 김대중 대통령은 작년에 APEC 정상들이 북한의 APEC 활동 참여를 지지해 준 데 대해 감사의 뜻을표하고, 최근 남북장관회의 재개 등 남북한 관계 설명후 우리의 對북한 화해평화 노력에 대한 계속적인 지지 요청
4. 강택민 주석 APEC 정상회의후 기자회견시 북한관련 언급(구체 별첨)
■ 중국의 강택민 주석은 회의 종료 후 국제 미디어센터에서 가진 내외신기자와의 별도 회견시 북한의 APEC 활동 참여에 관련 질문에 대해 아래 요지로 답변함.
• 김대중 대통령은 이번 APEC 정상회의에서 북한의 APEC 활동 참여 문제를 언급한 바 있음.
• 북한의 APEC 활동 참여는 작년 브루나이 정상회의에서 이를 환영한다는데 컨센서스가 이루어졌음.
• 중국은 항상 한반도의 평화와 화해를 지지해 왔음. 한반도 문제는 어디까지나 남북한 간 직접 대화를 통해 해결해 나가야 함.
• 북한의 APEC 활동 참여 여부는 무엇보다 북한의 의사에 달려있음. 북한이 이를 원할 경우, APEC 지도자들은 북한의 APEC 활동 참여를 환영하고 지지할 것임.

[15] 1. 상해 정상회의의 주요 결과
의제: ① 세계 및 지역경제 현황, ② 인간능력배양, ③ 21세기에 APEC의 발전
※ 테러문제 논의(10.21 정상 오찬시)
주요 결과
• 정상선언채택
- 테러사태후 악화되고 있는 세계 경제회복을 위한 정책 공조 강화, 11월 WTO 각료회의시 뉴라운드 출범 지지.
※ ① 보고르 목표 달성 촉진을 위한 '상해 합의'와 ② 디지털 사회구축을 위한 e-APEC 전략을 부속서로 채택
• 반테러 관련 정상선언에서 반테러 결과를 다지고 나아가 별도 성명 채택, 유엔안보리 결의 1368 및 1373의 성실한 이행을 약속, 테러 자금 차단, 항공, 통신 등 8개 항의 회원국 간 공조방안을 합의하였다.

조치들을 점검하고, 정책공조를 강화할 수 있는 방안들이 논의되었다.

한편 2001년 9월 미국에서 발생한 테러사태에 관한 APEC 차원의 대응에 관한 논의도 이 주제의 일환으로 이루어졌으며, 상해 정상회의는 대미 테러사태 이후 최초로 개최되는 대규모 다자간 정상회의로서 반테러 관련 APEC 역내 협조를 위한 성명도 채택하였다. 특히 평화롭고 위험 없는 국제환경 조성은 자유로운 국제무역과 금융거래의 증진에 매우 중요한 요소이며 전세계 경제의 안정적인 발전과 번영에도 필수적이기 때문에, 각 국 정상들은 이에 대해서도 심도 있는 의견교환을 한 것으로 전해졌다.

② 인간능력배양

정상회의의 두 번째 주제인 인간능력배양은 2001년도 APEC 의장국인 중국이 APEC 활동의 주요한 성과사업으로 추진하였다. 또한 이 분야는 우리의 APEC에 대한 기여도가 가장 큰 분야이기도 하다. 아·태지역의 국민들이 새로운 정보사회의 생활방식에 적응하고 직업이 요구하는 새로운 능력을 개발하기 위해서는 정보격차 해소와 인터넷 접근의 확대 등이 매우 중요한 사안이라 할 것이다. 특히 급속하게 변화·발전해 가는 정보기술과 이에 따른 직업환경 및 노동조건의 변화에 능동적으로 대처하지 않는다면 21세기는 많은 사람들이 적응하기 힘든 시대가 될 것이기 때문이다. 따라서 APEC의 인간능력배양 프로그램은 평생교육과 직업훈련의 강화를 통해서 21세기에 필요하고 적합한 능력을 갖춘 인력자원을 양성하는 데 그 목적이 있다.

상해회의는 정보격차 해소를 위해 정부·기업·교육훈련 기관 3자간 포괄적 동반자 관계 구축을 제안하는 'Beijing Initiative' 등 APEC 내에서 추진되어온 인간능력 배양에 대한 논의를 집결시키는 기회가 되었다.

③ 21세기 APEC 발전

이는 미래지향적 주제이다. 즉, 21세기를 맞이하여 어떠한 방향으로 발전되어야 하는지를 이 주제에서 논의되었다. APEC이 추구하고 있는 경제기술협력과 무역·투자의 자유화 및 원활화는 궁극적으로 아시아·태평양지역의 균형 있는 경제발전과 더불어 사는 공동체 구축에 그 목적이 있다. 이러한 아·태공동체 구축을 촉진시키기 위한 방안이 이 주제에서 논의되었다. 특히 이번 회의에서는 세계화와 21세기 부응하고 무역·투자의 자유화 및 원활화를 구체적으로 추진하기 위한 상하의 합의가 채택되는 등 APEC의 활력을 되찾기 위한 구체적인 방안들이 중점적으로 논의되었다.

15.5 APEC과 한국

우리나라의 APEC 참여는 경제적인 측면에서 매우 중요한 의미를 지니고 있으며, 앞으로도 그 중요성은 더욱 커질 것으로 판단된다. APEC은 전세계 교역량 47.8%, 세계 GDP의 62.6%를 차지하여 명실공히 세계 경제의 중심축으로 자리잡고 있으며, 우리 총교역의 68.1%, 해외투자의 88.5%를 차지하는 우리의 최대 경제 파트너이다. 또한, APEC은 역내에 동남아국가연합(ASEAN), 북미 자유무역협정(NAFTA), 중화경제권과 같은 소지역 경제권을 포함하고 있어 이들과의 경제적 관계를 강화하는 데 매우 유용한 수단으로 활용될 수 있다.

APEC은 비단 경제적 측면에서뿐만 아니라 정치·외교적 측면에서도 우리에게 중요한 협의체로서 자리 잡아가고 있다. 1998년 러시아의 가입 결정에 따라 APEC 내에는 기존 회원국인 미국, 일본, 중국 등 한반도 주변 4강이 모두 회원국으로 참여하게 됨에 따라 APEC을 통하여 이들 국가와의 관계를 더욱 강화할 수 있으며, 이로써 우리의 안보외교 노력에도 크게 기여할 것으로 기대된다.

① 한국에 있어서 APEC의 중요성

㉮ 수출시장 확대 도모 측면

1994년 보고르 선언이래 오사카 행동지침, 마닐라 실행계획 등으로 구체화되고 있는 APEC 역내 무역·투자 자유화 과정에 능동적으로 참여함으로써 예전에 시장개방이 미흡했던 중국 및 ASEAN 국가들의 시장에 우리상품 및 서비스의 진출기회가 확대될 것으로 보인다.

또한, APEC 회원국이 솔선하여 역내 무역의 자유화를 촉진함으로써, 세계무역전체의 자유화 시기를 앞당길 수 있다는 점이다. APEC 회원국의 무역액은 세계무역의 40% 이상을 점하고 있기 때문에 APEC 역내 무역 자유화의 촉진은 타지역의 무역 자유화, 세계경제 전체의 활성화 등에 커다란 영향을 미칠 것으로 보인다.

㉯ 배타적 지역주의 경향에 대한 적극 대응

'개방적 지역주의'(Open Regionalism)를 표방해오고 있는 APEC은 무역·투자 자유화 원칙으로서 '무차별 원칙'(Non-discrimination)을 채택함으로써 역내는 물론이고 역외권과도 무역·투자자유화 혜택의 공유를 모색해오고 있다.

이는 90년대 들어 확산되고 있는 EU, NAFTA 등 배타적 지역무역협정들에게 새로운 협력방향을 제시하여 각 지역 무역협정들이 WTO 체제로 대표되는 다자간 무역체제 유지·발전에 기여하도록 유도하고 있다. APEC은 미국·일본이라는 세계최대의 경제대국으로부터, 동아시아의 NIEs, ASEAN 제국과 호주, 뉴질랜드 경제수준 및 지역적 특성이 상이한 국가군에 의해 구성되어 있기 때문에 이를 성공적으로 융화, 발전시킬 경우 세계경제에 새로운 활력을 제공할 것이다. ASEAN 제국은 선진국대열에 진입한 싱가포르, NIEs를 바짝 추격하는 말레이지아와 태국, 비동맹국 등 다양한 형태의 정치, 경제적 발전단계를 거치고 있는 국가들로 구성된 집단이고, 지리적으로도 동아시아, 대양주, 북미 및 남미의 국가들이 참여하고 있기 때문에 APEC을 통한 경제협력 강화는 세계경제협력 모델의 새로운 장을 여는 것이다.

한편 APEC은 한국이 유일하게 참가하고 있는 경제협력체이며 개방적 지역주의를 표방하고 있기 때문에 향후 세계경제질서의 재편에 핵심적 역할을 담당할 것으로 기대되고 있다. 우리나라는 APEC의 창설과정에서부터 주도적 역할을 담당하고 왔으며, 역내 무역·투자 자유화 추진을 위한 중추적 기구인 무역·투자위원회(CTI)의 초대 의장국으로서 APEC의 활성화에 커다란 기여를 한 바 있다.

㉰ 역내갈등 최소화 필요성에 대한 공감대 형성

APEC은 경제협력, 무역자유화 등을 통해 축적해 온 협력의 전통을 바탕으로 역내 갈등 및 통상마찰을 완화시키는 등 긍정적 측면이 제고되고 있다.

APEC은 미국, 일본, 중국, 러시아 등의 강대국, 회원국 간의 결속력 강화를 통해 국제 정치적 입지를 넓혀 온 ASEAN, 중간 규모의 국가인 한국, 호주 등을 총 망라하고 있어 아·태 지역 협력의 중심 축으로서의 역할을 강화해 나가고 있다. 또한, 동아시아 국가들은 APEC이 개별국가에 대한 쌍무적 통상협력과 일방적 제재조치를 통제하는 역할을 담당할 수 있을 것으로 기대하고 있다. 최근 미국을 비롯한 선진국들은 UR와 같은 범세계적인 무역 자유화 과정에서 만족할 만한 성과를 달성하지 못한 지적재산권 보호, 노동, 환경 및 서비스교역의 자유화를 포함한 신통상이슈를 쌍무적 차원의 채널을 동원해 관철하고 있다. 따라서 대부분의 동아시아 국가들은 합의를 원칙으로 APEC에서 역내 통상문제가 논의될 경우 미국을 위시한 선진국으로부터의 일방적 통상압력이 완화될 것으로 분석하고 있다.

아울러, APEC을 통해 각회원국들은 대양주는 물론 남미국가들이 상호간 새로운 경제협력 관계를 구축하는 계기를 마련하게 될 것이다. APEC의 구성국은 ASEAN 회원국의 아세안자유무역지대(AFTA: ASEAN Free Trade Area)를 비롯하여 북미의 NAFTA, 대양주의 ANZCERTA(호주·뉴질랜드 경제협력협정)등과 같이 기존의 경제협력블럭을 구성하고 있는 국가가 다수이며, APEC 회원국의 무역 및 투자 자유화가 실현될 경우 이러한 지역블럭이 자연스럽게 연계되어 새로운 경제협력 관계가 구축될 것이다.

㉣ 경제 · 기술협력을 통한 아·태공동체를 위한 토대 마련

APEC은 경제·기술 협력도 병행 추구해 나감으로써 인프라확충, 인력개발, 기술교류 및 이전 등 개도국들로부터 절실히 요청되는 부분을 충족시켜 가면서 경제적 격차 완화를 통한 공동체 의식을 조성하고, 궁극적으로 아·태공동체 건설을 모색해 나가고 있다.

특히 지역주의가 심화되고 선진국들과 산업 각 분야에서 경쟁이 불가피한 국제통상 환경아래서 APEC 발전에의 적극적인 참여는 기존의 미·일 시장을 유지하면서 급증하고 있는 동아시아국가와의 교역관계를 더욱 확대시킬 수 있는 계기를 마련해 줄 것이다.

또한 APEC은 경제발전 수준과 역사적·문화적 배경이 상이한 나라들로 구성되어 있어 이러한 다양성을 포용하지 못할 경우 성공적인 자유화 달성에 많은 어려움이 있을 것이다. 이를 해소하기 위해 한국은 아·태지역 내 선진국과 개도국 간의 대립을 완화하는 중재자적인 역할을 담당하여 우리의 협상력과 발언권을 제고할 수 있을 것이다. 현재 한국은 APEC 내에서 미국·일본·캐나다를 중심으로 하는 선진그룹과 ASEAN·중국과 같은 개도국 그룹과의 중간위치에 있을 뿐 아니라 선진공업국으로의 진입을 위한 마지막 도입단계에 있다는 점을 활용하여 보다 선도적인 역할을 수행할 수 있을 것이다. 실제로 한국은 중간자적인 위치를 십분 발휘하여 91년 APEC 의장국으로 활동할 당시 중국·대만·홍콩의 3중국 문제를 외교적으로 해결하여 APEC의 영역확대에 기여한 바 있다.

㉤ 세계 통상질서에 있어서 무역 · 투자자유화를 향한 촉매 역할 수행

세계 통상질서에 있어서 사실상 양대 진영으로 대치해 오고 있는 미국과 EU는 8차례의 GATT Round에 있어서 반복적으로 소모적인 협상 및 대치국면을 야기해 왔으며, 특히 유럽 단일통화(Euro)의 출범에 따라 세계 통상 및 금융질서에 있어서 미국 대 EU의 양극화 현상은 더욱 강화될 것으로 보인다.

APEC은 1994년도 보고르 무역·투자 자유화 선언을 비롯하여 1996. 12월 싱가포르 WTO 각료회의를 앞둔 시점에 있어서 정보기술협정(ITA)타결에 대한 APEC 차원의 정치적 지지를 도출하여 기존의 양 진영대결 국면을 타개한 사례와 같이 향후에도 이러한 촉매적 역할을 수행할 수도 있을 것이다.

한편 APEC 자유화의 3대 지주 중 하나인 경제협력 활성화를 위해서 우리가 경제성장과정에서 획득한 경험과 기술을 바탕으로 개발도상국에 대한 협력을 강화하여 이들의 개방을 적극 유도해야 할 것이다. 이를 통해 우리의 시장다변화를 추진하고 국내 경쟁력 약화 업종의 해외이전을 통한 산업 경쟁력 강화와 천연자원의 안정적인 공급선 확보를 모색해야 할 것이다. 또한 선진국과의 첨단기술 이전 및 통상압력 등과 같이 쌍무적으로 해결하기 힘든 현안들을 APEC의 틀 안에서 논의하도록 유도함으로써 불필요한 무역분쟁을 예방하고 역내 유대 강화에 일조를 하여야 한다.

또한 우리나라는 이처럼 APEC이 지니는 경제적, 정치·외교적 중요성을 감안하여 우리 국익의 극대화 차원에서 APEC에 적극 참여하는 것이 중요하다 할 것이다.[16]

② APEC에 있어서 한국의 역할

우리나라는 1989년 APEC 출범시 호주와 함께 창설을 주도하였으며, 제반 APEC 활동에 적극 참여해 오고 있다.

첫째, 1991년도에 제3차 각료회의를 서울에 유치하여 APEC 헌장격인 '서울선언'을 마련하고, 역내 경제 실체인 중국, 대만, 홍콩의 가입을 조정으로 성사시켜 APEC이 지역 내 주요한 모든 경제 실체를 포괄하는 경제협력체로 발돋움하는 데 기여하였다.

둘째, 1992년도에는 4차 방콕 각료회의시 APEC의 상설기구화 및 사무국과 기금 설치를 추진하였다.

셋째, 1993년 11월 제5차 시애틀 각료회의시, 역내 무역 자유화와 관련 선진 개발도상국으로서 역내 선진국과 개발도상국 간 이견을 좁혀 공통분모를 찾는데 기여하여 "무역·투자 기본 틀에 대한 선언"이 채택되도록 하였고 APEC의 발전을 위해 APEC 정상회담 구상을 적극 지지함으로써, 1993년 11월 APEC 정상회의가 최초로 개최할 수 있는 기반을 조성하였다.

넷째, APEC의 조직 구상 및 구성에 실질적으로 기여하였다. 1992년 12

---

[16] 한편, APEC이 역내 협력의 구심체로서 더욱 확고히 발전해 나갈 수 있도록 APEC의 목표와 활동 우선 순위 수립시 보다 체계적이고 전략적인 시각에서 견해제시 등 적극적인 역할을 계속 수행해 나갈 것으로 보인다.

월 제5차 각료회의 준비를 위한 시애틀 제1차 APEC SOM(워싱턴)에 사무국 조직에 대한 기본 문서를 제출하여 사무국 조직의 기본 문서로 채택되었다.[17] 또한, 1993. 11 제5차 각료회의에 APEC 조직의 향후 비전에 관한 문서를 제출, APEC 조직 재편의 기본문서로 채택[18]하였다.

다섯째, 1994~95년 간 무역·투자 위원회(CTI)초대 의장국을 역임하였다.[19]

여섯째, APEC 기업인 여행카드(ABTC)시험 운영하였다.[20]

일곱째, APEC 교육재단을 설립하였다.[21]

여덟째, 아·태 정보통신의 인프라(AP II)구축을 추진하였다.[22]

아홉째, 각종 APEC 회의 개최 등이다.[23]

---

17 1997년 현재 사무국 전문요원으로 우리나라 과장급 공무원(1명) 파견

18 APEC 예산행정위원회, 경제위원회 설립 구상 등 포함

19 • 당시 외무부 선준영 차관보가 초대 위원장에 선임. • 무역·투자 자유화가 실행계획 마련에 주도적 역할 담당. • CTI가 APEC 핵심기구로 발전하는데 크게 기여.

20 • 역내 기업인 이동 원활화 기여 차원에서 1997.5월초부터 한국, 필리핀, 호주 등 3개국의 기업인 총 1,000명을 대상으로 ABTC 시험운영 개시하였다.

• 벤쿠버 APEC 각료회의에 ABTC 시험운영 결과보고 후 동 제도는 본격 시행될 예정이며, 칠레, 홍콩이 추가로 참여하였다.

21 1996년 마닐라 정상 회의시 미국과 함께, APEC 교육재단 설립을 위한 기금출연 공약.

22 • 1994년 보고르 정상회의시 아·태 정보사회 실현을 위해 APEC을 하나로 잇는 국제 초고속 정보통신망을 구축하고 이를 통해 '동시정보 생활화'을 구현한다는 내용의 AP II(Asia-Pacific Information Infrastructure)사업제안

• 1995년 5월 제1차 APEC 통신·정보산업 장관 회의시 AP II 추진을 위한 5대 목표 10대 원칙을 서울 선언으로 채택

• 1996년 10월 서울에「AP II 협력센터」를 설립 운영 중이다.

23 • 한국의 APEC 회의 개최:

① 제1차 APEC 통신·정보산업 장관회의

• 1994년 보고르 정상회의시 김영삼대통령 제안

• 일시 및 장소: 1995. 5. 28~30. 서울

• 아·태 정보인프라 구축(Asia-Pacific Information Infrastrucure: AP II)을 위한 서울 선언문 채택

  - 아·태 지역 내 초고속 정보통신망 구축 협력에 있어 우리나라의 주도적 역할 확립 및 APEC 내의 정보통신분야 협력 기반 조성

② 제1차 테크로마트(Technomart)

• 역내 기술이전 활성화를 위해 기술시장의 일종인 테크노마트 개최사업을 우리나라에서 제5차 각료회의(시애틀, 1994. 11) 시 제안

• 제1차 테크노마트 1995. 5. 22~27 대전에서 개최

  - 주제: 21세기를 향한 개방적 기술협력의 구현 (첨단기술과 재래기술의 만남)

  - 주요 행사: 전체회의, 기술이전 세미나, 기술설명회, 전시회 및 상담회

  - 참석자: 18개 회원국에서 1천 여명 참석

③ APEC 차세대 프로그램(APEC Next Generation Program, NGP)

③ 한국 주도 주요 APEC 사업[24]

㉮ APEC 교육재단[25]

설립목적: APEC 회원국의 학자, 교육기관, 기타 민간기관의 APEC 관련연구 및 사업에 대한 재정보증금 지원(Grant-making)하기 위하여 설립하였으며 구체적인 내용으로는 첫째, APEC 관련 연구활동비 지원과 둘째, 역내 교육 및 인력개발사업 지원 셋째, APEC 공동체 의식 함양을 위한 인력교류사

- APEC 차세대 간 이해 증진과 유대강화를 통한 아·태공동체의 기반확대를 위해 1993년도 시애틀 정상회의의 합의사항인 교육프로그램의 일환으로 APEC 차세대 프로그램을 우리나라에서 주관·시행함
- 제1차 APEC 차세대 프로그램은 1994. 9. 11~16 제주도에서 개최
- 제2차 APEC 차세대 프로그램은 1995. 9. 18~22 미국 시애틀에서 개최

④ 제2차 APEC 과학·기술 각료회의
- 일시 및 장소: 1996. 11. 11~15, 서울
- 주제: Creativity & Mobility: Researchers Across APEC

⑤ APEC 기업인 자문위원회(ABAC)서울 총회
- 일시 및 장소: 1997. 5. 23~25 , 서울
- 주요 결과: 벤쿠버 APEC 정상회의에 대한 ABAC 보고서 초안 준비, MAPA 이행 및 개선을 위한 민간부문의 의견 수렴 등
  - 18개국 회원국 ABAC 위원 50명 참석

⑥ 제10차 APEC 해양자원보존 실무그룹회의(MRC WG)
- 일시 및 장소: 1997. 5. 26~28, 부산

⑦ 제2차 APEC 인력개발 장관회의
- 일시 및 장소: 1997. 9. 25~26, 서울
- 주제: 새로운 도전하에서의 인력개발

⑧ 제12차 APEC 관광 실무그룹(TWG)
- 일시 및 장소: 1998. 5. 12~제주

⑨ 제1차 APEC 청소년 과학 축전
- 일시 및 장소: 1998. 8. 14~20, 서울올림픽공원 등
- 주제: Science and Communication
- 참가자: 15~18세 사이의 회원국 청소년 500여명

⑩ 제14차 APEC 교통 실무 그룹회의(TPT WG)
- 일시 및 장소: 1998. 10. 19~23, 서울

24 • 기타 APEC 사업

① APEC 청소년 과학축전 기능박람회: 청소년의 교육훈련에 대한 관심 제고 및 직업교육 훈련에 대한 자긍심 고취와 청소년 직업교육에 관한 교육 및 훈련정보를 APEC 국가들이 공유한다.

② APEC 산업기술인력 연수 사업: APEC 역내 민간기업이 다른 회원국의 산업기술인력을 연수생으로 수용하여 현장실습(OJT)을 통해 연수생의 능력향상과 기술이전을 도모하는 프로그램

③ APEC 직업훈련 프로그램: APEC 역내 직업훈련요원 연수를 통하여 우리나라의 선진기술을 국제사회에 전수

25 재단기금으로 초기 5년 간 1억 불 모금이 목표.

업 지원 등으로 볼 수 있다.

설립배경 및 경위: 1993년 11월 제1차 APEC 정상회의(시애틀)에서 클린턴 미국대통령이 APEC 교육 이니셔티브를 제안하였고 1994년 11월 제6차 APEC 각료회의(자카르타)에서 미국이 APEC 교육재단 설립을 제안하였으며 1995. 7월 미국측의 요청에 따라 동 재단 설립과정에서 한국과 미국이 주도적인 역할을 맡기로 양국이 합의하였다. 1995년 11월 오사카 APEC 정상회의시 우리 정부는 APEC 교육재단 사무국의 서울 유치에 성공[26]하였고, 1996.5월 교육재단 설립 관련 한·미 공동제안서를 APEC 고위관리 회의(SOM)에 제출함으로써 설립되었다.[27]

한국의 참여 및 기여: APEC 교육재단을 실질적으로 이끌어나갈 사업본부인 사무국을 서울로 유치[28]하고 기금에 1천만 불 출연약속[29]을 발표하였다. 1997년부터 5년에 걸쳐 분할 출연함으로써 우리의 경제적 부담을 완화하는 대신, 기금 출연 기간인 초기 수년간은 재단 사무국 운영비를 우리 정부가 보조해 주기로 결정하였다.

1997년도 출연금(200만 불)을 지원키 위해 18억 원 예산을 예비비로 확보하였으나, 연말 환율급등으로 108만 불만 출연하였으며 1998년도 출연금으로 19.5억 원(150만 불) 예산을 책정하였다.

㉯ APEC 기업인 여행카드

ABTC 제도의 의의 및 운영방법: ABTC[30] 소지자는 별도의 비자발급 없이 카드상에 명기된 국가에 입출국이 가능하고, 컴퓨터망을 통한 한 번의 ABTC 신청, 발급으로 복수의 국가에 대한 복수사증 취득효과가 있다.

역내 기업인은 자국정부를 통해 ABTC 신청서를 제출하고, 참여국들은 컴퓨터망을 통해 동시에 동 신청서를 검토한 후 사전심사(Pre-Clearance: 복

---

26 APEC 교육 사무국 서울로 유치 목적은 ① APEC 내 활동의 주도권 확보 ② 향후 국제기구의 사무국의 서울 유치에 필요한 경험 축적 등이다.

27 한국에는 사무국, 미국에는 행정사무소를 설치하여 한·미 양국이 공동으로 주도적인 역할을 담당키로 합의. • 사무국: 재단의 사업계획 수립 및 집행업무를 주로 담당하는 사업본부. *행정사무소: 기금의 모금 및 운용과 회계감사 업무를 주로 담당하는 재정본부.

28 오사카 정상회의시 제의.

29 1996. 11월 수빅 정상회의시 발표.

30 ABTC 연혁: • 1995년 오사카 APEC 정상회의시 Paul Keating 호주 총리가 제안. • 1996. 11 마닐라 APEC 각료회의시 한국, 호주, 필리핀 3국 외무장관간에 1997년중 ABTC를 시험 운영키로 합의. • 한국, 호주, 필리핀 3국이 1차 시험운영 실시(97.3-98.2). • 기존 3국에 칠레, 홍콩이 가입, 총 5개국이 2차 시험운영 실시(98.3-99.2). • 1999. 3월 뉴질랜드 추가 가입

수비자에 해당)부여 여부를 신청국 정부에 통보[31]한다. 신청국 정부는 사전 심사 부여국명이 기재된 ABTC를 기업인에 발급한다.

한국의 참여 및 기여: 한국은 ABTC에 초기부터 적극 참여함으로써 기업인의 원활한 이동을 통한 역내 국가 간 투자 및 무역 증진에 기여하였다. 한국은 사전심사 발급 등 ABTC 제도 시행에 있어 가장 적극적인 국가로 평가받고 있다. 1998. 5월 국내 3개 국제공항(김포, 김해, 제주)에 ABTC 소지자를 위한 특별 입국레인 설치하여 운영중이다. 1998년 6월 APEC 경제인 여행카드의 발급 및 관리규정을 제정하였다.

㉰ 아·태 정보 인프라(AP II) 사업

AP II 추진: 1994년 11월 인도네시아 보고르에서 정상들은 아·태 정보사회 실현을 위해 APEC을 하나로 잇는 국제 초고속 정보통신망을 구축하고 이를 통해 '동시정보생활권'을 구현한다는 AP II를 천명하였고, 이의 구체화를 위해 APEC 회원국은 1995년. 5월 서울에서 제1차 APEC 통신·정보산업장관회의를 개최하여 AP II 추진을 위한 5대 목표 10대원칙을 서울선언으로 채택하였다.

AP II 협력센터 개설·운영: 한국은 AP II의 성공적 실현을 지원하기 위해 제1차 APEC 정보통신 장관회의[32]시 장관들의 승인을 받아 1996. 10월 서울에 AP II 협력센터를 설립하였다.

AP II 협력센터 수행사업: AP II 협력센터 수행사업을 구체적으로 살펴보면 다음과 같다. 첫째, 전기통신실무그룹회의(TEL W/G) 공식 웹사이트 운영하고 있다. 둘째, AP II Testbed(선도시험망) 사업을 추진하고 있다. 즉 회원국간을 Testbed로 연결하여 AP II 상에서 구현될 각종 애플리케이션을 시험함을 통해 AP II 구축을 촉진하였고 현재 한·일간 Testbed에서 시험실시중이고, 99년에 한·싱가폴, 한·중 Testbed 시험예정으로 있다. 셋째, 기본통신기술 원격교육 사업을 추진하고 있다. 즉, TEL 웹사이트를 통해 개도국의 통신엔지니어를 대상으로 기본통신기술을 교육, 훈련시키는 사업으로 제19차 TEL 회의(99. 3, 일본)에서 APEC 기금 35,000$ 신청키로 회원국 간 합의하였다. 넷째, 정보통신기술 국제공동연구지원사업. 즉, AP II 조기구축을 위한 APEC 회원국 간 기술부문 협력강화와 세계 최고수준의 기술개발 촉진하고, 자유공모방식에 의해 연중 수시로 타당성 연구 대상과제를 선정·지원하고 타

[31] 2주 이내에 통보원칙.

[32] 1996. 9월 호주 골드코스트

당성연구결과 개발필요성이 입증된 과제를 본격 연구개발 과제로 선정지원하고, 과제는 협력센타 웹사이트를 통해 접수한다. 다섯째, 국제공동연구사업으로 각 회원국 내 사업체, 대학, 연구단체 등의 공동연구 수요 조사한다. 여섯째, 정보통신 인력교류사업으로 회원국별 창구단일화를 통해 인력교류의 수요와 공급을 연결, 각국별로 자국의 정보통신 전반에 걸친 소개프로그램 작성하고 회원국들로부터 교육참석 희망자를 접수받아 프로그램 실시하며 참가비용은 자비부담이다.

일곱째, HRD 자원공유를 위한 D/B 구축한다. 각국별로 시행되고 있는 전기통신분야 인력개발정보를 체계적으로 수집하여 회원국 간 공유함을 통해 AP II의 원활한 추진을 기하고 현재 협력센타 웹사이트를 통해 정보 수집 중이다.

CHAPTER 16

기타 지역 경제협력체

16.1 중동지역의 경제협력기구

중동의 경제협력구상은 1950년에 시작되었으나 구체적인 형태로 나타난 것은 1981년 걸프협력위원회(GCC)가 최초이다. 그러나 비아랍국을 포함할 경우 1964년 튀르키예, 이란, 파키스탄에서 발족된 비아랍국 간 경제협력기구인 지역개발협력기구[1](RCD: Regional Cooperation for Development)를 그 효시로 들 수 있다.[2]

제2차 세계대전동안 중동지역은 대규모의 지역적 경제협력을 경험하였다. 카이로에 본부를 둔 영국의 중동병참센타(MESC)[3]가 모든 농업생산, 산업활동, 무역 및 중동에 기반을 둔 상업활동을 관리하였으나 이 지역 사람들은 이를 단지 외세에 의해 강요된 것으로 인식하였기에 이 기간은 단지 '외형상의 지역경제협력'에 불과하였다. 1950년대 초에도 아랍국가들은 일련의 우호적 협정을 통해 상호 간 교역 관계 개선 등을 시도하였으나 이집트의 높은 관세와 요르단, 시리아 등에서의 수량제한 조치 등으로 경제협력은 제대로 이루어지지 못하였다.

1960년대 들어 선진권의 경제통합에 고무된 후진권에서도 경제통합운동이 일어났으며 중동지역에서도 1964년 아랍경제통합위원회(CAEU: Council on Arab Economic Unity)가 창설되었다. CAEU의 활동은 더욱 확대되어 1973년 이후에는 거의 모든 아랍연맹 회원국이 참여하여 아랍 역내의 경제협력을 주도하였다.

그러나 오랜 역사에도 불구하고 아랍의 경제협력이 커다란 성과를 발휘하지 못하자, 1980년대 초 석유생산의 주도권의 쥐고 있는 걸프만 국가들을 중심으로 집단적 안보기구 성격이 강한 걸프협력위원회(GCC)라는 경제협력기구가 탄생하였으며, 이에 자극을 받은 다른 아랍국가들도 1989년 ACC 및 AMU를 각각 출범시켰다.

1) 걸프협력위원회(GCC)

① GCC의 출범

1970년대 말 이란의 이슬람 혁명, 이란-이라크 전쟁, 소련의 아프카니스탄

---

[1] RCD는 중동에서 형성된 최초의 지역 경제협력기구로서 1964년 튀르키예, 이란, 파키스탄간 발족되어 1979년 해체된 비아랍국 간 경제협력기구임.

[2] 외교통상부의 자료를 참고로 하였다.

[3] The Middle East Supply Center

침공과 같은 정치적 변화는 걸프만 아랍국가들의 안보위협을 가중시켰고 특히 1980년 이란-이라크 전쟁은 이 지역 국가들의 공동안보협력 문제를 촉발시켰다.

이에 따라 1981년 이슬람 회의기구(OIC)[4] 정상회담에서 사우디, 쿠웨이트, 아랍에미레이트, 카타르, 바레인 및 오만 등 6개국은 걸프만 아랍국가들의 협력을 구체적으로 논의하기 시작하였다. 이후 2월에 사우디의 리야드에서 개최된 6개국 외무장관 회담에서 GCC 헌장의 초안이 작성되었고, 같은 해 5월 아랍에미리트의 아부다비 정상회담에서 걸프협력위원회(GCC) 결성이 실현되었다. 그러나 동 기구는 '걸프협력위원회'라는 명칭이 시사하는 바와 같이 경제협력기구라기보다는 안보 문제에 공동대처하기 위한 일종의 안보협력기구로서의 성격이 강했다.

그러나 걸프만 국가들은 국가 간 개발수준 및 산업구조의 차이, 경제정책의 이질성, 인프라부문의 미비 등을 보완하기 위한 경제협력체의 필요성을 절실히 느끼고 있었다. 이러한 요구는 GCC를 단순한 안보협력기구의 차원을 넘어 경제협력기구로서의 기능을 강화하도록 한 동기가 되었으며 이후 GCC는 회원국 간 정치·경제·사회 등 제분야의 협력을 도모하게 되었다.

② GCC의 현황

GCC에는 현재 사우디, 쿠웨이트, 아랍에미리트, 카타르, 바레인 및 오만 등 6개국이 회원으로 가입하고 있으며 목적은 첫째, 회원국 간 정치적 협력 둘째, 경제통합 셋째, 상호 방위협력 넷째, 정치·경제발전의 상호협력 다섯째, 문화교류의 협력이다. 이들의 역내 시장규모는 1995년 기준으로 인구 2,520만명, GDP 2,189억 달러, 수출입규모는 1,683억 달러에 이르고 있다.

GCC의 조직은 회원국의 국가원수들로 구성된 최고 정책결정기구인 정상회의, 회원국의 외무장관으로 구성된 각료회의, 중재위원회 등으로 구성되어 있다.

③ GCC의 전망

GCC 6개 회원국은 과거 이란-이라크 전쟁시에는 안보 측면의 협력을 중요시해 왔으나, 경제분야에서 회원국 간 관세 철폐 등의 성과를 기록하면서 현재는 각국 경제구조의 다양화를 위한 협력에 초점을 두고 있다. GCC 회원국들은 다른 중동 산유국에 비해 경제적 상황이 매우 양호한 편이나 상호 간 경

[4] Organization of the Islamic Conference

제협력 혹은 경제통합에는 여전히 많은 제약이 상존 하고 있다. 그 이유로는 첫째, 1980년대 이후 유가 하락으로 인한 경상수지의 악화 둘째, 재정수지 악화 및 투자지출 억제 셋째, 경기 위축에 따른 성장률의 둔화 넷째, 경제구조의 상호보완성 부족 다섯째, 개발수준 및 시장규모의 격차 여섯째, 경제정책의 차이 일곱째, 정치 및 사회적 이해관계의 차이와 이질성 등을 지적할 수 있다.

GCC는 결성 이후 안보체제 확립 등 커다란 성과를 보였으나 지나친 아랍 민족 간 유대를 강조하는 점이 한계 요인으로 작용하고 있으며 또한 산업구조간 상호보완성 부족으로 경제협력을 적극적으로 추진하지 못하고 있는 실정이다.

2) 아랍협력위원회(ACC)

① ACC의 출범

1980년대 중동 산유국들은 유가 하락으로 1970년대부터 추진해 오던 공업화 계획에 커다란 차질을 빚고 있었다. 또한 이들은 OPEC의 석유정책에 대한 공동 대처방안 논의와 함께 공업화에 수반한 인적·물적자원의 협력, 산업구조의 효율적인 배치, 보호주의를 강화하고 있는 EU 등의 '블록경제'에 대응할 필요성을 느끼고 있었다. 이러한 상황에서 1981년 걸프만 국가들에 의해 GCC가 결성되었으며 이에 고무된 주변 아랍국가들은 안보 및 경제협력에 관한 기구의 창설을 갈망하게 되어 1989년 이라크의 수도 바그다드에서 이라크, 요르단, 이집트 및 통일이전 북예멘 등 4개국이 아랍협력위원회(ACC)를 출범시켰다. 물론 ACC의 모체는 1957년의 아랍공동시장의 구상에 연원을 갖고 있지만, 결정적인 결성 동기는 GCC의 출범이라 볼 수 있다.

ACC의 목적은 헌장 제2조에 6가지로 명시돼 있으며 그 내용은 아랍공동시장과 아랍경제통합(Arab Economic Unity) 결성을 위한 회원국 간 공동시장의 설치, 투자촉진, 공공 및 민간부문, 협동조합 및 혼합(민간/공공)부문에서의 합작 및 경제협력을 강조하고 있다.

② ACC의 전망

ACC는 결성 당시부터 취약한 결속구조를 내포하고 있었다. 헌장상에도 경제협력에 관한 구체적인 언급을 하지 않고 회원국 간 협력목적도 분명히 밝히지 않고 있다. 또한 회원국 대부분이 대외의존형 경제구조를 갖고 있으며 산업구조도 1차 산업인 농업의 비중이 크고 공업화 달성을 위한 기술 및 인력이 부족해 단기적으로는 이러한 경제구조를 탈피하기는 어려울 것으로 보인다.

ACC는 경제협력기구임을 강조하고 있으나 헌장상에 '상호불가침조약' 혹은 '상호불간섭 조약'과 같은 내용이 포함돼 있어 경제적 기구라기보다는 정치적 기구라는 인상을 주고 있다. 또한 최고 위원회의 권한이 너무 강력하여 회원국 간 이해관계가 적절히 조정되지 않는 한 협력의 가능성은 매우 희박한 것으로 보인다. 이에 따라 ACC는 경제적 협력보다는 정치적 협력에 더 큰 비중을 두고 있는 실정이다.

3) 아랍마그레브연합(AMU)

① AMU의 출범

1989년 2월 16일 ACC의 출범이 발표된 다음날 아랍마그레브연합(AMU)의 결성이 발표되었다. 이른바 '카다피 구상'으로 알려진 AMU가 모로코, 리비아, 알제리, 튀니지 및 모리타니아 등 마그레브 지역 5개국이 참여한 가운데 출범함으로써 중동아랍권의 경제협력기구는 크게 셋으로 구분되게 되었다.

1987년 하반기만 하더라도 마그레브 지역 국가들은 국교 단절 등 적대적인 관계로 인해 동지역의 통합은 하나의 이상에 불과하였다. 그러나 1988년 6월초 팔레스타인 문제 해결을 위한 알지에 아랍 정상회담에서 마그레브 5개국 정상들이 별도 회동하여 AMU 출범원칙에 합의하였고 6월 13일 실무회의에서 통합준비위원회 및 5개 분과위원회 구성에 합의하였다.

AMU 회원국들은 동일한 역사, 언어 및 종교를 공유하고 있어 오래 전부터 상호 간 통합에 관한 필요성을 절실히 느껴 왔지만, 정치적·이념적 차이에서 발생하는 국가 간 불화 때문에 뚜렷한 진전을 보지 못했다. 이러한 마그레브 국가들이 AMU의 결성을 서두른 배경은 북아프리카 지역 6,200만 인구를 결속하고 정치, 경제, 사회, 문화 등 각 부문에서의 통합을 통해 국제적인 지위 향상을 도모하자는 목적도 있었지만, 가장 근본적인 원인은 1992년 통합이 예정되었던 EC와 이집트, 이라크 및 요르단을 주축으로 하는 ACC의 창설 움직임에 능동적으로 대응하자는 의도라 볼 수 있다. 즉, AMU 국가들의 경제는 EC에 크게 의존하고 있기 때문에 역사, 지리 및 언어의 공통점을 지니고 있는 이 지역 국가들이 경제공동체를 창설하여 대 EC 협상에서 발언권을 강화하고 주변 아랍 국가들의 경제블록에 대해서도 능동적으로 대처하기 위해 경제공동체의 결성이 필요했던 것이다.

② AMU의 전망

AMU는 그 목적을 '회원국 간 관계를 굳건히 하고 공동의 발전, 번영 및 회원국 간 권리보호를 실현하며 정의와 평등에 입각한 평화유지에 기여하며 각 분야별로 공동 정책을 수립하며, 더 나아가 회원국 간 재산, 서비스, 인력 및 자본의 자유로운 교류를 증진하는 데 있다'고 밝히고 있다.

AMU 국가들의 경제규모는 다른 아랍의 경제블록에 비해 매우 미약하다. 인구는 약 6,200만 명으로 총 아랍인구의 20%를 점하여 GCC 국가(6%)보다는 많은 편이나, GDP 규모에 있어서는 매우 낮은 수준을 기록하고 있다. 산업구조도 1차 산업 위주의 경제 구조를 갖고 있어 경제적으로 매우 낙후되어 있으며, 소득수준은 리비아를 제외하고는 대체로 낮은 수준에 머물러 있다.

최고평의회 초대 의장국인 모로코에 의해 제안된 단계적 통합 방안은 AMU의 최종 목표를 '대 마그레브 연합회'와 집행기관으로서 회원국의 정치체제를 존중하는 '초국가평의회'의 창설을 통한 정치적 통합을 이룩하고, 후에 경제통합을 실현하려는 목표를 세우고 있다. AMU 회원국 간 경제통합은 기존의 사업 및 경제구조를 바탕으로 한 국별 전문화와 이를 통한 상호 보안 관계의 제도화 그리고 역내 생산의 국제경쟁력 향상을 주요 내용으로 하고 있다.

AMU의 추진 내용이 아직까지 구체적으로 밝혀지지 않고 있지만, 향후 사우디를 중심으로 하는 '걸프 경제권', 이라크를 중심으로 하는 '메소포타미아 경제권' 및 'EC'와 '아프리카 경제권'을 잇는 새로운 교량 역할을 하겠다는 의도가 포함된 것이라 볼 수 있다. 그러나 AMU 회원국들의 대유럽 경제의존도가 높아 현재까지 상호 간 경제협력은 매우 미미한 실정으로 알려지고 있다.

AMU 창설이후 추진되고 있는 경제협력 내용은 회원국과 비회원국 간 수입의 차별을 위한 관세면제, 의약품·농산물에 대한 국제 입찰의 공동 실시, 마그레브 수산운송회사의 설립, 항공회사(Air Maghreb)의 설립, 건축자재 및 건물 관리를 연구하는 마그레브센터 설립 및 5개국의 수도를 연결하는 마그레브 고속도로의 건설 등으로 되어 있다. 그러나 현재 AMU의 공식 활동은 거의 이루어지지 않고 있으며, 유명무실한 명목상의 기구로 남아 있다.

16.2 비(非)아랍 경제협력기구(ECO)

1) ECC의 출범과 설립배경

중동지역의 경제협력이 성과를 발휘하지 못한 가운데 튀르키예를 중심으로 아랍이라는 지역적 개념을 탈피, 범대고국을 연결하는 경제협력체를 창설함으로써 정치적 마찰을 해소하고 지역적 범주도 확대하는 현상이 나타났다. 이러한 非아랍 차원의 경제협력 중 가장 관심을 끄는 기구가 1985년 공식 발족된 경제협력기구(ECO: Economic Cooperation Organization)이다. 출범시에는 튀르키예와 이란, 파키스탄 등 3개국이었으나 1992년 구소련의 붕괴이후 아프카니스탄, 아제르바이잔, 카자흐스탄, 키르키즈스탄, 타지키스탄, 투루크메니스탄 및 우즈베키스탄 등 중앙아시아의 7개 이슬람 국가들이 새로 편입되면서 10개의 회원국이 정식 가입되어 있다.

이들 7개의 이슬람 공화국들은 구소련 붕괴 이후 세계에 대한 개방을 표방하였고 동시에 이란, 파키스탄 및 튀르키예의 국민들과 역사적 혈연관계의 부활을 선언하면서 ECO의 회원국이 될 것을 희망하였다. 이에 따라 1992년 11월 이슬라마바드에서 개최된 ECO 각료위원회의 임시 회담에서 이들 국가에 대한 이즈미르 조약에의 가입이 공식적으로 비준되었다.

과거 지역개발협력기구(RCD)의 후신인 ECO는 비록 비(非)아랍 경제기구로 출발하였지만, 이슬람이라는 변수를 매개로 하여 드넓은 중앙아시아로 그 범위를 확대하여 3억 4천 만명의 인구와 막대한 자원을 갖고 있으며, 지리적으로도 아시아와 중동을 연결하는 매우 중요한 위치를 점하고 있다.

2) ECO의 설립 목적

ECO의 기본 정신은 1977년 3월 12일 튀르키예의 이즈미르에서 이란, 파키스탄 및 튀르키예에 의해 최초로 조인되어 그후 1990년 및 1992년 두차례에 걸쳐 개정된 바 있는 '이즈미르 조약'에 잘 나타나 있으며 동 조약에서는 회원국 간 국민들의 뿌리 깊은 역사적, 문화적 유대 의식과 평화와 안정이 경제협력을 위한 선행조건이 되어야 함을 강조하고 있다.

ECO의 구체적인 목적은 동 조약의 제2조에 명시되어 있으며 그 내용은 다음과 같이 요약할 수 있다. 각 회원국의 지속적인 경제개발, 무역장벽의 점진적인 철폐 및 역내 무역의 활성화, 국제 교역에서의 ECO의 역할 강화, 국제 경제와 회원국 간 점진적인 경제통합 추진, 회원국 및 기타 국가를 연계하는 교통·통신 인프라스트럭처의 구축, 각회원국 경제의 자유화 및 사유화, ECO 지역 천연자원의 효과적인 개발, ECO 지역의 농업 및 산업 잠재력 개발, 약물남용 통제, 생태계 및 환경 보호를 위한 역내 협력과 역내 지역 국민간 역사적, 문화적 유대 강화, 역내 및 국제기구와의 상호 호혜적인 협력체제 구축 등이다.

3) ECO의 구조와 기구

ECO는 최고 정책 및 의사결정기구로서 외무장관 혹은 정부에 의해 임명된 기타 각료급 대표로 구성된 각료위원회와 상정된 안건을 심의하는 상임대표위원회와 역내 기구 및 특별 기관 등을 두고 있다.

상임대표위원회는 회원국의 상임 대표나 ECO로 파견된 대사들로 구성되며 현재 테헤란에 본부를 둔 상설기구로서 회원국에 의해 결정이 요구되는 사안들을 공식화하고 각료위원회에 의해 채택된 결정들을 개정한다.

지역계획위원회는 회원국 계획기구의 장이나 회원국 정부에 의해 지명되는 동등한 기관의 장으로 구성되며 동 위원회는 과거 프로그램의 재검토, 달성된 결과의 평가, 각료위원회의 승인을 기탁하는 등 기구의 목적을 실현하기 위한 행동 프로그램을 고찰하고 실행하는 역할을 수행한다.

4) ECO의 활동 및 장기계획

1992년 ECO의 확대 이후 동 기구의 장기전망 및 부문 간 우선 순위는 '퀘타 활동계획'(Quetta Plan of Action) 및 '이스탄불 선언'(Istanbul Declation) 그리고 최근 채택된 ECO 지역을 위한 '경제협력전략'(Economic Cooperation Strategy) 등의 형태로 규정되어 있다. ECO는 1993년 퀘타(Quetta) 각료위원회 회의의 제안을 토대로 회원국 간 경제협력을 강화하고 있으며 최우선 협력분야는 운수 및 통신, 무역 및 투자 그리고 에너지 분야이다. 각 분야별 구체적인 내용은 다음과 같다.

① 운송 및 통신

ECO는 역외자원의 효율적 이용과 역내 자원의 효과적 배분을 위해 운송 및 통신분야에 대한 일반방침을 마련, 이를 구체화하기 위한 프로젝트를 검토하고 있다. 운송부문의 중점 추진 방향은 역내외를 연결하는 도로 및 철도 시설 구축, 역내 주요 도시를 직접 연계하는 항공망 확보, 역내 해상 무역 활성화를 위한 항만시설 확충, 세관시설의 정비 및 관련 협정의 체결 등이다.

또한 통신분야의 공동 기술개발과 역내외 수요 창출을 위해 현존하고 있는 회원국의 연구센터 간 협력을 증진하고 각국 정부와 공공 및 민간 회사의 공동 출자를 통한 연구센터 설립 등을 추진하고 있다. 통신부문의 중점 추진 방향은 회원국 간 직간접으로 연결되는 전화 및 팩스망을 확보, 인공위성 연결 망의 확대, 우편제도의 개선 등이다.

② 무역

ECO 각료위원회는 회원국들의 경제협력을 증진하기 위하여 역내국 간 무역

증가를 위해 노력할 것을 합의하였다.

동 위원회는 역내 무역 잠재력에 대한 회원국 상업공동체(Business Community)간의 유대의식을 고취하기 위하여, 개별 회원국의 수출에 대한 연구를 통하여 각국의 수출이 다른 ECO 회원국들의 수입수요를 충족시킬 수 있는 범위를 결정하며 이를 위한 관세 및 비관세 장벽 등의 철폐와 특혜관세 제도의 확대 적용을 추진하고 있다.

또한 동 위원회는 역내 무역 성장을 위하여 '무역·개발은행(Trade and Development Bank)이 역내 무역에 초점을 맞춰야한다고 제시하고 있으며, 비지니스맨들의 ECO 역내 여행을 용이하게 하기 위하여 각국이 필요한 조치를 취하고 비자가 요구되는 국가는 신속하게 비자를 발급할 것에 합의하였다.

③ 에너지 개발

ECO 각료위원회는 수력 및 화석연료를 비롯한 역내 풍부한 에너지 자원의 잠재력을 인식하고 파이프라인 네트워크 및 전력 망을 확충할 계획이다. 또한 회원국의 용이한 국제시장 진출을 위해 항구 등 수출기지 제공을 위해 세부적인 계획을 준비하고 있다.

④ 산업

산업개발과 관련하여 ECO는 공공부문의 역할을 인정하면서 미래에는 민간부문의 중요성을 인식하고 민간투자 활성화를 위한 산업단지 설립, 인센티브 제공 등을 검토하고 있다.

⑤ 농업

ECO는 경제 개발에 있어서의 농업의 중요성을 인식하고 생산성 극대화를 통한 식량 자급자족을 위해 공동 연구 및 포로젝트 실행을 추진하고 있다. 또한 회원국의 현존 농업 훈련 및 연구기관과의 협력 증진을 도모하고, 필요하다면 기술적인 지식 및 경험의 교류증진을 위해 새로운 연구기관을 설립할 것을 제안하고 있으며 농산품의 생산 및 무역에 관한 정보공유를 위해 ECO 농업자료은행의 설립 가능성을 검토하고 있다.

⑥ 관광

각료위원회는 경제 개발 촉진과 회원국 간 상호 이해 증진을 위한 관광의 중요성을 인식하고 운송·통신망의 획충을 통한 역내외 관광 유치에 중점을 두고 있다. 이를 위해 비자 발급 절차 간소화, 역내 관광기구 및 담당자 간의 협력 증진 등을 검토하고 있다.

⑦ 인적자원의 개발

각료위원회는 ECO 회원국들은 외국인에 대해 훈련시설을 제공하기 위한 기술 원조 계획이나 장학금 조성 등을 검토하는 등 인적자원의 개발에 대한 중요성을 역설하고 있다. 동 위원회는 이를 위한 구체적인 방안은 회원국의 자유로운 처분에 맡겨져야 한다는 점에 합의하였으며 첫째, 역내 직업 훈련시설에 대한 파악과 수요를 충족시킬 수 있는 직업훈련 시설의 확대와 수정 검토 둘째, 언어 훈련을 위한 기존 시설의 확대 가능성 검토 셋째, ECO 과학재단(ECO Science Foundation)을 설립하기 위한 모델 검증 등의 내용을 수행할 것을 교육, 과학 및 문화위원회(Educational, Scientific and Cultural Committee)에게 지시하였다.

⑧ ECO 특별기금

ECO 각료위원회는 퀘타 행동계획의 목적 달성과 기술위원회(Technical Committee)의 노력을 지원하기 위한 역내 경제활동의 연구 수행을 위한 특별기금(Special Fund)의 설치에 합의하였다. 창설 회원국으로부터 총 30만 달러의 최초 기여금으로 형성되는 이 기금은 대표위원회(Council of Deputies)에 의하여 관리되며, 기술위원회가 실행 가능한 연구를 선정하도록 되어 있다. 이 기금은 또한 대표위원회의 승인에 따라 국제기구로부터의 원조에 의해 보완될 수 있다.

5) ECO의 전망

ECO는 최근 회원국의 확대에 따라 국제적인 위상이 강화되어, UN-ESCAP, UNICEF, UNDP, UNDCP, UNESCO, UNFPA, UNIDO 및 IDB 등의 국제기구들과 협력관계를 유지하고 있으며, UN 총회와 OIC에서 옵서버의 자격을 획득하였다. 이에 따라 ECO는 새로운 회원국들의 독립과 주권을 강화하는 데 중요한 역할을 하게 되었고, 이들로 하여금 세계 경제체제에 맞추어 자신들의 경제정책을 개발하여 나아갈 수 있도록 도와주었다. 또한 중앙아시아 국가들과 경제협력을 추구하게 된 ECO의 창설 회원국이란, 튀르키예 및 파키스탄도 그들의 경제개혁에 커다란 도움을 받고 있다.

특히 새로이 회원국이 된 중앙아시아 국가들은 정치적 독립을 위해서는 경제구조 개혁과 무역대상국이 다양화될 때 보장받을 수 있으리라는 인식 하에 시장경제로의 전환과 수출주도형의 개발 패턴을 모색하고 있다.

중앙아시아 공화국들은 특히 면화와 밀의 생산에 있어서 커다란 농업적인 잠재력을 갖고 있으며 원유, 천연가스, 석탄, 금 및 철광석 등 막대한 광물

자원을 소유하고 있다. 그러나 이러한 천연자원의 수혜에도 불구하고 수출이 목표를 충족시키지 못하고 있기 때문에, 이들은 원자재를 수출이 가능한 부가가치가 높은 제품으로 전환하기 위한 공업 프로젝트에 대규모 외국인투자를 희망하고 있다.

중앙아시아로 확대된 ECO는 출범 당시의 의욕과는 달리, 현재까지 현격한 활동을 해오지 못하는 것으로 알려지고 있다. 그러나 우리나라의 입장에서 볼 때, ECO이 중앙아시아 회원국들을 중동, 더 나아가 유럽(EU)을 연결하는 통로로서 고려할 수 있다. 더욱이 이들은 막대한 천연자원을 갖고 있고, 현재는 운송 및 통신분야에 역점을 두고 경제 개발을 서두르고 있으나 대부분의 국가들이 재정적자 부담으로 인프라 부문에 투자할 여유 자금을 갖고 있지 못하다. 따라서 과거 중동 진출에의 좋은 경험을 갖고 있는 한국의 기업들은 ECO의 인프라 부문에 집중적인 관심을 보여야 할 것이며, 부족한 자금 문제는 그들이 소유한 막대한 광물 및 농업자원의 원자재와 연계하면 해결될 수 있을 것이다.

16.3 아프리카 지역경제협력

1970년대 중반 동아프리카 지역에서 극심한 한발이 발생한 이래 경제적 낙후와 격변, 전쟁과 기아, 부패와 독재, 그리고 최근에는 AIDS 등 질병의 창궐로 '위기의 대륙' 또는 구제불능의 땅으로 불렸던 아프리카가 최근 들어 급격하게 변화하고 있다.

첫째, 1994년 4월에 있었던 남아공 최초의 민주선거와 이를 통한 흑인 다수정권의 출범에서 볼 수 있다.[5] 이것은 최근 새롭게 변화하는 아프리카는 적어도 정치적인 의미에서는 보다 완전한 형태의 독립을 이루었고, 그 파급 효과는 서서히, 그러나 확실히 정치, 경제, 문화의 모든 면에서 금후 아프리카인의 사고체계 및 생활방식을 변화시켜 줄 것으로 기대된다.[6]

둘째, 최근 들어 아프리카 대륙 전체에 걸쳐 가속화되어가고 있는 역동적

[5] 이것은 에리트리아의 독립과 더불어 지난 수세기 간에 걸쳐 아프리카를 짓눌렀던 피식민 시대가 드디어 그 막을 내렸다는 상징적인 의미를 갖고 있으며, 아울러 지난 20여 년간 더딘 속도로 진행되어 왔던 아프리카의 민주화 과정이 도약기에 접어 든 것으로 볼 수 있다.

[6] 이 같은 변화는 1990년대 들어 동서냉전체제가 붕괴되면서, 그간 비동맹 세력의 주축으로서 아프리카가 누려온 국제정치적 지위가 소멸되고, 이와 함께 제3계 시민으로서의 긍지도 함께 무너져내린 이래, 아프리카에 찾아온 긍정적인 사태발전으로 더욱 의의가 크다.

경제성장을 들 수 있다.[7] 상당수 아프리카 국가들이 최근 시현해 내고 있는 경제적 역동성은 종래와 다른 개발패턴, 즉, 시장 경제적 경제개발이 점차 그 범위를 확대해 가는 것이고 이제 아프리카도 세계경제의 흐름에 동참해 가면서 고도성장이 하나의 추세로 자리잡게 될 가능성이 그 어느 때보다도 높아지고 있다.

셋째, 최근 두드러지게 나타나고 있는 현상은 경제의 자유화 및 민영화 움직임이다.[8] 우간다, 가나, 말리, 코르디브와르, 말라위 등 일부 국가들을 중심으로 본격화하고 있는 경제개혁 움직임은 이미 상당한 성과를 거두고 있으며, 이들 국가의 젊은 지도자들과 새로이 영입된 테크노크라트들은 자국 경제를 글로벌한 세계경제에 동참시킨다는 구상하에, 다가오는 21세기를 강한 자신감으로 준비하고 있는 것이다.

넷째, 그 동안 아프리카를 구제불능의 대륙으로 보아왔던 세계의 시각도 점차 바뀌고 있다는 점이다.[9]

1) 개요

아프리카는 지구 육지면적의 1/5을 차지하는 광활한 대륙으로 1999년말 현재 약 8억의 인구를 갖고 있으며 53개 독립국으로 구성되어 있다. 이들은 총 인구가 7만명에 불과한 세이셀에서부터 1억3천만 인구인 나이지리아에 이르기까지 그 크기가 매우 다양하다.

1인당 GDP 면에서도 3,500달러를 상회하는 가봉에서부터 불과 80달러 정도인 모잠비크에 이르기까지 그 편차가 크다. 모리셔스와 짐바브웨의 경우 취학률이 50%를 상회하고 있는 반면, 루안다는 2%에 불과하는 등 사회개발 측면에서도 상당한 차이를 보이고 있다.

---

[7] 최근 아프리카 제국은 1995~99년중 3.3%의 실질 경제성장률을 이룩한 것으로 추정된다. 이 같은 수치는 아시아 개도국의 고속성장성에만 뒤질 뿐, 중남미나 중동, 전환경제지역 등 여타 개발도상 지역에 비해서는 훨씬 높은 것이며 아울러 지난 20년만에 최초에 아프리카의 실질 성장률이 전세계 평균 성장률을 상회하는 기록을 수립할 것을 의미한다.

[8] 아프리카 제국은 그 동안 자원의 개발 및 판매를 국가가 독점하고 주요 제조업 및 서비스 분야를 국유화하거나 공사함으로써 경제에 대한 국가의 개입을 늘려왔으며, 그 결과 만성적인 비효율과 경쟁의 낙후를 초래하였다. 이러한 정책의 근저에는 오랜 피식민지 시대를 거쳐 얻어낸 정치적 독립을 공고히 하고, 보다 급속한 경제발전을 이룩하기 위한 수단으로 경제에 대한 국가통제가 불가피하다는 생각이 있었다. 그러나 이러한 사회주의적 실험은 80년대 말 사회·공산진영의 붕괴와 함께 실패로 끝나고 말았다.

[9] 세계은행과 국제통화기금 등 주요 국제기구들도 아프리카에 대한 개입을 점차 늘려가고 있다. 또한 선진공업국들을 중심으로 밑빠진 독에 물붓기식의 식량원조대신 새로운 투자를 유도, 아프리카를 신흥시장으로 키우자는 새로운 국제적 움직임이 미국에 의해 주도되고 있다는 점이다.

또한 아프리카의 기후는 사하라 사막과 칼라하리 사막 주위의 고온 건조 기후에서부터, 지중해 및 남아프리카 연안의 온대기후, 중부 아프리카 열대 우림지대의 고온다습기후, 그리고 이들 사이 광대한 초원지대의 스텝기후 등 다양한 형태를 갖고 있으며, 이에 따라 각 기후개별로 다른 형태의 생태계가 분포되어 있다.

경제수준으로 보아, 이들 국가는 대체로 침체 내지는 낙후되어 있으며, 그 시장규모 면에서도 매우 협소하다는 공통점을 지니고 있으며, 아프리카 제국은 거의 예외 없이 경제구조가 고도화되어 있지 못하고 자원 등 1차 산품의 생산·수출에 크게 의존하고 있다.

또한 경제정책 및 운용의 측면에서 볼 때 이들 제국들은 그 동안 자원 내셔널리즘을 표방하면서 자원의 개발·생산·판매를 국가가 독점하고, 여타 경제활동에 있어서도 정부 및 공공부문의 역할이 큰 통제경제 형태를 띠고 있었다. 다행히 이러한 정책운용은 최근 들어 바뀌어가고 있으며, 경제운용에 있어서 시장 경제적인 요소를 채용하고, 민영화 및 개방화를 활발히 추진해 나가고 있는 점도 최근의 커다란 흐름이다.

2) 자원

아프리카는 지하자원 및 농산자원, 그리고 수산자원 등 모든 분야의 자원 등을 풍부하게 보유하고 있다. 그러나 보유자원을 개발할 수 있는 자금과 기술의 부족으로, 아직까지 본격적으로 탐사 및 개발활동이 이루어지지 않고 있으며 이에 따라 알려진 매장량보다 알려지지 않은 매장량이 훨씬 더 클 것으로 추측되고 있다.

① 지하자원

아프리카의 지하자원은 철, 금 등 광물자원과 석유·가스 등 에너지자원으로 구분된다. 그 중 특히 회귀금속을 포함한 광물자원의 매장량은 세계적이어서, 코발트와 백금은 전세계 생산량의 3/4 이상을 점하고 있으며, 그리고 다이아몬드는 1/2 이상을 각각 점유하고 있다. 그밖에도 크롬, 금, 우라늄, 망간 등 희귀금속 및 광물의 매장량과 생산량도 세계적인 규모를 자랑하고 있다.[10]

---

[10] 한편 강대국들 간에 이들 희귀자원을 확보하려는 경쟁이 치열히 전개되고 있다. 예를 들면, 구 자이레는 구리, 코발트, 다이아몬드, 아연 등 지하자원에 있어 세계적인 매장량을 자랑하는 있다. 최근 들어 AMF(미국), 드비이스(남아공), 위니옹 미니에르(벨기에-프랑스), 연합 유러 칸벤터(캐나다) 등 서방 광산재벌등이 이권 각축을 벌이고 있으며, 자원문제로 인해 내전이 발생하였고, 내전에서 반군측이 승리함에 따라 이들 간의 자원판도는 변화될 전망이다.

표 16.1 ▸ 아프리카 주요 지하자원 현황

자원명	전세계비중	생산국가
코발트	76.3	자이레, 잠비아, 남아공
백금	75.0	남아공
다이아몬드	45.5	자이레, 보츠와나, 남아공
크롬	37.6	남아공, 짐바브웨, 마다가스카르
금	33.1	남아공, 가나, 짐바브웨
우라늄	31.5	니제르, 남아공, 라이베리아
망간	26.7	남아공, 가봉, 가나
보오크사이트	17.0	기네, 카메룬, 가나
동	11.5	잠비아, 자이레

원유의 경우 1998년 중 아프리카 각국의 석유생산이 5.7% 증가하였으며 이는 전세계 평균 증가율을 2배나 상회하는 것이다. 나이지리아, 리비아, 알제리아, 이집트, 앙골라 등 주요 생산국 외에도 가봉, 콩고, 카메룬, 튜니시아 등에서 소량이나마 생산을 계속하고 있으며, 그 외에도 자이레, 코트디브와르 등 대륙의 거의 전지역에 걸쳐 폭넓게 부존 되어 있을 것으로 추정되고 있다.

② 농림자원

아프리카는 광대한 경지를 보유하고 있으며, 코코아, 카사바 등 일부 농산물의 경우, 전세계 생산량에서 차지하는 비중이 절반 가까이 되고 있다. 또한 땅콩, 커피, 팜유 등의 생산량도 세계시장의 20% 내외를 점유하고 있다.[11]

표 16.2 ▸ 농산물 자원 현황

자원명	전세계비중	주요 생산국
코코아	52.0	코트디브와르, 나이지리아, 카메룬
카사바	44.8	나이지리아, 자이레, 가나, 우간다
사이잘삼	24.5	케냐, 탄자니아, 마다가스카르
땅콩	19.9	나이지리아, 세네갈, 자이레
커피	19.1	이디오피아, 코트디브와르, 우간다
팜유	19.4	나이지리아, 자이레, 카메룬
홍차	13.1	케냐, 말라위

[11] 현재 아프리카 제국들의 경지가능 면적의 극히 일부만을 작물재배에 사용하고 있을 뿐임을 감안하면, 금후 이들 농업분야에 대해 본격적인 투자와 기술지원이 있게 될 경우 동 생산량은 비약적으로 증가할 수 있을 것으로 예상된다. 이러한 생산의 증가는 비단, 커피, 코코아 등의 환금작물에 그치지 않고, 밀, 쌀, 채소 등의 식량작물 분야에까지 파급될 것으로 보이는 데 특히 북아프리카의 지중해연안 지역과 남아프리카의 아열대기후 지역에는 광대한 규모의 잠재농지가 있어 금후 개발여하에 따라서는 세계식량수급의 판도를 뒤바꿔 놓을 수도 있을 것으로 보인다.

또한 전세계 원목 수출량의 14%가 아프리카에서 생산되고 있다. 이들 임산자원은 채벌가능 지역의 10% 이하만이 개발되었을 뿐이며 앞으로 무한한 개발가능성이 있는 분야로, 특히 목재 수요가 큰 우리나라 등 고도경제성장 국가에서 개발생산 및 도입의 기회를 제공해 주고 있다.[12]

③ 수산자원

아프리카는 4면이 어선조업이 가능한 바다로 둘러싸여 있으며, 세계에서 가장 풍부한 수산자원을 보유하고 있으며 특히 오징어, 문어, 참치 등 고급어종이 풍부하다.

아프리카 어장은 동·서·남·북의 4개로 크게 대별되는데, 북으로는 지중해 어장이 이집트, 리비아, 알제리, 모로코의 해안선을 따라 펼쳐져 있으며, 참치 등 고급어종이 풍부히 어획되고 있다. 서로는 세계최대 규모의 대서양 어장이 놓여 있으며, 모리타니아, 세네갈, 기네, 시에라레온, 코트디브와르, 가나, 나이지리아, 카메룬, 가봉, 앙골라까지 이르는 장장 수천 킬로미터의 서부아프리카 연안은 문어, 오징어 등 고급어족과 참치, 도미 등이 풍부히 부존되어 있다. 대서양 어장은 라스팔마스를 주기지로, 모로코의 아가딜 항, 모리타니아의 누아디부 항, 세네갈의 다카 항, 기네의 코나크리 항, 가나의 테마 항 등을 부기지로 하여 왕성한 어로 활동에 종사하고 있으며, 이들 지역경제의 중요한 부분이 되고 있기도 하다.

동으로는 인도양 및 홍해어장이 있으며, 모잠비크, 탄자니아, 세이쉘, 코모로, 케냐, 소말리아 등이 인도양에 면하고 있고, 수단, 이집트, 에리트리아, 지부티 등이 홍해 어장을 접하고 있다. 끝으로 남아공 연안을 중심으로 남대서양 어장이 놓여 있다.

④ 관광자원

아프리카는 인류최초의 문명인 고대 이집트 문명이 찬란하게 꽃피웠던 곳으로 아직까지도 원시인류의 생활양식을 그대로 간직하고 있는 살아있는 인류학 교과서이다. 뿐만 아니라 지구상의 다른 어떤 곳과도 구별되는 독특한 생태계를 보이고 있으며 이미 산업화가 진행된 여타 지역들에 비해 아직도 자연의 순수함을 간직하고 있어, 앞으로는 인류 최후의 관광지로서 더욱 더 각

---

[12] 아프리카는 아마존강 유역과 함께 세계 최대의 열대우림을 보유하고 있다. 나이지리아에서 중앙아, 카메룬, 가봉, 콩고, 자이르에 걸쳐 있는 열대우림지대는 세계적인 임산자원의 보고일 뿐 아니라 환경적으로도 전세계 산소생산량의 30% 이상을 담당하는 등 중요한 역할을 하고 있다.

광받게 될 것이다. 아프리카의 관광자원은 크게 4부분으로 나누어진다.

첫째, 북으로는 인류 최초의 문명인 이집트 고대문명의 유적이 아직 찬란한 모습을 간직하고 있으며 또한, 서유럽과 지중해를 사이에 두고 접해 있는 북아프리카 일대는 일찍이 그리스·로마 문명의 활동무대로서 아직도 그 자취가 남아 있다.[13] 또한 세계최대의 규모를 자랑하는 사하라 사막이 놓여 있으며, 그 광대함과 독특한 아름다움, 그리고, 생태계의 특수성은 하나의 관광자원으로 활용될 수 있다.

둘째, 동으로는 스텝지역 동·식물군이 잘 보존되어 있는 케냐, 우간다, 탄자니아를 중심으로 한 사파리 관광자원이 존재한다. 이들 사파리 관광은 역시 세계에서 아프리카가 가장 대표적이며, 더욱이 열대의 대륙 한가운데서 만년설을 이고 솟아 있는 킬리만자로 산의 위용과 빅토리아 폭포 및 빅토리아 호수의 장대한 규모는 모든 이들을 압도하는 장엄함을 갖추고 있다. 또한 중세 이래 오만 왕국 등 외부세계와의 교류를 활발히 전개했던 잔지바르 섬은 독특한 중세회교문명을 아직도 고스란히 간직하고 있다.

셋째, 전세계 흑인의 고향인 아프리카 열대우림의 존재이다. 지난 수세기 동안 노예로 팔려나간 아프리카 토인들은 수천만 명에 달하는 것으로 추산되는데 특히 중남미 제국에 대한 흑인 노예의 공급은 이 지역에 대한 대규모 플랜테이션을 가능케 하였다.[14]

넷째, 남아프리카 및 그 인근의 관광자원이 보유하고 있는 커다란 잠재력이다. 남아프리카 공화국은 1994년 만델라 대통령의 흑인 다수 정권이 들어서면서, 그 동안 '아라파이드'정책 시행에 따른 서방과의 반목이 해소되었고, 이에 따라 서구 제국으로부터의 대규모 투자가 이루어지고 있다. 남아프리카는 온화한 기후와 때묻지 않은 자연, 그리고 이국적인 풍광 등 천혜의 조건을 갖춘 외에, 여타 아프리카 제국과 달리, 호텔, 통신, 교통 등 관광 인프라가 조화롭게 정비되어 있다.

3) 무역

아프리카 제국의 수출 상품구조는 독립 당시부터 1차 산품의 수출에 의존하는 성격을 띠고 있다. 아프리카 제국이 독립한 직후인 1960년대 초반부터

---

[13] 특히, 리비아, 튀니지, 알제리의 지중해 연안을 따라 산재해 있는 로마, 그리스의 유적들은 거의 원형에 가깝게 보존되어 있다.

[14] 아직도 세네갈, 가나, 나이지리아, 진지바르, 몸바사 등에는 이들 흑인노예들이 집결되고 실려나갔던 유적들이 남아 있어 그 당시의 아픔을 짐작케 하고 있다.

1970년대 초반까지는 선진국 경제의 호조에 따른 1차 산품에 대한 수요가 꾸준히 증대하였으며, 그에 따라 수출도 호조를 보였다. 그러나 1973~74년의 제1차 석유파동을 계기로 석유를 제외한 1차 산품의 국제가격은 일시적인 상승을 거친 후 곧 이어 하락세를 시현하였다.[15] 게다가 1979~80년에 제2차 석유파동을 겪으면서 선진국 경기가 장기침체 상태로 들어가면서, 1차 산품 가격도 장기간의 하락세를 시현하였다.

아프리카 제국의 세계교역에서의 비중은 1960년대 독립 당시 6%내외였으나, 1980년대는 그 비중이 5%로 감소하고, 다시 1990년에는 3.1%로, 1995년에는 2.2% 1998년에는 2.0%로 축소되었다. 개도국의 무역에서 차지하는 아프리카의 비중도 유사한 위축과정을 밟았는데, 1980년도 아프리카의 무역은 개도국 총무역의 15%에 달하였으나, 1990년도에는 11%로, 1995년에는 65, 1998년에는 5%대로 그 비중이 급격히 감소되었다.

1998년도 아프리카의 총수출은 전년대비 5%가 증가하였다. 아프리카의 주요 수출국은 남아공으로 동국의 수출은 아프리카 전체수출의 305에 육박한다. 수입면에서는 역시 남아공이 최대의 시장으로 군림하고 있으나, 최근 들어 이집트의 대외수입이 급격히 증가하고 있어 양국 간의 격차는 상대적으로 많이 축소되었다. 수입면에서는 역시 남아공의 최대의 시장으로 군림하고 있으나, 최근 들어 이집트의 대외수입이 급격히 증가하고 있어 양국 간의 격차는 상대적으로 많이 축소되었다. 이들 두나라의 수입액 합계는 아프리카 대륙 전체 수입액의 1/3을 초과하고 있다.

대부분의 아프리카 국가는 광물, 에너지 자원이나 농산물자원 등 1차산

표 16.3 ▸ 아프리카 제국의 주요 수출품목

국별	주요수출품목	국별	주요수출품목
우간다	커피, 면화, 금	토고	인광석, 코코아, 커피
가나	코코아, 금	탄자니아	커피, 면화, 사이잘
코트디브와르	커피, 코코아	자이레	동, 다이아몬드, 원목
시에라레온	커피, 다이아몬드, 루틸	가봉	원목, 원유, 우라늄, 망간
기네	보오크사이트, 알루미늄	나이지리아	원유
세네갈	땅콩, 인광석	앙골라	원유, 커피, 다이아몬드
이디오피아	커피, 피혁	모리셔스	설탕, 차
케냐	커피, 차	수단	면화, 가죽
베냉	코코아, 면화	보츠와나	다이아몬드, 우라늄
잠비아	동, 주석, 코발트	모로코	인광석, 감귤

[15] 그 주된 이유는 선진공업국의 경기후퇴로 1차 산품에 대한 수요가 감소하였기 때문이다.

품 수출에 크게 의존하고 있다. 남아공, 자이레, 잠비아는 금, 다이아몬드, 구리 등 광물자원에, 나이지리아, 리비아, 알제리, 이집트, 가봉 등은 석유, 가스 등 에너지 지원에, 가나, 코트디브와르, 세네갈, 이디오피아 등은 커피, 코코아, 땅콩 등 농산자원에 그 수출의 대부분을 의존하고 있다.

아프리카의 교역대상국은 서구 제국에 편중되어 있다. 아프리카의 최대 수출국은 미국이며 수입 분야에서는 프랑스로부터 수입이 가장 많다.

4) 경제개발

아프리카 제국들은 경제 개발계획을 추진하기 위하여 국내자본이 형성되어 있지 못하여 투자재원이 대부분을 외국투자에 의존하였으며 그 결과 외채가 감당해 낼 수 없을 정도로 급증하게 되었다.

특히 이러한 외국 투자자본이 경영능력의 부족 등 투자환경이 조성되지 못한 상태에서 도입되었고, 많은 경우에 있어 장기적인 관점에서 도입국의 필요에 의해 이루어지지 못하였다. 그 결과 농업부문 및 식량증산 또는 사회간접자본의 확충 등 생산기반조성을 위한 투자보다 단기적 수익을 노리는 서비스 부문에 상대적으로 많은 투자가 집중되었던 것이다.

또한, 커피, 코코아 등 일부 환금성 농업부문에 대한 투자는 국제원자재 가격의 상승 추세에 힘입어 70년대에 집중적으로 이루어졌으나 80년대에 들어와 선진국 경기가 장기불황에 돌입하게 되고, 이로 인하여 1차 산품의 국제시세가 하락함에 따라 투자비 회수가 불가능하게 되고, 결과적으로 외채상환이 불능상태에 빠지게 되었다.

따라서 아프리카는 외자도입으로 경제발전으로 촉진되기보다는 오히려 다른 개도국과 비교할 수 없을 정도로 외채규모만 크게 나타나는 결과가 초래되었다. 결국 산업의 확대재생산을 유발하지 못한 외채는 외채상환 및 이자지급을 위하여 또 다른 외국자본의 도입을 필요로 하는 악순환을 초래하게 된 것이다.

여기에 개발계획 및 경제정책의 비효율성, 전문기술인력의 부족, 높은 인구증가율, 과 주도의 경제체제로 인한 민간부문의 위축 등도 외채누적의 요인으로 작용하고 있다. 이러한 외채는 이미 아프리카 제국의 자체 변제 능력을 상회하는 규모가 되었으며, 이에 따라 최근에는 외채상환 연기 및 리스케줄링과 아울러 외채의 대폭적인 탕감방안도 공여국들간에 활발히 모색되고 있다.

한편 아프리카 제국은 농업의 근대화, 자원개발의 가속화, 고용증대 및 인력개발, 인프라의 확충 등을 목표로 경제개발계획을 추진하고 있으며, 이를 통해 경제의 낙후성에서 탈피하고, 구 식민종주국에 대한 경제적 종속 관계에서 벗어나기를 원하고 있다.

아프리카 제국의 투자 우선 순위는 공업화, 식량자급을 위한 농업부문 투자와 수송부문의 정비에 역점을 두고 있다. 그러나 이들은 동시에 숙련인력의 부족, 정치적 불안, 비효율적 정책수단, 치밀한 계획 능력의 결여 등으로 많은 개발계획을 중도에 포기하거나 투자규모를 축소 조정하고 있다.[16]

아프리카 제국들은 실로 그간의 시행착오를 극복하고, 진정한 경제발전을 이루기 위해서는 인플레 억제, 균형재정의 달성, 환율고평가 자제 등 건전한 거시경제정책의 운용이 필수적이라는 사실을 점차 깨닫고 있는 것이다.[17]

아프리카에 대한 해외직접투자의 총량은 1981-85 기간 중 연평균 17억 달러 규모에서 1986-90 기간중 연평균 30억 달러 규모로 더디게 증가하였으며, 1990년대 중반에 가서야 연평균 50억 달러 규모에 미달하였다.[18] 최근 들어 아프리카 투자에 대한 각국의 관심은 점차 높아지고 있다.[19]

도로의 경우 아프리카는 매년 GDP총량의 3~5%를 열악한 도로사정으로 말미암아 잃고 있는 것으로 집계되고 있다. 이들 문제를 시급히 해결하기 위한 방안으로 최근 그 활용범위가 커지고 있는 BOO(build-own-operate) 및 BOT(build-operate-transfer)방식의 채용도 검토될만한 것으로 보인다.[20]

---

16 1996년 6월 가나에서 개최된 유엔 아프리카 경제위원회(Economic Commission for Africa, ECA) 주관 아프리카 투자세미나에서는 급속한 경제성장과 빈곤탈피를 위해서는 급진적인 민영화와 규제철폐가 필요하다는 입장과 이와는 반대로 독점의 폐해를 막기 위한 점진적 규제완화를 옹호하는 입장이 대립되었으나 해외 및 국내 투자를 촉진하기 위해서는 자유로운 경제활동의 보장, 제도 및 인프라의 정비, 기타 사회·경제적인 환경의 조성이 긴요하다는 데에는 의견의 일치를 보였다.

17 이와 같은 정책의 대표적 성공사례는 가나이다. 1983년이래 가나가 플러스 성장을 유지할 수 있게 도니 가장 중요한 요인은 건전한 거시경제적 틀을 유지한 것으로서, 그 틀 안에서 민간부문이 시장경쟁의 원리하에 왕성한 투자활동을 벌인 것이 주효했던 것으로 지적되고 있다. 가나의 광산부문은 민간투자가 허용된 이후 신규투자를 성공적으로 유지하고 있으며, 그 결과 1970년대이래 최초로 대규모 금광이 속속 개발되고 있다.

18 그러나 이는 전세계 직접투자의 1.5%에 불과한 것이며, 그나마도 일부지역(나이지리아, 이집트, 모로코, 앙골라)과 일부부문(석유개발·탐사)에 편중되어 있다. 실제로 이집트와 나이지리아는 1981-1995 기간 중 아프리카에 대한 해외직접투자의 절반 이상을 받아들였으며, 그 대부분이 석유부문과 관련된 것이다.

19 미국의 경우 대 아프리카 경제인 평의회에 가입한 기업의 수는 1992년도에 12개에서 1996년도에는 90개로 증가하였으며 이는 보다 많은 기업들이 아프리카를 투자대상으로 인식하기 시작했다는 좋은 징표이다.

20 사실 이 같은 방식의 인프라개발은 이미 여타 개도국에서 활발히 이루어지고 있는데 1993년에는 160억 달러에서 1994년에는 260억 달러로 그 규모가 확대되고 있다. 최근 코트디브와르에서 완공된 발전소는 아프리카에서 최초로 시도된 순수 민간 인프라 프로젝트로서 성공적으로 추진되었다.

통신부문은 성장의 엔진으로 불리는 부문으로 , 이에 대한 투자 잠재력도 매우 크다. 전화의 경우 사하라 이남 아프리카의 총시설용량은 250만 회선에 불과한 데, 이는 북아메리카의 900만 회선에 비해서도 크게 낙후된 수준이다.

농업은 오랫동안 아프리카에 있어서 경제발전의 근간은 농업생산력을 높이는 점이 강조되어 왔으며, 민간투자에 대한 수익성도 상당히 높은 것으로 지적되어 왔다.[21]

1997년 5월 발표된 ECA 보고서에 따르면, 과거 석유 및 광산개발에 주로 집중됐던 아프리카에 대한 외국의 투자가 최근 제조업과 금융산업 등으로 다양화하는 추세를 보이고 있다. 즉, 80년대 아프리카에 대한 외국인 투자 중 석유관련 투자의 비중은 90%에 달하였으나 90년대 중반에는 70% 수준으로 떨어졌으며, 그 대신 섬유 제조부문과 금융서비스 산업에 대한 투자가 증가하고 있는 것으로 나타나고 있다.[22]

5) 아프리카의 경제통합

아프리카 국가들은 식민지로부터 독립한 직후부터 협소한 국내시장의 제약요인을 극복하고, 인력과 물자의 자유로운 이동을 통한 경제성장을 이룩하기 위해 인근국 간 또는 유사한 역사적·문화적 배경을 공유한 국가들 간에 지역경제 통합을 이룩하려는 노력을 활발히 전개해 왔으며, 그 숫자는 무려 20여 개에 달한다.

① 서부 아프리카 경제공동체(ECOWAS)

설립연도 및 회원국을 살펴보면 1975년 16개국이 창설하였다. 회원국으로는 불어권 국가인 토고, 베냉, 코트디브와르, 세네갈, 부르키나파소, 모리타니아, 니제르, 말리 등 9개국과 영어권 국가인 감비아, 시에라리온, 라이베리아, 가나, 나이지리아 등 5개국과 포어권 국가인 까보베르데, 기네비소 등 2개국 등 총 16개국이다. 사무국 소재지는 나이지리아 수도 아부자에 있다.

---

[21] 아프리카의 열매는 그 자체가 1㎏에 3-4달러에 불과하나, 중간가공품이 26달러, 완성가공품은 무려 ㎏당 60달러에 달하며, 실제로 잠비아의 경우, 이 분야 외국과의 합작기업은 크게 번창하고 있다. 또한 잠비아의 화훼수출회사는 1989년에 단 한곳에 불과했으나, 1995년에는 14개로 늘어났으며, 연간 2억 달러의 외화를 벌어들이고 있다.

[22] 그밖에 아프리카에 대한 투자의 새로운 경향으로 지적되고 있는 것은 일부 아프리카 제국들이 주식시장을 외국인들에게 개방한 가운데 미국 월가의 관심이 아프리카로 쏠리고 있다는 것과 아프리카에 대한 간접투자가 증대하는 고무적인 징후도 나타나고 있다는 점이다. 1994년 이후 아프리카를 겨냥한 기금은 12개 이상이나 설립되었다. 투자기금은 초기에는 남아프리카 시장에 집중되었으나, 차츰 보츠와나, 코트디브와르, 가나, 케냐, 짐바브웨 등 다른 나라들로 확산되어갔다.

설립 목적은 첫째, 역내국의 경제안정 및 균형발전을 통해 지역 공동시장 형성과 둘째, 관세, 비관세 장벽제거를 통한 무역자유화, 역내 공동 관세율 적용 및 공동 무역정책시행. 셋째는 역내국 간 노동력, 서비스 및 자본의 자유로운 이동 등이다.

추진현황 및 전망을 살펴보면 노동력의 자유로운 이동을 시행하고 있으며, 역내국 간 비자가 필요 없으며 자국 신분증으로 여행 또는 취업 가능하다. 또한, 2억의 인구와 개발을 기다리고 있는 풍부한 자원보유 및 세계 최대시장인 유럽과의 지리적, 문화적 인접성 등으로 금후 아프리카 대륙 내에서 유력한 경제협력체로 부상 할 것으로 보인다.

② 서부아프리카 경제통화 연맹(UEMOA)[23]

1962년 5월 구프랑스령 코트디브와르를 중심으로 7개국으로 구성된 서부아프리카 통화동맹(UMOA: Union Monetaire Quest Africaine)을 결성하였다. 1994년 1. 12일 세파프랑화 100% 평가절하 단행 이후 기존 UMOA를 더욱 발전시키기 위해 UEMOA를 발족에 합의하였다. 이 기구는 1994. 3. 15일부로 해체된 서부아프리카 경제공동체(CEAO)의 기능을 흡수하였으며, 1995년 1. 30일 부르키나파소 수도 와가두구에서 정식으로 발족하였다.

회원국으로는 세파프랑화 사용 7개국으로 코트디브와르, 베냉, 니제르, 세네갈, 말리, 토고, 부르키나파소 등이 있다.

추진현황을 살펴보면 역내 중앙은행인 서부아프리카 중앙은행(BCEAO)을 통하여 공동 통화정책 수립, 공동 통화권을 형성하고, 역내 개발은행인 서부아프리카 개발은행(1973년 창설)을 통하여 역내국의 경제개발 사업에 대한 금융지원 및 경제정책에 대한 조사분석 및 자문을 행한다. 프랑스의 자문, 통제에 의한 통화 신용정책 인플레이션 억제에 공헌하였다. 또한, 회원국 간 무역확대에 기여하였고, 노동력 및 자본의 자유로운 이동을 실시하였다. IMF 및 세계은행의 경제구조조정 권고안을 전폭적으로 수용하였다.

향후전망을 보면 UEMOA 회원국 7개국은 단일통화 사용국으로 실제적으로 역내국 간 교역활성화가 진전되고 있으며, 세파프랑화 평가 절하 이후 대외 경쟁력 확보로 1차 산품의 수출확대, 공산품 수입증대 현상을 뚜렷이 보이고 있어 금후 지속적인 발전이 기대된다.

---

[23] Union Economique et Monetaire Quest-Africaine

③ 남부아프리카 개발공동체(SADC)[24]

SADC는 1980년 탄자니아, 모잠비크, 잠비아, 보츠와나, 앙골라 등 5개국이 주축이 되어 설립한 SADCC(Southern Afican Development Co-ordination Conference)가 확대, 발전된 경제공동체로서 당초의 설립목적은 지역 간 경제 개발과 대 남아공 경제의존 탈피였다.

초기에는 ADB, EU, World Bank, UN 등으로부터의 경제원조를 기대했으나 여의치 않아 큰 진전이 없었으며 1994년 남아공의 가입을 계기로 남부아프리카 경제공동체로서의 역할이 주목되고 있다.

회원국으로는 1995. 8. 28. 남아공 KEMPTON에서 개최된 정상회담에서 모리셔스가 12번째 회원국으로 가입함으로써 총회원국 수는 12개국이다. 즉, 남아공, 레소토, 나미비아, 말라위, 탄자니아, 짐바브웨, 보츠와나, 스와질랜드, 앙골라, 모잠비크, 잠비아, 모리셔스 등이다.

추진동향을 살펴보면 1995. 8. 28. 남아공 KEMPTON에서 개최된 정상회담을 계기로 경제공동체 추진이 가속화되기 시작하여 무역, 에너지, 운송 및 통신, 불법마약거래 방지의정서 등 4개 의정서가 1996.8월 레소토의 마세루에서 개최된 SADC 정상회담에서 서명되었다.

상기 무역의정서는 97년 중 검토될 SADC 회원국 국민 간 자유이동에 관한 의정서와 함께 향후 2004년까지 SADC 전체를 하나의 경제공동체로 결성해가는 구체적 추진문제가 될 것으로, 향후 8년 이내에 자유무역지대 창설을 목표로 모든 무역장벽을 점진적으로 제거하고(단, 예외적으로 유치산업은 보호 가능) 국경 간 무역을 증대시키는 것을 주요 내용으로 하고 있으며 각 부문별 상세협정은 6개월 내 완료하기로 합의하였다.

1997년 2월 나미비아의 Windhoek에서 개최된 SADC 연례협의회에 참석한 서방원조 공여국들은 SADC로 대표되는 남부아프리카 지역이 정치적 안정, 다양하고 풍부한 자원 보유 등으로 아프리카 대륙에서 가장 장래가 밝은 지역으로 평가되어 집중적으로 지원 하겠다는 의사를 표명하였다.

④ 동남부아프리카 공동시장(COMESA)[25]

1993년 11월 우간다 수도 캄팔라에서 개최된 동남부아프리카 특혜무역지대(Preferential Trade Area for Eastern and Southern Afriac: PTA) 정상회담에서 현 PTA 조약을 보완하여, 강화한 COMESA 창설에 합의하고 1년 후인

---

[24] South African Development Community

[25] Common Market for Eastern and Southern Africa States

1994년 12월 20개 PTA 회원국 수뇌들이 참석한 가운데 정식 출범하였다. 세계경제 블록화 추세에 대응하고 경제통합과 교역증진을 통한 역내 국가들의 경제발전을 도모함이 목적이다.

회원국으로는 코모로, 이디오피아, 에리트리아, 케냐, 말라위, 모리셔스, 르완다, 수단, 스와질랜드, 탄자니아, 우간다, 자이레, 짐바베, 레소토(97. 4월 탈퇴선언), 앙골라, 부룬디, 지부티, 마다가스카르, 모잠비크, 나미비아, 잠비아, 세이쉘

최근 주요 추진현황을 보면 1997년 4월 잠비아의 Lusaka에서 개최된 COMESA 정상회의는 회원국 간 무관세제도를 2000년까지 적용 완료하고, 2004년까지 대외공동 관세제도를 시행하며, 회원국 간 분쟁해결을 위한 COMESA 사법재판소 설치와 회원국 간 무역의 원활화를 위한 공동 화폐제도도 추진 등에 합의하였다.

⑤ 동부아프리카 협력체(EAC: East African Cooperation)

1967년 케냐, 탄자니아, 우간다 3국은 동부아프리카공동체(구 EAC: East African Community)를 설립하였으나, 정치적인 분규로 1977년 사실상 해체된 바 있다. 그로부터 약 20년 후 이들은 동부아프리카 공동체 재가동에 합의하였고 1996년 3. 14 동부아프리카 협력체(신 EAC: East African Cooperation) 사무국을 공식 출범시켰다.

설립목적은 3국간 정치, 경제, 사회, 안보 등 제 분야에 있어 지역협력과 남아공의 주도하는 남부아프리카 경제권과의 통합에 대비한 동부 아프리카의 주도권 확보 등으로 부룬디, 루안다 등 역내 분쟁을 해결하였다.

추진현황 및 전망을 살펴보면 1997년 4월 개최된 제2차 EAC 정상회담에서는 그간 논의되어 온 회원국 간 협력확대 및 경제통합의 구체적 실천방안으로 1997-2000년간 동부아프리카 지역개발 전략(East Africa Development Strategy)을 채택하였다. EAC는 과거 회원국 간 정치적인 대립과 경제의 미발달로 인하여 붕괴된 전철을 교훈으로 삼아, 활발한 시장경제의 추구를 통한 민간부문의 성장 및 정치적 민주화를 도모해 나감으로써, 인구 1억을 포용하는 동부아프리카지역 내 가장 효율적인 경제통합체로 발전되어 나갈 것으로 보인다.

NEW INTERNATIONAL AREA ECONOMY

NEW INTERNATIONAL AREA ECONOMY

PART 04

국제통화기구와 외환 위기 사례 분석

NEW **I**NTERNATIONAL **A**REA **E**CONOMY

CHAPTER 17

국제통화기구와 외환위기의 사례분석

17.1 국제통화제도의 변천[1]

국제통화제도의 변천 과정에 대한 구분은 논자에 따라 다소의 차이는 있지만 일반적으로 제1차 세계 대전전의 국제금본위제(1879~1913)와 대전 후의 국제금본위제(1925~1931), 제2차 세계 대전 후의 브레튼우즈체제(1947~1973) 및 현재의 킹스턴체제(1973~현재)로 구분되고 있다.

국제통화제도의 변천과 관련하여 환율제도는 국제 금본위제도에서 브레튼우즈체제에 이르는 오랫동안 대체로 고정환율제가 유지됐다. 그러나 1973년을 전후하여 주요 선진국이 변동환율제로 이행함에 따라 현재의 국제 환율체제는 변동환율제가 주류를 이루고 있다. 또한 브레튼우즈체제까지는 금 또는 금환 형태의 본위화폐가 국제유동성 역할을 감당했지만, 현행 체제하에서는 각국의 변동환율제 채택 및 금 폐화조치로 국제유동성으로 특정화된 본위화폐가 존재하지 않는다.

1) 금본위제도(1870~1914)

국제 금본위제는 세계 경제를 구성하는 각국이 금본위제를 공통적으로 채택하는 국제통화제도이다. 국제 금본위제하에서 각국은 자국통화의 금평가를 설정하여 금과 자국통화의 교환에 무제한 응하여, 금의 자유로운 화폐주조와 국제거래를 허용한다.

이 경우 각국의 통화는 일정량의 금과 직접 연결된 본위화폐이기 때문에 국내통화로서 기능함은 물론 국제적 통용력도 동시에 가지게 된다. 따라서 국제적 인식이 매우 높은 금이 사실상의 단일세계통화 역할을 하게 되고 국제유동성은 금의 공급수준 즉, 산금량에 의해 결정된다. 그리고 각국 통화 간 금평가 비율인 환율은 국제적 금재정거래를 통하여 금현송점 범위 내에 안정되므로 고정환율제가 유지된다. 금본위제의 규칙은 다음과 같다.[1]

1. 각국의 화폐는 금에 고정된 비율로 자유롭게 태환
2. 금의 자유로운 국제거래 보장
3. 단기에 있어서의 국제적 금 고갈로 인한 유동성 위기는 중앙은행으로부터의 재할인을 통해 해결(Bagehot 규정)
4. 규칙 1이 일시적으로 지켜지지 않는 경우 국내경기 조정으로 복구

[1] Ronald I. Mckinnon, "The Rules of the Game: International Money in Historical Perspective", Journal of Economic Literature, 1993. vol. 31, pp. 1-44.

5. 물가는 전세계의 금에 대한 총수요와 총공급에 의해 자동적으로 결정

2) 양차 대전 사이(1918~1939)

제1차 세계 대전이 가져 온 중요한 결과는 국제통화제도가 사라지고 통화에 대한 관심이 국제적인 차원에서 개별적인 국가차원으로 이전되었다는 것이다.

제1기는 변동환율제도(1919~1926)로서 이 시기의 가장 큰 특징은 통화당국에 의한 외환시장 개입이 거의 없었다는 것이다. 극히 예외적으로 통화당국이 개입했던 예를 들자면, 1924년 및 1926년 프랑스 중앙은행에 의한 개입을 들 수 있을 뿐이다.

제2기는 고정환율제도(금환본위제도 1927~1931)로서 국제 금환본위제는 1개국 이상의 금본위제 국가가 존재하고 세계 경제를 구성하는 대다수의 국가는 금환, 즉, 금본위제국가의 통화를 자국의 본위화폐로 채택하는 경우 형성되는 국제통화제도이다. 따라서 국제 금환본위제하에서 금본위제국가(당시 미국과 영국)는 준비자산으로 금을, 여타 국들은 금 및 금환(달러와 파운드)을 보유하게 되며 국제유동성은 금과 금환의 형태로 공급된다.

제3기는 관리변동환율제도(1932~1939)로서 당시의 변동환율제도는 1920년대 초의 변동환율제도와는 달리 구체적으로 명기된 외환균형기금(exchange equilibrium fund)의 조정을 통해 환율이 관리되도록 하였다.

3) 브레튼우즈제도(1944~1971)

브레튼우즈체제는 금 및 미달러화본위제도와 조정가능 고정환율제를 근간으로 하는 변형된 형태의 국제금환본위제도로서 1944년 브레튼우즈협약에 기초하여 구축되었다. 브레튼우즈제도의 특징을 요약하면 다음과 같다.[2]

- 달러화를 금에 고정시키고 다른 통화들의 달러화에 대한 기준환율을 고정시키며 환율은 1% 범위내에서만 변동할 수 있도록 한다.
- 경상거래에 대해서는 자유로운 태환성을 부여하고 국내금융시장을 보호하기 위한 자 본이동 규제 허용. 그러나 자본거래에 대해서는 자유화 노력.
- 외환시장개입 및 외환보유고를 위한 통화로서 달러를 이용한다.
- 단기적 외환보유고 감소는 중앙은행의 국내금융자산매입을 통해 조정(Bagehot 규정)한다.

---

[2] Ronald I. Mckinnon, "The Rules of the Game: International Money in Historical Perspective", Journal of Economic Literature, 1993. vol. 31, pp. 1-44.

- 경상수지불균형은 재정정책을 통해 조정한다.
- 각국의 통화량은 미국에 의해 유지되는 물가추세에 맞추어 변화시켜 고정환율을 유지하도록 한다.
- 미국은 독립적인 통화정책에 따라 세계(달러)물가수준을 결정한다.
- 미국은 순 국제채권자의 위치를 유지하고 재정적자 해결하고
- 미국은 외환시장에 수동적으로 참여한다.

4) 변동환율제도[3](1973년 이후)

첫째, 비협조체제(1985년 이전)로서 이 시기 국제통화제도의 가장 큰 특징은 규칙 1에 나타난 고정환율제도의 포기와 변동환율제도의 채택이었다. 이 시기의 국제통화제도의 또 다른 특징은 규칙 4와 규칙 5에 나타난 통화조정방식이다.

표 17.1 ▸ 변동환율제도의 게임규칙

1. 환율은 자유롭게 변동함
2. 경상거래에 대해서는 자유로운 태환성을 부여하고 자본거래에 대해서도 궁극적으로 자유화 시행
3. 상대방에게 피해주는 불공정한 환율조작 금지
4. 단기에서의 지나친 환율변동은 통화량 변화를 통해 조정
5. 각국은 독자적인 통화정책 수행

둘째, 협조체제(1985년 이후)로서 협조체제에서는 모든 IMF 가맹국에 대하여 자국의 환율제도를 자유로이 선택할 수 있는 재량권을 부여하고 동시에 국제적인 환율제도의 질서유지와 안정을 위해 IMF 및 타 가맹국과 협조하여야 할 일반적 의무를 부과함으로써 관리변동환율제도를 지향하고 있다.

또한 금을 폐화하고 SDR을 주요 준비자산화하여 향후 SDR 본위제 이행의 기반을 조성하였다. 따라서 각국이 자국의 경제사정에 따라 변동환율제 등 다양한 환율제도를 채택할 수 있게 됨에 따라 국제적으로 공식화된 환율제도는 사실상 존재하지 않게 되었다.

5) 국제통화제도의 개선 논의

1980년대 주요 선진국 간의 경상수지 불균형이 점차 심화되고 개발도상국의 외채문제도 심각하게 됨에 따라 국제통화제도에 대한 재검토와 개혁논의가

[3] 엄밀히 말해 브레튼우즈제도 이후의 환율제도는 외환당국이 외환시장에 개입할 수 있도록 하는 관리변동환율제도이다.

활발히 전개되고 있다. 이러한 논의는 앞에서 본 바와 같이 현행 제도하에서 환율의 변동 폭이 과도하게 크고 불균형 상태가 장기간 지속됨으로써 본래의 기능인 대외불균형을 효율적으로 조정할 수 없다는 데 주로 논의를 두고 있으며 이러한 기능을 제고할 수 있도록 현행 제도를 개선하거나 새로운 제도를 도입할 필요가 있다는데 초점이 맞추어지고 있다. 구체적으로는 현행 변도환율제도를 유지하되 기능의 보완이 필요하다는 논의와 환율제도를 근본적으로 개혁하자는 논의로 대별되고 있다.

6) 평가와 전망

1973년 변동환율제 시행과 더불어 일기 시작한 국제통화제도 개선 논의는 1976년 킹스턴체제의 채택후에도 계속됐는데 1985년 10월 제25차 IMF 잠정위원회에서 개도국과 선진국의 입장을 각각 대변하는 G-24와 G-10이 국제통화제도 개편에 관한 검토보고서를 제출하면서 논의는 보다 구체화되었다. 당시 G-24는 현행 변동환율제는 환율 불안을 야기하고 있으므로 목표 환율대의 도입 등에 의한 근본적인 개선이 필요하다고 주장한 반면 G-10은 기본적으로 현행제도를 유지하되 미비점은 각국 간 정책 협조로 보완한다는 소극적인 입장을 취하였다. 이후 IMF를 중심으로 동 논의는 계속되고 있는데, 최근에는 현행 제도의 기본 골격을 유지하면서 정책 조화를 통해 환율안정을 도모하는 방향으로 의견이 수렴되고 있으나 구체적 합의에는 이르지 못하고 있다.

국제통화제도는 기본적으로 국가 간 특히 세계 경제에 영향력이 큰 주요 선진국간의 정책 협조를 바탕으로 그 건전성이 유지될 수 있는데, 현실적으로 현행제도의 장단점에 대한 이들 선진국 간의 기본시각의 차이 및 제도개선에 따른 이해득실의 상반이 정책 협조를 어렵게 함으로써 국제통화제도의 개선 논의를 가로막는 걸림돌로 작용해 왔다.

과거 국제통화제도의 변천과정을 보더라도 새로운 제도의 타당성이 인정되어 기존의 제도를 대체하거나 보완하였던 것이 아니고 정치적, 경제적 요인에 의한 기존제도의 붕괴가 결국 새로운 제도의 채택을 촉구하는 계기가 되었던 것도 국제통화제도의 운영과 개선을 둘러 싼 정책 협조의 어려움을 시사해 주고 있다.

한편, IMF 가맹국을 중심으로 논의되고 있는 목표환율제도나 경제지표 이용방안은 현행 제도의 테두리 내에서 IMF의 감독기능을 보강함으로써 주요 선진국 간의 정책 협조를 촉발하는 기본메카니즘을 강구하자는 현실적 필요성을 강조한 방안이라 할 수 있는 반면 Mckinnon 교수의 고정환율제 복귀론이나 Cooper 교수의 단일통화제도론 등은 각국의 독립적인 정책집행이 허용되는 한 효율적인 정책협조란 기대할 수 없으므로 적어도 각국 금융정책의 자율성을 대폭 제한하거나 단일통화기관에 완전 위탁함으로써 범세계적인 금융정책에 의해 환율안정을 통한 국제통화제도의 건전성을 확보해야 한다는 순수이론적 접근방안이라 할 수 있다.

국제통화제도의 개혁은 금융면에서 국제경제의 규칙을 변경하는 것을 의미하며 지금까지 이러한 규칙의 유지 및 변경은 전적으로 경제대국의 주도하에 이루어져 왔기 때문에 세계경제의 통합화 경향과 더불어 미국, 일본, 서독의 지위와 역할이 향후 국제통화제도의 위상에 중요한 변수가 될 것으로 보인다. 앞으로 3국 간의 협조체제가 적절히 이루어질 수 있는 기반이 조성된다면 현행제도의 부분적인 기능개선 방안은 물론 보다 장기적으로는 구주통화제도(EMS)에서와 같은 3국의 공동관리에 의한 고정환율제도의 복귀방안이나 단일통화 창설방안도 단계적으로 심도있게 논의될 수 있을 것이다. 그러나 주요 선진국 간의 정책 협조가 미흡하여 환율의 불안과 국제수지 불균형이 더욱 악화됨으로써 현 체제가 붕괴위기에 직면할 경우에는 전혀 새로운 국제통화제도의 출현도 예상해 볼 수 있을 것이다.

17.2 브레튼우즈체제에서의 외환위기

1) 영국의 1967년 외환위기

1960년대 중반부터 시작된 영국 경제위기의 근본원인은 광범위한 사회복지제도와 산업국유화로 비대해진 공공부문의 비효율성을 찾을 수 있다. 당시 영국 정부는 예산의 반 이상을 공공부문에 지출하고 있었는데 당시 영국의 경제위기는 크게 4가지로 찾아 볼 수 있다.

첫째는 당시 영국 정부의 최우선 정책과제는 고용안정으로서 실업난 해소를 위하여 팽창적인 재정·금융 정책을 시행하였다. 이에 통화증발에 의한 인플레이션이 조장되면서 파운드화의 가치하락으로 인한 외환위기가 조성되었고 모든 사람들은 파운드화가 평가절하 될 것으로 예측하였다. 그러나 당시 영국 정부는 평가절하를 반대하고 대신 관세를 부과하였다. 위기에 처한 IMF 등에서 빌린 40억 달러로 일단 외환위기를 넘겼지만 1966년 봄에 또다시 외환위기가 재연되었다.

둘째는 국제수지와 관련된 영국 경제의 구조적 취약점이다. 우선 당시의 영국의 수출입구조가 영연방에 대부분 의존하고 있어서 수출증가가 거의 없었다는 것이고, 식량 및 원자재를 외국에 의존하고 있어서 무역수지가 악화되었다는 사실이다. 이것 때문에 투자가 늘어나는 고도 성장기에는 수입이 증가하면서 무역수지가 악화되었다.

다음으로 물가안정의 실패를 들 수 있다. 1966년 시행하였던 임금동결조치를 해제함으로써 임금과 물가가 연쇄적으로 급상승하는 등의 스태그플레이션 양상이 초래되었다.

마지막으로 파운드화의 가치폭락이었다. 영국은 전통적인 고물가 경제체질로 인하여 수입물가 억제를 위해 강세통화 정책을 유지하여 왔다. 그러나 무역적자와 재정적자의 확대로 파운드화가 폭락하는 사태가 발생하게 된 것이다. 한편 정부의 긴축통화정책의 발표와 물가와 소득에 대한 강제적 조치, 외국은행으로부터의 차입 등 경제정책에도 불구하고, 1967년 11월 대규모 탈파운드 사태가 일어나자 영국은 평가절하하여 파운드당 2.40달러가 되었다. 결론적으로 말하면 영국의 경제위기는 영국이 안고 있는 구조적인 문제점과 아울러 정부의 적절한 통화관리정책의 실패에 기인한다고 볼 수 있다.

2) 프랑스의 1968~1969년 외환위기

프랑스의 외환위기를 살펴보면 다음과 같다. 당시의 상황은 브레튼우즈체제가 국제통화기구인 IMF를 설립하여 회원국의 인위적인 환율 조정을 통해 국제통화질서의 혼란을 방지하는 안정적 국제통화질서를 모색하고 있었다. 1968년 5월 임금인상과 근로조건 개선을 요구하는 대규모 군중시위의 결과로 시간당 임금이 약 10%로 증가하였고, 주당 근무시간도 축소되었다. 그러나 경제의 불안을 느낀 자산가들은 프랑화를 독일 마르크나 금으로 급속히 교환하면서 결국 11월에 유럽의 외환시장이 거래를 중단하는 사태가 발생하였다.

프랑스는 1968년 4월부터 11월 사이에 약 30억 달러의 외환보유고를 상실하게 되었다. 이에 대한 프랑스정부는 정부지출을 줄이면서 간접세를 증가시키고 금융기관의 대부이자 상한설정, 예금이자 증가 등 다각적인 경기부양책을 실시하였으나 탈 프랑화의 이탈을 막을 수가 없어서 결국 1969년 8월에 약 11% 평가 절하를 단행하였다.

17.3 변동환율제도 (1973년 이후)에서의 통화위기

브레튼우즈제도가 붕괴된 후 IMF 회원국 대표들은 국제통화질서 회복을 위한 계획을 마련하고 있었다. 변동환율제도가 석유파동의 위기를 극복하는 데 유용하였다는 인식하에 각국은 자율적인 환율제도를 선택하게 되었다.

1) 멕시코의 1980년대 외환위기

멕시코는 1970년대 두 차례에 걸쳐 석유파동과 심각한 경제 침체 및 외환위기를 경험하였다. 이 당시의 외환위기는 국내적 상황을 고려하지 않은 채 폐소화를 평가 절하하면서 무리하게 고정환율을 지키려고 한 결과 발생되었으며 반면에 1980년대의 외환위기는 급속히 진행되는 물가 상승과 임금 상승의 반복되는 악순환으로 자국의 폐소화가치가 급락하면서 외국자본 및 외환보유고의 소진에 따른 외채의 누증과 외채의 지급불능 상태가 발생하면서였다.

이와 같은 외환위기에 대응하기 위하여 정부가 달러구좌 동결, 외환시장 폐쇄, 민간은행 국유화 등의 조치를 취하자 오히려 물가상승, 급격한 인플레이션, 수입원자재 가격상승 등이 유발되었다. 정부의 수입원자재 조달시장폐쇄에 따른 기업도산의 속출, 급격히 증가하는 실업자 등으로 인해 경제가 극도로 악화되는 상황에 도달하자 멕시코 정부는 1982년 8월에 서방채권국과 IMF에 약 600억 달러에 달하는 외채에 대하여 향후 1년간 채무상환 의무를 연기해줄 것을 요청하였다. 이에 따라 미국 및 서방 채권국들은 멕시코의 채무재조정 요청을 허락하였다.

당시의 멕시코 경제추이를 보면 <표 17-18>에서 보는 바와 같이 1981년 페소화환율이 24.5페소에서

1982년 54.9페소로, 1983년에는 120페소로 평가절하되었고, 물가상승율도 1981년 28.7%에서 82년 98.8%, 83년 80.9%로 급등하였으며 수입물가도 급증하였다. 또한, 외채도 1980년도에 513억 달러에서 81년 750억 달러로, 82년 878억 달러로 급증하였다.

한편 1982년의 IMF 차관 및 외채 상환 연기 조치 이후에도 1986년 다시 IMF의 대기성 차관(Stand-by Loan)이 제공되었다. 그러나 계속적인 환율통제 결과 고평가된 환율과 수출산업 경쟁력의 근본적인 개선이 없어 1980년대 후반에는 다시금 국제수지 적자가 누적되었다.

표 17.2 ▸ 멕시코 경제추이

구분 \ 연도	1978	1979	1980	1981	1982	1983
경제성장율(%)	8.2	9.2	8.3	7.9	-0.5	-4.7
경상수지(억달러)	-27	-49	-72	-12.5	-49	56
환율(페소/달러)	22.7	22.8	22.9	24.5	54.9	120.1
물가상승율(%)	12.2	20.0	29.8	28.7	98.8	80.9
총외채(억달러)	337	403	513	750	878	888
중장기외채	291	339	396	524	592	634
단기외채	46	64	117	226	286	254

자료: IMF, International Financial Statistics, 각호

2) 멕시코의 1994년도의 외환위기

1994년 말의 멕시코의 외환위기는[4] 우선 정치적인 불안정에서 원인을 찾아야 할 것으로 보인다. 당시의 정치적인 상황은 집권당의 장기집권에 따른 소수계층의 부의 집중과 소득분배의 왜곡에 따른 일반 국민들의 불만이 극에 달하고 있었을 때였다. 또 1994년 3월 집권당의 대통령 후보가 암살되자 멕시코 국내 정치에 불안감을 느낀 외국 투자자들의 자본이 급속히 유출되기 시작하면서 외채의 증가와 상환 압박, 페소화 가치 폭락 등이 가세하였다. 1994년 12월 20일 페소화는 15% 평가 절하되었고 12월 22일에는 변동환율제도가 채택되면서 멕시코 외환위기의 기폭제가 되었다. 그러나 당시 1994년 2사분기까지는 멕시코의 거시경제 지표는 <표 17-3>에서 보는 바와 같이 상당히 안정되어 있었다.

표 17.3 ▸ 멕시코의 거시경제 지표

부문 \ 연도	1990	1991	1992	1993	1994	1995	1996
경제성장율(%)	3.6	3.6	3.6	2.0	4.5	-6.2	5.1
경상수지(10억 달러)	-74.5	-14.8	-24.4	-23.4	-29.6	-1.6	-1.8
환율(페소/달러)	2.8126	3.0184	3.0949	3.1156	3.3751	6.4194	7.5994
물가상승율(%)	26.6	22.7	15.5	9.7	7.0	35.0	34.4
총외채(10억 달러)	104.4	114.0	112.2	118.0	136.5	151.9	152.7

자료: 정영규, 『인도네시아 경제론』, 1998

[4] 허약성이 심화된 경제구조에서 원인이 찾을 수 있다. 이 주장의 요지는 환율고정화정책으로 페소화가 고평가되면서 필연적으로 수반된 저성장의 고착화와 경상수지 적자의 누적으로 더 이상 고정환율제를 유지할 수 없어 외환위기로 이어졌다는 것이다. 또한 정부의 정책실패(policy slippage)에서 위기의 원인을 찾는 경우이다.

페소화 가치 폭락은 외국인 투자가들의 주식투매로 이어지면서 1995년 2월 말의 주가는 1994년 11월 대비하여 41% 하락하였다. 주가폭락과 함께 외환시장이 마비되자 유동성에 직면하게 되었다. 그 결과 멕시코는 1980년대 외채위기에 이어 1994년 12월 말, 국채 292.1억 달러, 은행외채 164.3억 달러 등 총 456.4억 달러의 단기외채 상환불능 위기에 처하게 되었다.

다음으로 허약성이 심화된 경제구조에서 원인이 찾을 수 있다. 이 주장의 요지는 환율고정화정책으로 페소화가 고평가되면서 필연적으로 수반된 저성장의 고착화와 경상수지 적자의 누적으로 더 이상 고정환율제를 유지할 수 없어 외환위기로 이어졌다는 것이다.

셋째, 정부의 정책실패(policy slippage)에서 위기의 원인을 찾는 경우이다. 이 주장에 따르면 먼저 멕시코 정부는 신축적 환율제도로 보다 일찍 전환하지 못하였고, 선거를 앞두고 경기부양을 위해 단기외채를 증가시키는 등의 정책적 오류가 외환위기를 촉발시켰다는 것이다. 멕시코가 위기에 봉착하자 미국의 주도하에 IMF와 BIS, 캐나다 등이 총 516억 달러의 지원을 결정하였다.

1995년 IMF의 차관 제공 이후 멕시코 정부는 IMF 정책권고의 전폭적인 수용과 초긴축 재정정책 및 세율 인상을 실시하였다. 이 결과 경쟁력이 취약한 부실기업 및 금융기관의 연쇄적인 도산으로 경제성장율은 –6.2%로 하락하고, 연 100만 이상의 실업자가 속출하였다. 또한 공공지출은 9.8% 감소하였고 부가가치세는 10%에서 15%로 증가하였으며, 공공재 가격을 인상하여 휘발유가는 35%, 가스 및 전기요금은 각각 20% 인상되었다.

이후 멕시코 정부의 강력한 수출진흥 정책과 미국의 경제 호황으로 인해 차츰 경제가 회복되자 외환보유고가 증가하고 주식시장이 활기를 띠면서 외국인 투자자들이 다시 투자를 증가하고 경제가 활성화되기 시작하였다.

표 17.4 ▸ 국제기구 및 국가별 자금지원 내용

(단위: 억 달러)

국제기구 및 국가	지원약정 금액	실제지원금액
미국	200	정부: 120, 연준: 15
캐나다	11	4
IMF	177	134
BIS	100	-
세계은행 및 미주개발은행	28	–
합계	516	273

3) 외환위기에 대한 역사적 교훈

위에서 살펴본 바와 같이 세계 각국에서 발생한 외환위기는 공통적인 유사점을 찾을 수가 있다. 첫째 국제통화제도와 자국의 환율제도가 금융위기가 발생하였을 경우, 경제의 기초적인 변수들에 의해서 결정되는 균형환율 수준을 유지할 수가 없었다는 점이다. 둘째는 국제환경변화에 자국의 통화금융정책을 신속히 대처하지 못함으로써 자국내의 금융자산이 급격히 해외로 유출, 금융위기가 발생하였다는 점이다.

한편, 각국의 외환위기는 자국의 통화운영정책의 실행목표가 국제통화제도의 규칙과 대외적인 여건이 불일치하면서 외환위기가 발생하였다.

또한, 최근의 멕시코와 인도네시아의 외환위기의 출발점은 우선 정치적인 불안정에서 출발하였다. 1994년도 초 멕시코는 집권당의 대통령 후보가 암살되면서부터 급격히 경제가 흔들리기 시작하였고, 인도네시아 역시 수하르토 대통령의 장기집권에서 파생되는 경제적 비효율성에 기인하여 1997년 하반기에 IMF에 지원을 요청하였고 1998년 3월 대통령선거 전후에 최고조에 달하여 결국은 수하르토 대통령의 시대의 막을 내리는 결정적인 역할을 하였다.

아울러 2차 세계 대전 이전의 외환위기는 모두 실물시장과 관련되어 있었다는 점이다. 각국의 통화관리를 벗어난 통화난발과 자국의 불안정한 금융정책은 인플레이션과 외환위기를 유발하였고, 개발도상국들은 폐쇄적인 외환정책으로 국제적인 변화적응능력을 상실하였다.

2차 세계 대전 이후의 외환위기는, 첫째 외환위기가 발생한 국가들은 국제통화제도와 대립되는 재정 · 금융정책을 수립하고 시행하였다. 둘째 급격히 변화하는 국제환경변화에 의해 자국의 실질환율 변화에 의한 무역적자의 누적 등 환율의 변화가 불가피한 경우에도 환율변화정책을 시행하지 못하였다.

또한, 브레튼우즈체제 그 자체가 모순을 포함하고 있었다. 환율의 변동폭이 과도하게 크고 불균형상태가 장기간 지속됨으로써 본래의 기능인 대외불균형을 효율적으로 조정할 수 없었다. 따라서 주요 선진국 간의 경상수지 불균형의 점차 심화되고 개도국의 외채문제가 심각하게 됨에 따라 국제통화제도에 대한 재검토와 개혁논의가 활발히 진행되고 있다.

한편 최근 들어 외환위기를 겪은 국가들이 IMF의 지원을 받은 후 6개월이 지난후의 경제변화를 살펴보면 다음과 같다.[5]

---

[5] 한국경제신문, 1998년 6월 11일.

표 17.5 ▸ IMF자금지원 3개국 6개월간 경제지표변화

	한국	멕시코	태국	인도네시아
IMF지원규모 (억 달러)	550	488	172	400
경제성장율	마이너스성장 3.9% → 3.8%	경기급락 -0.8% → -10.5%	마이너스성장 -0.4% → -5.0%	경기급락 4.6% → -10.0%
실업율	고실업 2.6% → 6.7%	고실업 4.4% → 7.8%	고실업 3.5% → 6.2%	초고실업 4.7% → 14.5%
무역수지 (억 달러)	크게 개선 1.2 → 39.3	크게 개선 -185 → 75	개선 흑자반전	흑자유지
외채 (억 달러)	소폭감소 1,618 → 1,552	증가 1,398 → 1,642	감소 918 → 897	증가 1,374 → 1,633
합의시점	1997.12.3	1995.2.1	1997.8.20	1997,11.5

인도네시아의 종합성적은 5점 만점에서 2.06으로 분석되어 멕시코(2.91), 태국(2.86), 한국(2.65), 다음으로 최하위에 머물렀다.

위의 결과는 경제성장 실업등 거시경제, 외환보유고 단기외채비율 등 외환유동성, 환율금리 등 금융시장, 기업과 금융의 구조조정 등 4개 분야에 걸쳐 위기대응성적을 종합 평가한 것이다.

CHAPTER 18

인도네시아 외환위기 사례분석

1997년 하반기부터 시작된 아시아 경제 위기는 1979년 2차 오일쇼크 이후 세계경제에 가장 심각한 파장을 불러일으키고 있다. 태국, 인도네시아, 한국 등을 차례로 휩쓴 데 이어 세계를 공황의 공포 속으로 몰아넣고 있다.

아시아 경제위기의 원인에 대해서 경제학자들의 견해가 다소 차이가 있지만 크게 2가지로 분류되고 있다. 첫째는 각국의 취약한 경제기반과 금융시스템에 있다고 보는 '기초체력론'(fundamentalist)이고, 둘째는 심리적인 요인 탓이라는 '심리적 공황론(panic)'이다. 위기의 원인이 심리적 공황에 있다고 보는 견해는 아시아 각국은 일단 자신감을 회복한 후 빠른 경제회복을 보일 것으로 예상한 반면 금융시스템이 원인으로 보는 시각은 불황이 장기간 지속되고 고통스러운 구조조정과정이 따를 것이라고 예측하고 있다.

기초체력론의 관점은 아시아 각국이 겪고 있는 경제위기가 낙후된 경제체력에서 기인했다는 주장이다. 1995년부터 미국 달러환율은 일본 엔화와 주요 유럽국 화폐에 비해 상승하기 시작했고 아시아 각국은 주요시장에서 가격경쟁력을 잃어갔고 수출증가율은 둔화됐으며 기업의 이익이 줄어들었고 주가는 떨어지기 시작했다. 아시아 각국의 주식시장 가치는 1997년에 거의 절반이상 감소했으며 이는 곧 외국인 투자자의 이탈을 불러왔다.

심리적 공황론의 관점은 아시아 경제위기는 일시적이고 심리적인 요인 탓이란 견해다. 이번 아시아 경제위기는 태국의 국내문제에서 촉발했다. 그러나 금융산업에서 국제적투자자들의 비이성적 행동 탓으로 주변국가에 급속히 확산, 아시아 전체를 공포로 몰아 넣었다는 것이다. 국제적 자본이동이 자유로와지고 그 기회가 늘어감에 따라 다른 투자자들의 움직임에 따라 다른 투자여부를 결정하는 경향이 늘고 있으며 따라서 소수 투자자들의 급격한 시장퇴출은 자본의 대거 이동현상을 낳는다는 주장이다.

18.1 인도네시아 경제위기의 원인

인도네시아의 경제위기는 위에서 열거한 기초체력론 및 심리적 공황론의 견해 속에서도 인도네시아가 지닌 특수한 정치적 상황을 고려하지 않을 수 없다. 인도네시아가 지금과 같은 위기에 빠진 데는 복합적인 요인들이 작용했다고 볼 수 있다. 결과론적으로 말하면 인도네시아의 경제위기는 정치적으로는 수하르토 대통령의 30년 이상의 장기 집권의 막을 내리게 하였고, 경제적으로는 IMF의 경제개혁 요구와 맞물려 인플레이션과 실업대란을 야기하여 파국으로 치닫고 있는 인상이다. 따라서 여기에서는 인도네시아 경제위기의 원인과 파급효과 및 단계적으로 설명해 보고자 한다.

1) 국내적 요인

인도네시아 경제가 위기에 빠진 직접적인 요인은 첫째, 수하르토 대통령의 장기집권으로 인해서 파생되는 부수적인 문제와 둘째, 급격히 변화하는 국제경제현상에 적극적으로 대처하지 못했던 정부의 위기관리와 정책대응의 실패 셋째, 금융기관의 부실과 과다한 외화차입으로 요약할 수 있다. 이러한 요인들은 외국인 및 외국인 투자자들로 하여금 인도네시아 경제를 불신하게 만들었고 결국 이들이 인도네시아 경제에 투자한 자본을 철수하면서 외환위기를 맞이하게 되었다.

이에 수하르토 대통령의 장기집권과 일가친인척의 경제력 독점에서 파생된 부의 편중 왜곡된 현상을 생각해 볼 수 있다. 1998년 5월 21일 하야한 수하르토 대통령은 지난 1998년 3월에 실시한 7선의 대통령 선거에 무사히 통과함으로써 지난 30년 동안 누려왔던 장기집권의 정치권력과 경제적 특혜를 계속 유지하려고 하였다.

그러나 친인척 및 자녀들의 경제력 독점은 소득분배의 불공평과 왜곡을 야기하여 국민들의 심한 불만을 사고 있었다. 수하르토 대통령의 3남 3녀를 위시한 그의 친일족 20여 명은 항공, 통신, 자동차, 석유, 금융 등 각 부문에서 거대한 이권을 보유하고 있었는데, 장녀 시티(49)는 집권 골카르당의 부총재로 시트라 그룹의 오너이자, 택시회사 '스테디 세이프' 주주이며, 450km에 걸친 유료통행료 사업과 18억 달러짜리 탄중야티 발전소 건설 등을 총지휘하고 있었다. 장남 시지트(47)도 인도네시아 최대 살림그룹과 차남이 운영하는 비

표 18.1 ▸ 수하르토 가족의 계보

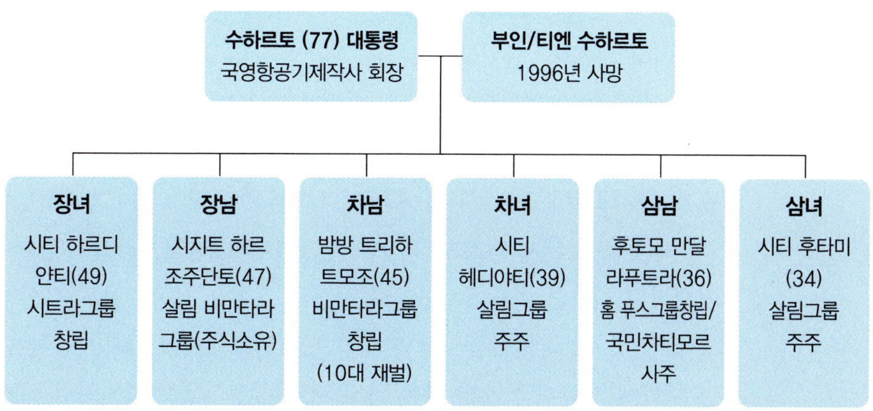

주: 수하르토 대통령은 1998년 5월 21일 사임하였음, 또한 수하르토 일가에 대한 재산환수가 현안으로 대두되고 있음.

만타라 그룹 지분을 갖고 있으며 차남 밤방(45)은 비만타라 그룹과 현지 최대의 위성통신 회사인 PT 새틀린도의 주식 60%와 방송, 천연가스, 호텔 등 소유하고 있다. 막내아들 후토모(36)는 훔푸스 그룹의 총수이자 국민차 티모르 회사의 사주이다. 차녀 시티 헤디야티와 3녀 시티 후타미는 살림그룹의 주주로 있으며 이들이 갖고 있는 재산은 정확한 액수의 산정은 불가능하지만 약 400억 달러 이상으로 추정되고 있다.

위와 같은 일가 친인척의 독선적 지배체제는 부의 왜곡된 편중을 불렀고 급격히 변화하는 국제경제사회의 능동적으로 대처해 나가는 데 장애가 되었으며 특히 올 3월 치러진 선거가 1997년부터 시작된 외환위기와 맞물리면서 엄청난 국내외 파장을 일으키기 시작하였다.

인도네시아에 투자한 외국인 투자자들은 정치·경제적으로 급박하게 돌아가는 인도네시아 상황에 불안감을 느끼기 시작하면서 일시에 자금을 철수하였고 결국 이것이 인도네시아 외환시장에 혼란을 초래하였다. 특히 민간부문에 상대적으로 외채가 많은 인도네시아 기업들에게 자금의 압박이 가중되면서 부도가 진행되었고 대외신용도가 하락하면서 대외차입도 일순간 마비되었으며 외국 채권금융기관 및 투자자들이 자금회수에 들어가면서 금융기관들도 자금압박을 받기 시작하였다.

결국 돈의 유동성이 마비되면서 루피화 가치가 폭락하기 시작하였고 주식시장에서는 주식이 일순간 급격히 하락했으며 금융기관들의 관리운영에 한계를 느끼기 시작하였다. 그렇지 않아도 상당 규모의 부실채권을 안고 있던 금융기관들의 부실은 눈덩이처럼 불어나기 시작하였다. 설상가상으로 수하르토 대통령은 IMF와의 합의사항에 대한 시행과정에서 상당한 마찰을 심화시키고 있었으며, 대통령의 장기집권에 대한 국민적 여론과 대외 신용도 등 상황이 갈수록 나빠지자 수하르토 대통령의 정책적인 대응이 사태를 계속해서 악화시키는 방향으로 진행되었다. 이와 같은 상황이 장기간 지속되면서 인도네시아 경제에 대한 외국인들의 불신은 골이 깊어지고 외국자본이 본격적으로 철수하기 시작하였다. 주식시장에서 외국인들이 매도세로 돌아서면서 점점 가속도가 붙기 시작했는데 특히 외국자본의 철수는 주식시장에 그치지 않고 인도네시아 금융기관들에게 빌려준 돈까지 회수하기 시작하였다.

최근 들어 세계 경제의 국제화·개방화에 따른 국제금융시장의 개방으로 경쟁력이 취약한 인도네시아 금융시장의 개방은 금융부문의 부실을 잉태하고 있었다. 즉, 국제금융시장의 개방으로 인도네시아 금융기관들은 최근 몇 년 사이에 자본시장 개방 붐을 타고 서로 경쟁적으로 해외자금을 차입해 왔던 것이다.

표 18.2 ▸ 인도네시아 외채 관련 지표

(단위: 억 달러, %)

구분		1991	1992	1993	1994	1995	1996	1997
외채	장기	650.7	699.5	711.6	794.3	854.8	1,091.0	1,186.1
	단기	143.2	180.6	171.1	171.1	223.5	332.0	380.9
	총계	797.5	880.0	965.4	965.4	1,078.3	1,423.0	1,547.0
DSR[1]		32.0	30.6	32.6	30.8	32.6	35.7	35.7

자료: 정영규, 『인도네시아 경제론』

특히 지방 중소 금융기관들은 무모하리만치 많은 외화를 해외에서 차입하여 왔었다. 전체 차입 중 단기차입 비중이 급격히 증가하기 시작하면서 인도네시아는 상당히 위험스러운 상황으로 진입해가고 있었다. 아울러 자국의 금융시스템의 부실에서도 나타나듯이 이들은 단기자금을 조달하여 저장기대출을 하는 등 위험스런 운영을 하고 있었다. 특히 태국 등 주변국들의 주가하락과 자국 화폐의 가치하락 사태는 외환보유고의 부족과 외채상환의 부담을 동반하였다. 또한 <표 18.2>에서 보는 바와 같이 인도네시아 외채가 급격히 증가하였는데 1994년도 말에 965억 달러이던 외채가 외환위기가 발생하면서 1997년 말 약 1547억 달러로 급격히 증가하였다.[1]

결국 달러화가 부족한 금융기관들은 국내 외환시장에서 환율수준을 불문하고 달러화를 매입할 수밖에 없었고 이 과정에서 루피아 가치는 급격히 하락하고 정부의 외환보유고는 바닥이 나게 되었다. 이와 같이 일순간에 급격히 증가한 외채는 외환보유고의 부족과 채무부담 가중 등으로 인도네시아 경제를 파국으로 치닫는 결과를 야기하고 있었다.

또한 자본시장의 조기개방에 따라 유입된 대량의 외국자본이 잘 운용되지 못하면서, 특히 비효율적으로 배분됨으로써 야기된 금융부문의 부실은 경제위기의 주요한 요인으로 성장하고 있었다.

2) 대외적 요인

한 단계 더 나아가 현재의 경제위기에 대한 공통된 학자들의 견해는 경상수지 적자시기에 자본 시장 개방 정책을 본격적으로 추진한 데서 원인을 찾을 수 있다.

---

[1] 1998년 5월 말 현재 인도네시아 단기외채의 구성비율이 지나치게 높아서 향후 2년 이내에 상환기일이 도래하는 단기외채규모는 약 380억 달러에 이른다. 단기외채의 대부분이 민간부문의 차입으로 이 중 상당규모의 금액이 채권자와의 리스케줄링, 리파이넌싱 협상이 불가피한 상황인데 외채협상의 경우 '무임승차문제'(free rider problems) 발생소지가 크다.

미국 하버드대 경제학과 마틴 펠드스타인(Martin Feldstein)교수는[2] "인도네시아 경제위기는 금융위기로부터 시작되었으며, 금융위기의 원인은 지나치게 높게 책정된 통화가치(루피아화의 상대적 고평가)와 경상수지가 악화된 상태에서의 과도한 무역적자에 기인한다"고 보았다.

과거 경제 개발 도상국들의 외환위기의 배경을 살펴보면 대부분의 국가가 약간의 차이는 있지만 경상수지 적자상태에서 자본자유화를 추진하면서 발생하였다. 즉, 국제 경제 여건이 달라지면서 실질환율의 변화에 의한 국제 경쟁력 상실 등으로 무역적자를 동반하였고 무역적자의 누적으로 환율의 변화가 불가피하게 되었다. 많은 국가들은 역행적 자금흐름을 두려워하여 환율 변동을 주저하게 되는데, 즉, 평가절하의 소문이 있으면 자금의 대규모 유출로 외환보유고가 급격히 줄어들기 때문이다. 이렇게 하여 결과적으로 때늦은 평가절하는 항상 문제해결을 더욱 어렵게 만들어왔다.

최근 외환위기를 겪은 한국, 멕시코, 태국 등도 경상수지 적자시기에 무역적자의 증가로 외환위기를 겪게 되었다. 일반적으로 자본 시장이 개방되어 있지 않은 국가의 경제는 정부가 직접 국제 금융시장에서 자금을 조달함으로써 국내 기업이나 금융기관에 외화를 공급한다. 따라서 국내 경제가 부실해지더라도 아주 긴급한 상황이 아니면 해외자본이 유출되지 않는다. 그러나 자본시장이 개방되어 있는 국가의 경제는 해외 자본을 기업이나 금융기관이 조달하고 따라서 일단 해당 기업이나 금융기관이 부실화되면 자금조달 능력은 크게 떨어지고 급기야 자금의 회수까지 진행된다. 그만큼 해외자본의 움직임은 각국의 경제상황에 민첩하게 반응하게 되는 것이다. 따라서 자본시장 개방은 해외 자본을 적절히 관리할 수 있는 환경을 조성한 이후에 이루어져야 한다. 그러나 세계 경제가 개방화·국제화되면서 필연적으로 중진 및 개도국들은 시장을 개방할 수밖에 없었고 이는 국제경쟁력 차원에서 경쟁력이 미약한 국가 경제를 더욱 어렵게하는 등의 문제를 발생케 하였다. 따라서 일국의 경제가 외국 자본의 영향을 받지 않고 안정되려면 경상수지 적자가 많지 않아야 한다[3]는 것이다.

인도네시아는 지난 1994년 이후에 경상수지 적자가 기하급수적으로 늘

---

[2] 미국 하버드대 경제학과 교수이자, 미국 전 대통령 경제자문위원회 위원장으로서 한국 경제위기 극복 방안에 대한 IMF 처방이 잘못되었다는 비판론을 제기하기도 하였다.

[3] 경상수지 적자가 누적되면 첫째, 누적된 경상수지 적자를 만회하기 위하여 해외 자본의 사용이 불가피하고. 둘째, 과도한 해외자본의 사용은 이들에 대한 통제력을 약화시키고 이는 필연적으로 경제의 안정성을 해치게 된다. 따라서 경상수지 적자가 누적되면 자국이 스스로 경제를 관리 운영하는 데 한계에 도달하게 된다.

어나고 있다. 지난 1994년 27억 달러의 경상수지 적자가 1995년 70억, 1996년에는 78억 달러로 급격히 증가했다. 이 시기에 경상수지 적자가 증가한 이유는 WTO가 결성, 인도네시아 시장이 개방되면서부터인데 특히 인도네시아 금융시장의 개방으로 외국자본이 급격하게 유입됨으로써 여기에 경쟁력이 취약한 중소금융기관들까지 무차별적으로 외자를 도입하였기 때문이다. 이와 같이 경상수지가 급증하는 데는 아시아 각국의 환율불균등과 인도네시아 경제시스템의 취약성도 부수적인 요인이라 볼 수 있다.

또 하나의 이유는 인도네시아의 통화가치가 상대적으로 고평가되어 있었다는 사실이다. 아시아에서 일본, 중국 대만 등 무역수지 흑자국들의 통화가치는 저평가 돼 있는 반면에 인도네시아, 태국, 한국, 홍콩 등 무역수지 적자국들의 통화가치는 고평가 상태를 장기간 유지함으로써 환율체계의 구조적 불균형이 고착화되었고 무역불균형이 심화되는 과정에서 금융위기가 발생했다고 보는 것이다.

결론적으로 말하면 인도네시아 경제위기는 급속히 전개되는 개방화에 능동적으로 대처하지 못한 데 그 원인이 있고 수하르토 대통령의 경제정책의 실패와 금융개혁[4]의 시기 상실에서 기인한 것으로 보여진다. 인도네시아 금융산업의 낙후와 비효율성은 이미 오래전부터 지적되온 부분이었으며 부실채권 정리, 진입·퇴출 장벽 제거 등 주요 금융사안에 신속히 대처하지 못한 것도 그 이유로 풀이된다.

또 인도네시아 경제의 위기 원인을 일본경제와의 밀착관계에서 찾으려는 견해도 대두되고 있다. 이 견해에 의하면 인도네시아 경제위기는 국내적인 요인 뿐만 아니라 대외적으로 세계자본주의와 인도네시아의 구조상의 문제, 일본의 개입에 의한 '3중 구조'라는 문제라는 것이다.[5]

---

[4] 1997년 IMF와의 합의에 따라 강제적으로 부실금융기관 16개를 폐쇄 조치하였다.

[5] 김영호 교수의 견해를 보면 첫째, 일본인이 꿀벌과 같이 부지런히 일하고 꿀벌처럼 검소한 것은 미시적 차원에서는 미덕이지만 거시적 차원에서는 대량생산 · 비(非)대량 소비구조를 낳는다. 그 갭은 결국 일본의 대규모 무역흑자로 귀결된다. 둘째, 일본의 '꿀벌사회'는 항상적인 무역흑자를 가져 왔고 항상적인 무역흑자는 항상적인 엔고(高)를 지속시켰다. 그렇지만 무역흑자 구조의 지속에도 불구하고 1995년이후 엔저현상이 나타났다. 엔저는 중국 위안화의 평가절하, 한국 원화의 평가절하를 연속적으로 가져왔다. 셋째, 무역흑자의 누적으로 인한 풍부한 엔화가 단기자금 형태로 경쟁적으로 동아시아 각국으로 흘러 들어갔다. 이는 풍부한 유동성을 동남아 각국에 지원하면서 거품을 조장했다. 넷째, 동아시아 경제위기의 조짐이 나타나자 일본은 단기자금을 재빨리 동아시아 각국으로부터 퇴출시키는 발빠른 행보를 보였다. 다섯째, 일본의 내수 부족으로 인한 불황의 지속은 멕시코 경제위기를 미국의 호황이 구제해줬던 것과 같은 효과를 동아시아에 주지 못했다.

18.2 경제적 파급효과

위와 같은 경제위기의 요인을 통한 경제적 파급효과를 생각해보면 다음과 같다.

첫째, 루피아화의 하락에 따른 수입제품의 가격 상승, 즉, 급격한 인플레이션이다. 루피아화의 폭락으로 물가상승 압박이 가중되고 있는데 1998년 1월중 1달러당 루피아화는 1만 7천(1997년 하반기 기준 4~5배 평가절하)을 기록하면서 인도네시아의 인플레이션율은 1997년말에 전년대비 12.2%로 지난 10년 이래 최대치를 기록하였다.

특히 생활필수품의 품귀현상으로 생활필수품 가격이 50% 상승하였고 수입가격은 4~5배 상승하였다. 1998년 1월 한달 동안 물가상승율이 7%에 달하였고 IMF의 요구에 따라 원유 및 전기료에 대한 보조금을 폐지하면서 1998년 5월 들어서 석유가격 70% 인상 및 전기료 50% 인상, 수출감소 등 올 연말께 물가상승율이 100%에 이를 것으로 전망된다.

둘째, 실업자의 증가이다. 1997년 말 실업율이 공식적으로 11%에 이르렀으며 금융기관 및 기업의 구조조정과 합병, 폐업사태가 속출하고 있다. 은행의 유동성부족에 따른 대출기피로 제조업 및 건설부문 등을 중심으로 경기가 침체되고 인도네시아 전역에 대화재에 따른 연무현상과 가뭄으로 농산물 생산감소가 겹치면서 실업자 수가 증가하고 있다. 금년 말까지 실질적으로(잠재실업자 포함) 실업자는 약 4,000만 명에 육박할 것으로 보이며 또 내수침체 → 기업매출 · 수익악화 → 투자위축, 생산감축 → 감원 및 감봉 → 내수침체 가중 → 악순환을 반복할 것으로 예상된다. 물가상승으로 인한 생활 불안정으로 인해 사회전체에 걸친 소요사태가 발생하는 등 인도네시아는 앞으로 상당히 어려운 국면으로 도달할 것으로 보인다.

한편 IMF는 인도네시아 경제위기를 개선하기 위하여 지원조건과 개혁요구를 하였다. 지원 조건으로 첫째, 총지원 규모는 4백달러로 확정하고 둘째, GDP성장율은 0%에 유지하도록 권장하며 셋째, 경상수지는 흑자로 전환할 것과 넷째, 물가는 20% 내에서 억제하도록 IMF가 인도네시아 정부에 요구하였으며 다섯째, 인도네시아 정부의 금융부문 개혁을 강력히 요구하였다.즉 인도네시아 민간기업 및 금융기관이 모라토리엄을 선언할 가능성에 대비하여 정부가 금융기관의 채무를 보증하도록 요구한 것이다.

재정 수지 부문에서는 1998년도 총국내생산의 1% 내에서 억제 또는 균형 유지를, 공공사업은 투명성 보장을, 산업정책부문에서는 12건의 대형 인

표 18.3 ▸ IMF의 인도네시아 지원 및 개혁요구

지원규모	4백30억 달러
GDP 성장율	0%
경상수지	흑자전환
물가	20% 억제
재정적자	1998년 GDP의 1% 내 억제
금융개혁	정부의 금융기관 채무보증
산업정책	12건의 대형인프라 건설 계획중단

프라 건설 계획을 중단할 것을 요구하였으며 또한 수출세 폐지 등 계속적인 규제완화를 요구하였다. 이를 위해 인도네시아 정부는 1998년도 재정수지 흑자액을 GDP대비 1%로 책정하기로 하였다.

또한 국영기업의 민영화를 추진하기로 하고[6] 국영기업 관리와 구조조정에 관련된 모든 책임을 재무부로 이관하는 한편 민영화 위원회를 신설하기로 하였다.

18.3 한국에 미치는 영향

현재 인도네시아의 외환위기로부터 시작된 물가상승과 실업율의 증가 등 정치적·경제적 위기는 우선 우리나라 기업들에게 심각한 타격을 주고 있다. 인도네시아 현지 건설공사가 잇달아 중단되면서 건설대금을 받지 못하고 현지 직접투자의 중단과 공장가동 중단으로 원부자재의 수출도 중단됐고 인도네시아 기업으로부터 받아야할 돈도 받지 못하는 피해가 갈수록 증가하고 있다. 한국의 금융기관들은 인도네시아 정부가 대외채무의 모라토리엄을 선언할 가능성에 대비하고 있는데, 경제가 더 악화될 경우 인도네시아는 우선 단기성 외채가 많은 민간기업부터 모라토리엄을 선택할 것이고 결국에는 인도네시아 정부도 모라토리엄을 선택할 수밖에 없을 것이다.

[6] 인도네시아는 정치·사회적 불안 때문에 그 동안 미뤘던 민영화 작업을 추진하기 시작하였다. 최근 '공기업 민영화부'를 설립해 25억 달러의 외화를 끌어들인다는 계획을 세웠다. 인도네시아 정부는 1998년 6월 8일 통신·시멘트·항만·공항·철강·광산 등 8개 부문의 12개 대형 공기업의 민영화 방안을 발표하였다. 민영화 기업은 *인도네시아 새털라이트 등 통신 2사, 탐방 티마흐 등 광산 3사, 페라부한 인도네시아Ⅱ 등 항만 2사, 세멘 그레시크(시멘트), 자사 마르가(톨게이트 사업), 앙카사 푸라II(공항), 크라카타우 스틸(철강), 페르케부난 누산타라IV(플랜테이션)등은 1998년도에 민영화할 것을 확정했다. 또한 1998년 하반기부터 1백 64개 공기업에 대한 재무실사를 벌여 외자유치가 가능한 모든 기업을 해외에 매각할 방침이다.

현재 최대 채권국인 일본의 은행들은 인도네시아 경제위기가 장기간 지속될 것으로 예상됨에 따라 인도네시아 대출금 중 부실채권에 대한 대손처리 규모를 늘리는 방안을 검토하기 시작하였다. 일본 은행들이 갖고 있는 채권은 2백 31억 달러(1997년 6월 말)로 세계에서 가장 많다. 따라서 일본의 입장에서는 인도네시아에 제공한 정부 및 민간차관이 회수불가능일 때 한국에 제공한 차관의 조기 상환을 요구할 가능성이 증대하고 있다. 현재의 어려운 여러 상황을 생각해 볼 때 가장 타격을 입는 나라는 한국으로 이미 경제적기반 자체에서 충격을 받고 있는 상태에서 한국경제는 더욱더 어려운 길로 들어서고 있다고 보여진다.

둘째, 앞으로 인도네시아의 정치·경제적위기는 원-달러 환율상승과 동남아 수출감소 등을 유발하여 국내 거시 경제에 심각한 영향을 미칠 전망이다. 우선 거시경제를 보면, 1998년 4월 이후 안정세를 나타내던 한국의 외환시장을 다시 불안하게 만들고 있는데 환율이 4월 말 1달러당 1천3백20원대에서 다시 1천4백원 대로 상승하였다. 따라서 국제금융시장에서의 한국의 원화의 급격한 변화는 외환시장의 불안정을 초래하고 있다.

또한 동남아통화의 집단적 평가절하를 유도하여 한국기업의 동남아 수출경쟁력을 약화시킬 가능성이 커지고 있다. 1997년 말 현재 우리나라는 전체 수출의 1/4 이상을 동남아에 의지하고 있는데 동남아 수출 특히 인도네시아에 대한 수출이 계속 감소하면 올해 250억 달러의 경상수지 흑자 목표는 상당한 차질을 빚을 것으로 보인다.

국내 금융기관이 인도네시아에 대출과 유가증권 투자형태로 빌려준 자금은 1998년 2월 말 현재 44억 달러 이상이다. 인도네시아에 대한 대출 뿐만 아니라 직접투자액 및 현지 채권투자와 정크본드 투자 등 회계장부에 나타나지 않는 것까지 감안하면 약 2백억 이상에 달한다. 이중 금융기관 채무는 인도네시아 정부의 지급보증으로 회수가능성이 있으나 민간기업에 대한 회수는 매우 불투명하다.

표 18.4 ▸ 한국 금융기관의 대동남아 여신현황(1997년 3월말 현재)

(단위: 억 달러)

	은행	종	금	계
		선발종금	후발종금	
태국	36.8	3.8	2.3	42.9
인도네시아	34.0	5.0	10.6	49.6
동남아전체	123.1	12.0	19.8	154.9

IMF는 한국과 마찬가지로 인도네시아에도 '고금리-긴축정책' 정책 프로그램을 적용해서, 물가를 시장경제에 맡기고 유가에 대한 정부보조금을 철폐시켜 유가와 생활필수품의 가격이 폭등하였다. 또한 국내 외환시장의 불안을 가중시켜 금리인하 추세를 방해할 가능성이 더 높아졌고 이에따라 국내기업들은 고금리로 고통을 받는 기간이 길어질 전망이다. 한편 최근의 동남아시아 경제위기 상황에 대한 IMF의 경제개혁 요구사항이 현실을 더 악화시키고 있다는 비판적인 견해가 한국 및 인도네시아뿐만 아니라 외국의 국제금융전문가들에 의해서 제기되고 있다.

18.4 한국 경제 위기와의 유사점

위의 사항과 최근의 한국의 경제위기 상황을 고려해 보면 다음과 같은 유사점을 찾을 수 있다.

첫째, 정부가 금융시스템에 대한 관리감독을 소홀히 하였다는 점이다. 한국과 인도네시아 대부분의 금융기관들은 단기차입자금으로 장기투자를 하였고 특히 달러나 엔화로 돈을 빌리면서 이를 자국화폐로 상환하였다. 이런 행위는 환율이 지속적으로 안정될 경우에는 가능하지만 환율이 급격히 변동할 경우에는 거래의 일방이 이에 상응하는 환리스크에 노출되게 되어있다. 한국과 인도네시아 금융기관은 이런 이유로 대부분의 주식이나 자산가치의 급격한 변동위험에 노출되어 왔다.

특히 한국과 인도네시아 외환위기는 국내자산가치의 급격한 변동으로 위와 같은 자산을 보유한 기관의 재무구조를 급격히 악화시키면서 금융기관을 부실하게 만든 하나의 원인이 되었던 것이다.

둘째, 준비가 부족한 상태에서의 금융자율화를 들 수 있다. 한국과 인도네시아는 WTO의 금융자유화 요구 등 세계적인 자유화 추세에 따라 지속적으로 금융시장을 자유화해 왔다. 해외자본의 유출입이 보다 자유로워지면서 선진국자본의 유입이 한국과 인도네시아에 빠르게 확대되었다. 또한, 선진 외국의 금융제도 및 정책이 경쟁을 통한 효율성의 극대화를 추구함에 따라 한국과 인도네시아는 금융규제 완화를 지속적으로 추진하여 왔다.이에 따라 국제결제은행(BIS)은 은행의 자기자본규제에 관한 국제적 통일기준을 제정하는 등 국제적 차원에서 금융거래의 안정성을 보장하기 위한 대책을 준비하는 반면, 한국 및 인도네시아는 형식적인 제도만 자유화하였을 뿐 내부적인 자율화 및 효율성증대, 경쟁력강화 측면에는 소홀히 대처하여 왔다.

셋째, 정부의 통화관리 정책의 실패를 들 수 있다. 특히 중앙은행의 정책적 오류는 한국 및 인도네시아의 취약한 금융시스템을 더욱 악화시키는 방향으로 전개시켰다. 인도네시아는 금융위기를 겪기 전에 관리변동환율제도를 유지하고 있었다. 그러나 1994년 이후 인도네시아의 경상수지 적자폭과 외채규모가 점점 확대되고 일본의 엔화가치가 하락하기 시작했다. 이에 대해 인도네시아 정부는 환율정책을 변경해야 함에도 불구하고 물가상승, 외자유출을 두려워하여 정책결정의 시기를 놓치는 우를 범하고 말았다. 한국정부 역시 대기업의 연쇄부도로 대외신용도가 급격히 하락하는 시점에서 무분별한 외화차입과 공공부문의 과도한 지출을 통하여 통화관리에 실패하고 말았다.

넷째, 거시경제가 급속히 악화되고 있었다. 태국의 바트화의 폭락여파로 인도네시아의 루피아화 가치 또한 폭락하면서 금융위기가 증폭되었고 한국도 막대한 외국자본의 유출로 인하여 달러화 부족사태를 겪게 되었다. 이와 더불어 국제금리가 불리하게 작용하였고 외채가 급속히 늘어나면서 경상수지 적자액이 급증, 채무변제 능력도 약화되어 있었다.

인도네시아 외채는 1994년 965억 달러에서 1997년 1,500억 달러를 넘어섰으며, 한국도 1994년 말 568억 달러에서 1997년 하반기에 1,500억 달러를 넘어섰다. 경상수지는 인도네시아가 1994년 27억 달러에서 1996년 78억으로 약 250% 가까이 증가하였고, 한국은 1994년 45억 달러에서 1996년 237억 달러로 400% 이상 급격히 증가하였다.

다섯째, 고물가와 자산 디플레이다. 결과적으로 외환위기는 고물가와 자산가치의 하락을 촉발시켰다. 즉, 고물가는 자국 화폐가치의 평가절하로 인한 수입제품의 가격상승으로 전반적인 물가가 상승하였다. 또 자산 디플레란 실물(부동산)과 금융자산(주가)의 가치가 동반 하락하는 것을 말하는데, 자산 디플레가 본격화되면 장기 복합 불황으로 이어질 공산이 크다. 기업들이 구조조정을 위해 내놓은 부동산이 팔리지 않으면 기업 도산은 위험 수위에 달한다. 그렇게 되면 금융기관 부실화는 심해지고 이는 다시 신용경색과 기업연쇄 도산으로 이어진다. 이런 조짐은 이미 나타나고 있다. 한국의 경우 땅값과 집값이 1997년 3/4분기 중 101.99에서 1998년 1/4분기 중 100.52로 떨어졌다. 전국의 평균 땅값은 6개월 사이 1.44% 하락하였다. 주가도 마찬가지다. 1998년 5월 19일 현재 종합주가지수는 362.53으로 꼭 6개월 전인 지난해 11월 20일(488.11)보다 25.77%(1백25.88포인트) 하락하였다. 6백6개 종목의 주가는 반이하로 떨어졌다. 7백73개 상장사들의 시가총액도 91조 6천 6백 97억원에서 71조 7천 2백 37억원으로 줄었다.

표 18.5 ▸ 인도네시아에 대한 국제적 금융지원 규모

(단위: 억 달러)

구분	국제기구의 지원약속	타국정부의 지원
	IMF: 100 World Bank: 45 ADD: 35	일본: 50 싱가포르: 50 미국: 30 말레이지아: 10 오스트레일리아: 10 브루나이: 12
총계	180	162

현재 인도네시아는 하비비 대통령이 정권을 인수하였지만 이미 주가는 휴지조각으로 변해 있고, 부동산시장도 생각하기 힘든 상태로 하락하였다.

18.5 IMF와 인도네시아 정부와의 합의 사항

1) IMF 및 국제사회의 지원내용 및 배경

인도네시아는 정부는 1997년 10월 8일 기업들의 외환부족 문제를 해결하기 위해 긴급 구제금융을 IMF와 국제기구에 지원을 요청하였으며 IMF는 10월 30일 인도네시아에 대해 280~320억 달러 규모의 자금을 지원하기로 결정하였다. 10월 31일 IMF와 인도네시아 정부는 지원 규모와 조건에 최종 합의하였으며, 2차로 세계은행과 아시아 개발은행 및 각국에서 대략 420억 달러 정도 지원하기로 발표되었다. 구체적인 지원규모는 <표 18.5>와 같고 자세한 내용은 아래와 같다.

IMF가 인도네시아에 금융지원을 결정한 것은 루피아화 폭락, 주가 하락 등으로 인도네시아 경제가 심각한 위기에 직면한 데 기인한다고 볼 수 있다. 인도네시아 루피아화는 1997년 10월 29일 현재 7월 1일 대비 33.1% 절하되었으며, 주가는 35.5% 하락하였다. 부동산 가격의 하락과 경기침체에 따른 부실채권의 증가로 금융시스템의 불안정도 심화되었다.

2) 금융지원에 대한 합의 조건

인도네시아 정부는 구제금융 지원을 받는 조건으로 다음과 같은 경제개혁을 추진하기로 IMF와 합의하였다.[7]

[7] 한국은행,「주간해외경제」, 제97-44호. p.6-7.

표 18.6 ▸ 인도네시아의 경제개혁 프로그램

항목	내용
지원규모	• 420억 달러(IMF 100)
거시경제	• 성장률 하향조정 • 소비자물가 한 자리수 유지 • 경상수지 2년 내 GDP대비 2.2%로 축소
재정부문	• 재정수지 1997/98년 균형, 1998/99년 GDP 대비 1% 흑자
금융부문	• 16개 시중은행 정리 • 외환보유고 5개월 수입액분 확보
규제완화	• 유통산업개발: 외국인투자기업도 자기상품에 대해서는 유통부문 진출, 2003년부터는 소매가능 • 부가가치세 면제: 철강 등 일부품목 수출에 대한 부가세 면제 • 보세구역(Bonded Zone)에 입주한 부품업체들은 50% 이내에서 국내판매 가능 • 라탄, 철광석 등 일부 원자재 수출세 면제 • 밀, 밀가루, 콩, 마늘의 수입독점권 폐지 • 관세이하: 다수의 석유화학제품 관세가 1998년부터, 철강수입관세가 2000년부터 부과됨

첫째, 경상수지 적자를 2년 이내에 GDP 대비 3% 이내로 억제하며 물가 상승율은 한 자리수 이내로 유지한다.

둘째, 정부정책 및 예산수립 과정에서의 투명성을 제고하고 1989/99 회계연도(1998.4~1999.3) 이후 재정 흑자를 경상 GDP 대비 1% 이상으로 유지한다.

세째, 금융시스템의 불안정 해소를 위해 금융시스템 전반에 대한 개혁을 단행한다.

넷째, 경영난에 처한 금융기관의 매수 합병을 촉진하고 구제불능 금융기관은 폐쇄시킨다.[8]

다섯째, 또한 중앙은행인 Bank Indonesia의 금융산업 개편계획(BI plan)에 의거 7개 국영은행을 4개로 합병하고 지방정부 관할하에 있는 일부 지방은행은 폐쇄하거나 중앙정부 관할로 이관하는 것을 주요 내용으로 하고 있다.

여섯째, 국영기업의 민영화 및 구조조정 추진하며

일곱째, 수입상품에 대해 독점적인 지위를 갖고 있는 Bulog 기능을 대폭 축소한다.

여덟째, 화학제품, 철강, 수산물 등에 대한 수입관세를 점진적으로 인하 또는 철폐하는 한편 수출용 원자재 및 서비스 공급업체에 대한 부가가치세(현재 10%)를 면제하고

아홉째, 다만 쟁점이 되었던 인도네시아 국민차 및 항공기 개발사업에 대

[8] 1997년 11월 1일 인도네시아 정부는 16개 부실 은행의 면허를 취소했다.

표 18.7 ▶ 정부의 7개 부실은행 영업정지

인도네시아 정부는 IMF 프로그램의 일환으로 14개 부실금융기관 중 7개 은행을 영업 정지하는 한편 또 다른 7개 은행은 은행재건청(IBRA)에서 관리하도록 결정(1998.4.4)하였다.

① 대정부 차입금이 자기자본의 500%를 초과하고 총자산의 75% 이상인 7개 은행에 대해 영업정지를 하였다.
- Bank Kredit Asia, Centris International Bank, Deka Bank, Bank Subentra, Bank Pelita, Hokindo Bank, Bank Surya 등이다.
- 이들 은행의 예금계좌는 자동적으로 국영은행인 Bank BNI로 이전

② 대정부 차입금이 2조 루피아를 초과하고 자기자본비율의 500%를 초과하는 7개 은행은 은행재건청(IBRA)에서 관리하되 영업은 지속한다.
- Bank Danggang National Indonesia, Bank Ekspor Impor Indonesia, Bank Danamon Indonesia, Bank Umurn National, Bank Tiara Asia, Bank PDFCI, Modern Bank.

③ 이들 14개 은행의 예금 및 채무에 대해서는 정부가 전액 지급보증

해서는 IMF가 간여하지 않기로 합의하였다.

한편, 인도네시아 경제 개혁 내용의 핵심은 크게 3가지로 구분할 수 있다.[9]

첫째, 금융과 재정 부문의 건전성 회복을 위한 노력이다. 은행(민영, 국영, 지방개발은행 포함), 금융기관, 보험, 연금기관, 뮤추얼 펀드, 증권업체 등 모든 금융 부문의 건전성 회복을 위해서 노력하기로 하였다.

둘째, 금융산업 구조의 개편이다. 인도네시아는 11월 1일 금융기관의 통폐합 등 전반적인 금융개혁을 단행하였으며 특히 16개 부실은행의 면허를 취소하였다.

세째, 경제 효율을 증진하기 위한 무역 등 경제전반에 있는 규제를 완화하는 것이다. 규제 완화는 무역 부문에서 주목할 만하다. 먼저 Bulog가 수입을 독점해 왔던 밀가루, 콩, 마늘 등 핵심 농산물에 대한 수입독점권을 폐지하여 1998년 1월부터는 일반 수입업자가 자유롭게 구입할 수 있게 하였다.

그러나 국내 농업을 보호하는 차원에서 콩, 마늘에는 20%, 밀가루에는 10%의 수입관세를 부과하기로 하였다. 또한 석유화학, 철강, 수산물에 대한 수입관세를 2003년까지 5~10%까지 인하하기로 하였다. 석유화학제품은 스틸렌, 폴리스틸렌의 관세를 1998년부터 30%에서 25%로, 그리고 폴리프로필렌 및 폴리에틸렌의 관세율을 40%에서 35%로, 5% 인하하기로 하였다. 수산물은 현재 10~20%를 1998년 1월부터 5%를 그리고 철강 제품의 관세를 1999년 1월부터 인하하기로 하였다.

한편 수출에 대한 부가가치세 면제를 현행 10개 품목에서 18개 전략 품

[9] 서해문집, 「IMF 시대 한국경제」. 1998, p.230-234 참조.

목군으로 확대하였다. 이 품목들은 국내 생산자가 수출업자에게 공급할 때에도 부가세를 면제하기로 한 것이다. 신규 품목은 철강, 자동차부품, 기계 및 그 부품, 보석, 화학, 고무, 광물제품 등이 포함되어 있다. 또한 라탄, 원피, 철광석, 주 석광석, 구리광석, 은광석 등 광물 자원들에 대해 수출세를 폐지하기로 하였다.

외국인 투자 확대를 위한 조치로 보세구역(Bonded Zone)에 입주한 부품 생산업체는 수출실현가액의 50% 이내에서 국내판매를 허용하였다. 또한 신규로 설립한 제조공장들에 대해서는 기계, 장비, 관련 제품 그리고 재료에 대해 2년간 무관세수입을 허용하기로 하였다.

IMF와 미국의 개입으로 인도네시아 정부는 IMF 조건이행을 위한 각종 개혁조치를 발표하여 환율이 하락하고, 주가가 상승하는 등 경제위기가 완화되는 조짐을 보였다.

그러나 IMF의 프로그램을 성실히 준수해왔던 인도네시아 정부가 1998년 1월 6일 IMF 요구와 정면으로 배치되는 정책을 마련하였다. 이는 인도네시아 경제상황이 더욱 악화되었기 때문인데 인도네시아 정부는 IMF와 합의 없이 일방적으로 합의내용과 배치되는 조치를 시행함으로써 국내 채권단의 신뢰를 더욱 떨어뜨려 채무 상환기간 연장과 추가 지원은 점점 어려워질 것으로 전망되며 인도네시아 외환시장은 더욱 불안해졌다.

1998년 1월 15일 1달러당 15,000루피아가 돌파되면서 인도네시아 금융위기가 더욱 심각해지자 미국이 조기지원을 발표하였으며, 인도네시아 정부는 고정환율제도의 시행을 고려하게 되었다. 인도네시아 정부의 새로운 IMF 요구조건 수용에도 불구하고 루피아화는 안정을 찾지 못하였고 그러던 중 1998년 1월 말 루피아가 계속해서 불안해지자 수하르토 대통령은 IMF 조건에 이의를 제기하고 총선에 출마할 것을 선언, 더욱더 문제는 심각하게 되었다.

수하르토 대통령은 연임에 성공하였으나 국내사정으로 인하여 1998년 5월 11일 대통령직을 사임하였다. 뒤를 이은 신임 하비비 대통령은 미국과 서

표 18.8 ▸ 수하르토 대통령의 반IMF 정책

- 1998/99년 균형예산으로 편성 (정부지출 32% 증가)
  → IMF가 요구안인 1% 재정흑자와 긴축재정요구를 무시
- GDP 대비 경상적자를 25%로 설정
  → IMF는 20% 요구
- IMF가 요구한 연료 보조금(fuel subsidies)의 감축 지연 등
- 경제성장률(4%), 물가상승율(9%) 및 적용환율(연평균 4,000루피아)등이 비현실적 목표로 평가

표 18.9 ▸ 인도네시아, 민간외채 채무조정 합의

인도네시아 정부와 외국 채권은행단은 인도네시아의 민간외채(약 800억 달러)에 대한 채무조정에 합의(1998년 6월 4일)하였다.

- 인도네시아 정부와 채권은행단은 독일 프랑크푸르트에서 6월 1일부터 4일간 외채조정협상을 갖고 다음과 같은 사항에 합의

합의 내용

① 민간기업 채무에 대하여 정부의 지급보증을 조건으로 상환기간을 8년(원금 상환 유예기간 3년 포함)으로 연장

- 이와 관련하여 중앙은행이 인도네시아 외채조정기구(INDRA, Indone- sian Debt Restructuring Agency)를 설립하여 동 기구는 민간기업이 루피아화로 상환한 외채를 채권금융기관에 외화로 상환함으로써 환위험을 부담.
- INDRA에는 채권 · 채무자 쌍방이 참여하여야 하며 1999년 1월 말까지 참여 신청을 접수.

② 1999년 3월 말 이전에 만기가 도래하는 인도네시아 상업은행의 외채(약 92억 달러)에 대해서는 인도네시아 중앙은행이 보증하는 1년, 2년, 3년 및 4년 만기의 신규대출로 전환(금리는 만기별로 LIBOR에 각각 2.75%, 3%, 3.25% 및 3.5%를 가산)

③ 채권금융기관은 최소한 1998년 4월 말 수준의 무역금융을 향후 1년간 인도네시아 은행들에 제공(인도네시아 중앙은행이 지급보증)

방선진국에 도움을 요청하면서 경제안정을 위한 개혁작업에 착수하는 한편 IMF 및 선진국들의 요구사항에 대해서 합의점을 찾으려고 노력하고 있다.

CHAPTER 19

한국의 외환위기의 사례분석

한국 경제의 위기의 원인을 살펴보려면 우선 국제금융시장의 상황을 이해하여야 할 것으로 보인다. 최근 들어 전세계의 하루 외환거래액은 1조 달러를 넘는다. 이는 전세계의 무역액의 20배에 달한다. 현재 국제통화기금(IMF)에 가입하고 있는 나라가 1백40개국을 넘고 있지만 이들 여러 나라의 외환보유고의 합계는 1조 달러 정도다. 요컨데 세계의 외환보유고는 세계외환거래의 하루 분에 간신히 이르는 액수 밖에 안된다. 더구나 환거래의 80%는 실수요에 기초하지 않는 금융기관끼리의 거래이다.[1]

외환거래의 실수요는 무역결제와 해외직접투자이고 외국의 주식취득인데 이들 전부를 합계해봐도 전체 거래액의 20%에 지나지 않는다. 환거래의 증가경향은 멈출 줄 모르고 있다. 그것은 무역투자라고 하는 실수요의 증가보다 수 배나 빠른 속도이다. 시장, 특히 선물시장에서 투기꾼의 존재는 시장의 유동성을 증가시켜주기 때문에 중요하다. 옥수수, 동, 주식에 대해 팔 사람은 있지만 살 사람이 없을 경우 투기꾼은 그 상품을 본래의 목적에 사용하는 것이 아니고 살 사람이 생길 때에 비싸게 팔기 위해서 사둔다. 이러한 투기꾼들은 수요를 갖는 보통고객이 상황변화에 어떻게 반응할까, 시장이 어떻게 대응할까를 예측해서 투기행동에 나선다. 투기를 통해 이익을 얻는 것이 있다면 손해를 보기도 한다. 그러나 그들은 시장에 유익한 유동성을 가져다주며 무엇보다도 위험을 부담한다. 고객이 사업실패라든가 기업 도산 같은 위험을 회피하려 한다면 이들 투기꾼에게 판다든지 산다든지 한다. 그렇게 해서 위험을 그들에게 돌리는 것이 가능하다. 상품선물의 경우 이렇게 해서 시장의 안정화를 가져올 수 있다. 그러나 거래의 80%가 실수요에 기초하지 않은 매매인 외환시장은 끝없는 제로섬게임에 가까울 뿐 안정화 경향을 보이지 않아 왔다.

일반적인 시장의 수요와 공급 간의 불일치가 '보이지 않는 손(가격)'에 의해 해소되고 안정을 되찾는다면 실수요에 기초하지 않는 외환시장은 그렇지 않다. 그곳은 시장의 변화에 대해서 투기꾼이 수동적으로 예측하며 행동하는 것보다는 투기꾼 자신이 시장에 변화를 가지고 들어갈 가능성이 대단히 강하다. 무역의 20배, 자본거래의 5배나 되는 규모를 가진 환결제의 투기압력에 각국 중앙은행이 저항하는 것 따위는 불가능하다.

각국의 수출경쟁력을 더욱더 크게 결정하는 외환의 가격까지도 투기꾼에 의해 결정되고 있다. 요컨대 외환시장은 상품시장과는 완전히 다른 것에 의해 변화되고 있는 것이다. 그러한 변화를 무시하고 투기가 시장의 교란요인

---

[1] 모토야마 요시히코, 일본 동경대교수「외환불안과 동아시아 위기」, 1998, 5.27 국제학술세미나 주제발표 참조.

이 아니라 균형화 요인이라고 언제까지 교과서적으로 이야기하고 있어도 좋은 것일까? 또 외국환을 취급하는 기업의 환위험을 경감시켜주는 것이 각종 파생상품(데리버티브)이라고 말들 하지만 그것이 정말로 환위험을 경감시키는 것일까? 옵션을 샀던 고객으로서는 그럴지도 모르겠지만 옵션을 매도한 금융기관 입장에서 본다면 자기가 부담하는 위험의 크기는 큰 금융기관도 하룻밤에 도산시켜버릴지도 모르는 것이다. 미국에서는 GDP를 상회하는 거액 옵션거래의 90%가 불과 7개 은행이 독점하고 있다. 그들 은행의 일부가 붕괴될 때의 시스템적 위기에 대해서는 그다지 논의되지 않고 있다. 더구나 파산할 정도로 파생상품 거래가 있을지 정확히 자료(데이터)부터 입수되지 않을 수도 있다.

결론적으로 말하자면 외환시장에 의한 투기가 균형화요인과는 상당히 멀다는 것이다. 태국 바트화가 고정환율제에서 변동환율제로 바뀐 지난해 7월 일부 국제투기꾼(Hot Money)들이 바트화를 공략, 바트화 폭락과 동아시아 외환위기를 가져왔다는 지적이 수 차례 제기되어온 것도 이와 무관하지 않다.

19.1 한국의 경제위기의 원인[2]

한국 경제위기의 원인에 대한 세계적인 경제학자들의 공통된 의견은 크게 국내적 요인과 대외적인 요인으로 생각해 볼 수 있으며 몇 가지 세부적인 요인을 살펴보면 다음과 같다. 한국 외환 위기의 근인(近因)으로는 동남아 사태의 파급(contagion effect)과 대기업들의 과다차입 등이 지적되고 있다.[3] 이 과정에서 '대기업 그룹'들이 만병의 원인으로 지적되고 있으며 혹자는 한국 정부의 무능에 대해서 언급하기도 한다. 그러나 본질적으로는 서방 선진국들이 한국의 급성장을 지나치게 견제한 나머지 빚은 부작용도 가볍지 않은 문제로 지적되고 있다. 한국은 서방 선진국들보다 1백 년 가량 늦게 산업화에 착수했으면서도 인도, 브라질 등 같은 후발국들과는 확연하게 다른 성공적인 모델을 일구어 냈다. 그 일차적인 주역은 대기업의 성장에 기인한 것이다.

한국 정부 역시 미국 등 서방 국가들과는 다른 형태의 모델을 정립해 왔다. 한정된 재원(財源)을 극대화하기 위해 몇몇 대기업들을 각 업종의 '대표

---

[2] 본장은 정영규, 『인도네시아 경제론』1988. 인용하였음

[3] 엘리스 암스텐, 미 MIT대 교수, 「한국외환위기 원인과 과제」, 1998, 6.2 국제학술세미나 주제 발표.

선수'로 키우고 지원을 집중하는 등의 전략을 성공적으로 구사하였다. 이런 한국이 어떻게 해서 위기의 나락에 빠지게 됐는지에 대해서는 대략 두 가지의 견해가 있다. 첫째는 미국 등의 과잉개방 압력이 위기를 초래했다고 보는 시각이다. 특히 금융시장에 대한 개방요구는 한국이 소화할 수 있는 정도를 넘어선 것이었다고 보고 있다. 둘째는 한국 내부의 문제로 보여진다. 이렇다 할 대비책을 마련하지도 않은 상태에서 서둘러 금융시장을 개방함으로써 국제자본 흐름에 적절히 대응하는 데 실패한 것은 일차적으로 한국의 잘못일 수밖에 없기 때문이다. 개방속도 못지 않게 개방순서도 잘못되어 있었다. 기본적으로 금융시장이 충분히 발달하지 못한 한국이 과거 고수했던 금융 관리체제(financial management system)는 적절했다고 할 수도 있을 것이다. 이와 관련해 IMF가 한국에 대해 요구해 온 원화 가치절하와 고금리 정책은 유동성 부족을 심화시키는 등 문제가 있음을 일부 드러내고 있다.

현시점에서 국제통화기금(IMF)의 활동을 완전히 평가내리는 것은 시기가 적절치 않다고 생각되어질 수 있다. 한국 경제는 1997년도에 매우 좋지 않은 쪽으로 향하고 있었다. 기업들이 경쟁력 없는 사업에서 적자를 내기 시작하였으며 일부 대기업들은 부도를 냈다. 이들 기업은 해외에서 직접 돈을 빌리거나 은행이 해외에 차입한 돈을 쓰고 있었다. 따라서 이들 기업의 위기는 국제부분의 위기로 번졌다. 원화가치는 더 떨어졌고 엎친 데 덮친 격으로 시기도 좋지 않았다. 12월 대선이 겹쳐 경제 정책 방향에 대한 불확실성을 높였기 때문이다. 이 와중에 몇 개의 대기업을 부도처리하기도 하였는데 이는 1997년 시련기에 출현한 가장 바람직한 결정일 수도 있다. 물론 단기적으로는 자산가치를 떨어뜨리고 혼란을 심화시키기는 했지만 말이다.

IMF의 긴축정책은 문제해결에 도움이 되지 않는 경우도 있다. 금리상승은 많은 국내기업들을 부도지경으로 몰고 가고 있으며 또한 부도 처리되고 있다. 실제로 큰 폭의 원화 평가절하는 IMF 프로그램을 발표한 뒤 발생하였으며 금융쇼크는 자산가치 하락을 부채질하였고 부도위험이 커지면서 장기수익율이 올랐다. 또한 통화정책에서 긴축적인 정책 요구는 IMF의 실책인데 그 뒤 IMF도 다소 물러서고 있다.

한국경제의 위기의 원인을 구체적으로 살펴보자.

우리경제가 위기에 빠진 국내 요인은 크게 3가지로 볼 수 있다. 첫째는 경기침체 특히 부동산시장의 침체와 외국기업에 비해 상대적으로 많은 기업들의 은행채무, 금융기관의 과도한 외화차입을 들 수 있다. 둘째, 1997년부터 시작된 대기업들의 연쇄부도에 대한 정부의 경제정책 실패를 들 수 있다. 셋째,

준비가 부족한 상태에서의 금융자율화 및 자본시장의 개방을 들 수 있다. 세부적인 내용은 다음과 같다.

1) 대기업 연쇄 도산과 정부의 정책 대응 실패

한국의 경제성장에서 중추적인 역할을 한 대기업들은 새롭게 변화해가는 국제경제현상에 능동적으로 대처해가기 위해서 과거의 성장패턴에 과감한 개혁과 변화를 가해야 했는데 미처 대비하지 못하였다. 즉, 질적 성장으로 전환해야 할 시점에 외자조달을 통한 양적 성장을 추구하는 등 의식·관행이 물적 성장을 뒷받침하지 못하였다. 따라서 수 차례에 걸친 개혁의 거듭된 실패와 함께 저효율·고비용구조가 오랫동안 누적되어 있었으며 국민들의 성장잠재력에 대한 국민적 과신을 하고 있었다.

이런 결과로 1997년 봄부터 시작된 대기업의 연쇄 부도는 한보, 삼미, 진로, 대농, 급기야 기아까지 무너지는 사태를 불렀다. 금융기관의 낙관적인 전망아래 기업들은 특정부문에 대한 과다한 투자를 지속하였고 전반적인 수출단가 하락과 채산성 악화에도 불구하고 시장개방으로 인해 그 비용을 소비자에게 전가하지 못함으로써 고비용 구조는 수익성악화로 직결되었다.

대기업들의 연속적인 부도는 금융시장을 일대 혼란에 빠뜨렸다. 즉, 금융시장의 부도 공포감이 확대되면서 신용부족 사태가 심각한 상황에 이르렀고 금융기관의 부실채권이 급증하기 시작한 것이다. 즉, 1996년 말 11조 원에서 1997년 말에는 40.4조 원으로 증가하였고 1998년 말에는 82.2조 원으로 추산되고 있다. 은행의 신용이 하락하면서 외자조달은 단절되었고 단기외채(약 1,500억 달러) 연장이 어려운 상황에서 한국은행은 외환보유고를 금융기관의 단기외채를 변제하는 데 사용, 외환이 고갈되었다. 또한 태국과 인도네시아의 외환위기가 고조되면서 연쇄적인 외환위기 발생의 가능성으로 한국에 대한 신뢰도가 급속히 하락하였다.

설상가상으로 대기업들의 부도 사태에 대한 정책당국의 대응은 사태를 더욱 악화시키는 방향으로 전개되었다. 30대 그룹안에 드는 대기업들의 잇단 부도에 놀란 정부는 '부도유예협약'이라는 대책을 들고 나왔으나 결국 금융기관의 불신만을 조장한 채 오히려 부도를 촉진하는 부작용을 낳았다. 한국경제에 대한 외국인의 불신의 골이 깊어지면서 1997년 하반기부터 외국 자본이 본격적으로 철수하기 시작하였다. 주식시장에서 외국인들이 매도세로 돌아섰고 점점 가속도가 붙어 외국인들은 10월 한달 동안 1조 원에 이르는 주식을 순매도하였다.

2) 준비가 부족한 상태에서의 자본시장 개방

금융자유화는 장기적으로는 취약한 금융산업의 효율성을 제고시키며 경쟁력을 발생시키는 등 많은 긍정적인 측면을 가지고 있다. 즉, 선진국들의 금융제도 및 정책이 경쟁을 통한 효율성 제고를 지향함에 따라 이들 국가들의 금융규제는 지속적으로 완화되는 추세를 보이고 금융산업 간의 경쟁이 치열해지면서 경쟁력이 향상되었던 것이다.

반면 자유화에 따른 부작용에 합리적으로 대처하는 제도적 시스템이 뒷받침되지 않으면 단기적으로 새로운 위기에 초래할 수도 있다.

우리나라의 금융산업은 금융자율화 및 시장개방의 진전과 함께 모습이 크게 변하였다. 금융산업에 대한 진입규제가 완화되어 다수의 금융기관이 신설되었을 뿐만 아니라 외국금융기관의 국내시장 진출도 활발히 이루어졌다. 또한 금융자유화폭의 확대와 금융기관 업무영역제한의 완화 등으로 신종금융상품이 대거 도입되고 금융기관의 취급업무 또한 다양화되었으며 그 과정에서 장단기 금융시장도 큰 변화와 발전을 보여왔다.

1990년대 들어오면서 금융산업이 경제성장을 뒷받침하는 과정에서 장기간에 걸쳐 정부의 과다한 규제 및 간섭을 받게 됨으로써 경쟁력이 약화되고 효율성이 저하되어 국민경제의 발전에 걸림돌이 되고 있다는 인식이 확산된 데다 미국 등 선진국으로부터 국내금융시장 개방 압력이 거세어짐에 따라 금융의 자율화 및 개방화가 빠른 속도로 진전되었다.

1993년 8월에는 금융실명제를 전격적으로 실시하였는데 이는 무분별한 금융기관의 난립과 부실화를 초래하는 부정적인 문제를 잉태하고 있었다.

또한 한국의 경제위기의 부수적인 원인은 경상수지 적자시기에 자본 시장 개방정책을 본격적으로 추진한 데서 찾을 수 있다. 과거 사례를 보면 경상수지 적자시기에 자본 자유화를 추진해 문제가 발생하지 않은 나라가 없었다. 멕시코는 물론 최근 외환위기를 겪고 있는 태국, 인도네시아 모두 경상수지가 적자를 보이고 있다.

자본시장이 개방된 경제에서는 해외 자본을 기업이나 금융기관이 조달한다. 따라서 일단 해당 기업이나 금융기관이 부실화되면 이들의 자금 조달능력은 크게 떨어지고 부실화 정도가 심해지면 이미 공급했던 자금에 대한 회수까지 이루어지게 된다. 따라서 자본시장 개방은 해외자본을 적절히 통제할 수 있는 환경을 조성한 연후에 이루어져야 한다. 자본 시장 개방 과정에서 경상수지 적자가 과다해지는 것은 위험천만한 일이다. 왜 자본시장 개방의 부작용을 알면서도 정부는 경상수지 적자시기에 자본시장 개방을 추진했을까?

하나는 경상수지 적자가 크게 확대될 줄 예상치 못했다는 점이고, 둘째는 자본시장 개방이 본격적으로 추진되기 시작한 1993년만 해도 경상수지가 균형을 이루고 있었기 때문이었다.

경상수지 적자가 급증한 근본 원인은 아시아 역내 국가 간 환율 체계의 불균형에서도 찾아볼 수 있다. 아시아 국가들은 경제수준에 따라 일본, 아시아 NIES(신흥 공업국), 아세안, 중국의 네 분류로 나눌 수 있다. 일본, 중국 등 무역수지 흑자국들의 통화가치는 저 평가되어 있는 반면, 아세안, 한국, 홍콩 등 무역수지 적자국들의 통화가치는 고평가 상태로 장기간 유지되었다. 그럼으로써 환율체계의 구조적 불균형이 고착화되었고 무역불균형이 심화되는 과정에서 아시아 지역의 금융위기가 발생, 이어서 한국의 금융위기의 원인이 되었다.

3) 경기불황, 부동산시장의 침체와 기업 및 금융기관의 과도한 외화 차입

정부의 금융실명제와 부동산 토지 공개념 정책의 시행으로 부동산 시장이 극도로 침체되기 시작하였다. 부동산가격의 급격한 하락과 경기불황은 외국기업에 대해서 상대적으로 자기자본 비율이 적고 은행 및 해외부채가 많은 국내기업들의 재무구조를 상당히 악화시켰다. 또 계속해서 국내 금융기관 및 외국으로부터의 외화차입을 증가시켰다. 설상가상으로 국내의 노사분규 및 임금조정 과정에서 연례행사처럼 진행된 기업내부의 노사 양측 간의 충돌은 어려워진 국내외 경기를 더욱 위축시키고 있었다.

1997년 말 현재 기업들의 외채는 국내금융 4백23억 달러와 현지금융[4] 5백32억 달러 등 모두 9백55억 달러이다. 전체 외채(1천7백억 달러 상당)의 절반이 넘는 규모이다. 이들 기업 외채 가운데 올해 갚아야 할 금액은 국내금융(자금이 국내에 들어온 경우) 2백77억 달러(중장기 30억 달러와 단기 2백47억 달러), 현지금융 3백23억 달러 등 모두 6백억 달러에 이른다. 또한 1998년 3월 말 현재 모든 금융기관의 부실채권규모는 1백18조 원, 이 중 부실여신이 68조 원이고 요주의 여신이 50조 원이다. 이 금액 중 일부는 기업의 증자나 자산매각 등을 통해 갚을 수 있기 때문에 1백조 원 정도가 부실채권이라는 정설이다.

[4] 민간기업들의 현지금융(해외 직접차입)규모 가운데 현대-삼성-대우-LG-SK 등 5대 그룹들의 비중은 70% 이상을 차지하고 있다. 현지 금융이란 기업들이 해외에서 투자나 건설 등을 위해 외국 금융기관이나 국내금융기관의 해외점포에서 사용하는 외채를 말한다.

한편, 최근 IMF 관리체제로 들어오면서 부동산 시장을 살펴보면 매우 심각한 상황으로 돌아가고 있다. 1998년 5월 말 현재 아파트는 10~35%정도 가격이 하락하였고 미분양이 13만여 호에 달하며 4조 원의 자금이 묶여 있다. 상업용 빌딩이나 공장용지 가격도 30~50%까지 폭락하고 있으며 거래는 중단상태에 있다. 이같은 상황은 기업의 재무구조를 더욱 악화시키고 있다. 대기업과 중소기업, 일반 서민들이 구조조정 차원에서 내놓은 부동산 매물이 홍수를 이루고 있으나 정작 거래는 이루어지지 않고 있다. 작년 말부터 토지공사에 매각을 의뢰한 기업체 부동산이 1조2천억 원어치나 되지만 지금까지 매각된 것은 3%도 안된다. 이런 사태가 지속되면 개인은 파산하고 회사는 도산할 수밖에 없다. 주택 10만 호를 덜 지으면 20만 명의 실업자가 늘어나는데 올해에는 금리부담 증가, 자재값 인상 등으로 사업을 포기하는 주택업체가 늘어나 20만~30만 호가 덜 지어질 것으로 예측된다. 그렇게 되면 주택부문에서만 40만~60만 명의 실업자가 나올 것이다. 정부는 온갖 대책을 세우고 부동산 경기회복 방안을 발표하지만 시장은 미동도 하지 않고 있으며 나아진 것은 하나도 없다. 해결 열쇠는 주택경기를 조속히 회복시키는 일뿐이다. 우리나라 총 건축물의 80%가 주택이기 때문이다.

이에 대한 정책을 살펴보면 다음과 같다. 우선 걸림돌이 되는 관련제도를 최단시간 내에 폐지·완화해야 한다. 즉, 주택양도세를 폐지하거나 축소하고,

표 19.1 ▸ 부동산 관련제도 주요 변경내용

항목	현행	개정	실행시기 (1998년)
전세금지원	–	집주인 가구당 최고 2천만 원. 1인당 최고 6천만 원	5월 18일
청약예금 변경	가입 후 5년 지나면 한 차례	2년 지나면 언제든 가능	6월
임대사업 자격	5가구 이상 소유자	2가구 이상 소유자	상반기
주택조합 가입요건	1년이상 무주택자, 동일지역 1년이상 거주자, 부양가족이 있는 세대주, 재당첨 제한기간 경과자.	모든 무주택자와 세대주, 동일지역 거주자, 재당첨 제한기간 없음	7월
택지소유 상한	7대 도시에서 가구당 200평	폐지	7월
분양권 전매	민영주택 사용검사 후 60일 이내 금지, 국민주택은 수도권의 경우, 사용검사후 2년, 지방은 6개월 이내 금지	민영주택은 폐지, 국민주택은 어디든 사용검사 후 6개월 이내 금지	8월
재당첨제한	국민주택 10년, 민영주택 5년	국민주택 5년. 민영주택 폐지	하반기

자료: 정영규, 『인도네시아 경제론』

또 실업구제 효과가 큰 주택건설을 지속해야 한다. 민간 주택사업자들은 매년 총 주택건설량의 80% 이상을 맡고 있다. 주택거래를 부활시키기 위해 양도세, 취득세, 등록세 등을 빨리 과감히 감면해 주어야 한다. 경기가 회복될 때가지 한시적으로 해도 좋다. 1998년 5월 들어서서 정부는 부동산 경기 활성화 대책과 규제완화정책을 잇따라 쏟아내고 있으며 구체적 내용은 다음과 같다.

한편 현재의 한국경제가 위기에 처하게 된 보다 근본적인 원인은 경제의 자율화·개방화를 추진하는 과정에서 시장 경쟁 원리의 정착에 실패하고 경제 환경을 투명하게 만들지 못한 데서 찾아야 할 것이다. 특히 금융산업의 낙후와 비효율성은 이미 오래 전부터 지적되어 온 부분이었으나 수 년 동안 ① 소유구조 개편 ② 부실채권 정리 ③ 업무영역 철폐 ④ 진입·퇴출장벽 제거 등 주요 금융 개혁 사안은 진척을 보지 못하고 제자리를 맴돌았다.

19.2 IMF와의 합의사항

한국정부의 공식요청(1997년 11월 21일) 이후 한국과 국제통화기금(IMF)은 지원규모와 조건의 협의를 거쳐 12월 3일에 최종합의에 도달하였다. IMF와 합의한 내용은 다음과 같다.

1) IMF가 한국에 요구하는 핵심적 내용

IMF 및 국제기구와 외국이 한국에 지원하는 총신용규모는 약 570억 달러이며 IMF의 지원조건은 ① 재정·금융긴축 및 금융개혁 ② 무역 자유화, 자본시장개방 ③ 경영투명성, 노동시장 유연성 제고 등으로 압축되고 특히 대부분의 개혁이 기업과 금융부문의 구조조정에 맞추어지고 있다.

① 금리

합의서에는 "환율안정에 맞춰 콜금리 완화를 조심스럽게 허용하되 추가 금리 인하는 외환시장이 지속적으로 안정될 경우에만 가능하다"고 못 박았다. 고금리정책이 수정되려면 유일한 금리 통제 수단인 중앙은행의 공개시장 조작 금리, 즉, 환매체(RP) 금리가 낮아져야 한다. 이와 관련하여 "RP 금리는 1998년 1월만해도 연 30%였으나 연 26% 안팎까지 내려와 있다"며 "현재로선 연 25% 이하로 낮추기는 어렵다"고 말했다. 외환시장 전문가들에 의하면 ① 인도네시아 모라토리엄 위기 ② 기업단기외채 ③ 일본계 은행들의 결산자금회수 등 3대 악재로 인해 3월 말까지는 환율안정을 비관적으로 보고 있다. 달리 말하면 금리인하를 지금 추진중이지만 회사채금리는 연 20%대, 콜금리는 연

25%대에서 당분간 하한선이 설정될 전망이다. 다만 의향서에 신설된 "금리를 시장수급에 의해 결정되도록 한다"는 문구는 국제통화기금(IMF)[5]도 현재의 인위적 고금리정책을 무한정 끌고갈 생각이 없음을 간접적으로 시사한 것으로 풀이된다.

② 금융 구조조정

IMF는 우선 금융기관 부실화 해소를 위해 부실 채권 및 부실 금융기관의 정리를 강력히 요구하고 있으며 건전성 규제를 대폭 강화토록 하였다. 이에 따라 국제결제은행(BIS) 기준 자기자본비율(BIS)을 최장 2년 내에 8% 이상 높여야 하는 은행들의 몸 사리기가 재연되고 여신환수 소동의 여지는 계속 남게 된다. 신설되는 '은행구조 전담반'은 4월 말까지 은행들의 자구계획서를 받아 6월 말까지 평가할 예정이며 이후 자구계획을 이행하지 않는 곳은 인가 취소까지 할 수 있다. 특히 기존주주의 지분을 전액 소각할 수 있도록 1천억 원으로 되어 있는 은행의 최소자본금 규정적용을 배제하는 입법이 1998년 6월 말까지 이루어진다. 앞으로 부실은행의 경우 통폐합될 가능성이 많으며[6] 기존 주식이 휴지조각이 될 소지가 있어 증자에 애를 먹을 수 있는 셈이다. 금융당국은 모든 금융기관에 대해 주식평가손 등을 100%로 반영하는 '시가 회계주의'를 도입하고 확정금리 신탁상품도 대손충당금 적립대상에 포함시키며 상환능력을 감안한 여신분류 기준을 마련하는 등의 건전성 강화장치를 8월 15일까지 마련해야 한다. 이들 장치는 현재보다 BIS 비율을 낮추게 하는 것들로 4/4분기 이후 본격 시행된다. 그러나 은행들은 이에 앞서 'BIS 비율 높이기'에 생사를 걸고 있다.

한편, 주의할 것은 그 동안 국내에서 검토되던 금융기관 부실 해소 방향이 금융기관의 부실채권 정리에 초점이 맞추었던 데 비해 IMF의 입장은 부실 금융기관 자체를 정리해 금융 부실 문제를 근본적으로 해결하자는 보다 강력한 방향을 요구하고 있다는 점이다. 주요 요구 사항을 보면 ① 회생 불가능한 부실 금융 폐쇄 ② 외국인의 국내 금융기관 인수·합병 허용 ③ 국제 회계법인의 국내 금융기관 감사 의무화 ④ 은행 경영의 건전성 확보 등을 들 수 있다. 이러한 요구 사항을 기초로 하여 향후 국내 금융기관에 대한 강도 높은 자구

[5] IMF시대가 가져올 사회적 변화는 4고 현상을 들 수 있다. 고세금, 고금리, 고물가, 고실업 등이다. 고세금은 외채의 추가 부담에 따른 것이고, 고금리로 인한 중소기업 및 대기업들이 연쇄적으로 쓰러지고 있다. 특히 실업은 당장의 현실로 국민들에게 닥친 고통으로 진행되고 있다.

[6] 1998년 6월 29일 부실한 시중 5개 은행을 폐쇄하기로 결정함. 퇴출되는 5개 은행은 동화, 동남, 대동, 충청, 경기은행이다.

표 19.2 ▸ IMF의 처방에 대한 외국학자들의 비판

Martin Feldstain 교수(하버드대 교수/전 미국대통령 경제자문기구 의장)
- 한국은 기본적으로 단기유동성의 어려움을 겪고 있는데도 국제통화기금은, 과거 자본주의화 과정을 밟던 구동구권 국가들에게 강요했던, 대대적인 경제구조 개혁을 강요해 위기를 악화시켰다고 비판하면서 '한국에 애초 필요한 것은 단기부채의 만기 연장'이라고 강조
- '한국이 경제적 혼란을 피하려면 인위적 고금리 부담을 제거하고 국내수요를 진작시키는 경기부양책이 필요하다고' 주장
- IMF는 본래 목적인 국제금융질서 유지를 떠나 구조 개혁 및 제도개혁을 처방해야 한다.
- 경기 불황기에 재정긴축을 제시하면 어느 나라도 찬성할 수 없음.

Jeffrey Sachs 교수(하버드대 교수)
- IMF는 신인도 회복에 중점을 두어야 하는데 오히려 공황만 초래
- 금융산업의 구조조정은 점진적으로 이루어지는 것이 바람직
- 시장을 무시한 인위적 고금리 정책을 유지하면 산업기반이 붕괴됨.
- 한국경제에 대한 처방과 관련 "고금리 유도 정책은 잘못된 것"이며 그 대안으로 ▶금리를 적당한 수준으로 유지하고 ▶신용경색을 막기 위해 돈을 적절히 풀어야 하며 ▶수출업체들이 도산하지 않도록 해야 한다고 주장

엘리스 교수(미국 MIT 정치경제학 교수)
- IMF의 고금리 처방은 과거 재정이 흑자였던 한국에 맞지 않으며, 한국은 IMF의 고금리 목표치를 낮추도록 최대한 협상해야 한다고 지적. IMF가 경제성장보다는 인플레이션 방어에 지나치게 치우쳐 있고, 출자금 지분이 큰 선진국들의 이익을 주로 대변함에 따라 구제금융을 받는 위기국가들의 입장이 무시되고 있다고 논평.
- MIT의 로버트 솔로 교수, 브르킹스 연구소의 베리 보스 워스 박사, 세계은행 Joseph Stiglitz 부총재 등도 IMF 처방에 비판적 견해를 피력함.

노력 압력이 예상된다.

③ 기업 구조 조정

IMF는 한국경제가 지금과 같은 위기를 맞게 된 근본 원인 중 하나가 기업부문의 비효율성에 있다고 생각하고 있다. 기업 구조조정에 대한 IMF의 권고는 특별히 새로운 내용은 없다. 1997년 말 임시국회에서 통과된 기업의 구조조정을 위한 새정부의 정책수단을 대부분 추인하는 수준이기 때문이다. IMF의 권고사항은 ① 기업의 투명성 제고 ② 주주에 대한 책임성 강화 ③ 기업구조조정 촉진 등 크게 3가지이다.

관심사는 주주에 대한 책임강화부문이다. IMF는 그 동안 논란이 되어 왔던 투신사 및 은행신탁계정 등 기관투자가의 의결권 제한을 곧 철폐하도록 요구하였다. 현재 투신사들은 총 상장주식의 6%를 보유하고 있으며 은행신탁계정도 46조 원 규모의 상장·비상장 주식을 갖고 있다. 이들 기관투자가는 기업들이 특별주주총회를 통해 신규사업 진출 등을 시도할 경우 쉽게 용인하지 않을 공산이 크다. 또 배당에 대한 압력을 높일 것으로 예상된다. 이 밖에 은행의 특정신탁을 활용, 기업을 인수·합병(M&A)하는 사례가 발생할 수 있고, 이럴 경우 은행의 발언권도 강화될 소지가 있다. 또한 IMF는 노동시장 유연성 확보 등을 요구하고 있다. 이러한 요구들이 일시에 모두 채택될 경우 대

기업들의 취약한 경영구조를 볼 때 상당수의 대기업들이 쓰러질 것으로 우려된다.

2) IMF와 합의사항

1998년 2월 17일 발표된 한국정부와 국제통화기금(IMF) 간의 5차 합의의향서는 한국경제가 올해 헤쳐가야 할 길이 갈수록 험난하다는 것을 보여준다. 4차 의향서보다 거시지표추정치가 더 악화됐기 때문이다. 5차 합의의향서는 'IMF도 한국경제의 실물와해를 결코 원하지 않는 만큼 긴축의 고삐를 늦출 것'이라는 일부의 '희망'과 달리 '한국은 거품을 더 빼야 한다'는 초긴축의 기조를 견지하고 있다. 이와 함께 의향서는 금융부문의 구조조정, 자본시장 및 무역자유화, 기업지배구조 개선과 관련한 일정을 보다 구체적으로 명시하는 등 중단 없는 개혁을 다짐하고 있다. 이번 의향서의 가장 특징적인 부분은 1998년 1월 9일의 4차 합의의향서와는 달리 올해 국내총생산(GDP) 기준 성장율을 1%로 잡으면서도 제로(0) 또는 마이너스를 기록할 가능성을 사실상 인정한 점이다. 한국경제는 2.7%의 마이너스 성장을 기록한 1980년을 제외하곤 줄곧 성장을 거듭해온 '고성장 체질'이기에 마이너스 성장의 충격은 더욱 클 것으로 보인다. 이같은 성장율 감퇴는 산업활동, 특히 내수를 중심으로 한 투자와 소비, 판매의 침체를 의미한다. 이에 따라 실업과 기업부도가 더욱 늘어날 것으로 예상된다. 실업율은 합의사항은 아니지만 정부는 성장률이 1%일 때 실업자가 1백5만 명 안팎에 달할 것으로 내다보고 있다. 성장률이 1% 줄어들 때마다 실업자는 통상 10만 명가량 증가하고 실업률은 0.5%포인트 높아진다. 따라서 성장률이 0%로 내려갈 경우 실업자와 실업율은 각각 1백15만 명과 5.4% 안팎에 달할 것으로 예상된다. 더욱 고통스러운 점은 성장율 둔화에도 불구하고 물가는 더욱 오를 것이란 전망이다. 5차 합의의향서는 올해 물가목표치를 9%에서 약 10%로 상향 조정했다.

고금리정책 역시 외환시장이 안정되어야 금리를 점진적으로 인하할 수 있다는 선(先)환율안정 후(後)금리인하 입장을 분명히 하였다. 금리가 높아야 기업의 무분별한 차입경영에 쐐기를 박을 수 있고 외화도 유입되서 환율이 안정된다는 IMF의 기본논리를 그대로 관철한 것이다. 다만 자금난에 따른 연쇄부도를 막기 위해 1998년 3월 말 총유동성(M3) 증가율을 전년동기대비 13.2%에서 13.5%로 0.3%포인트 상향 조정, 1조 5천억 원의 자금공급 여력을 확보해 두었다. 그러나 M3 증가율을 6월 말 14.1%, 9월 말 13.9%, 12월 말 12.5%로 점차 낮추기로 함에 따라 하반기로 갈수록 시중자금 사정이 빠듯해질 것으로 예상된다. 5차 의향서가 예상보다 비관적인 내용으로 합의된 결정

표 19.3 ▸ 한국정부와 IMF의 주요합의 내용

거시경제	• 경제성장률: 1%, 마이너스 가능성도 있음 • 물가상승율: 9%대 • 경상수지: 80억 달러 이상 흑자 • 재정적자: GDP 대비 0.8% (3조6,000억 원)
통화 · 외환 (1/4분기)	• 본원통화: 23조 5,800억 원(15.2% 증가) • 총유동성: 720조 4,890억 원(13.5% 증가) • 가용 외환보유고: 200억 달러(연말 391억 달러)
금리인하	• 환율안정에 따라 콜금리 조심스럽게 인하 • 환율시장 안정이 확실하 정착되는 경우 추가 인하
금융구조조정	• 종금: 20개사 중 경영평가 미달사 영업정지 후 4월 말까지 인가 취소 • 은행 - 서울·제일은행 11월 15일 입찰 - 금감위내 「은행구조조정 전담반」 신설 - 1997년 말 기준 BIS 기준미달은행 자구계획제출(4월 말) → 전담반서 평가(6월 말) → 이행계약체결 - 건전성 규제강화 방안 마련(8월15일) - 기존지분 전액소각 가능토록 입법조치(6월 말)
자본자유화	• 1조원이상의 단기국채발행(4월 말) • 기업의 단기 해외차입제한 폐지검토(5월 15일) • 외국은행·증권사 자회사 설립허용(3월 말) • 외국인 종목당 주식투자한도 폐지(12월 말)
기업지배구조 개선	• 상장법인의 사외이사 선임 의무화 • 상장법인에 대한 투신등 기관투자가의 의결권제한 철폐 • 기업 이사 및 감사에 대한 집단소송제 도입 검토 • 이사회 승인없는 외국인 주식취득한도 3분의 1로 확대

자료: 정영규, 『인도네시아 경제론』

적 이유는 뉴욕외채협상 이후에도 환율이 떨어지기는커녕 오히려 올랐기 때문이다. 4차 의향서에서 성장율을 1~2%로 잡았던것도 원·달러의 연평균 환율을 1천3백 원으로 가정한 것이었다. 환율을 최고의 목표치로 신봉하고 있는 IMF는 연평균 환율이 1백 원 오를때마다 성장률이 1% 떨어지는 것으로 추정하고 있다. 따라서 현재와 같은 외채질곡과 고금리, 고물가, 고실업, 저성장의 굴레에서 벗어나기 위해서는 수출증가 → 경상흑자 확대 → 외채감소 및 외환보유고 확충 → 환율안정으로 이어지는 선순환구조가 가시화해야 할 것으로 보인다.

3) 주요 산업의 구조조정 방향

국제통화기금이(IMF)이 한국경제를 접수한지 1998년 6월로 6개월을 맞았다. 지난해 11월 21일 구제금융을 신청한 이후 정부는 경제정책을 세우고 집행하는 과정에서 IMF의 간섭과 지도를 받고 있다. 총 5백83억 달러를 지원받은 대가이다. 1998년 5월 말 현재 우리나라가 겪은 IMF 시대 6개월간의 변화를 살펴보면 다음과 같다.

최근의 경제지표 추이를 보면 <표 2-4>같이 중소기업, 대기업 할 것 없이 기업들이 줄줄이 쓰러졌다. 1997년 12월 이후 현재도 100개 업체씩 부도가 발생하여 쓰러지고 있는데[7] 이미 30대 재벌 중 9개가 부도가 났다. 은행들은 이달 말까지 3~4개 부실 대기업을 가려내 정리할 예정이다. 중소기업들은 한 달에 2천개 이상 도산하고 있다. 5대 재벌 이외 기업들은 연 30%의 이자를 물고서도 제대로 돈을 빌리 수 없는 지경이다. 돈 장사에 실패한 종합금융회사 14개가 문을 닫았다. 앞으로 부실한 몇 개의 은행이 더 정리될 예정이며, 외환위기를 타고 금융불안을 통해 실물경제를 위축시키고 있는 IMF 사태는 개인 생활에도 본격적인 영향을 미치기 시작했다.

서울지역 아파트 전세값이 올들어 4개월간 21% 떨어졌다. 세입자에게 내 줄 돈이 없어 쩔쩔매는 집주인이 부기지수다. 올해 예상성장율은 마이너스 1~2%, 환율은 달러당 1천4백원 대에서 불안한 상승압력을 받고 있다. 이대로라면 1인당 국민총생산(GNP)은 6천8백달러 전후에 그치게 되며 이는 1991년(6천7백45달러)수준에 불과하다. 선진국클럽이라는 경제협력 개발기구(OECD) 가입은 생각지도 못한 시절이었다. 종합주가지수만으로 치면 아예 10년 전으로 돌아갔다. 지난 1987년 3~4월 주가지수가 360 정도였다. 3월 중 실업율은 6.5%. 역시 1986년 초 수준으로 높아졌다. 올해 실직자는 2백만 명을 넘어설지 모른다는 우울한 전망이다. 소비자물가도 9~10%로 뛰박질해 1991년초 고물가 시대를 연상케 한다.

표 19.4 ▸ 최근의 주요 경제지표 추이

항목	1996년	1997년		1998년			
		11월	12월	1월	2월	3월	4월
경상수지(억$)	△230.0	4.8	34.6	30.6	39.4	37.0	–
환율(원/$)	804.5	1,026	1,484	1,707	1,623	1,505	1,392
외환보유고(억$)	332.4	244.0	204.1	235.2	267.2	298.0	355.4
회사채수익율(%)	11.9	14.1	24.3	23.4	19.8	18.9	18.1
가동율(%)	81.4	77.3	76.1	67.8	69.0	65.2	68.1
부도업체수(%)	1,235	1,469	3,197	3,323	3,377	2,700	–
실업자수(만 명)	42.5	57.4	65.8	95.8	123.5	137.8	143.0

주: 환율, 회사채수익율 1996년 부도업체수는 기말·월말평균
자료: 정영규, 『인도네시아 경제론』

[7] 1998년 3월중 기업부도는 다소 진정되는 듯하나 기업들의 매출부진, 고금리부담, 대출자금 상환압박 등으로 경영노하우나 기술력을 갖춘 기업도 부도위기에 직면하고 있다.

주요 산업의 경쟁력은 이미 1980년대 수준으로 떨어졌다는 분석이 나올 정도로 심각하다고 말할 수 있다. 내수 침체로 인하여 매출은 격감하고 있으며 30%가 넘는 고금리부담에 부실의 정도는 깊어지고 있다. 기업들은 생존을 위해 외자유치에 총력을 기울이고 있다. 일부 기업은 달러를 들여다 부실의 구멍을 메우는 데 성공하기도 했다. 하지만 이제 막 응급조치를 끝낸 정도다. 앞으로 응급조치보다 훨씬 더 많은 출혈을 요구하는 수술, 다시 말해서 본격적인 구조조정이 기다리고 있다.

우리 산업은 지금과 같은 구조로는 오래 버틸 수 없다. 특히 환율이 달러당 1천3백 원 밑으로 떨어지면 국내 산업은 아예 붕괴위기에 놓일 것으로 우려된다. 더욱 심각한 것은 산업활동이 동면기에 들어갔다는 점이다. 생산활동은 물론 기업의 미래를 좌우할 설비투자와 R&D 인재교육 등 모든 부분이 올스톱 상태다. 이런 상황이 오래되면 IMF 체제가 끝난다해도 이미 멀리 달아

표 19.5 ▸ 주요 산업의 구조조정 방향

업종	구조조정 방향
조선	• 물류·설계 개선 치공구개발 등을 통한 합리화추진 – 대형범용선(VLCC)을 유지하면서 고부가선 비중 확대 – 한·중·일 3국 간 전략적 제휴 적극 검토
반도체	• 기존 강점부문인 메모리분야 강화 – 분업, 투자조정에 의한 생산구조 개편 – 비메모리사업은 시스템 LSI 등 특정분야 제품에 특화
가전	• 저부가가치제품의 해외이전 가속화 – 기술융합제품(인터넷 TV, 멀티미디어 PC)개발 – 대형양판점 창고형할이점 통신판매등 신유통체제로 전환
철강	• 생산품목조정, 특정부문 집중화 등으로 전문화 체제구축 – 전략적 제휴와 협력강화 – 수요처의 다양화 요구에 대응할 수 있는 생산유연성 확보
자동차	• 외국기업의 전략적 제휴 및 M&A추진 – 인력·부품산업 육성 등 자동차산업 기반강화 – 21세기 수요변화에 부응하는 신 기술개발 투자 확대
석유화학	• 공동구매 제품교환 등 국내기업간 제휴협력의 확대 – 사업매각 지분참여등으로 외자유치 – 장기적 관점에서는 사업통합(생산업체수 축소)
통신서비스	• 업체간 협력확대 및 대형화유도 – 물량위주의 경쟁에서 서비스 차별화 경쟁 – 기기·서비스업체의 공동 해외진출
산업용기계	• 저가 소형범용기종에서 중·고가 중형 전용기종으로 전환 – 지역 기술혁신체제의 구축
섬유의류	• 중·저가 의류 직물의 대량생산체제에서 고감성 패션산업으로 전환 – 단납기 다품종 소량 생산체제 및 조기대응체제 구축

자료: 정영규, 『인도네시아 경제론』

난 선진국 기업들을 따라잡기에는 역부족이다.

구조조정에는 무엇보다 해당 산업의 실력과 처지에 대한 객관적인 판단이 중요하다. 그러나 현 상황에서의 실력과 처지를 단순 비교하는 것보다 IMF의 혹독한 한파가 지나간 이후의 상황을 예견하는 눈이 필요하다.

그동안 국내기업들이 저마다 내세우던 '21세기 초일류기업'이라는 캐치프레이즈는 더 이상 적합하지 않다. 생존을 위한 전략을 다시 짠다는 마음가짐이 필요하다는 지적이다. 일부 경쟁력을 상실한 산업은 아예 외국 선진기업의 하청산업으로 스스로 자리매김하는 것이 현명할 수도 있다. 그동안 OEM(주문자상표부착생산) 납품을 끊고 독자브랜드의 마케팅에 주력하던 가전메이커들이 다시 OEM 물량 확보에 혈안이 되어있는 것이 그런 경우다. 지금까지는 조선, 반도체, 자동차, 석유화학, 철강 등이 국내 산업을 이끌어 왔으나 앞으로의 산업구조는 대대적인 변화를 겪을 수밖에 없다. 핵심역량을 제대로 파악하고 집중하는 지혜가 그 어느 때보다 필요한 시점이다. 모든 산업을 메이저 기업군으로 키울 수 없는 만큼 개별산업의 특성과 능력을 감안해 차별화된 구조조정 전략 추진이 필요하다. 만약 구조조정이 성공하면 국내 주요산업이 세계 산업에서 메이저 또는 마이너 지위를 확보할 수 있으나 실패할 경우 대부분 마이너 또는 로컬기업으로 전락할 것이라는 설명이다. 구조조정 여하에 따라 지위가 크게 달라지는 산업은 조선, 반도체, 자동차, 석유화학, 통신, 금융 등이다.

또 하나의 두드러진 특징 중 하나는 '자산디플레'가 시작됐다는 것이다. IMF 구제금융 이후 나타난 가장 큰 특징이다. 자산디플레란 실물(부동산)과 금융자산(주가)의 가치가 동반 하락하는 것을 말한다. 자산디플레가 본격화되면 장기복합불황으로 이어질 공산이 크다. 기업들이 구조조정을 위해 내놓은 부동산이 팔리지 않으면 기업도산은 위험수위에 달한다. 그렇게되면 금융기관 부실화는 심해지고 이는 다시 신용경색과 기업연쇄도산으로 이어진다. 이렇게 보면 IMF 체제 6개월이 가져다준 최고의 불청객은 다름 아닌 자산디플레다. 아울러 IMF 체제에서 얼마나 빨리 벗어날 수 있느냐 여부는 자산디플레로 인한 장기복합불황의 악순환고리를 얼마나 빨리 단절할 수 있는냐에 달려있다는 점 또한 분명하다.

참고문헌

국내문헌

경문사. 2019,『국제금융론』

국세청. 2020,『해외진출기업에 대한 세무안내, '인도네시아'』

대한무역진흥공사. 2020,『인도네시아』

대한무역투자진흥공사. 2023『해외투자 진출 가이드』

에너지경제연구원. 2023 '에너지통계연보'

이환호. 2023 '세계경제질서와 경제통합',『국제통상학 개론』

통계청. 2023,『계간국제통계』

통계청. 2023,『국제통계연감』

통계청. 2023,『한국주요경제지표』

한국수출보험공사. 2023『수보 Country Fourm』제31호.

한국수출입은행. 2023,『수은조사월보』, 2월호.

외국문헌

Adams, Donald B. and Dale W. Henderson(2004), "Definition and Measurement of Exchange Market Intervention", Staff Studies, No. 126, Board of Governors of the Federal Reserve System, Sep.

Ahmed, S. and B. Kapur (2000), "How Indonesia's Monetary Policy Affect Key Variables." The World Bank WPS 349, Washington, DC: The World Bank.

日本評論社(2018)「インドネシア 經濟」.

アセア 經濟研究所(2021),「現代 インドネシア 政治 經濟」.

인터넷 자료

1. 中國經濟信息网(http://www.cei.gov.cn)
2. 中宏基金 中國宏視經濟信息网(http://www.macrochina.com)
3. 中華人民共和國 統計局 中國統計信息网(http://www.stats.gov.cn)
4. 中華人民共和國 財政部 信息网(http://www.mof.gov.cn)
5. 中華人民共和國 國家經濟貿易委員會 信息网(http://www.setc.gov.cn)
6. 中華人民共和國 國家發展計劃委員會 信息网(http://www.sdpc.gov.cn)
7. 人民日報, 人民网(http://www.peopledaily.com.cn)
8. 대한무역진흥공사, 홈페이지(http://www.kotra.go.kr)

9. 산업자원부, 홈페이지(http://www.mocie.go.kr)
10. 삼성경제연구소, 홈페이지(http://seriecon.seri.org)
11. 주중국한국대사관, 홈페이지(http://www.koreaemb.org.cn)
12. 한국무역협회, KOTIS (http://www.kotis.net)
13. 한국산업은행, 홈페이지(http://www.kdb.co.kr)
14. 한국은행, 홈페이지(http://www.bok.or.kr).

저자소개

정영규

현재: 협성대학교 글로벌통상-문화학과 교수(경제학박사)(2009. 9~2025.2 현재)
전)한신대학교 교수(2013.4~2014.8)
(부총장, 산학협력단장, 특성화사업단장)역임

한국외국어대학교 말레이-인도네시어과 졸업(1984.3~1989.2)
한국외국어대학교 동대학원 졸업(경제학 석사)(1989.3~1991.8)
세종대학교 대학원 졸업(경제학박사)(1994.3~1998.2)
세종대 박사과정 재학중 국비장학생 선발(1995~1998.2)
University of Indonesia 인도네시아 국립대
경제학 박사 수료(1996.1-2003.6)

경력

- 한국외대 경제학과 강사(1998.3~2023.2)
- 한국외국어대 대학원(경제담당) 겸임교수(2003.3~2012.2)
- 한국외국어대 중동연구소 연구교수(2006.9~2008.10)
- University of Indonesia 국립대 경제학부 초청교수(2003.7~2005.2)
- University of Philippines, 국립대 경제학부 초청교수(2005.7~2006.2)
- Univ. of Catholic 한국학센타 이사장(2013.7~2014.8)
- 대한민국 국회 예산결산위원회 심의 평가 교수(2007~2011)
- 행정자치부 국가고시 출제위원(1999.3~현재)
- 한국경제학회, 한국무역학회, 문화산업학회, 국제지역학회, 한국중동학회,
- 한국이슬람학회 이사 및 부회장 (2007~2022)
- 현) 화성시 경제 조정위원장(임기:2024.3~2026.2)
- 현) 한국글로벌문화학회 부회장(2021~현재), 외교통상부 Arab-Africa협회 부회장, (2023.5-현재), 중동정치-경제연구회 회장
- 전)한신대학교 교수(부총장, 산학협력단장, 특성화사업단장)역임
- 현)협성대학교 글로벌통상학-문화학과 교수 겸,협성대학교 제10대 총장 후보

新 국제지역 경제론 New International Area Economy

2025년 8월 14일 | 제1판 1쇄 인쇄
2025년 8월 22일 | 제1판 1쇄 발행

지 은 이 정영규
발 행 인 이민동
발 행 처 (주)서울경제경영출판사
북디자인 (주)우일미디어디지텍

주 소 03767 서울특별시 서대문구 신촌로 205, 201호
전 화 02) 313-2682
팩 스 02) 313-8860

등 록 1998년 1월 22일 제5-63호

ISBN 979-11-6282-140-4 93320

정가 33,000원

※ 파본은 바꾸어 드립니다.